EBS 교육방송교재

www.gumstart.co.kr

2025 중졸 검정고시

국어

검정고시 합격을 위한 최적의 교재!

- 기본이론 정리와 예상문제 분석을 한번에!
- 2024년 1·2회 기출문제 수록!

시험 안내

중졸 검정고시는 부득이한 이유로 정규 중학교 과정을 마치지 못한 사람들을 대상으로 실시하는 국가 자격시험으로, 중졸 검정고시에 합격한 자는 중학교를 졸업한 자와 동등한 자격을 인정받습니다.

※ 자세한 사항은 각 시 · 도별 공고문을 참고하십시오.

❶ 시행 기관

- 시 · 도 교육청 : 시행 공고, 원서 교부 및 접수, 시험 실시, 채점, 합격자 발표
- 한국교육과정평가원(KICE) : 문제 출제, 인쇄 및 배포

❷ 시험 일정*

구분	공고 기간	접수 기간	시험일	합격자 발표
제1회	1월 말 ~ 2월 초	2월 초 ~ 중순	4월 초 · 중순	5월 초 · 중순
제2회	5월 말 ~ 6월 초	6월 초 ~ 중순	8월 초 · 중순	8월 하순

※ 상기 일정은 시 · 도 교육청 협의에 따라 변경될 수 있습니다. 반드시 해당 시험 공고문을 참조하세요.

❸ 시험 과목 및 시간표

구분	1교시	2교시	3교시	4교시		5교시	6교시
시간	09:00~ 09:40	10:00~ 10:40	11:00~ 11:40	12:00~ 12:30	중식 12:30~ 13:30	13:40~ 14:10	14:30~ 15:00
	40분	40분	40분	30분		30분	30분
시험 과목	국어	수학	영어	사회		과학	선택 과목

※ 필수 과목 : 국어, 수학, 영어, 사회, 과학(이상 5과목)

※ 6교시 선택 과목은 '도덕, 기술 · 가정, 체육, 음악, 미술, 정보' 중 1과목(총 6과목 응시)

※ 유의 사항 : 1교시 응시자는 시험 당일 08:40분까지, 2~6교시 응시자는 해당 과목 시험 시간 10분 전까지 지정 시험실에 입실하여야 합니다.

❹ 출제 형식 및 배점

- 문항 형식 : 객관식 4지 택 1형
- 출제 문항 수 및 배점

구분	문항 수	배점
중졸	각 과목별 25문항(단, 수학은 20문항)	각 과목별 1문항당 4점(단, 수학은 1문항당 5점)

❺ 합격자 결정 및 취소

- 전과목 합격 ➜ 100점 만점 기준으로 결시 없이 평균 60점 이상 취득한 자(과락제 폐지)
- 과목 합격 ➜ 과목당 60점 이상 취득 과목
- 합격 취소 ➜ 응시 자격에 결격이 있는 자, 제출 서류를 위조 또는 변조한 자, 부정행위자

❻ 응시 자격 및 제한

◆ 응시자격 및 응시과목

응시자격	응시과목
초등학교 졸업자 및 이와 동등 이상의 학력이 있는 자	• 국어, 수학, 영어, 사회, 과학【필수 : 5과목】 • 도덕, 기술 · 가정, 체육, 음악, 미술, 정보【선택 : 1과목】
초등학교 졸업학력 검정고시 합격자	
초 · 중등교육법시행령 제29조의 규정에 의하여 학적이 정원외로 관리되는 자	
보호소년 등의 처우에 관한 법률 시행령 제69조 제2호에 해당하는 자	
3년제 고등공민학교 및 중학교에 준하는 각종학교의 졸업자 또는 졸업예정자	국어, 수학, 영어 【총 3과목】
'92.9.3 이전 사회교육법시행령 제7조 제1항의 규정에 의한 중학교 교육과정에 상응하는 사회교육 과정을 이수한 자	
만 18세 이후에 평생교육법 제23조 제2항에 따라 평가 인정한 학습과정 중 고시과목에 관련된 과정을 교육부장관이 정하는 바에 따라 과목당 90시간 이상 이수한 자	국어, 수학, 영어【3과목】와 미이수 과목

◆ 응시 자격 제한

- 중학교 또는 초 · 중등교육법시행령 제97조 제1항 제2호의 학교를 졸업한 자 또는 재학 중인 자(휴학 중인 자 포함)
- 공고일 이후 초등학교 졸업자
- 공고일 이후 '제1호'의 학교에 재학 중 학적이 정원외로 관리되는 자
- 고시에 관하여 부정행위를 한 자로서 2년이 경과되지 아니한 자

❼ 제출 서류

- 검정고시 응시원서(소정서식) 1부
- 사진(최근 3개월 이내 촬영한 탈모 상반신 3.5㎝×4.5㎝) 2매
- 최종학력증명서 1부(아래에 해당서류 중 한 가지)
  - 초졸 검정고시 합격자 : 초졸 검정고시 합격증서 사본(원본 지참)
  - 중학교 정원외 관리자 : 중학교 정원외 관리증명서(유예증명서 아님)
  - 중학교 면제자 : 중학교 면제증명서
  - 중학교 제적자(의무교육이전) : 중학교 제적증명서
  - 초등학교 졸업 후 상급학교 미진학자 : 검정고시용 초등학교 졸업증명서, 미진학사실확인서
    ※ 졸업증명서는 반드시 검정고시용으로 제출하여야 함
  - 귀국자 : 귀국자 학력 인정 및 제출서류 내용에 따름
- 과목 면제자 : 과목합격증명서, 평생학습이력증명서(해당자에 한함)
- 장애인등록증 사본 또는 복지카드 사본(원본 제시) 1부(장애인으로 등록되어 있는 자에 한함)

8 출제 수준, 세부 출제 기준 및 방향

◆ 출제 수준

- 중학교 졸업 정도의 지식과 그 응용 능력을 측정할 수 있는 수준

◆ 세부 출제 기준 및 방향

- 2015 개정 교육과정에서 출제
- 각 교과의 검정(또는 인정) 교과서를 출제 범위에 활용
  - 가급적 최소 3종 이상의 교과서에서 공통으로 다루고 있는 내용으로 출제
    (단, 국어와 영어의 경우 교과서 외의 지문 활용 가능)
- 문제은행(기출문항 포함) 출제 방식을 학교 급별로 차등 적용
  - 초졸 : 50% 내외, 중졸 : 30% 내외, 고졸 : 적용하지 않음.
  - 출제 비율은 과목에 따라서 달라질 수 있음.
- 출제 난이도 : 최근 5년간 평균 합격률을 고려하여 적정 난이도 유지
- 중졸 검정고시의 '사회' 과목에 역사(한국사만 출제, 세계사 제외)를 포함하여 출제

9 응시자 시험 당일 준비물

◆ 중졸 및 고졸

(필수) 수험표, 신분증, 컴퓨터용 수성사인펜
(선택) 아날로그 손목시계, 수정 테이프, 도시락

※ 수험표 분실자는 응시원서에 부착한 동일한 사진 1매를 지참하고 시험 당일 08시 20분까지 해당 고사장 시험 본부에서 수험표를 재교부 받을 수 있다.

※ 시험 당일 고사장에는 차량을 주차할 수 없으므로 대중교통을 이용해야 한다.

나이스 검정고시 서비스 ×
http://kged.sen.go.kr

검정고시 온라인 원서 접수, 이렇게 해요!

※ 사전 준비 : 본인의 '공동인증서' 발급 받기

1. 온라인 접수 기간에 시 · 도 교육청의 검정고시 서비스 사이트에 접속

   http://kged.sen.go.kr

2. 검정고시 전체 서비스 메인 화면에서, 화면 왼쪽의 **검정고시 온라인 접수** 클릭

3. 왼편의 검정고시 온라인 접수에서 해당하는 '시 · 도 교육청'을 선택하여 이동

4. 상단의 〈온라인 원서 접수〉 메뉴에서 본인이 희망하는 자격의 검정고시 선택
   ☞ 해당 자격의 **원서 접수하기** 버튼을 클릭하면 '온라인 원서 접수 페이지'로 이동

5. 성명과 주민등록번호(또는 외국인등록번호)를 입력하고, 원서 접수 허위 사실 기재에 관한 안내 및 서약서와 개인식별번호 처리 동의에 체크(✓)한 뒤, **인증서 로그인**을 클릭한 후 본인의 공동인증서를 통해 로그인

6. 응시자 정보 → 학력 과목 정보 → 고사장 선택 → 접수 완료 순으로 작성

   (1) 응시자 정보에서 본인의 기본 신상 정보와 검정고시 응시 기본 정보를 입력한 후 **저장** 버튼을 클릭하여 저장 (*표시는 필수 입력 항목으로, 미입력 시 다음 순서로 진행되지 않음) → **다음** 버튼 클릭
   - 사진 파일은 100kb 크기 미만의 jpg와 gif 파일만 저장 가능

   (2) 학력 과목 정보에서 응시자 본인의 학력 정보와 과목 응시 정보를 등록, 관련된 서류를 첨부한 후 **저장** 버튼을 클릭하여 저장 → **다음** 버튼 클릭

   (3) 고사장 선택에서 금회차의 고사장이 조회되며, 고사장별 수용 인원이 도달할 때까지 응시자가 신청할 수 있음 → **다음** 버튼 클릭
   ※ 고사장을 변경할 시에는 상단의 〈원서 조회〉 메뉴에서 '3. 고사장 선택 입력 단계 화면'에서 수정

   (4) 접수 완료에서 이전 단계에서 등록했던 주요 항목을 다시 한번 확인한 후, **제출** 버튼을 클릭하여, 최종적으로 원서 제출
   ※ 입력을 완료하였으나 제출을 하지 않을 경우 오프라인으로 재접수를 해야만 응시 가능
   ※ 제출 완료한 응시원서에 수정이 필요한 경우, 〈수정후제출〉 버튼을 클릭하여 수정

7. 상단의 〈원서 조회〉 메뉴를 통해 본인이 응시한 검정고시 원서 조회 가능(공동인증서로 로그인)

8. 상단의 〈수험표 출력〉 메뉴에서 수험표 출력 가능(해당 자격의 '**수험표 출력하기**' 버튼 클릭)
   ※ 식별이 가능하도록 가급적 컬러프린터로 출력하여 시험 당일 소지할 것

이 책의 구성과 특징

알찬 개념 정리

개정 교육과정 완벽 반영!

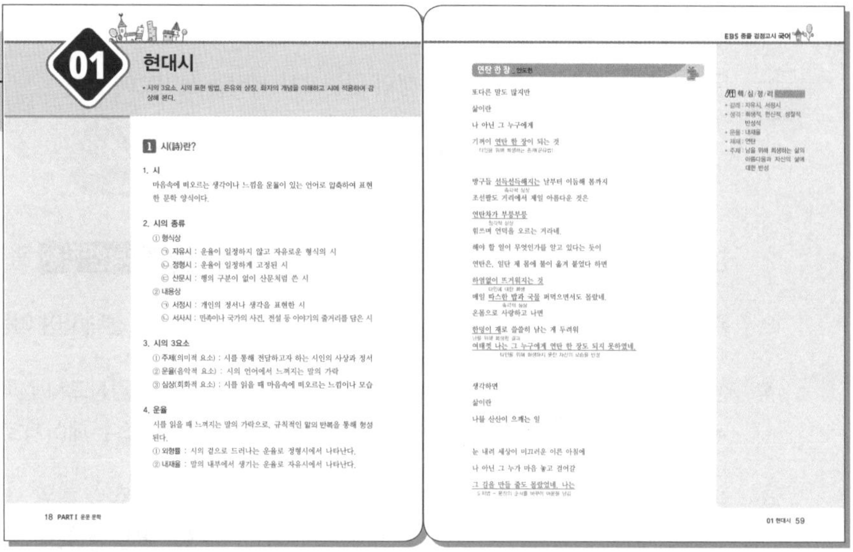

01 현대시

- 해당 단원에서 자주 출제되는 핵심 개념 제시
- 빈출 대표 작품, 대표 제시 자료 등을 통해 핵심 이론 정리 끝

실전 감각 UP

'기출문제 Check' → '적중 예상 문제'로 실전 감각을 최상으로 UP!

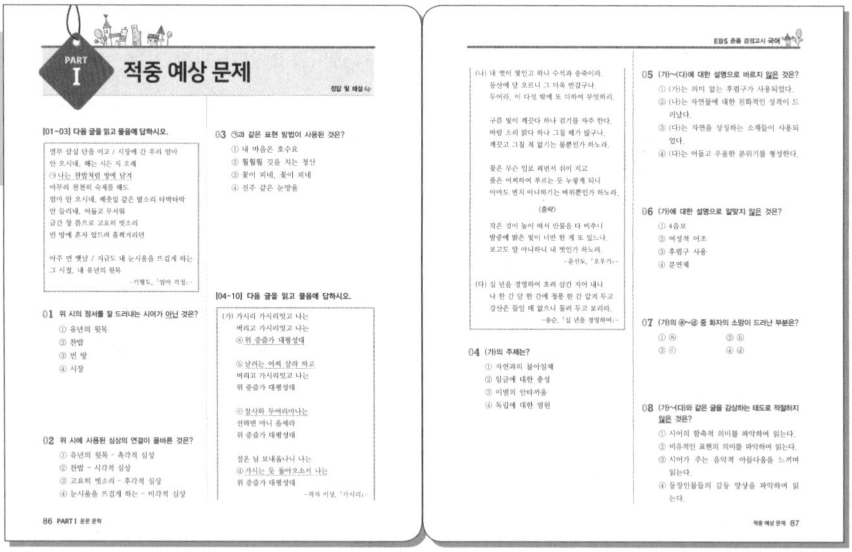

PART I 적중 예상 문제

- 단원별 기출문제 체크 후 시험에 꼭 나올 만한 예상 문제 및 기출문제로 마무리

최신 기출문제(2024) 수록

기출을 보면 합격이 보인다!

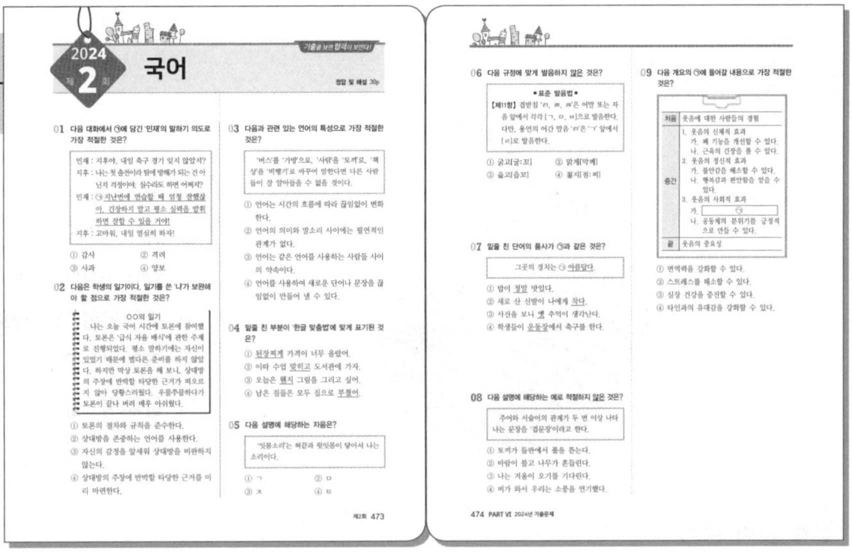

- 2024년 제1회, 제2회 기출문제를 수록하여 최신 기출 유형을 정확하게 파악

친절하고 상세한 해설

정답으로 직행하는 명쾌하고 알찬 해설 수록!

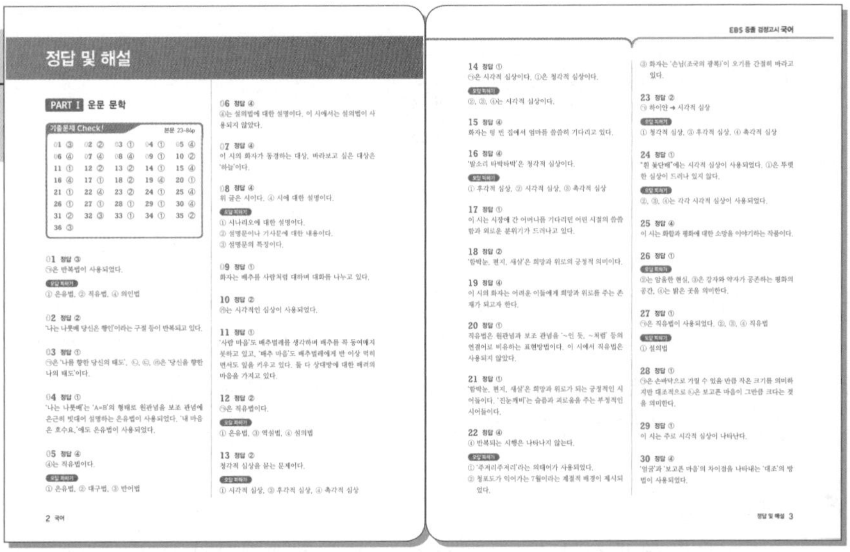

- 정답이 왜 정답인지, 오답이 왜 오답인지를 정확하게 알 수 있도록 명쾌하게 해설
- 중요하거나 이해가 잘 안 될 수 있는 부분은 선생님이 알아서 콕, 더 상세하게 해설

중졸 검정고시 국어 출제 경향 분석

단원별 출제 빈도

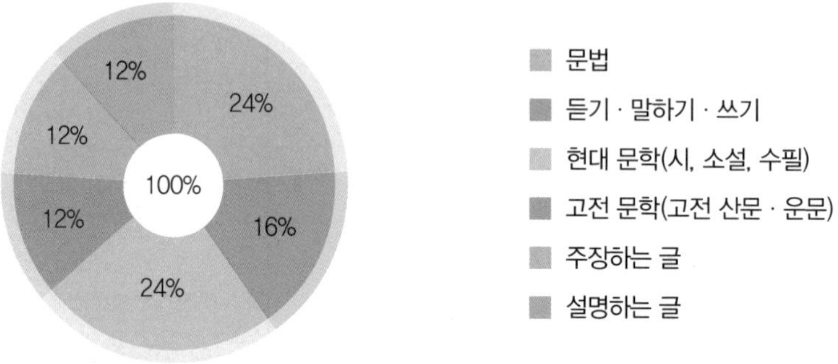

국어 출제 경향

검정고시 국어 기출문제의 특징은 교과 과정에 있는 핵심 이론을 기반으로 다양한 내용이 회차마다 고르게 출제되고 있다는 것입니다. 그러므로 핵심 이론 학습을 한 뒤 예문에 적용해보는 훈련을 교과서 본문 내용을 바탕으로 하는 것이 가장 중요합니다. 이후 기출 문제와 예상 문제를 풀며 다양한 문제 유형에 익숙해지도록 학습하길 바랍니다.

기출 분석에 따른 학습 포인트

❶ 문학

문학은 전체 문항 비중의 36%로 가장 높은 문항 수를 차지하고 있습니다. 현대 소설, 현대시, 고전 소설이 출제되는데 현대 소설은 해학, 요약적 제시 등의 핵심 이론을 포함한 기출 유형과 이론은 꼭 정확히 학습해야 합니다. 현대시는 표현법 문제, 시어의 함축적 의미, 화자의 태도를 묻는 문제가 자주 출제됩니다. 이는 빈출 주요 유형이므로 공부하는 것이 필요합니다. 고전 소설은 세부 내용 포함하여 작품에 드러난 사회적 모습, 뒤에 이어질 내용을 추론하는 문제 등이 나왔습니다. 소설을 공부하실 때는 세부 내용 파악 후 그 작품만의 특징은 꼭 학습하는 것이 필요합니다.

❷ 설명하는 글

읽기는 문제 해결 과정이기도 하므로 이 부분과 관련하여 문제 상황을 맞이했을 때 해결 방법을 묻는 문제, 설명 방법, 빈칸 넣기 문제 등이 출제되었습니다. 설명 방법은 계속 출제되고 있으므로 내용 정리를 명확히 한 뒤 응용 문제풀이를 해야 합니다. 빈칸 넣기 문제는 중심 내용과 글의 흐름을 이해할 수 있으면 풀 수 있는 형태이므로 설명하는 글을 공부할 때 문단별 중심 내용을 찾고 흐름을 이해하며 읽어내는 연습을 해야 합니다.

❸ 주장하는 글

서술상의 특징, 글쓴이의 주장, 세부 내용, 어휘의 의미를 묻는 문제 등이 출제되었습니다. 따라서 주장하는 글을 읽고 학습할 때에는 어떤 표현(사례, 자료, 속담, 전문가의 의견 인용)을 사용하였는지 확인하며 읽어야 하고 글쓴이의 주장을 정확히 파악하고 모르는 어휘는 꼭 뜻을 확인하며 공부하는 습관이 필요합니다.

❹ 듣기 · 말하기

말하기 불안과 면담 등이 출제되었습니다. 말하기 불안과 면담의 특성을 명확히 알고 문제에 주어진 예시를 잘 읽고 파악해 답을 찾는 것이 중요합니다. 이외에도 감사, 설득, 위로, 칭찬의 말하기, 공감하며 대화하기 등 교과 과정에서 기출된 영역도 함께 학습해 두는 것이 좋습니다.

❺ 쓰기

개요를 작성하고 들어갈 세부 내용을 묻는 문제와 고쳐쓰기 문제 등이 출제되었습니다. 고쳐쓰기는 계속해서 출제되고 있는 문제 유형으로 문장의 호응과 통일성에서 벗어난 내용 찾기, 조사의 쓰임과 잘못된 피동 표현까지 문법과 연관지어 학습 범위를 넓게 보고 학습하여야 합니다. 또한 개요표에 적절한 세부 내용 찾기는 개요표의 내용과 선지의 세부 내용을 잘 연결할 수 있어야 풀 수 있으므로 평소에 문단별 중심 내용을 구분하여 학습하는 태도가 필요합니다.

❻ 문법

문법은 표준 발음법, 품사, 문장 성분, 한글 맞춤법, 훈민정음, 단어의 기본형 알기, 고유어 찾기 등이 출제되었습니다. 언어의 특성 대신 고유어, 한자어, 외래어를 구분하는 문제가 출제되었는데 문법은 비중이 작지 않은 영역이므로 언어의 특성부터 어휘의 종류, 훈민정음까지 주요 개념을 정확히 하고, 문제에 적용하여 기본기와 응용 능력을 높이는 것이 중요합니다.

검스타트 합격 스토리!
다음 합격 스토리의 주인공은 바로 당신!

고득점 합격

k******

선생님들의 좋은 강의와 교재로 열심히 공부한 결과
고득점(평균 98.86점)을 받았습니다.

검스타트는 검정고시 관련 정보를 다양하게 제공하고 있어
시험 준비에 많은 도움을 받았습니다.
특히 다양한 학습자료가 정말 맘에 들었습니다.

수험생들의 학습을 위해 많은 배려를 하고 있다는 느낌을
받았고, 저렴한 수강료도 좋았지만
수험생의 합격을 위한 진실함이 있다고 느꼈습니다.

이 모든 것들이 검스타트를 선택한 배경이었습니다.

고득점 합격

동*

전체에서 한 문제 틀렸습니다.
과학에서 아쉽게 틀려서 만점을 못 받았습니다.

첫 관문을 잘 넘었으니 이제 대학 진학이라는 더 큰 목표를
위해 더 열심히 공부하려고 합니다.

강의해 주신 선생님들 정말 감사합니다.
핵심을 잘 정리해 주시고 이해하기 쉽도록
강의를 잘 해주신 덕분에 높은 점수를 받았습니다.

검스타트 최고 !!!

고령 합격

합***

인강 선택을 위해 제 아들과 상의하고 합격수기가 많은
검스타트를 선택했습니다.

공부한 지 오래되어 기초실력이 없기에
제일 처음 기초강의부터 반복해서 들었습니다.
이어서 이론공부를 시작했습니다.

강의와 교재를 반복해서 공부하다 보니 어느새 틀이
잡혀지고 자신감이 생겼습니다.

이론을 마치고 문제풀이, 기출풀이를 공부하니 검정고시가
그다지 어렵지 않게 느껴졌습니다.

시험을 마치고 채점을 해보니 총점은 합격점수를
충분히 넘었습니다.

고령 합격

t***

50대 중반 주부입니다.
38년 만에 처음으로 도전해 보았는데 혼자 공부하는 거라
처음엔 막막하고 지루하고 어려웠습니다.

검스타트 상담선생님께서 말씀해 주신 대로 쉬운 과목부터
완벽하게 준비해 나갔습니다.
기본강의, 예상문제, 모의고사, 기출문제 순서로 공부했고
무엇보다도 문제를 많이 풀어보았습니다.

특히 핵심총정리가 많은 도움이 되었습니다.
향후 사이버 대학에 도전해보려 합니다.

열심히 강의해 주신 선생님들께 감사드립니다.

중+고졸 합격

심****

검스타트와 인연을 맺은 지 1년.

훌륭하신 선생님들의 헌신적인 강의에 힘입어
70 가까운 나이에 중학교 과정과 고등학교 과정을 잘 마쳤고
특히 고등학교 과정은 7과목 중 4과목을
만점을 받을 정도의 성적으로 무사히 마쳤습니다.

이 모두가 검스타트 임직원 여러분과 각 과목 선생님들의
땀과 아낌 없는 희생 덕분이라 생각합니다.

고맙습니다.
이제부터는 대입 준비 열심히 하여 대입에 도전해 보려
합니다.

이젠, 여러분이
합격할 차례입니다!

차례

PART V 문법

PART Ⅵ 2024년 기출문제

100% 합격을 위한 나만의 학습 계획

◆『중졸 검정고시 국어』 학습 진도표

구분		진도 체크(✓)*				
		1회	2회	3회	4회	5회
PART I 운문 문학	01 현대시					
	02 고전 시가					
	적중 예상 문제					
PART II 산문 문학	01 현대 소설					
	02 고전 소설					
	03 설화					
	04 수필, 수기, 편지글, 설(說), 기행문					
	05 전기문					
	06 희곡, 시나리오					
	적중 예상 문제					
PART III 비문학	01 설명문					
	02 논설문					
	03 건의문					
	적중 예상 문제					
PART IV 듣기, 말하기, 쓰기	01 듣기, 말하기					
	02 쓰기					
	적중 예상 문제					
PART V 문법	01 언어의 특성					
	02 음운의 변동					
	03 단어와 형태소, 품사					
	04 사동 · 능동 표현, 높임 표현, 시제 표현					
	05 문장 성분, 문장의 확장					
	06 다양한 어휘, 다양한 표현					
	07 어문 규범					
	08 한글의 창제 원리					
	적중 예상 문제					
PART VI 2024년 기출문제	제1회 기출문제					
	제2회 기출문제					

* 학습 완료한 날짜를 적으셔도 좋습니다.

● 진도 체크(✓) 요령

1회 • 해당 부분 모두를 정독(精讀)했을 때를 1회로 간주합니다. 단순히 체크(✓)하셔도 좋고 권하는 대로 해당 날짜를 적어 넣으셔도 좋습니다.

2회 • 해당 부분 모두를 두 번째로 정독했을 때를 2회로 간주합니다. 띄엄띄엄 부분적으로 공부한 것은 해당하지 않습니다. 반드시 해당 부분 모두를 두 번째로 정독했을 경우에만 표시하도록 합니다.

3회 • 해당 부분에서 취약하거나 중요한 부분을 중심으로 처음부터 끝까지 모두 공부했을 때를 3회로 간주합니다. 실력(이해와 암기)을 키우기 위한 집중 학습에 해당합니다.

4회 • 3회와 같은 방식으로 취약하거나 중요한 부분을 중심으로 처음부터 끝까지 다시 한번 모두 공부했을 때를 4회로 간주합니다.

5회 • 시험을 목전에 두고 최종적으로 해당 부분 모두를 정독했을 때를 5회로 간주합니다. 1회에서 4회까지의 학습 과정이 있었기 때문에 1회, 2회보다는 훨씬 빠른 속도로 끝마칠 수 있을 것입니다.

◆ 취약 부분 극복 계획

학습 진도 중에서 자신이 취약하다고 생각되는 부분을 적고 이를 극복할 수 있는 방안을 고민해 봅니다.

진도 중 취약 부분	극복 방안	극복한 날
예) 시의 비유법들이 잘 구분되지 않는다 (특히 은유법). 어렵다.	예) 교재와 강의에서 비유법 관련 내용이 나올 때마다 초집중한다.	예) 7월 7일(화) 비유법 극복!

◆ 나의 다짐과 소감

본격적인 학습에 앞서 다짐의 말을 적어 봅니다. 또 주변 사람들로부터 응원의 말을 받아 보세요. 물론 스스로에게 하는 응원의 말을 적으셔도 좋습니다. 마지막 포스트잇은 합격 후에 기분 좋게 작성하세요.

● (학습 전) 나의 다짐

● 응원의 말

● 합격 소감

EBS 교육방송교재

중졸 검정고시 국어

PART

I

운문 문학

이 단원에서는 운문 문학을 창작 시기에 따라 현대시와 고전 시가로 구분·정리하여 제시한다. 또한 운문 문학 전반에 적용할 수 있는 시의 개념과 다양한 표현 방법, 시의 감상법 등을 배우고 문제 풀이에 적용하도록 한다.

01 현대시

• 시의 3요소, 시의 표현 방법, 은유와 상징, 화자의 개념을 이해하고 시에 적용하여 감상해 본다.

1 시(詩)란?

1. 시

마음속에 떠오르는 생각이나 느낌을 운율이 있는 언어로 압축하여 표현한 문학 양식이다.

2. 시의 종류

① 형식상

㉠ 자유시 : 운율이 일정하지 않고 자유로운 형식의 시

㉡ 정형시 : 운율이 일정하게 고정된 시

㉢ 산문시 : 행의 구분이 없이 산문처럼 쓴 시

② 내용상

㉠ 서정시 : 개인의 정서나 생각을 표현한 시

㉡ 서사시 : 민족이나 국가의 사건, 전설 등 이야기의 줄거리를 담은 시

3. 시의 3요소

① 주제(의미적 요소) : 시를 통해 전달하고자 하는 시인의 사상과 정서

② 운율(음악적 요소) : 시의 언어에서 느껴지는 말의 가락

③ 심상(회화적 요소) : 시를 읽을 때 마음속에 떠오르는 느낌이나 모습

4. 운율

시를 읽을 때 느껴지는 말의 가락으로, 규칙적인 말의 반복을 통해 형성된다.

① 외형률 : 시의 겉으로 드러나는 운율로 정형시에서 나타난다.

② 내재율 : 말의 내부에서 생기는 운율로 자유시에서 나타난다.

5. 운율을 형성하는 요소

같거나 비슷한 시어나 시구의 반복	해야 솟아라. 해야 솟아라.
일정한 글자 수의 반복	나 보기가 역겨워 가실 때에는 (7・5조) 말 없이 고이 보내 드리오리다. (7・5조)
일정한 음보*의 반복	비 오자 / 장독간에 / 봉선화 / 반만 벌어 (4음보) 해마다 / 피는 꽃을 / 나만 두고 / 볼 것인가. (4음보)
같거나 비슷한 문장 구조의 반복	물새는 물새라서 바닷가 바위 틈에 알을 낳는다. 산새는 산새라서 잎수풀 둥지 안에 알을 낳는다.

6. 심상

시각적 심상	바람에 흔들리는 나뭇잎
청각적 심상	시끄러운 물새 소리
미각적 심상	매콤하고 달콤한 떡볶이
후각적 심상	비릿한 바다 냄새
촉각적 심상	부드러운 고양이의 털, 서느런 옷자락
공감각적 심상	푸른 종소리, 반짝반짝 들리는 별들의 속삭임.

7. 다양한 표현 방법

비유하기*	직유법	'~처럼, ~인 듯, ~같이' 등의 말을 사용하여 원관념과 보조 관념을 직접 연결하여 빗대는 방법 예 사과 같은 내 얼굴
	은유법	'A는 B이다'의 형식으로 원관념을 보조 관념에 빗대어 표현하는 방법 예 내 마음은 호수요.
	의인법	사람이 아닌 대상을 사람처럼 표현하는 방법 예 돌담에 속삭이는 햇발
	활유법	무생물을 생물인 것처럼 빗대어 표현하는 방법 예 훨훨훨 깃을 치는 청산
	풍유법	표현하고자 하는 내용을 속담이나 격언, 우화 등을 이용하여 표현하는 방법 예 호랑이도 제 말하면 온다더니…
	대유법	표현 대상의 일부분이나 속성만으로 전체를 나타내는 방법 예 사람은 빵만으로 살 수 없다.

음보
끊어 읽는 말의 단위

비유하기
표현하려는 대상을 그와 유사한 다른 사물에 빗대어 표현하는 방법

강조*하기	과장법	표현하고자 하는 대상보다 훨씬 크거나 작게 표현하는 방법 예 배가 남산만큼 커졌다.
	반복법	같은 구절을 반복하는 방법 예 산에는 꽃이 피네. 꽃이 피네.
	점층법	표현하고자 하는 대상의 범위를 점점 확대시키는 방법 예 나를 다스리고, 가정을 다스리고, 나라를 다스려야 한다.
	점강법	표현하고자 하는 대상의 범위를 점점 축소시키는 방법 예 세계에서 나라에서 학교에서 가정에서 제 할 일을 다 해야 한다.
	영탄법	감탄사를 활용하여 감정을 높이는 방법 예 청춘아!
	열거법	서로 연관이 있는 말들을 나열하는 방법 예 기쁘고, 슬프고, 사랑하고, 미워하는 것들이 모두 느낌의 움직임이다.
	연쇄법	바로 앞 구절의 끝말을 뒤 구절의 첫말로 연결하여 글을 이어나가는 방법 예 원숭이 엉덩이는 빨개, 빨간 것은 사과, 사과는 맛있어.
변화*주기	반어법	표현하고자 하는 의미의 반대로 표현하는 방법 예 (0점인 시험지를 보고) 잘 했다~
	역설법	표면적으로는 이치에 어긋나는 것처럼 보이지만 그 속에 진리가 담겨있는 표현 예 먹어서 죽는다. / 소리 없는 아우성
	설의법	평서문으로 끝날 내용을 의문형으로 변화시킨 표현 예 가난하다고 해서 사랑을 모르겠는가.
	대구법	비슷한 문장 구조를 반복하는 방법 예 돌담에 속삭이는 햇발같이 풀 아래 웃음짓는 샘물같이
	생략법	글의 일부분을 생략하여 표현 효과를 더해 주는 방법 예 분분한 낙화……
	돈호법	사람이나 사물을 불러 독자의 주의를 환기시키는 방법 예 청춘!, 님이시여!

강조하기
표현하려는 대상을 강하게 표현하여 뜻을 인상깊게 전달하는 방법

변화주기
문장에 변화를 주어 단조로움을 피하거나 지루함을 없애 문장을 효과적으로 표현하는 방법

8. 상징

사물이나 추상적*인 원관념을 겉으로 드러내지 않고 구체적인 사물로 표현하는 방법이다.

추상적
어떤 사물이 직접 경험할 수 있는 형태・성질을 갖추지 않아 막연한 것. 구체성이 없는 것.

9. 상징의 종류

관습적* 상징	특정 사회나 문화 속에서 오랜 세월 동안 사용되어 관습적으로 보편화된 상징 예 비둘기 - 평화 / 소나무 - 절개
개인적 상징	시인이 시 속에서 독창적으로 창조한 상징 예 별 - 양심, 이상 눈 - 희망, 위로

10. 상징의 효과

상징을 통해 본래의 의미가 아닌 새로운 의미를 제시하여 시의 의미를 더욱 풍부하게 한다.

11. 은유와 상징의 차이

① 은유 : 원관념과 보조 관념을 작품 표면에 직접 제시한다.
② 상징 : 원관념은 숨기고 작품 표면에 보조 관념만 제시한다.

12. 시를 감상하는 태도

① 시어의 함축적* 의미를 생각하며 읽기
② 비유적인 표현의 의미를 파악하며 읽기
③ 시적 화자가 전달하려는 정서를 느끼며 읽기
④ 시어가 주는 음악적 아름다움을 느끼며 읽기

13. 시의 화자(시적 자아, 말하는 이)

① 작품 속에서 시인을 대신하여 시인의 정서와 생각을 드러내는 목소리의 주인공을 말한다.
② 시적 화자는 시인 자신일 수도 있고, 아닐 수도 있다.

14. 시의 어조

① 어조 : 시의 제재나 독자에 대한 시적 화자의 태도로 시적 화자의 목소리를 의미한다.
② 역할 : 시의 분위기나 정서를 형성한다.

관습적
어떤 사회에서 오랫동안 지켜 내려와 사회 구성원들이 널리 인정하는 풍습에 따르는 것

함축적
사전에 풀이된 뜻과 다른 새로운 의미를 갖는 시어의 특성
예 '눈'의 사전적 의미는 '대기 중의 수증기가 찬 기운을 만나 얼어서 땅 위로 떨어지는 얼음의 결정체'이다. 그러나 시 속에서 '눈'은 '희망, 위로'가 되기도 하고 '시련, 고난'이 되기도 하는데 이것을 함축적 의미라 한다.

가는 길 _ 김소월

핵/심/정/리

- 갈래 : 자유시, 서정시
- 성격 : 민요적, 애상적, 전통적, 여성적
- 운율 : 내재율
- 주제 : 임에 대한 그리움과 이별에 대한 아쉬움.

그립다

말을 할까

하니 그리워.

그냥 갈까

그래도

다시 더 한 번 …….

선정(先情)

㉠ 저 산에도 까마귀, 들에 까마귀
이별을 재촉하는 존재, 객관적 상관물
서산(西山)에는 해 진다고

지저귑니다.

앞강물, 뒷강물
이별을 재촉하는 존재, 객관적 상관물
흐르는 물은
멈추지 않고 흘러감
어서 따라 오라고 따라 가자고

흘러도 연달아 흐릅디다려.

후경(後景)

만/점/포/인/트

1. 시상 전개 방식 : 선정후경(先情後景)*
   ① 선정(1~2연) : 시적 화자의 그리움과 망설임.
   ② 후경(3~4연) : 이별을 재촉하는 까마귀와 강물

2. 객관적 상관물*

까마귀	이별을 재촉함.
강물	• 이별을 재촉함. • 머무르지 않고 흘러가는 시간과 삶.

▶ 선정후경(先情後景)
화자의 정서를 먼저 이야기한 후 주위 경치를 이야기하는 구성법이다. 한시에서는 반대로 先景後情(주위 경치를 먼저 이야기하고 화자의 정서를 나중에 이야기하는 구성)의 방식을 사용한다.

▶ 객관적 상관물
시인의 정서를 구체화해 주는 대상물로 화자의 정서를 강조하기 위한 소재

바로바로 체크

(1) 시인의 정서를 구체화해 주는 대상물로 화자의 정서를 강조하기 위한 소재를 무엇이라 하는가?
❶ 선정후경
❷ 객관적 상관물
❸ 감정이입
❹ 운율

(2) 시에서 앞에는 정서를, 뒤에는 경치에 대한 묘사를 하는 시상 전개 방식은?
❶ 선정후경
❷ 의인법
❸ 대구법
❹ 직유법

정답 (1) ❷
(2) ❶

기/출/문/제 Check!

정답 및 해설 2p

01 ㉠과 같은 표현 방법을 사용한 것은?

① 나는 한 마리 어린 짐승
② 밥티처럼 따스한 별들이
③ 해야, 고운 해야. 해야 솟아라.
④ 하늘 밑 푸른 바다가 가슴을 열고

꽃 _ 김춘수

핵/심/정/리

- 갈래 : 자유시, 서정시
- 성격 : 철학적, 관념적, 상징적
- 운율 : 내재율
- 제재 : 꽃
- 주제 : 존재의 본질 구현에 대한 소망

내가 그의 이름을 불러 주기 전에는
대상 사물의 존재를 인식하는 행위, 의미를 부여하는 행위
그는 다만
하나의 몸짓에 지나지 않았다.
무의미한 존재

내가 그의 이름을 불러 주었을 때
의미를 부여하였을 때
그는 나에게로 와서
꽃이 되었다.
의미 있는 존재

내가 그의 이름을 불러준 것처럼
나의 이 빛깔과 향기에 알맞은
누가 나의 이름을 불러다오.
존재의 가치를 인정받고자 함
그에게로 가서 나도
그의 꽃이 되고 싶다.
의미 있는 존재가 되기를 바람

우리들은 모두
무엇이 되고 싶다.
상호간의 의미 있는 존재
너는 나에게 나는 너에게
잊혀지지 않는 하나의 눈짓이 되고 싶다.
상호간의 의미 있는 존재

(음영) 의미 있는 존재

만/점/포/인/트

1. '이름'을 부른다는 것의 의미

몸짓		꽃, 눈짓
무의미한 존재	→ 이름을 부름 →	유의미한 존재

2. 인식 대상의 확대

① 인식의 대상이 '나 → 너 → 우리'로 확대되고 있다.
② 존재의 본질에 대한 화자의 소망이 '우리'로 확대되고 있다.
③ 우리 모두가 다른 사람에게 유의미한 존재가 되기를 희망함.

나룻배와 행인 _ 한용운

핵/심/정/리

- 갈래 : 자유시, 서정시
- 성격 : 상징적, 여성적
- 운율 : 내재율
- 제재 : 나룻배와 행인
- 주제 : 인내와 희생을 통한 참된 사랑의 실천

나는 나룻배
은유법
당신은 행인

당신은 흙발로 나를 ㉠ 짓밟습니다.
당신의 태도 – 무심함
나는 당신을 안고 물을 ㉡ 건너갑니다.
나는 당신을 ㉢ 안으면 깊으나 옅으나 급한 여울이나 건너갑니다.
'나'의 태도 – 희생적

만일 당신이 아니 오시면 나는 바람을 쐬고 눈비를 맞으며 밤에서 낮까지
바람, 눈비 – 고난, 시련
당신을 기다리고 있습니다.
당신은 물만 건너면 나를 돌아보지도 않고 가십니다 그려.
그러나 당신이 언제든지 오실 줄만은 알아요.
주제행(거자필반)*
나는 당신을 ㉣ 기다리면서 날마다 날마다 낡아갑니다.
'나'의 태도 – 희생적, 기다림, 인내

나는 나룻배
당신은 행인

수미상관

거자필반(去者必返)
'떠나간 사람은 반드시 돌아온다'는 의미

만/점/포/인/트

1. 사용된 표현 방법
   ① 수미상관*
   ② 은유법(나는 나룻배, 당신은 행인)

2. 시적 화자의 태도
   ① 당신에 대해 헌신적인 태도를 보임.
   ② 당신이 돌아올 것이라 믿고 기다림.

3. '당신'에 대한 '나'의 태도와 '나'에 대한 '당신'의 태도

'당신'에 대한 '나'의 태도
헌신적, 희생적, 기다림.

'나'에 대한 '당신'의 태도
무심함, 무관심함.

▶ 수미상관
시의 처음과 마지막에 같거나 비슷한 구절을 반복하는 방법이다. 운율을 형성하고, 의미를 강조하며, 구조적 안정감과 여운을 준다.

기/출/문/제 Check!

정답 및 해설 2p

02 이 시에 대한 설명으로 가장 적절한 것은?

① 7·5조 운율을 형성하고 있다.
② 동일한 시어를 반복하고 있다.
③ 후각적 심상을 사용하고 있다.
④ 의태어, 의성어가 나타나고 있다.

03 ㉠~㉣ 중에서 행위의 주체가 <u>다른</u> 것은?

① ㉠　　② ㉡　　③ ㉢　　④ ㉣

04 '나는 나룻배'와 같은 표현 방법을 사용한 것은?

① 내 마음은 호수요.
② 자세히 보아야 예쁘다.
③ 죽어도 아니 눈물 흘리오리다.
④ 오늘 하루 하늘을 우러르고 싶다.

바로바로 체크

(1) 시의 앞과 뒤에 비슷한 구조를 반복하는 표현 방법은 무엇인가?

(2) '나는 나룻배'에 사용된 표현법은 무엇인가?

(3) 시련과 고난을 상징하는 시어는 무엇인가?

정답 (1) 수미상관
(2) 은유법
(3) 급한 여울, 바람, 눈비

낙화 _ 이형기

핵/심/정/리

- 갈래 : 자유시, 서정시
- 성격 : 비유적, 성찰적
- 제재 : 낙화
- 주제 : 이별을 통한 영혼의 성숙

가야 할 때가 언제인가를
죽음, 이별의 순간
분명히 알고 가는 이의
뒷모습은 얼마나 아름다운가.
자연의 섭리에 순종하는 낙화의 모습이 아름답다

봄 한철
격정을 인내한
개화
나의 사랑은 지고 있다.
은유법 (원관념: 꽃잎)

분분한 낙화……
결별이 이룩하는 축복에 싸여
역설
지금은 가야 할 때,

무성한 녹음과 그리고
머지않아 열매 맺는
가을을 향하여
성숙과 결실의 계절

나의 청춘은 꽃답게 죽는다.
은유법 (원관념: 꽃잎)

헤어지자
섬세한 손길을 흔들며
의인법
하롱하롱 꽃잎이 지는 어느 날

나의 사랑, 나의 결별,
은유 – 꽃　은유 – 낙화
샘터에 물 고이듯 성숙하는
내 영혼의 슬픈 눈.

만/점/포/인/트

1. 화자의 정서와 태도

① 관조적 어조 : 낙화 장면을 담담하게 수용하는 관조적인 태도

② 성숙한 태도 : 이별을 낙화와 같은 자연의 섭리로 받아들이는 성숙한 태도

2. 하강적 시어

'낙화, 결별, 지고 있다, 죽는다' 등의 하강적 시어들을 사용하여 쓸쓸하고 안타까운 분위기를 자아내고 있음.

3. 역설적 표현

'결별이 이룩하는 축복'이라는 역설적인 표현을 통해 이별의 아름다움을 보여 줌.

돌담에 속삭이는 햇발 _ 김영랑

핵/심/정/리

- 갈래 : 자유시, 서정시
- 배경 ┌ 시간 : 봄
  └ 공간 : 길
- 성격 : 감각적, 음악적, 서정적, 낭만적
- 제재 : 봄 하늘
- 운율 : 내재율
- 주제 : 봄 하늘에 대한 동경과 예찬

㉠ 돌담에 속삭이는 햇발같이
(의인법, 직유법)
풀 아래 웃음짓는 샘물같이
(의인법, 직유법)
내 마음 고요히 고운 봄 길 위에
(계절적 · 공간적 배경)
오늘 하루 하늘을 우러르고 싶다.
(동경의 대상)

새악시 볼에 떠오는 부끄럼같이

시의 가슴에 살포시 젖는 물결같이
(은유법(곱고 순수한 마음, 시의 정서가 가득한 마음))
보드레한 에메랄드 얇게 흐르는

실비단 하늘을 바라보고 싶다.

대구법
(1연과 2연의 구조 반복)

만/점/포/인/트

1. 사용된 표현 방법
① 직유법 : ~같이
② 은유법 : 시의 가슴
③ 대구법 : 1연과 2연의 구조 반복
④ 의인법 : 돌담에 속삭이는 햇발, 풀 아래 웃음짓는 샘물

2. 운율 형성 요소
① 3음보의 율격을 반복
② 울림소리*(ㄴ, ㅁ, ㅇ, ㄹ)를 반복적으로 사용
③ 문장 구조의 반복(~에 ~는 ~같이, ~고 싶다)
④ 일정한 위치에서 같은 소리를 반복(~는, ~같이, ~고 싶다)

울림소리
발음할 때 목청의 떨림이 있는 소리로 자음 중 ㄴ, ㅁ, ㅇ, ㄹ이 이에 해당한다. 부드럽고 매끄러운 느낌이 들며, 밝고 경쾌한 분위기를 형성한다.

기/출/문/제 Check!

정답 및 해설 2p

05 밑줄 친 ㉠과 같은 표현법이 쓰인 것은?

① 오월은 계절의 여왕이다.
② 인생은 짧고, 예술은 길다.
③ 죽어도 아니 눈물 흘리오리다.
④ 꽃 핀 것처럼 환하게 밝아진다.

06 위 시에 대한 이해로 적절하지 않은 것은?

① 울림소리 'ㄹ'을 많이 사용하였다.
② 다양한 감각적 표현이 두드러진다.
③ 우리말의 아름다움을 살린 시어가 쓰였다.
④ 문장을 질문 형식으로 종결하여 여운을 주었다.

07 위 시에서 다음에 해당하는 시어는?

말하는 이가 바라보고 싶은 대상

① 풀 ② 돌담 ③ 하루 ④ 하늘

바로바로 체크

(1) 1연과 2연의 구조가 반복되는 표현법은?
❶ 은유법
❷ 대구법
❸ 영탄법
❹ 역설법

(2) 울림소리에 해당하지 않는 것은?
❶ ㄴ
❷ ㅇ
❸ ㅅ
❹ ㅁ

(3) 이 작품의 주제는 '봄 하늘에 대한 동경과 예찬'이다. (O | X)

정답 (1) ❷
(2) ❸
(3) O

동해바다 – 후포에서 _ 신경림

핵/심/정/리

- 갈래 : 자유시, 서정시
- 성격 : 성찰적, 사색적, 교훈적
- 운율 : 내재율
- 제재 : 동해바다
- 주제 : 동해바다처럼 넓은 마음을 갖고 싶은 소망

친구가 원수보다 더 미워지는 날이 많다.

티끌만한 잘못이 맷방석만하게

동산만하게 커 보이는 때가 많다.

: 점층법

그래서 세상이 어지러울수록

각박한 현실

남에게는 엄격하고 내게는 너그러워지나 보다.

돌처럼 잘아지고 굳어지나 보다.

직유법

➡ 1연 : 타인에게 엄격하고 자신에게 너그러운 과거 모습

멀리 동해바다를 내려다보며 생각한다.

자아 성찰의 매체

널따란 바다처럼 너그러워질 수는 없을까

직유법

깊고 짙푸른 바다처럼

직유법

감싸고 끌어안고 받아들일 수는 없을까

스스로는 억센 파도로 다스리면서

은유법(원관념 : 자신을 수양할 수 있는 채찍질)

제 몸은 맵고 모진 매로 채찍질하면서

➡ 2연 : 타인에게 너그럽고 자신에게 엄격한 삶에 대한 소망

만/점/포/인/트

1. 대조적 의미

돌		동해바다
• 작고 단단하며 강한 속성 • 너그럽게 대처하지 못하는 소심하고 옹졸한 존재	↔	• 매우 넓고 깊음, 파도가 침. • 외부를 감싸 안는 포용력 있는 존재 • 자신을 엄격하게 다스리는 존재

2. 화자가 바라는 모습

- 바다처럼 넓은 모습
- 파도로 자신을 채찍질하는 바다처럼 스스로를 단련할 수 있는 성숙한 사람

먼 후일 _ 김소월

먼 훗날 당신이 찾으시면
그때에 내 말이 "잊었노라."
반어법*

당신이 속으로 나무라면
"무척 그리다가 잊었노라."
당신에 대한 그리움, 반어법

그래도 당신이 나무라면
"믿기지 않아서 잊었노라."

오늘도 어제도 아니 잊고
화자의 본심
먼 훗날 그때에 "잊었노라."*

핵/심/정/리

- 갈래 : 서정시, 자유시
- 성격 : 민요적, 애상적
- 운율 : 3음보
- 제재 : 임과의 이별
- 주제 : 떠난 임에 대한 그리움.
- 특징 : ❶ 미래 상황을 가정한 표현
  ❷ 임을 간절히 그리워하고 기다리는 마음을 반어적 표현을 통해 극대화

반어법
하고자 하는 말과 반대되는 말을 이용하여 의미를 강조하는 표현 방법

잊었노라
"잊었노라" → "무척 그리다가 잊었노라" → "믿기지 않아서 잊었노라" → "오늘도 어제도 아니 잊고 먼 훗날 그때에 잊었노라" // '반어법'을 사용한 것뿐만 아니라, 그 의미를 점차 확대시킨 '점층법'을 함께 사용하여 잊지 못한다는 화자의 마음을 더욱 강조하고 있다.

만/점/포/인/트

1. 반어적 표현

잊지 못한 화자의 마음을 '잊었노라'라고 반어적으로 더 강하게 표현함.

2. 운율

3음보의 민요적 율격* 반복

3. 어조와 정서, 분위기

① 어조 : 여성적 어조, 경어체를 사용하여 전통적인 여인상을 자연스레 떠올리게 함.

② 정서 : 떠나간 임에 대한 그리움의 정서를 드러냄.

③ 분위기 : 애상적*인 분위기

3음보 민요적 율격
김소월 시의 대표적 특성으로 민요적 율격인 3음보를 통해 운율을 형성하며, 우리 민족의 보편적 정서인 '이별의 정한'을 노래하였다.

애상적
슬퍼하고 가슴 아파하는 것

바로바로 체크

(1) 이 시의 '잊었노라'에 해당하는 표현법은?
❶ 반어법
❷ 은유법
❸ 점층법
❹ 영탄법

(2) 이 시는 (　　)음보의 민요적 율격이 반복된다.

(3) 이 시는 떠나간 임을 원망하고 증오하고 있다. (○ | ×)

정답 (1) ❶
(2) 3
(3) X

모진 소리 _ 황인숙

모진 소리를 들으면

내 입에서 나온 소리가 아니더라도

내 귀를 겨냥한 소리가 아니더라도

모진 소리를 들으면

가슴이 쩌엉한다.
시적 허용

온몸이 쿡쿡 아파 온다.

누군가의 온몸을

가슴속부터 쩡 금 가게 했을

모진 소리
모진 소리로 마음에 상처받는 모습을 표현함

감각적 이미지를 사용하여 모진 소리가 마음에 상처를 주는 것을 표현함.

나와 헤어져

덜컹거리는 지하철에서

고개를 수그리고

내 모진 소리를 자꾸 생각했을

내 모진 소리에 무수히 *정 맞았을 — 대구법
마음에 상처를 받았을

누군가를 생각하면

모진 소리,

늑골에 정을 친다.
마음에 상처를 받는 것을 비유적으로 표현함.(타인의 아픔에 공감 ➜ 자신의 행동에 대한 후회)

쩌어엉 세상에 금이 간다.
모진 소리가 자신과 타인과 세상을 아프게 함

핵/심/정/리

- 갈래 : 현대시
- 제재 : 모진 소리
- 주제 : 모진 소리는 나와 타인과 세상을 아프게 한다.
- 어조 : 단정적 태도

정
돌에 구멍을 뚫거나 돌을 쪼아서 다듬는 쇠로 만든 연장

만/점/포/인/트

1. 의태어와 의성어의 사용

사용된 의성어 의태어	효과
• 쿡쿡 • 쩡	모진 소리에 상처받는 마음을 인상적으로 표현할 수 있음.

2. 시적 허용

① 시적 허용의 뜻 : 시에서 정서를 표현하고 운율적 효과를 위해서 의도적으로 맞춤법이나 띄어쓰기에 어긋나는 표현을 사용하는 것

② 사용된 부분 : 쩌엉한다. 쩌어엉

3. 표현상 특징

① 화자의 시선 이동 : 외부적 상황 ➜ 내면적 성찰

② 시상 확장 : 개인의 문제 ➜ 사회 전체 문제

봄길 _정호승

핵/심/정/리

- 갈래 : 자유시, 서정시
- 성격 : 역설적, 의지적, 희망적
- 제재 : 봄길
- 주제 : 시련을 극복하고 스스로 사랑을 찾기 위해 노력하는 삶의 태도

길이 끝나는 곳에서도

길이 있다.
역설적 표현– 절망적인 상황에서도 희망이 있음

길이 끝나는 곳에서도

길이 되는 사람이 있다.
역설적 표현 – 절망적인 상황에서도 희망을 잃지 않는 사람이 있음

스스로 봄길이 되어
희망의 공간, 긍정적 공간, 절망 속에서도 좌절하지 않는 화자의 긍정적인 태도를 드러냄

끝없이 걸어가는 사람이 있다.

강물은 흐르다가 멈추고

새들은 날아가 돌아오지 않고

하늘과 땅 사이의 모든 꽃잎은 흩어져도

보라.

사랑이 끝난 곳에서도

사랑으로 남아 있는 사람이 있다.
역설적 표현 – 희망이 없는 곳에서도 다른 이에게 사랑을 베푸는 사람이 있음

스스로 사랑이 되어

한없이 봄길을 걸어가는 사람이 있다.

만/점/포/인/트

1. 표현상의 특징

① 역설법 : 겉으로는 뜻이 모순되고 이치에 맞지 않는 것 같지만, 그 속에 진리를 담고 있는 표현

② 역설법이 사용된 부분

- 길이 끝나는 곳에서도 / 길이 있다.
- 길이 끝나는 곳에서도 / 길이 되는 사람이 있다.
- 사랑이 끝난 곳에서도 / 사랑으로 남아 있는 사람이 있다.

2. 구절의 의미

구절	의미
• 길이 끝나는 곳에서도 길이 되는 사람 • 스스로 봄길이 되어 끝없이 걸어가는 사람 • 사랑이 끝난 곳에서도 사랑으로 남아 있는 사람 • 스스로 사랑이 되어 한없이 봄길을 걸어가는 사람	절망적인 상황에서도 희망을 잃지 않는 사람

배추의 마음 _ 나희덕

핵/심/정/리

- 갈래 : 자유시, 서정시
- 성격 : 자연 친화적
- 제재 : 배추
- 주제 : 자연과의 교감을 통해 느끼는 생명의 가치

배추에게도 마음이 있나 보다.
(의인법)
씨앗 뿌리고 농약 없이 키우려니
(자연 친화적 태도)
하도 자라지 않아
가을이 되어도 헛일일 것 같더니
여름내 밭둑 지나며 잊지 않았던 말
– 나는 너희로 하여 기쁠 것 같아.
– 잘 자라 기쁠 것 같아.
(대화체)

(음영: 시간의 흐름(여름 → 늦가을))

늦가을 배추 포기 묶어 주며 보니
그래도 튼실하게 자라 속이 꽤 찼다.
– 혹시 배추벌레 한 마리
이 속에 갇혀 나오지 못하면 어떡하지?
(작은 생명도 소중히 여기는 화자의 마음)
꼭 동여매지도 못하는 ㉠ 사람 마음이나
「배추벌레에게 반 넘어 먹히고도
속은 점점 순결한 잎으로 차오르는
㉡ 배추의 마음」이 뭐가 다를까.
㉮ 배추 풀물이 사람 소매에도 들었나 보다.
(주제 행(자연과 인간의 동화))

「 」: 자신을 희생하는 배추

만/점/포/인/트

1. 사용된 표현 방법

① 의인법 : 배추에게도 마음이 있나 보다, 배추의 마음

② 설의법* : 배추의 마음이 뭐가 다를까

2. 시상 전개 방법

시간의 흐름(여름 ~ 늦가을)

3. 특징

① 자연물(배추)을 의인화하여 인간과 정서적 교감을 보여 줌.

② 작은 생명도 소중히 여기는 화자의 마음을 알 수 있음.

③ 일상적 소재로 생명의 가치에 대한 깨달음을 보여 줌.

4. 주제 행

배추 풀물이 사람 소매에도 들었나 보다. (자연 친화적)

5. 화자와 배추의 마음

화자의 마음	배추벌레가 갇힐까봐 염려함.
배추의 마음	배추벌레에게 먹히면서도 속이 차오름.

⬇

공통점 : 다른 대상을 배려하고, 생명을 소중히 여김.

설의법
평서형으로 끝날 문장을 의문형으로 바꾸어 전하고자 하는 의미를 강조하는 표현 방법
예 가난하다고 사랑을 모르겠는가

바로바로 체크

(1) '배추에게도 마음이 있나 보다'에 사용된 표현법은?

(2) 계절적 배경을 나타내는 시어는?

정답 (1) 의인법
(2) 여름, 늦가을

기/출/문/제 Check!

정답 및 해설 2p

08 위와 같은 글의 특징으로 알맞은 것은?

① 장면 단위로 구성한다.
② 정확한 사실을 제시한다.
③ 객관적인 입장에서 서술한다.
④ 운율이 있는 언어로 표현한다.

09 시에서 말하는 이가 사람처럼 대하고 있는 대상은?

① 배추 ② 농약
③ 가을 ④ 밭둑

10 ㉮에서 느껴지는 감각적 심상으로 가장 적절한 것은?

① 미각적 심상 ② 시각적 심상
③ 청각적 심상 ④ 후각적 심상

11 ㉠과 ㉡의 공통점으로 가장 적절한 것은?

① 상대방을 배려한다.
② 누군가를 그리워한다.
③ 주어진 환경을 원망한다.
④ 다른 사람의 처지를 부러워한다.

봄은 _ 신동엽

봄은
통일, 통일의 시대
남해에서도 북녘에서도
남해, 북녘 – 외부 세력
오지 않는다.
단정적 어조*

너그럽고

빛나는

봄의 그 눈짓은,
통일의 기운 – 의인법
제주에서 두만까지
우리나라, 국토 – 대유법
우리가 디딘

아름다운 논밭에서 움튼다.
우리나라, 국토 – 대유법

겨울은,
분단의 현실
바다와 대륙 밖에서
외부 세력
그 매서운 눈보라 몰고 왔지만

이제 올

너그러운 봄은, 삼천리 마을마다
우리나라, 국토 – 대유법
우리들 가슴 속에서
통일의 주체 - 우리 민족
움트리라.

움터서,

강산을 덮은 그 미움의 쇠붙이들
우리나라, 국토 – 대유법 군사적 대립, 불신
㉠ 눈 녹이듯 흐물흐물

녹여 버리겠지.
민족의 동질성 회복

핵/심/정/리

- 갈래 : 자유시, 현실 참여시*
- 성격 : 의지적, 현실 참여적
- 운율 : 내재율
- 제재 : 봄
- 주제 : 자주적 · 평화적 통일에 대한 간절한 염원

현실 참여시
1960년대 시의 대표적 경향으로 현실에 대한 비판이나 이를 극복하려는 노력, 정치나 사회 문제에 참여하는 마음을 담은 시들을 말한다. 이 시는 남북 분단의 현실에 대한 비판과 함께 평화적 · 자주적 통일에 대한 의지와 확신을 표현하였다.

단정적 어조
화자는 단호한 어조를 사용하여 '평화적 통일'이 반드시 올 것이라고 단정하고, 그래야 함을 독자들에게 설득하고 있다.

대유법
사물의 한 부분이나 특징 등을 들어 그 전체를 나타내는 표현 방법으로 크게 제유법과 환유법으로 나뉜다.
❶ 제유법 : 한 부분으로 그 사물 전체를 나타내는 방법
예 '사람은 빵만으로 살 수 없다' 빵 - 식량
❷ 환유법 : 밀접한 관련이 있는 명칭을 빌려와 대상을 비유하는 방법
예 '문단속을 하지 않으면 밤손님이 온다.' 밤손님 - 도둑

바로바로 체크

(1) '봄'에 함축된 의미는?
❶ 겨울 다음에 오는 계절
❷ 우리 민족의 분단
❸ 외세의 침략
❹ 통일의 시대

(2) 군사적 대립과 불신을 뜻하는 시어는?

(3) 이 시는 자주적 통일에 대한 간절한 염원을 담고 있다. (O | X)

정답 (1) ❹
(2) 미움의 쇠붙이들
(3) O

만/점/포/인/트

1. 상징적 의미의 시어

시어 및 시구	의미
• 남해 • 북녘 • 바다와 대륙 밖	외부 세력
• 제주에서 두만 • 아름다운 논밭 • 삼천리 마을 • 강산	우리나라, 우리 국토
미움의 쇠붙이들	군사적 대립과 긴장

2. 대조적 의미의 시어와 창작 의도

봄	↔	겨울
통일		분단의 상황

⬇

창작 의도	우리 민족의 자주적 · 평화적 통일에 대한 소망

3. 화자의 어조

단정적, 확신에 찬 어조 : 통일에 대한 의지와 확신을 드러냄.

4. 사용된 표현 방법

① 대유법* : 제주에서 두만, 아름다운 논밭, 삼천리 마을, 강산
② 의인법 : 봄의 그 눈짓

기/출/문/제 Check!

정답 및 해설 2p

12 ㉠과 같은 표현법이 쓰인 것은?

① 내 마음은 호수요
② 샘터에 물 고인 듯
③ 소리 없는 아우성
④ 뒷모습은 얼마나 아름다운가

13 다음 밑줄 친 구절과 심상이 같은 것은?

> 뻐꾸기 영 우에서 / <u>한나절 울음 운다.</u>

① 별들이 많이 떴다.
② 접동새 소리
③ 밥 짓는 냄새
④ 밥티처럼 따스한 별

봄은 고양이로다 _ 이장희

핵/심/정/리

- 갈래 : 자유시, 서정시
- 성격 : 감각적, 비유적, 묘사적, 서정적, 상징적
- 제재 : 봄, 고양이
- 주제 : 고양이의 모습을 통해 보는 봄의 모습

꽃가루와 같이 부드러운 고양이의 털에
직유법, 촉각적 심상
고운 봄의 향기가 어리우도다.
후각적 심상

➡ 고양이의 털을 통해 느낀 봄의 향기

금방울과 같이 호동그란 고양이의 눈에
직유법, 시각적 심상
미친 봄의 불길이 흐르도다.
시각적 심상, 봄의 생명력

➡ 고양이의 눈을 통해 느낀 봄의 생명력

고요히 다물은 고양이의 입술에

포근한 봄의 졸음이 떠돌아라.
촉각적 심상, 봄의 나른함

➡ 고양이의 입술을 통해 느낀 봄의 나른함

날카롭게 쭉 뻗은 고양이의 수염에
시각적 심상
푸른 봄의 생기가 뛰놀아라.

➡ 고양이의 수염을 통해 느낀 봄의 생동감

만/점/포/인/트

1. 사용된 표현 방법

① 은유법 : 봄은 고양이로다

② 직유법 : 꽃가루와 같이, 금방울과 같이

2. 운율 형성 요소

문장 구조의 반복 (~에 ~도다, ~에 ~아라)

3. 다양한 심상 사용

① 시각적 심상 : 금방울과 같이 호동그란, 고요히 다물은, 푸른 봄의 생기, 미친 봄의 불길, 날카롭게 쭉 뻗은

② 후각적 심상 : 고운 봄의 향기

③ 촉각적 심상 : 꽃가루와 같이 부드러운, 포근한 봄의 졸음.

4. 고양이에 대한 묘사와 봄의 관계

봄의 모습을 고양이의 신체 부위에 비유하여 감각적으로 표현

고양이의 털	고운 봄의 향기
고양이의 눈	미친 봄의 불길
고양이의 입술	포근한 봄의 졸음
고양이의 수염	푸른 봄의 생기

바로바로 체크

(1) 윗글에 등장하는 심상이 아닌 것은?

❶ 시각적 심상
❷ 촉각적 심상
❸ 미각적 심상
❹ 후각적 심상

(2) 글쓴이는 고양이를 통해 봄의 모습을 바라보고 있다. (○ | ×)

정답 (1) ❸
(2) ○

새봄 _ 김지하

벚꽃 지는 걸 보니
가변성, 화려함, 덧없음
㉠ 푸른 솔이 좋아.
불변성, 꾸밈없음, 절개, 지조
푸른 솔 좋아하다 보니
각운* - 운율 형성

벚꽃마저 좋아.
주제 행(조화로운 삶의 아름다움)

대구법*(1, 2행과 3, 4행의 구조 반복)

핵/심/정/리

- 갈래 : 자유시, 서정시
- 배경 : 봄
- 성격 : 회화적, 교훈적, 함축적, 시각적
- 제재 : 벚꽃, 푸른 솔
- 운율 : 내재율
- 주제 : 조화로운 삶의 아름다움.

대구법
비슷한 구절을 반복하는 표현 방법으로 운율을 형성한다.

각운
시의 끝 부분에 반복적으로 제시되는 음절

만/점/포/인/트

1. 운율 형성 요소
   ① 동일한 문장 구조 반복 : ~보니, ~좋아
   ② 동일한 단어 반복 : 푸른 솔, 벚꽃

2. 대조적인 의미의 시어

벚꽃	↔	푸른 솔
연약함, 순간적, 화려함, 가변성		굳셈, 강인함, 불변성, 절개와 지조

기/출/문/제 Check! 정답 및 해설 2p

14 ㉠에 쓰인 심상과 다른 것은?

① 뻐꾹뻐꾹 울어 주면
② 노오란 배추꽃 이랑을
③ 뜰에는 반짝이는 금모래 빛
④ 흰 돛단배가 곱게 밀려서 오면

바로바로 체크

(1) 벚꽃과 대비되는 시어는?

(2) 1, 2행과 3, 4행의 구조가 반복되는 표현법은?

정답 (1) 푸른 솔
(2) 대구법

성북동 비둘기 _ 김광섭

핵/심/정/리

- 갈래 : 자유시, 서정시
- 성격 : 비판적, 상징적, 주지적, 우의적
- 제재 : 비둘기
- 주제 : 현대 문명에 의한 자연 파괴와 인간성 상실 비판

성북동 산에 번지가 새로 생기면서
인간의 삶의 터전(문명)
본래 살던 성북동 비둘기만이 번지가 없어졌다.
비둘기의 삶의 터전(자연)
새벽부터 돌 깨는 산울림에 떨다가
문명에 의한 자연 파괴 - 청각적 심상
가슴에 금이 갔다.
비둘기의 아픔 - 시각적 심상
그래도 성북동 비둘기는
하느님의 광장 같은 새파란 아침 하늘에
비둘기가 자유롭게 나는 공간 - 시각적 심상
성북동 주민에게 축복의 메시지나 전하듯
성북동 하늘을 한 바퀴 휘 돈다
비둘기의 모습 - 인간과 조화를 이루고자 함

성북동 메마른 골짜기에는
비둘기의 보금자리가 훼손됨
조용히 앉아 콩알 하나 찍어 먹을
널찍한 마당은커녕 가는 데마다
채석장 포성이 메아리쳐서
비둘기의 보금자리를 잃음
피난하듯 지붕에 올라앉아
아침 구공탄 굴뚝 연기에서 향수를 느끼다가
사람들과 어울려 살던 과거에 대한 그리움
산 1번지 채석장에 도루 가서
금방 따낸 돌 온기에 입을 닦는다.
문명에 의해 파괴된 자연을 그리워하는 비둘기의 행동 - 촉각적 심상

예전에는 사람을 성자처럼 보고
사람 가까이
사람과 같이 사랑하고
사람과 같이 평화를 즐기던
사랑과 평화의 새 비둘기는
이제 산도 잃고 사람도 잃고
사랑과 평화의 사상까지
낳지 못하는 쫓기는 새가 되었다.
과거와 현재의 모습을 비교하여 주제를 부각함

만/점/포/인/트

1. 시에 반영된 사회・문화적 배경

도시화・산업화가 급격하게 이루어지던 상황

2. 성북동 비둘기의 상황

① **과거** : 인간과 자연 속에서 삶을 함께 누렸음. 사람과 가까이에서 사랑하고 평화를 즐기는 새였음.

② **현재** : 삶의 터전을 잃고 과거를 그리워 함. 산도 사람도 잃고 사랑과 평화를 낳지 못하는 쫓기는 신세가 됨.

3. '성북동 비둘기'의 상징적 의미

- 도시화로 파괴된 자연
- 개발이라는 명목 하에 소외된 도시 하층민들
- 인간성이 파괴된 현실에서 살아가는 현대인

새로운 길 _ 윤동주

핵심정리

- 갈래 : 자유시, 서정시
- 성격 : 상징적, 의지적
- 제재 : 길
- 주제 : 언제나 새로운 길(인생)을 가고자 하는 의지

내를 건너서 숲으로

고개를 넘어서 마을로

➥ 1연 : 길을 걸어 숲과 마을로 향하는 '나'

어제도 가고 오늘도 갈
쉬지 않고 나아가려는 화자의 의지적 태도
나의 길 새로운 길
인생, 삶

➥ 2연 : 언제나 새로운 마음으로 길을 걸어감.

민들레가 피고 까치가 날고

아가씨가 지나고 바람이 일고

▒ : 살아가며 만나는 존재들, 삶에 대해 희망을 주는 존재들

➥ 3연 : 길을 걸으며 만나는 존재들

나의 길은 언제나 새로운 길
새로운 마음으로 살아가려는 화자의 태도
오늘도 …… 내일도 ……

➥ 4연 : 앞으로도 새로운 마음으로 길을 걸어갈 것을 다짐함.

내를 건너서 숲으로

고개를 넘어서 마을로

▒ : 1연과 5연 – 수미상관

➥ 5연 : 길을 걸어 숲과 마을로 향하는 '나'

만/점/포/인/트

1. 운율 형성 요소

비슷한 시구 반복	어제도 가고 오늘도 갈
비슷한 문장 형식 반복	~를 ~서 ~로
동일한 연의 반복(수미상관)	1연과 5연의 반복
동일한 음운 반복	마을, 오늘, 길, 민들레 등 "ㄹ" 반복

2. 말하는 이의 상황과 태도

① 상황 : 매일 같은 길을 가고 있음.

② 태도 : 언제나 새로운 길을 갈 것임을 다짐함.

3. 시에 사용된 상징적 시어들의 의미

길	삶, 인생
내, 고개	시련, 고난
숲, 마을	평화
민들레, 까치, 아가씨, 바람	살아가며 만나게 되는 다양한 존재 삶에 대한 희망을 주는 존재

4. 표현상의 특징

① 대조적인 의미의 시어를 사용하여 의미를 강조함.
(내, 고개 ↔ 숲, 마을)

② 상징적인 소재를 통해 화자의 삶에 대한 태도를 드러냄.

③ 수미 상관의 구성을 사용함.

④ 같은 위치에서 같은 음을 반복하여 운율을 형성함.

서시 _ 윤동주

죽는 날까지 하늘을 우러러
자기 성찰의 매개체
한 점 부끄럼이 없기를,

잎새에 이는 바람에도
심리적인 갈등을 일으키는 존재
나는 괴로워했다.

별을 노래하는 마음으로
희망, 이상, 순결
모든 죽어 가는 것을 사랑해야지.
일제하의 우리 민족
그리고 나한테 주어진 길을
희생적인 선구자의 길
걸어가야겠다.
의지적 태도

오늘 밤에도 별이 바람에 스치운다.
일제 강점기　일제 강점하의 고난, 시련

핵/심/정/리

- 갈래 : 자유시, 서정시
- 성격 : 성찰적, 고백적, 의지적, 상징적, 참여적
- 어조 : 고백적, 의지적
- 제재 : 별
- 운율 : 내재율
- 주제 : 부끄러움이 없는 삶에 대한 소망과 의지

만/점/포/인/트

1. 시상 전개 방식

시간의 변화(과거 - 미래 - 현재)

2. 현실에 대한 화자의 태도

① 자신이 처한 현실에 대한 부정적 인식

② 현실의 어려움을 극복하려 함.

3. 대립적 이미지 시어

별	↔	바람
희망, 순결한 삶, 이상		시련, 고난

바로바로 체크

(1) 이 글의 시상 전개 방식은?

(2) 별과 대립되는 시어는?
❶ 하늘
❷ 바람
❸ 노래
❹ 밤

(3) 이 글의 화자는 현실에 안주하는 사람이다. (O | X)

정답 (1) 시간의 변화
(2) ❷
(3) X

성장 _ 이시영

성장의 주체, 자녀
바다가 가까워지자 어린 강물은 엄마 손을 더욱 꼭 그러쥔 채 놓지 않았습니다.
어린 강물이 나아가야 할 새로운 세상, 꿈을 실현할 넓은 세계 / 어린 강물의 두려움, 무서움

그러다가 그만 거대한 파도의 뱃속으로 뛰어드는 꿈을 꾸다 엄마 손을 아득히 놓치고 말았습니다.
험난한 현실 세계, 장애물

그래 잘 가거라 내 아들아. 이제부터는 크고 다른 삶을 살아야 된단다. 엄마 강물은 새벽강에 시린 몸을 한번 뒤채고는 오리처럼 곧 순한 머리를 돌려 반짝이는 은어들의 길을 따라 산골로 조용히 돌아왔습니다.
엄마의 걱정과 응원 / 부모 / 어린 강물의 성장을 위해 이별하고 돌아오는 엄마 강물

핵/심/정/리

- 갈래 : 산문시
- 성격 : 감각적
- 주제 : 성장에 대한 두려움과 기대감

만/점/포/인/트

1. 표현상의 특징
   ① 행의 구분 없는 줄글처럼 긴 문장으로 되어 있음.
   ② 다양한 표현 방법이 사용됨.

의인법	사람이 아닌 파도를 사람처럼 표현함.
직유법	엄마 강물은 ~ 오리처럼 곧 순한 머리를 돌려

2. 함축적인 시어

바다	꿈을 실현할 낯설고 드넓은 세계
파도	어린 강물이 겪을 험난함, 장애물, 시련

엄마 걱정 _ 기형도

열무 삼십 단을 이고

시장에 간 우리 엄마

안 오시네, 해는 시든 지 오래

㉠ 나는 찬밥*처럼 방에 담겨

촉각적 심상

아무리 천천히 숙제를 해도

엄마 안 오시네, 배춧잎 같은 ㉡ 발소리 타박타박

직유법

안 들리네, 어둡고 무서워

금간 창 틈으로 고요히 빗소리*

청각적 심상

빈 방에 혼자 엎드려 훌쩍거리던

아주 먼 옛날

지금도 내 눈시울을 뜨겁게 하는

그 시절, 내 유년의 윗목

유사한 시구의 반복 – 운율 형성

어린 시절을 회상함을 알 수 있는 시어

핵/심/정/리

- 갈래 : 자유시, 서정시
- 성격 : 회상적, 감각적, 애상적
- 제재 : 가난했던 어린 시절
- 운율 : 내재율
- 주제 : 시장에 간 어머니를 기다리던 외롭고 슬픈 어린 시절

찬밥
쓸쓸하게 혼자 남겨진 자신의 처지를 '찬밥'이라는 대상에 비유하여 촉각적인 심상으로 표현하고 있다.

빗소리
'금간 창 틈'은 가난한 가정 형편을 짐작할 수 있게 하고, 그 사이로 들리는 빗소리는 화자의 외로움을 더욱 부각시킨다.

만/점/포/인/트

1. 운율 형성 요소

유사한 시구의 반복 : 안 오시네, 안 오시네, 안 들리네

2. 사용된 표현 방법

① 활유법 : 해는 시든 지 오래

② 직유법 : 찬밥처럼

3. 다양한 심상 사용

① 촉각적 심상 : 찬밥, 유년의 윗목

② 청각적 심상 : 고요히 빗소리

4. 시의 정서와 분위기를 살려 주는 소재들

소재		정서와 분위기
찬밥, 금간 창 틈, 고요히 빗소리, 빈 방, 윗목	→	쓸쓸하고 외로운 분위기, 춥고 을씨년스러운 느낌.

바로바로 체크

(1) 쓸쓸하고 외로운 분위기를 느끼게 하는 시어는?

(2) '고요한 빗소리'에 담긴 심상은?

❶ 촉각적 심상
❷ 시각적 심상
❸ 청각적 심상
❹ 후각적 심상

정답 (1) 찬밥, 금간 창 틈, 빗소리, 빈 방, 윗목
(2) ❸

기/출/문/제 Check!

정답 및 해설 2p

15 ㉠에 나타나는 화자의 정서로 가장 적절한 것은?

① 안도감　② 뉘우침
③ 기대감　④ 쓸쓸함

16 ㉡과 동일한 심상이 나타난 것은?

① 향긋한 봄나물
② 새파란 쪽빛 하늘
③ 아가의 보드라운 뺨
④ 삐꾹삐꾹 우는 울음

17 윗글에 대한 설명으로 적절하지 않은 것은?

① 밝고 희망적인 분위기가 드러나고 있다.
② 시적 화자가 어린 시절을 회상하고 있다.
③ 혼자 말하는 듯한 어조를 사용하고 있다.
④ 비슷한 구절의 반복으로 운율을 형성하고 있다.

연탄 한 장 _ 안도현

또다른 말도 많지만

삶이란

나 아닌 그 누구에게

기꺼이 연탄 한 장이 되는 것
타인을 위해 희생하는 존재(은유법)

방구들 선득선득해지는 날부터 이듬해 봄까지
촉각적 심상
조선팔도 거리에서 제일 아름다운 것은

연탄차가 부릉부릉
청각적 심상
힘쓰며 언덕을 오르는 거라네.

해야 할 일이 무엇인가를 알고 있다는 듯이

연탄은, 일단 제 몸에 불이 옮겨 붙었다 하면

하염없이 뜨거워지는 것
타인에 대한 희생
매일 따스한 밥과 국물 퍼먹으면서도 몰랐네.
촉각적 심상
온몸으로 사랑하고 나면

한덩이 재로 쓸쓸히 남는 게 두려워
남을 위해 희생한 결과
여태껏 나는 그 누구에게 연탄 한 장도 되지 못하였네.
타인을 위해 희생하지 못한 자신의 모습을 반성

생각하면

삶이란

나를 산산이 으깨는 일

눈 내려 세상이 미끄러운 이른 아침에

나 아닌 그 누가 마음 놓고 걸어갈

그 길을 만들 줄도 몰랐었네. 나는
도치법 – 문장의 순서를 바꾸어 여운을 남김

핵/심/정/리

- 갈래 : 자유시, 서정시
- 성격 : 희생적, 헌신적, 성찰적, 반성적
- 운율 : 내재율
- 제재 : 연탄
- 주제 : 남을 위해 희생하는 삶의 아름다움과 자신의 삶에 대한 반성

만/점/포/인/트

1. 운율 형성 요소

종결어미 반복 : ~네

2. 사용된 표현 방법

① 도치법 : 그 길을 만들 줄도 몰랐었네. 나는

② 은유법 : 연탄 한 장

3. 다양한 심상 사용

① 촉각적 심상 : 따스한 밥과 국물

② 청각적 심상 : 연탄차가 부릉부릉

4. '연탄'을 통한 화자의 태도 변화

연탄		화자의 태도 변화
자아 성찰의 매개체, 이타적 · 헌신적 사랑	→	• 이기적인 삶을 반성함. • 연탄처럼 희생적인 삶을 살고자 함.

바로바로 체크

(1) 이 시의 주제는 자신만 생각하는 삶을 살고자 하는 의지이다. (O | X)

(2) '그 길을 만들 줄도 몰랐었네. 나는'에 사용된 표현법은?

(3) 화자의 태도를 변하게 한 매개체는?

정답 (1) X
(2) 도치법
(3) 연탄

우리가 눈발이라면 _ 안도현

우리가 눈발이라면
허공에서 쭈빗쭈빗 흩날리는
진눈깨비는 되지 말자.
부정적 의미(슬픔, 고통)
세상이 바람 불고 춥고 어둡다 해도*
화자의 인식 - 세상에 대한 부정적 인식
사람이 사는 마을
가장 낮은 곳으로
힘들게 살아가는 사람들이 있는 곳
따뜻한 함박눈이 되어 내리자.
긍정적 의미(희망, 위로)
우리가 눈발이라면
잠 못 든 이의 창문가에서는
편지가 되고
그이의 깊고 붉은 상처 위에 돋는
현실에서 느끼는 고통, 슬픔
새살이 되자.

• 시어의 함축적 의미

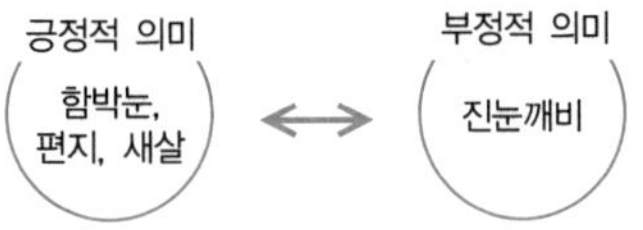

핵/심/정/리

- 갈래 : 자유시, 서정시
- 성격 : 현실 참여적, 의지적, 비유적, 상징적
- 운율 : 내재율
- 제재 : 눈발
- 주제 : 상처받고 소외된 이웃에게 희망과 사랑을 주는 삶을 살고자하는 소망

세상이 바람 불고 춥고 어둡다 해도

이 시구를 통해 세상에 대한 화자의 부정적인 시각을 알 수 있다. 화자는 세상을 차갑고 힘든 곳으로 여기고 있다.

만/점/포/인/트

1. 대조적 의미의 시어

긍정적 의미		부정적 의미
함박눈, 편지, 새살	↔	진눈깨비, 바람
행복, 기쁨, 위안, 희망		불행, 고통, 좌절

2. 운율 형성 요소

① 같은 시구의 반복 : 우리가 눈발이라면

② 청유형 어미의 반복 : ~자

3. 상징적인 시어

진눈깨비	어려운 이를 더 힘들고 우울하게 만드는 존재
함박눈, 편지, 새살	희망, 행복, 기쁨, 위로가 되는 존재
가장 낮은 곳	소외되고 외로운 사람들이 있는 곳

바로바로 체크

(1) '진눈깨비'와 대조되는 시어는?

(2) '진눈깨비'가 상징하는 것은?

(3) 이 시의 주제는 상처받고 소외된 이웃에게 희망과 사랑을 주는 삶을 살고자 하는 소망이다. (O | X)

정답 (1) 함박눈
(2) 어려운 이를 더 힘들고 우울하게 만드는 존재
(3) O

기/출/문/제 Check! 정답 및 해설 2p

18 이 시에서 함축적 의미가 비슷한 시어끼리 짝지어진 것은?

① 눈발, 바람, 편지
② 함박눈, 편지, 새살
③ 진눈깨비, 세상, 편지
④ 눈발, 진눈깨비, 함박눈

19 이 시의 화자에 대한 설명으로 가장 적절한 것은?

① 어린 시절을 동경한다.
② 돈과 명예를 중요시한다.
③ 절대적인 고독을 추구한다.
④ 소외된 사람을 따뜻하게 바라본다.

20 윗글에 대한 설명으로 적절하지 <u>않은</u> 것은?

① 직유법을 활용하고 있다.
② 청유형 문장을 사용하고 있다.
③ 동일한 시행을 반복하고 있다.
④ 시각적 심상을 사용하고 있다.

21 다음 중 함축적인 의미가 <u>다른</u> 것은?

① 진눈깨비
② 함박눈
③ 편지
④ 새살

청포도 _ 이육사

핵/심/정/리

- 갈래 : 자유시, 서정시, 상징시
- 성격 : 감각적, 상징적
- 제재 : 청포도
- 운율 : 내재율
- 주제 : 풍요롭고 평화로운 삶의 소망, 독립에 대한 염원

내 고장 칠월은
청포도가 익어가는 시절.
(청포도: 평화로움, 풍요로운 삶)

이 마을 전설이 주저리주저리 열리고
먼 데 하늘이 꿈꾸며 알알이 들어와 박혀,

하늘 밑 푸른 바다가 가슴을 열고,
흰 돛단배가 곱게 밀려서 오면,
(푸른 바다: 푸른색 / 흰 돛단배: 흰색 — 색채 대비를 통해 풍요로운 세계에 대한 소망, 염원을 감각적으로 표현함)

내가 바라는 손님은 고달픈 몸으로
청포를 입고 찾아 온다고 했으니,
(내가 바라는 손님: 화자가 기다리는 대상, 광복)

내 그를 맞아 이 포도를 따 먹으면
두 손을 함뿍 적셔도 좋으련.

아이야, 우리 식탁엔 은쟁반에
㉠하이얀 모시 수건을 마련해 두렴.
(손님을 위한 정성)

만/점/포/인/트

1. 색채 대비

푸른색	↔	흰색
청포도, 하늘, 푸른 바다		흰 돛단배, 은쟁반, 하이얀 모시 수건
희망, 풍요로움		정성, 순수

2. 작품에 대한 다양한 해석
① 내재적 관점* : 풍요롭고 평화로운 세계에 대한 소망
② 반영론적 관점* : 조국 광복에 대한 소망

3. 상징적 시어

청포도	평화롭고 풍요로운 삶, 광복에 대한 희망
손님	화자가 기다리는 대상, 조국 광복

내재적 관점
작품의 운율, 구조, 시어 등을 중심으로 작품을 해석하는 관점

반영론적 관점
작품의 배경이 되는 시대 현실에 주목하여 작품을 해석하는 관점

기/출/문/제 Check!

정답 및 해설 2p

22 이 시에 대한 설명으로 적절하지 않은 것은?
① 의태어를 사용하고 있다.
② 계절적 배경이 드러나 있다.
③ 화자의 소망이 드러나 있다.
④ 동일한 시행을 반복하고 있다.

23 ㉠에 쓰인 심상과 같은 것은?
① 깔깔 소리 들리면 ② 붉은 산수유 열매
③ 밥 짓는 냄새 나면 ④ 가을바람은 산들바람

24 "흰 돛단배"에 쓰인 감각적 심상이 나타나지 않는 것은?
① 사랑하던 그 사람이여 ② 박꽃이 하얗게 필 동안
③ 붉은 파밭의 푸른 새싹 ④ 입술이 꺼멓게 숯을 바르고

바로바로 체크

(1) '내가 바라는 손님'에 함축된 의미는?

(2) 이 시에는 푸른색과 (　　)의 색채 대비가 드러난다.

정답 (1) 조국의 광복
(2) 흰색

포근한 봄 _ 오규원

핵심정리

- 갈래 : 자유시, 서정시
- 성격 : 감각적, 비유적
- 제재 : 봄눈
- 운율 : 내재율
- 주제 : 포근하고 부드럽게 눈이 내리는 봄날의 아름다운 풍경

눈이 내린다.

봄이라서
계절적 배경
봄빛처럼 포근한 눈
직유법(원관념 : 봄눈)

➥ 1연 : 봄빛과 같이 포근한 느낌을 주는 봄눈

담장 위에 쌓이는 봄눈

나무 위에 쌓이는 봄눈

마당 위에 쌓이는 봄눈

2연 : 대구법 → 운율 형성

➥ 2연 : 담장, 나무, 마당 위에 쌓이는 봄눈

그리고

마루에서 졸다가 깬

눈을 하고 앉은

새끼 고양이의 눈 속에도

내리는 봄눈
새끼 고양이의 눈에 비친 봄눈

➥ 3연 : 졸다 깬 새끼 고양이 눈에 비친 봄눈

감았다 떴다 하는

새끼 고양이의 눈처럼
직유법 (원관념 : 봄눈)
보드라운

봄

봄 하늘

봄 하늘의 봄눈
점층법 : 행의 길이를 점차 늘려 대상을 구체화 함

➥ 4연 : 새끼 고양이의 눈처럼 보드라운 봄 하늘의 봄눈

만/점/포/인/트

1. 사용된 표현 방법

직유법	• 봄빛처럼 포근한 눈 • 새끼 고양이의 눈처럼
대구법	담장 위에 쌓이는 봄눈 나무 위에 쌓이는 봄눈 마당 위에 쌓이는 봄눈
점층법	봄 / 봄 하늘 / 봄 하늘의 봄눈

2. 봄눈의 느낌을 표현한 시구

봄이라서, 봄빛처럼 포근한	봄눈의 포근한 느낌을 표현함.
감았다 떴다 하는, 새끼 고양이의 눈처럼 보드라운	봄눈의 보드라운 느낌을 표현함.

풀잎에도 상처가 있다 _ 정호승

핵/심/정/리

- 갈래 : 자유시, 서정시
- 성격 : 관조적, 희망적
- 제재 : 상처
- 운율 : 내재율
- 주제 : 상처의 승화를 통한 내면의 아름다움
  고통받는 이웃에 대한 사랑과 삶에 대한 아름다움

풀잎에도 상처가 있다.
연약한 생명체, 힘없는 서민, 우리 이웃

꽃잎에도 상처가 있다.
= 풀잎　　삶의 상처나 아픔, 고뇌

너와 함께 걸었던 들길을 걸으면
풀잎과 꽃잎이 서 있는 곳, 서민들의 고단한 삶

들길에 앉아 저녁놀을 바라보면
고단한 서민들에게 위안이 되어주는 대상

상처 많은 풀잎들이 손을 흔든다.
의인법 - 고단한 우리를 정작 위로하는 존재는 우리와 같은 상처를 안고 살아가는 힘없는 서민임

상처 많은 꽃잎들이

가장 향기롭다.
시련을 극복하고 내면적으로 성숙해진 모습

만/점/포/인/트

1. 운율 형성 요소
   ① 각운 사용 : '~다, ~면'을 같은 위치에서 반복하고 있음.
   ② 통사구조의 반복 : '~에도 ~가 있다'를 반복하고 있음.

2. 화자의 태도
   가난하고 힘든 이웃에 대해 애정을 지니고 함께 더불어 살아가려 함.

해 _ 박두진

해야 솟아라. 해야 솟아라. 말갛게 씻은 얼굴 고운 해야 솟아라. 산 넘어 산 넘어
❶ 해 - 광명, 밝음 ❷ 반복법
서 어둠을 살라 먹고 산 넘어서 밤새도록 어둠을 살라 먹고, 이글이글 애띤 얼굴
절망, 일제 강점기의 암울한 현실
고운 해야 솟아라.

달밤이 싫여, 달밤이 싫여, ㉠ 눈물 같은 골짜기에 달밤이 싫여, 아무도 없는 뜰
암울한 현실 / 직유법 / 고독한 현실 - 은유법
에 달밤이 나는 싫여…….

해야, 고운 해야, 늬가 오면, 늬가사 오면, 나는 나는 청산이 좋아라. 훨훨훨 깃
돈호법 / 활유법
을 치는 청산이 좋아라. 청산이 있으면 홀로라도 좋아라.
강자와 약자가 공존·화합하는 세계, 평화의 세계, 이상향

사슴을 따라 사슴을 따라, 양지로 양지로 사슴을 따라, 사슴을 만나면 사슴과 놀고,
약자

칡범을 따라 칡범을 따라, 칡범을 만나면 칡범과 놀고…….
강자

해야, 고운 해야. 해야 솟아라. 꿈이 아니래도 너를 만나면, 꽃도 새도 짐승도
평화롭게 공존하는 모습
한자리 앉아, 워어이 워어이 모두 불러 한자리 앉아, 애띠고 고운 날을 누려 보
리라.

핵/심/정/리

- 갈래 : 자유시, 서정시
- 성격 : 상징적, 열정적, 미래 지향적
- 제재 : 해
- 운율 : 내재율
- 주제 : 화합과 평화의 세계에 대한 소망

만/점/포/인/트

1. 대립적인 의미

어둠의 이미지		밝음의 이미지
어둠, 달밤, 골짜기, 칡범, 짐승	↔	해, 청산, 사슴, 양지, 꽃, 새
화자가 거부하는 대상		화자가 소망하는 대상

2. 시어의 상징적 의미

해	광명, 순수, 정의
청산	화합과 평화의 이상 세계
달밤	고통과 절망의 세계

3. 운율 형성 요소
① 대체로 4음보의 율격
② 비슷한 구절의 반복 : 해야 솟아라
③ 같은 시어의 반복 : 해야
④ 의태어와 의성어 사용 : 이글이글, 훨훨훨, 워어이 워어이
⑤ 종결 어미의 반복 : ~라

바로바로 체크

(1) 이 시에서 광명, 순수, 정의를 나타내는 시어는 무엇인가?
❶ 청산
❷ 해
❸ 달밤
❹ 꿈

(2) 이 시는 어둠의 이미지와 밝음의 이미지를 대립적으로 보여준다. (O | X)

정답 (1) ❷
(2) O

기/출/문/제 Check!

정답 및 해설 2p

25 윗글에 대한 설명으로 적절하지 않은 것은?

① 6연으로 구성되어 있다.
② 평화롭게 살아갈 날을 소망한다.
③ 동일한 시구가 반복되어 나타난다.
④ 현대 도시 문명의 편리함을 예찬한다.

26 다음 시어들의 함축적인 의미로 적절한 것은?

① 해 : 밝고 희망찬 존재
② 달밤 : 화합과 화해의 시간
③ 청산 : 고통스러운 현실
④ 양지 : 갈등과 대립의 공간

27 ㉠에 쓰인 비유법과 다른 것은?

① 그 얼마나 아름다운 모습인가
② 구름에 달 가듯이 가는 나그네
③ 분수처럼 흩어지는 푸른 종소리
④ 꽃가루와 같이 부드러운 고양이의 털

호수 _ 정지용

얼굴 하나야

㉠ 손바닥 둘로

폭 가리지만,

보고픈 마음

㉡ 호수만 하니

눈 감을 밖에.

간결한 끝맺음 – 여운 형성

(대조: 얼굴 하나야 ↔ 보고픈 마음 / 대조: ㉠ 손바닥 둘로 ↔ ㉡ 호수만 하니)

핵/심/정/리

- 갈래 : 자유시, 서정시
- 성격 : 서정적, 고백적, 애상적
- 운율 : 내재율
- 제재 : 호수, 보고픈 마음
- 주제 : 보고픈 이에 대한 그리움

바로바로 체크

(1) 얼굴과 대조적 이미지의 시어는?

(2) 이 시의 화자는 보고픈 이에 대해 원망하고 있다. (O | X)

정답 (1) 보고픈 마음
(2) ×

만/점/포/인/트

1. 대조적 이미지의 시어

얼굴 하나, 손바닥 둘	↔	보고픈 마음, 호수
작음		크고 깊음

2. 특징
① 간결하게 끝맺어 강렬한 그리움을 나타냄.
② '호수'를 통해 그리움의 정도를 드러냄.

기/출/문/제 Check!

정답 및 해설 2p

28 이 시의 ㉠과 대조되는 ㉡의 의미는?

① 크다.
② 편안하다.
③ 잔잔하다.
④ 아름답다.

29 이 시에 대한 설명으로 옳지 <u>않은</u> 것은?

① 청각적 심상이 주로 나타난다.
② 누군가를 간절히 그리워하고 있다.
③ 2연 6행의 간결한 형식으로 되어 있다.
④ 보고픈 마음을 '호수'에 빗대어 표현하였다.

30 이 시의 가장 두드러진 표현 방법은?

① 직유 ② 반복
③ 대유 ④ 대조

02 고전 시가

• 시조의 갈래와 특징 및 고려 가요의 특징에 대해 파악하고, 현대시와 고전 시가의 차이점을 이해해 본다.

1 시조

1. 시조(時調)란?

고려 말부터 현재에 이르기까지 창작되고 있는 우리 전통의 정형시이다.

2. 시조의 특징

① 형식 : 3장 6구 45자 내외, 종장의 첫 음보는 3글자

② 운율 : 3·4(4·4)조 음수율, 4음보

③ 내용 : 유교적 충의 사상, 자연 속 풍류, 남녀 간의 애정, 서민들의 생활 감정 등 다양하다.

④ 갈래 : 평시조, 엇시조, 사설시조, 연시조

3. 시조의 갈래

① 형태상 갈래

평시조	기본 형식의 단형 시조
사설시조	평시조보다 2구 이상이 길어진 시조
연시조	2수 이상의 평시조가 한 편을 이룬 시조
엇시조	평시조에서 종장을 제외한 어느 한 장의 한 구가 길어진 시조

② 시대상 갈래

고시조	갑오개혁(1894년) 이전까지 지어진 시조
현대 시조	갑오개혁 이후부터 지어진 시조

4. 시조의 작가층

구분	전기	후기
작자층	양반 사대부, 기녀	양반 사대부, 평민
주제	유교적 충의 사상, 자연 속의 풍류, 남녀의 애정	세태 풍자, 일상 생활, 남녀의 애정
형식	평시조	평시조, 사설시조

2 고려 가요

1. 고려 가요란?

고려 시대에 민중들에 의해 창작되어 입에서 입으로 전해지다가 조선 시대에 문헌으로 기록된 노래이다.

2. 고려 가요의 특징

① 3음보의 율격을 지닌다.
② 대부분이 몇 개의 연으로 나누어진 분절체가 많다.
③ 후렴구과 조흥구를 가진다.

3. 고려 가요의 내용

남녀 간의 사랑(남녀상열지사)이나 이별의 내용을 담고 있다.

가시리 _ 작자 미상

핵심정리

- 갈래 : 고려 가요
- 성격 : 서정적, 애상적, 민요적
- 제재 : 임과의 이별
- 운율 : 외형률
- 주제 : 이별의 슬픔과 재회의 소망

가시리 가시리잇고 나난
여음구 - 의미나 역할이 없음
버리고 가시리잇고 나난

위 증즐가 대평성대(大平盛代)
'위'는 감탄사, '증즐가'는 악기소리 흉내낸 말

날러는 어찌 살라 하고
나더러는
버리고 가시리잇고 나난

위 증즐가 대평성대(大平盛代)
후렴구 - 의미 없음, 반복을 통한 운율 형성

잡사와 두어리마나는
붙잡아 두고 싶지만
선하면 아니 올셰라
서운하면 아니 돌아오실까 두려워
위 증즐가 대평성대(大平盛代)

셜온 님 보내옵나니 나난
❶ 이별을 서운해 하는 임 ❷ '나'를 서럽게 하는 임
가시는 듯 돌아 오소서 나난

위 증즐가 대평성대(大平盛代)

만/점/포/인/트

1. 고려 가요의 특징
① 3 · 3 · 2조 3음보(가시리 가시리 잇고)
② 4연 2행의 분연체
③ 후렴구가 있음.

2. 주체에 따른 '설온 님'의 해석

주체 = 님	이별을 서운해 하는 임
주체 = 화자	나(화자)를 서럽게 하는 임

3. 시적 화자의 태도와 심리 변화
① 태도 : 이별을 받아들이며 임이 돌아오기를 기다림.
② 심리 변화 : 슬픔, 안타까움 → 원망의 고조 → 체념 → 돌아오기를 소망

4. 후렴구 '위 증즐가 대평성대'
① 음악의 가락을 맞추는 장치
② 의미는 없음.
③ '위' : 감탄사
④ '증즐가' : 악기의 의성어
⑤ 궁중 음악으로 편입되는 과정에서 삽입된 것으로 추측됨.

5. '가시리'의 구성

기	애원	전	체념
승	원망	결	기다림, 염원

기/출/문/제 Check!

정답 및 해설 2p

31 이 시의 후렴구 '위 증즐가 대평성대'의 주된 효과는?

① 시의 주제를 강조함.
② 시의 운율을 느끼게 함.
③ 임이 빨리 돌아오기를 소망함.
④ 임을 원망하는 마음을 표현함.

바로바로 체크

(1) '위 증즐가 대평성대'는 ( )로 의미 없이 운율을 만들어 주는 역할을 한다.

(2) 이 작품의 주제는 이별의 슬픔과 재회의 소망이다. (O | X)

(3) 이 작품은 ( )음보의 고려 가요이다.

정답 (1) 후렴구
(2) O
(3) 3

까마귀 싸우는 골에 _ 영천 이씨 (정몽주 어머니)

핵/심/정/리

- 갈래 : 고시조, 평시조
- 성격 : 풍자적, 상징적
- 운율 : 외형률
- 제재 : 까마귀와 백로
- 주제 : 간신배들에 대한 경계와 올바른 처신 권고

싸우는 정치 현실
까마귀 싸우는 골에 백로야 가지 마라.
변절자, 소인배, 조선을 건국하려는 이성계 무리들 / 충신, 군자, 정몽주

성난 까마귀 흰빛을 새올세라.
고려 왕조에 대한 충성심 / 시기할까 두렵구나

청강에 맑게 씻은 몸 더럽힐까 하노라.
군자의 지조와 절개

만/점/포/인/트

1. 대조적 이미지의 시어

백로		까마귀
• 절개를 지키려는 정몽주 • 더러움에 물들지 않은 결백한 사람 • 고려의 유신 • 긍정적인 존재	↔	• 이성계의 무리 • 옳지 않은 일을 하는 무리 • 고려 왕조를 무너뜨린 탐욕의 무리 • 부정적인 존재

2. 표현 방법

① 우의적 : 이성계의 무리를 '까마귀'에 빗대고, 고려 왕조를 지키는 군자를 '백로'에 빗대어 풍자하고 있음.

② 대조적 : '까마귀'와 '백로'의 시각적인 이미지를 대조시켜 백로의 절개를 강조함.

까마귀 검다하고 _ 이직

고려 왕조의 유신들, 조선 왕조에 참여하지 않은 유신들
까마귀 검다하고 백로야 웃지 마라.
조선 왕조에 참여한 고려 왕조의 유신들, 작가 자신
겉이 검은들 속조차 검을소냐.
설의법, 조선 왕조에 참여한 자신의 행동에 대한 합리화
겉 희고 속 검을 손 너뿐인가 하노라.
의인법, 백로의 이중성을 위선자로 칭하며 비판함

핵/심/정/리

- 갈래 : 고시조, 평시조
- 성격 : 풍자적, 상징적
- 운율 : 외형률
- 제재 : 까마귀와 백로
- 주제 : 표리부동한 인물에 대한 풍자, 소인에 대한 훈계, 조선 왕조에 가담한 자기를 비웃는 자들에게 결백을 주장

만/점/포/인/트

- 대조적인 소재

까마귀	↔	백로
• 일반적으로 부정적인 존재임. • 이 시에서는 긍정적인 존재로 조선 왕조에 참여한 고려 유신들을 의미함.	↔	• 일반적으로 긍정적인 존재임. • 이 시에서는 부정적인 존재로 조선 왕조에 참여하지 않은 고려 유신들을 의미함. • 겉과 속이 다른(표리부동) 인물들

하여가 _ 이방원

「이런들 어떠하리 저런들 어떠하리　　「 」: 대구법

만수산(萬壽山) 드렁칡이 얽혀진들 어떠하리」
고려의 유신과 조선의 신하를 상징

우리도 이같이 얽혀서 백년까지 누리리라.
조선 건국에 협력할 것을 권유

➡ 회유와 권유

핵/심/정/리

- 갈래 : 평시조, 정형시
- 성격 : 설득적, 비유적, 우회적, 회유적
- 제재 : 만수산 드렁칡
- 주제 : 조선 건국에 협력하도록 유도
- 특징 : ❶ 말하고자 하는 바를 비유적으로 표현
  ❷ 고려 말의 시대 반영

단심가 _ 정몽주

「이 몸이 죽고 죽어 일백 번 고쳐죽어　　「 」: 충성심 강조(과장법)
반복법, 점층법

백골이 진토 되어 넋이라도 있고 없고」

㉠ 임 향한 일편단심이야 가실 줄이 있으랴.
고려 왕조　핵심어(충성심)　설의법

➡ 지조와 절개

핵/심/정/리

- 갈래 : 평시조, 정형시
- 성격 : 의지적
- 제재 : 일편단심
- 주제 : 고려에 대한 충절
- 특징 : ❶ 말하고자 하는 바를 직설적으로 전달
  ❷ 고려 말의 시대적 상황을 보여 줌.

바로바로 체크

(1) 「하여가」의 화자가 하고 싶은 말은 조선 건국에 협력하자는 것이다. (O | X)

(2) 「단심가」에 나타난 표현법이 아닌 것은?
❶ 과장법
❷ 점층법
❸ 반어법
❹ 설의법

정답 (1) O
(2) ❸

만/점/포/인/트

1. **하여가**
이방원(조선 제3대 왕인 태종의 본명)이 조선 왕조를 건국하기 전 고려의 충신인 정몽주를 회유하기 위해서 지은 노래

2. **단심가**
정몽주(고려 말기의 충신)가 이방원의 「하여가」에 화답하고자 「단심가」를 지어 부름. 자신의 굳은 절의를 보인 후 돌아가는 길에 이방원 무리에게 죽임을 당함.

기/출/문/제 Check!

정답 및 해설 2p

32 「하여가」와 「단심가」의 공통점으로 가장 적절한 것은?

① 후렴구를 활용하여 흥을 돋우었다.
② 도치법을 통해 형식에 변화를 주었다.
③ 시어의 반복을 통해 의미를 강조하였다.
④ 의성어를 사용하여 생동감 있게 표현하였다.

33 ㉠과 가장 관련이 깊은 대상은?

① 임금 ② 신하
③ 부모 ④ 형제

두꺼비 파리를 물고 _ 작자 미상

두꺼비 파리를 물고 두엄 위에 치달아 앉아
지방 관리 힘없는 백성 부정한 재물
건넛산 바라보니 백송골이 떠 있거늘, 가슴이 끔찍하여 풀쩍 뛰어 내닫다가 두
중앙 관리 강자 앞에서 비굴한 모습
엄 아래 자빠졌구나.

모쳐라 날랜 내기 망정, 피멍 들 뻔했구나.
두꺼비의 이중성과 허장성세 – 희화화, 비판의 대상

핵/심/정/리

- 갈래 : 고시조, 사설시조
- 성격 : 풍자적, 우의적, 희화적, 해학적
- 운율 : 외형률
- 제재 : 두꺼비
- 주제 : 약자에게 강하고, 강자 앞에서 비굴한 지배 계층에 대한 풍자, 양반들의 허장성세 풍자

바로바로 체크

(1) 두꺼비는 부패한 지방 관리나 양반을 뜻하는 시어이다. 파리가 의미하는 것은?

(2) 두꺼비와 파리를 인격이 있는 존재처럼 표현한 방법은?
❶ 설의법
❷ 영탄법
❸ 의인법
❹ 과장법

정답 (1) 힘없는 백성
(2) ❸

만/점/포/인/트

1. 사용된 표현 방법

의인법

2. 비유 대상

파리	힘없는 백성
두꺼비	부패한 지방 관리나 양반 계층
백송골	중앙의 고위 관리

3. 풍자 대상

약자에게 강하고 강자에게 약한 모습을 보이는 양반, 지방 관리들(두꺼비)

오우가 _ 윤선도

내 벗이 몇인고 하니 수석(水石)과 송죽(松竹)이라.
물, 돌 / 소나무, 대나무
동산에 달 오르니 그 더욱 반갑구나.
두어라, 이 다섯 밖에 또 더하여 무엇하리.
설의법

구름 빛이 깨끗타 하나 검기를 자주 한다.
바람 소리 맑다 하나 그칠 때가 많구나.
가변적
깨끗고 그칠 적 없기는 물뿐인가 하노라.
불변적

구름, 바람	대조	물
가변적	↔	불변적

꽃은 무슨 일로 피면서 쉬이 지고
풀은 어찌하여 푸르는 듯 누렇게 되니
순간적
아마도 변치 아닐손 ㉠ 바위뿐인가 하노라.
영원함

꽃, 풀	대조	바위
순간적	↔	영원함

더우면 꽃 피고 추우면 잎 지거늘
㉡ 솔아 너는 어찌 눈서리를 모르느냐.
지조, 절개
땅 깊이 뿌리 곧은 줄을 그로 하여 아노라.

나무도 아닌 것이 풀도 아닌 것이
곧기는 누가 시켰으며 속은 어찌 비었는고.
저렇게 사철에 푸르니 ㉢ 그를 좋아하노라.
대나무의 지조, 절개 - 선비의 덕목

작은 것이 높이 떠서 만물을 다 비추니
달
밤중에 밝은 빛이 ㉣ 너만한 게 또 있느냐.
의인법
보고도 말 아니하니 내 벗인가 하노라.
달의 과묵함. - 선비의 덕목

핵/심/정/리

- 갈래 : 고시조, 평시조, 연시조
- 성격 : 예찬적, 자연 친화적
- 운율 : 외형률
- 제재 : 수, 석, 송, 죽, 월
- 주제 : 변함이 없는 다섯 가지 자연물의 덕을 예찬함

만/점/포/인/트

1. 다섯 가지 자연물의 특징

자연물	특징
물(수)	깨끗하여 그치지 않는 불변성
바위(석)	변하지 않는 영원성
소나무(송)	깊은 땅 속에 곧게 뿌리 내리고 겨울에도 변하지 않는 지조
대나무(죽)	속이 비고 곧으며 사시사철 푸른 절개
달(월)	온 세상을 다 비추면서도 과묵함.

2. 대비되는 소재

긍정적 소재		부정적 소재
• 물(불변성) • 바위(영원성) • 소나무(눈서리를 이겨 냄.)	↔	• 구름, 바람(가변성) • 꽃, 풀(순간적) • 일반적인 자연물(더우면 꽃이 피고, 추우면 잎이 짐.)

기/출/문/제 Check!

정답 및 해설 2p

34 위 시에서 운율을 형성하는 방법은?

① 한 행을 4음보로 구성한다.
② 후렴구를 각 연에 배치한다.
③ 의성어를 반복적으로 사용한다.
④ 각 연의 처음과 끝에 같은 구절을 배치한다.

35 위 시에 드러난 ㉠~㉣의 성격으로 적절하지 않은 것은?

① ㉠ : 변하지 않는다.
② ㉡ : 쉽게 시든다.
③ ㉢ : 사계절 내내 푸르다.
④ ㉣ : 만물을 다 비춘다.

36 위 시의 '벗'에 해당하지 않는 것은?

① 물　② 바위　③ 국화　④ 소나무

바로바로 체크

(1) '수석'과 '송죽'은 무엇을 뜻하는가?

(2) 가변성을 의미하는 '구름, 바람'과 대조되는 시어는?

(3) 이 시에 나타나는 다섯 가지 자연물을 모두 쓰시오.

정답 (1) 물, 돌, 소나무, 대나무
(2) 물
(3) 물, 바위, 소나무, 대나무, 달

더 읽어보기

서동요

백제 무왕

선화 공주님은
남몰래 시집 가두고
맛둥(薯童) 도련님을
밤에 몰래 안으러 간다네.

배경 설화

백제 제30대 왕인 무왕은 어릴 적에 마를 캐다 팔아 생활한다 하여 서동(薯童) 또는 맛둥이라 불렸다. 서동이 신라 진평왕의 딸 선화 공주를 연모하여 몰래 신라로 들어가 아이들에게 이 노래(동요)를 부르게 했는데, 온 나라에 퍼져 결국 선화 공주는 쫓겨나게 되고 서동은 선화 공주와 결혼하여 백제로 돌아와 훗날 왕이 되었다.

1. 향가

신라 시대부터 고려 전기까지 창작된 향찰로 표기된 신라의 정형시를 뜻한다.

2. 향가의 특징

① 시기 : 신라 ~ 고려 초
② 표기 방법 : 향찰
③ 형식
㉠ 4구체 : 민요나 동요가 정착된 것으로 네 줄로 이루어진다.
㉡ 8구체 : 4구체에서 10구체로 넘어가는 과도기적 형태이다.
㉢ 10구체 : 가장 발전된 형식으로 열 줄로 이루어진다.
④ 내용 : 신라인의 생활이 반영된 다양한 내용들(불교, 토속 신앙 등)
⑤ 작품 : 서동요, 제망매가, 처용가 등

핵/심/정/리

- 갈래 : 4구체 향가
- 성격 : 민요적, 동요적, 예언적
- 제재 : 선화 공주의 사랑
- 주제
  - 표면적 : 선화 공주의 은밀한 사랑
  - 이면적 : 선화 공주에 대한 서동의 연모의 정
- 특징 : ❶ 예언적 노래
  ❷ 현전하는 향가* 중 가장 오래된 노래
  ❸ 배경 설화와 함께 전해짐
  ❹ 선화 공주를 모함하는 내용의 노래(참요*적)

향가
향가는 현재 '삼국유사'에 14수, '균여전'에 11수(총 25수)가 전해지고 있다. 그 중 '서동요'는 가장 오래된 노래이다.

참요
시대의 변화나 정치적 징후를 예언하거나 암시하는 민요

바로바로 체크

(1) 이 노래는 현전하는 향가 중 가장 오래된 것이다. (O | ×)

(2) 이 노래의 이면적 주제는 선화 공주의 은밀한 사랑이다. (O | ×)

정답 (1) O
(2) ×

PART I 적중 예상 문제

정답 및 해설 4p

[01~03] 다음 글을 읽고 물음에 답하시오.

열무 삼십 단을 이고 / 시장에 간 우리 엄마
안 오시네, 해는 시든 지 오래
㉠ <u>나는 찬밥처럼 방에 담겨</u>
아무리 천천히 숙제를 해도
엄마 안 오시네, 배춧잎 같은 발소리 타박타박
안 들리네, 어둡고 무서워
금간 창 틈으로 고요히 빗소리
빈 방에 혼자 엎드려 훌쩍거리던

아주 먼 옛날 / 지금도 내 눈시울을 뜨겁게 하는
그 시절, 내 유년의 윗목

-기형도, 「엄마 걱정」-

01 위 시의 정서를 잘 드러내는 시어가 <u>아닌</u> 것은?

① 유년의 윗목
② 찬밥
③ 빈 방
④ 시장

02 위 시에 사용된 심상의 연결이 올바른 것은?

① 유년의 윗목 - 촉각적 심상
② 찬밥 - 시각적 심상
③ 고요히 빗소리 - 후각적 심상
④ 눈시울을 뜨겁게 하는 - 미각적 심상

03 ㉠과 같은 표현 방법이 사용된 것은?

① 내 마음은 호수요
② 훨훨훨 깃을 치는 청산
③ 꽃이 피네, 꽃이 피네
④ 진주 같은 눈망울

[04~10] 다음 글을 읽고 물음에 답하시오.

(가) 가시리 가시리잇고 나는
버리고 가시리잇고 나는
ⓐ <u>위 증즐가 대평성대</u>

ⓑ <u>날러는 어찌 살라 하고</u>
버리고 가시리잇고 나는
위 증즐가 대평성대

ⓒ <u>잡사와 두어리마나는</u>
선하면 아니 올셰라
위 증즐가 대평성대

설온 님 보내옵나니 나는
ⓓ <u>가시는 듯 돌아오소서 나는</u>
위 증즐가 대평성대

-작자 미상, 「가시리」-

(나) 내 벗이 몇인고 하니 수석과 송죽이라.
동산에 달 오르니 그 더욱 반갑구나.
두어라, 이 다섯 밖에 또 더하여 무엇하리.

구름 빛이 깨끗다 하나 검기를 자주 한다.
바람 소리 맑다 하나 그칠 때가 많구나.
깨끗고 그칠 적 없기는 물뿐인가 하노라.

꽃은 무슨 일로 피면서 쉬이 지고
풀은 어찌하여 푸르는 듯 누렇게 되니
아마도 변치 아니하기는 바위뿐인가 하노라.

〈중략〉

작은 것이 높이 떠서 만물을 다 비추니
밤중에 밝은 빛이 너만 한 게 또 있느냐.
보고도 말 아니하니 내 벗인가 하노라.

-윤선도, 「오우가」-

(다) 십 년을 경영하여 초려 삼간 지어 내니
나 한 간 달 한 간에 청풍 한 간 맡겨 두고
강산은 들일 데 없으니 둘러 두고 보리라.

-송순, 「십 년을 경영하여」-

04 (가)의 주제는?

① 자연과의 물아일체
② 임금에 대한 충성
③ 이별의 안타까움
④ 독립에 대한 염원

05 (가)~(다)에 대한 설명으로 바르지 않은 것은?

① (가)는 의미 없는 후렴구가 사용되었다.
② (나)는 자연물에 대한 친화적인 성격이 드러났다.
③ (다)는 자연을 상징하는 소재들이 사용되었다.
④ (다)는 어둡고 우울한 분위기를 형성한다.

06 (가)에 대한 설명으로 알맞지 않은 것은?

① 4음보
② 여성적 어조
③ 후렴구 사용
④ 분연체

07 (가)의 ⓐ~ⓓ 중 화자의 소망이 드러난 부분은?

① ⓐ ② ⓑ
③ ⓒ ④ ⓓ

08 (가)~(다)와 같은 글을 감상하는 태도로 적절하지 않은 것은?

① 시어의 함축적 의미를 파악하며 읽는다.
② 비유적인 표현의 의미를 파악하며 읽는다.
③ 시어가 주는 음악적 아름다움을 느끼며 읽는다.
④ 등장인물들의 갈등 양상을 파악하며 읽는다.

09 (나)에 대한 설명으로 알맞지 않은 것은?

① 4음보의 율격을 지닌다.
② 글자 수가 고정된 부분이 있다.
③ 자연 친화적인 성격이 드러난다.
④ 평시조가 2수 이상인 사설시조이다.

10 (나), (다)에 공통적으로 드러난 화자의 태도는?

① 현실 비판적 태도
② 자연 친화적 태도
③ 의지적인 태도
④ 현실 순응적 태도

11 ㉠과 같은 심상으로 알맞은 것은?

> 엄마야 누나야, 강변 살자.
> ㉠ 뜰에는 반짝이는 금모래 빛
> 뒷문 밖에는 갈잎의 노래
> 엄마야 누나야, 강변 살자.
>
> -김소월, 「엄마야 누나야」-

① 짭조름한 미역
② 향긋한 꽃냄새
③ 붉은 산수유 열매
④ 서느런 옷자락

[12~13] 다음 글을 읽고 물음에 답하시오.

> 돌담에 속삭이는 햇발같이
> 풀 아래 웃음짓는 샘물같이
> 내 마음 고요히 고운 봄 길 위에
> 오늘 하루 ㉠ 하늘을 우러르고 싶다.
>
> 새악시 볼에 떠오는 부끄럼같이
> 시의 가슴에 살포시 젖는 물결같이
> 보드레한 에메랄드 얇게 흐르는
> 실비단 하늘을 바라보고 싶다.
>
> -김영랑, 「돌담에 속삭이는 햇발」-

12 위 시의 ㉠에 대한 설명으로 알맞은 것은?

① 화자가 부정적으로 생각하는 공간이다.
② 시적 화자의 이상향으로 순수하고 평화로운 곳이다.
③ 독립된 조국을 뜻한다.
④ 산업화, 도시화가 진행되고 있는 공간이다.

13 이 시에서 운율을 형성하는 요소가 아닌 것은?

① 울림소리의 사용
② 1연과 2연의 구조 반복
③ 일정한 위치에서 같은 소리를 반복
④ 글자 수의 반복

[14~23] 다음 글을 읽고 물음에 답하시오.

(가) 우리가 눈발이라면
허공에서 쭈빗쭈빗 흩날리는
진눈깨비는 되지 말자.
세상이 바람 불고 춥고 어둡다 해도

사람이 사는 마을
가장 낮은 곳으로
따뜻한 함박눈이 되어 내리자.

우리가 눈발이라면
잠 못 든 이의 창문가에서는
편지가 되고
그이의 ㉠ 깊고 붉은 상처 위에 돋는
새살이 되자.

-안도현, 「우리가 눈발이라면」-

(나) 꽃가루와 같이 부드러운 고양이의 털에
고운 봄의 향기가 어리우도다.

금방울과 같이 호동그란 고양이의 눈에
미친 봄의 불길이 흐르도다.

고요히 다물은 고양이의 입술에
포근한 봄의 졸음이 떠돌아라.

날카롭게 쭉 뻗은 고양이의 수염에
푸른 봄의 생기가 뛰놀아라.

-이장희, 「봄은 고양이로다」-

(다) 비 오자 장독간에 봉선화 반만 벌어
해마다 피는 꽃을 나만 두고 볼 것인가.
세세한 사연을 적어 누님께로 보내자.

-김상옥, 「봉선화」-

14 (가)의 화자에 대한 설명으로 올바른 것은?

① 괴로운 일이 있어 잠 못 드는 사람이다.
② 자신의 힘들었던 과거를 회상하고 있다.
③ 소외된 이웃에게 따뜻한 시선을 보내는 사람이다.
④ 이기적인 사람들을 비판하는 태도를 보이고 있다.

15 (가)에서 대립되는 시어들로 바르게 묶인 것은?

① 편지 ↔ 함박눈
② 진눈깨비 ↔ 눈발
③ 함박눈 ↔ 진눈깨비
④ 바람 ↔ 진눈깨비

16 ㉠과 같은 심상이 사용된 것은?

① 접동새 소리
② 짭쪼름한 미역
③ 별들이 많이 떴다.
④ 서늘한 옷자락

17 (가)의 운율을 형성하는 요소로 알맞은 것은?

① 글자 수 반복
② 일정한 음보 반복
③ '~자'라는 청유형 어미의 반복
④ 대조적 의미의 시어 사용

18 (가)~(다)에 대한 내용으로 올바르지 <u>않은</u> 것은?

① (가)는 동일한 시구를 반복하여 운율을 형성하고 있다.

② (가)는 외로운 이웃에 대한 화자의 따뜻한 마음을 느낄 수 있다.

③ (가), (나), (다)는 형식상 같은 자유시이다.

④ (다)는 글자 수가 고정된 부분이 있다.

19 위와 같은 글의 특징으로 알맞은 것은?

① 장면 단위로 구성한다.

② 정보를 전달하는 글이다.

③ 운율이 있는 언어로 표현한다.

④ 주장과 근거로 이루어진 글이다.

20 (나)에서 고양이의 모습과 봄의 모습을 연결한 내용 중 올바르지 <u>않은</u> 것은?

① 고양이의 털 – 고운 봄의 향기

② 고양이의 눈 – 미친 봄의 불길

③ 고양이의 입술 – 봄의 우울함

④ 고양이의 수염 – 푸른 봄의 생기

21 (나)의 표현과 심상이 올바르게 연결되지 <u>않은</u> 것은?

① 꽃가루와 같이 부드러운 – 촉각적 심상

② 금방울과 같이 – 후각적 심상

③ 고운 봄의 향기 – 후각적 심상

④ 날카롭게 뻗은 고양이의 수염 – 시각적 심상

22 (다)에 주로 나타나는 정서는?

① 분노

② 그리움

③ 체념

④ 후회

23 (다)에 대한 내용으로 바르지 <u>않은</u> 것은?

① 전통 시조의 형식을 계승한 현대시조이다.

② 4음보의 운율이 드러난다.

③ '봉선화'는 과거를 회상하게 하는 매개체이다.

④ 이 시의 화자는 누님을 그리워하는 어린 아이이다.

[24~26] 다음 글을 읽고 물음에 답하시오.

눈이 내린다
봄이라서
봄빛처럼 포근한 눈

담장 위에 쌓이는 봄눈
나무 위에 쌓이는 봄눈
마당 위에 쌓이는 봄눈

그리고 마루에서 졸다가 깬
눈을 하고 앉은 새끼 고양이의 눈 속에도
내리는 봄눈

감았다 떴다 하는
새끼 고양이의 눈처럼
보드라운
봄
봄 하늘
봄 하늘의 봄눈

-오규원, 「포근한 봄」-

24 위 시에 나타난 '봄눈'의 느낌으로 알맞은 것은?

① 눈부시다 ② 쓸쓸하다
③ 포근하다 ④ 차갑다

25 위 시에 나타난 장면으로 알맞지 <u>않은</u> 것은?

① 담장 위에 눈이 소복이 쌓인 장면
② 새끼 고양이가 마루에서 졸다가 깬 장면
③ 새끼 고양이의 눈에 봄눈이 비치는 장면
④ 눈발이 강한 바람을 동반하여 내리는 모습

26 위 시의 주제로 알맞은 것은?

① 봄날의 나른한 풍경
② 자연의 위대함
③ 눈 속에서 놀던 어린 날의 추억
④ 봄눈이 내리는 아름다운 풍경

[27~31] 다음 글을 읽고 물음에 답하시오.

㉠ <u>나는 나룻배</u>
<u>당신은 행인</u>

당신은 흙발로 나를 짓밟습니다.
나는 당신을 안고 물을 건너갑니다.
나는 당신을 안으면 깊으나 옅으나 급한 여울이나 건너갑니다.

만일 당신이 아니 오시면 나는 바람을 쐬고 눈비를 맞으며 밤에서 낮까지 당신을 기다리고 있습니다.
당신은 물만 건너면 나를 돌아보지도 않고 가십니다 그려.
그러나 당신이 언제든지 오실 줄만은 알아요.
나는 당신을 기다리면서 날마다 날마다 낡아갑니다.

나는 나룻배
당신은 행인

-한용운, 「나룻배와 행인」-

27 위 시에 대한 설명으로 옳지 <u>않은</u> 것은?

① 시적 화자를 다른 사물에 비유하여 표현하고 있다.
② 수미상관 구조가 사용되었다.
③ '당신'을 향한 '나'의 희생적인 태도가 나타난다.
④ '당신'도 '나'를 기다리고 있다.

28 위 시에서 '당신'의 의미로 해석할 수 없는 것은?

① 사랑하는 사람
② 조국
③ 종교적 절대자
④ 친구

29 위와 같은 글의 종류에 대한 설명으로 올바른 것은?

① 인물 사이의 갈등이 드러난다.
② 주장에 대한 타당한 근거가 제시된다.
③ 시어나 시구 등의 반복으로 말의 리듬감을 느낄 수 있다.
④ 시간의 흐름에 따라 서술하는 방식이다.

30 ㉠에 해당하는 표현 방법은?

① 은유법 ② 직유법
③ 풍유법 ④ 대구법

31 '당신'에 대한 '나'의 태도가 아닌 것은?

① 희생적 ② 기다림
③ 인내 ④ 포기

32 ㉠과 ㉡의 상징적 의미로 올바른 것은?

> ㉠ 벚꽃 지는 걸 보니
> ㉡ 푸른 솔이 좋아.
> 푸른 솔 좋아하다 보니
> 벚꽃마저 좋아.
>
> -김지하, 「새봄」-

① 희망 - 절망
② 현재 - 과거
③ 변덕스러움 - 변화 없음
④ 삶 - 죽음

[33~36] 다음 글을 읽고 물음에 답하시오.

> 내 고장 칠월은
> 청포도가 익어가는 시절
>
> 이 마을 전설이 주저리주저리 열리고
> 먼 데 하늘이 꿈꾸며 알알이 들어와 박혀,
>
> 하늘 밑 푸른 바다가 가슴을 열고,
> 흰 돛단배가 곱게 밀려서 오면,
>
> 내가 바라는 손님은 고달픈 몸으로
> 청포를 입고 찾아 온다고 했으니,
>
> 내 그를 맞아 이 포도를 따 먹으면
> 두 손을 함뿍 적셔도 좋으련,
>
> 아이야, 우리 식탁엔 은쟁반에
> 하이얀 모시 수건을 마련해 두렴.
>
> -이육사, 「청포도」-

33 위 시를 일제 강점기라는 시대적 상황을 중심으로 해석할 때 작품의 주제는?

① 풍요로운 삶에 대한 소망
② 조국 광복에 대한 소망
③ 바다 건너로 가고 싶은 소망
④ 손님을 그리워하는 마음

34 위 시에서 시적 화자가 기다리는 대상은?

① 손님　② 포도
③ 모시 수건　④ 전설

35 위와 같은 글이 소설과 구별되는 가장 큰 차이점은?

① 사실적인 글이다.
② 말의 리듬이 느껴진다.
③ 주장과 근거로 이루어진 글이다.
④ 글의 길이가 길다.

36 다음 중 평화롭고 풍요로운 삶을 의미하는 시어는?

① 손님　② 청포도
③ 은쟁반　④ 바다

[37~39] 다음 글을 읽고 물음에 답하시오.

또다른 말도 많지만
삶이란
나 아닌 그 누구에게
기꺼이 연탄 한 장이 되는 것
방구들 선득선득해지는 날부터 이듬해 봄까지
조선팔도 거리에서 제일 아름다운 것은
연탄차가 부릉부릉
힘쓰며 언덕을 오르는 거라네.
해야 할 일이 무엇인가를 알고 있다는 듯이
연탄은 일단 제 몸에 불이 옮겨 붙었다 하면
하염없이 뜨거워지는 것
매일 따스한 밥과 국물 퍼먹으면서도 몰랐네.
온몸으로 사랑하고 나면
한덩이 재로 쓸쓸히 남는 게 두려워
여태껏 나는 그 누구에게 연탄 한 장도 되지 못하였네.
생각하면
삶이란
나를 산산이 으깨는 일
㉠ <u>눈 내려 세상이 미끄러운 이른 아침에</u>
<u>나 아닌 그 누가 마음 놓고 걸어갈</u>
<u>그 길을 만들 줄도 몰랐었네. 나는</u>

－안도현, 「연탄 한 장」－

37 이 시에서 '연탄'이 의미하는 것이 <u>아닌</u> 것은?

① 화자를 성찰하게 하는 매개체
② 헌신적인 사랑
③ 타인을 위해 희생하는 존재
④ 타인을 위해 희생하지 못함을 반성하는 화자

38 **이 시에서 운율을 형성하는 요소로 알맞은 것은?**

① 3음보의 율격을 반복하고 있다.
② 울림소리를 사용하고 있다.
③ '~네'라는 종결 어미를 반복하고 있다.
④ 도치법을 사용하고 있다.

39 **㉠에 사용된 표현 방법은?**

① 직유법 ② 은유법
③ 도치법 ④ 대구법

[40~42] 다음 글을 읽고 물음에 답하시오.

봄은
남해에서도 북녘에서도
오지 않는다.

너그럽고
빛나는
봄의 그 눈짓은,
제주에서 두만까지
우리가 디딘
아름다운 논밭에서 움튼다.

겨울은
바다와 대륙 밖에서
그 매서운 눈보라 몰고 왔지만
이제 올
너그러운 봄은,
삼천리 마을마다
우리들 가슴 속에서
움트리라.

움터서,
강산을 덮은 그 미움의 쇠붙이들
눈 녹이듯 흐물흐물
녹여 버리겠지.

-신동엽, 「봄은」-

40 **시어와 그에 해당하는 상징적 의미의 연결이 적절하지 <u>않은</u> 것은?**

① 봄 - 남북통일
② 남해, 북녘 - 외세
③ 제주에서 두만까지 - 전세계
④ 강산 - 한반도, 우리나라

41 **군사적 대립과 긴장을 의미하는 시어는?**

① 미움의 쇠붙이들
② 바다와 대륙 밖
③ 남해
④ 제주에서 두만

42 **이 시의 화자에 대한 설명으로 옳은 것은?**

① 통일은 우리 스스로 할 수 있다고 확신하는 사람
② 외세의 도움을 받더라도 통일은 반드시 해야 한다고 생각하는 사람
③ 분단의 책임이 있는 사람이 통일을 주도해야 한다고 생각하는 사람
④ 분단된 현실에 절망하는 사람

[43~47] 다음 글을 읽고 물음에 답하시오.

> ⓐ 해야 솟아라. 해야 솟아라. 말갛게 씻은 얼굴 고운 해야 솟아라. 산 넘어 산 넘어서 어둠을 살라 먹고, 산 넘어서 밤새도록 어둠을 살라 먹고, 이글이글 애띤 얼굴 고운 해야 솟아라.
>
> 달밤이 싫여, ⓑ 달밤이 싫여, ㉠ 눈물 같은 골짜기에 달밤이 싫여, 아무도 없는 뜰에 달밤이 나는 싫여…….
>
> 해야, 고운 해야, 늬가 오면, 늬가사 오면, 나는 나는 청산이 좋아라. 훨훨훨 깃을 치는 청산이 좋아라. ⓒ 청산이 있으면 홀로라도 좋아라.
>
> 사슴을 따라 사슴을 따라, 양지로 양지로 사슴을 따라, 사슴을 만나면 사슴과 놀고,
>
> 칡범을 따라 칡범을 따라, 칡범을 만나면 칡범과 놀고…….
>
> 해야, 고운 해야. 해야 솟아라. 꿈이 아니래도 너를 만나면, ⓓ 꽃도 새도 짐승도 한자리 앉아, 워어이 워어이 모두 불러 한자리 앉아, 애띠고 고운 날을 누려 보리라.
>
> –박두진, 「해」–

43 ㉠에 사용된 표현 방법과 같은 것이 사용된 것은?

① 어머니의 눈물은 진주
② 사과같은 내 얼굴
③ 꽃이 피네, 꽃이 피네
④ 이글이글

44 '해'와 대조되며 고통과 절망의 세계를 의미하는 시어는?

① 청산 ② 사슴
③ 새 ④ 달밤

45 ⓐ~ⓓ 중, 의미가 다른 것은?

① ⓐ ② ⓑ
③ ⓒ ④ ⓓ

46 이 시에서 운율을 형성하는 요소가 아닌 것은?

① 대체로 3음보의 율격을 반복하고 있다.
② 비슷한 구절을 반복하고 있다.
③ 같은 시어를 반복하고 있다.
④ '~라'의 종결 어미를 반복하고 있다.

47 이 시의 화자가 궁극적으로 말하고자 하는 것은?

① 강자와 약자가 평화롭게 화합・공존하는 세계에 대한 소망
② 약자가 강자를 위해 희생하는 세상에 대한 비판
③ 칡범과 사슴이 한 곳에 있을 수 없는 것에 대한 비판
④ 남북의 자주적 통일

[48~49] 다음 글을 읽고 물음에 답하시오.

내가 그의 이름을 불러 주기 전에는
그는 다만
하나의 몸짓에 지나지 않았다.

내가 그의 이름을 불러 주었을 때
그는 나에게로 와서
꽃이 되었다.

내가 그의 이름을 불러 준 것처럼
나의 이 빛깔과 향기에 알맞은
누가 나의 이름을 불러 다오.
그에게로 가서 나도
그의 꽃이 되고 싶다.

우리들은 모두
무엇이 되고 싶다.
너는 나에게 나는 너에게
잊혀지지 않는 하나의 눈짓이 되고 싶다.

-김춘수, 「꽃」-

48 위 시에 나타난 어조의 특징으로 알맞은 것은?

① 간절한 어조 ② 긍정적 어조
③ 의지적 어조 ④ 비판적 어조

49 위 시에 대한 설명으로 가장 적절한 것은?

① 추상적 관념을 구체화시키기 위해 꽃이라는 사물을 상징적으로 제시하였다.
② 시간의 흐름에 따라 시상이 전개되고 있다.
③ 자신의 삶을 반성하는 화자의 모습이 드러난다.
④ 역설적 표현이 사용되고 있다.

[50~51] 다음 글을 읽고 물음에 답하시오.

모진 소리를 들으면
내 입에서 나온 소리가 아니더라도
내 귀를 겨냥한 소리가 아니더라도
모진 소리를 들으면
가슴이 ㉠ 쩌엉한다.
온몸이 쿡쿡 아파 온다.
누군가의 온몸을 가슴속부터 쩡 금 가게 했을
모진 소리

나와 헤어져
덜컹거리는 지하철에서
고개를 수그리고
내 모진 소리를 자꾸 생각했을
내 모진 소리에 무수히 정 맞았을
누군가를 생각하면
모진 소리,
늑골에 정을 친다.
쩌어엉 세상에 금이 간다.

-황인숙, 「모진 소리」-

50 ㉠에 대한 설명으로 바르지 않은 것은?

① 의도적으로 맞춤법이나 띄어쓰기에 어긋나는 표현을 하였다.
② 가슴이 따뜻해지는 것을 표현한 말이다.
③ 모진 소리에 상처받는 마음을 인상적으로 표현한 부분이다.
④ 운율적 효과나, 시의 정서 표현을 위해 의도적으로 바르지 않은 표기를 사용하였다.

51 '모진 소리'를 들은 화자의 반응으로 적절한 것은?

① 모진 소리를 듣고 마음이 아팠다.
② 나에게 한 소리가 아니니 관심이 없다.
③ 모진 소리에 억울함을 느껴 타인에게 항의한다.
④ 모진 소리를 받아들여 자신의 행동을 되돌아본다.

[52~55] 다음 글을 읽고 물음에 답하시오.

> 죽는 날까지 하늘을 우러러
> 한 점 부끄럼이 없기를,
> 잎새에 이는 바람에도
> 나는 괴로워했다.
> ㉠ <u>별을 노래하는 마음으로</u>
> <u>모든 죽어 가는 것을 사랑해야지.</u>
> <u>그리고 나한테 주어진 길을</u>
> <u>걸어가야겠다</u>.
>
> 오늘 밤에도 별이 바람에 스치운다.
>
> -윤동주, 「서시」-

52 이 시에서 희망적, 이상적인 의미를 지니며 순결한 삶을 상징하는 시어는?

① 바람 ② 별
③ 밤 ④ 잎새

53 ㉠을 통해 알 수 있는 시적 화자의 태도로 적절한 것은?

① 현실의 어려움을 극복하려 한다.
② 현실의 부조리함을 체념한다.
③ 자신의 상황을 긍정적으로 받아들인다.
④ 현재 상황에 만족한다.

54 이 시의 시상 전개 방식으로 알맞은 것은?

① 아침에서 저녁으로의 시간의 변화
② 장소의 변화
③ '과거 - 미래 - 현재'의 시간적 구성
④ 계절의 변화

55 이 시에서 자신을 성찰하는 매개체가 되는 시어는?

① 바람 ② 하늘
③ 별 ④ 잎새

56 다음 글에 대한 설명으로 바르지 <u>않은</u> 것은?

> 그립다
> 말을 할까
> 하니 그리워.
>
> 그냥 갈까
> 그래도
> 다시 더 한 번
>
> 저 산에도 까마귀, 들에 까마귀,
> 서산(西山)에는 해 진다고
> 지저귑니다.
>
> 앞강물, 뒷강물
> 어서 따라오라고 따라가자고
> 흘러도 연달아 흐릅디다려.
>
> -가는 길, 「김소월」-

① 3음보의 민요적 율격을 느낄 수 있다.
② '그리움'의 정서가 드러난다.
③ '까마귀, 강물'은 객관적 상관물이다.
④ 남성적인 어조의 화자이다.

[57~58] 다음 글을 읽고 물음에 답하시오.

> 내를 건너서 숲으로
> 고개를 넘어서 마을로
>
> 어제도 가고 오늘도 갈
> 나의 길 새로운 ㉠<u>길</u>
>
> 민들레가 피고 까치가 날고
> 아가씨가 지나고 바람이 일고
>
> 나의 길은 언제나 새로운 길
> 오늘도 …… 내일도 ……
>
> 내를 건너서 숲으로
> 고개를 넘어서 마을로
>
> -윤동주, 「새로운 길」-

57 ㉠에 대한 설명으로 알맞지 <u>않은</u> 것은?

① 숲과 마을로 향하는 길이다.
② 화자에게 긍정적인 희망을 주는 길이다.
③ 과거, 현재, 미래를 연결하는 길이다.
④ 어디로 갈지 모르는 불안감을 주는 길이다.

58 위 시에서 말하는 이에 대한 설명으로 알맞지 <u>않은</u> 것은?

① 인생의 길을 걸어가고 있다.
② 길을 걸으며 다양한 존재를 만나 희망을 얻고 있다.
③ 새로운 길을 걸어야 하는 자신의 처지를 비관한다.
④ 늘 새로운 마음으로 살아가려 한다.

[59~61] 다음 글을 읽고 물음에 답하시오.

> ㉠ <u>길이 끝나는 곳에서도</u>
> <u>길이 있다.</u>
> 길이 끝나는 곳에서도
> 길이 되는 사람이 있다.
> 스스로 봄길이 되어
> 끝없이 걸어가는 사람이 있다.
> 강물은 흐르다가 멈추고
> 새들은 날아가 돌아오지 않고
> 하늘과 땅 사이의 모든 꽃잎은 흩어져도
> 보라
> 사랑이 끝난 곳에서도
> 사랑으로 남아 있는 사람이 있다.
> 스스로 사랑이 되어
> 한없이 봄길을 걸어가는 사람이 있다.
>
> -정호승, 「봄길」-

59 이 시에 대한 설명으로 적절한 것은?

① 주로 한자어가 많이 사용되었다.
② 촉각적 심상이 주로 사용되었다.
③ 역설적 표현을 통해 주제를 나타내었다.
④ 행과 연의 구분이 없는 산문시이다.

60 '봄길'의 상징적인 의미로 적절한 것은?

① 화자에게 닥친 시련과 고통
② 화자의 긍정적 태도와 희망
③ 화자가 임을 기다리는 공간
④ 화자에게 주어진 고난의 시간

61 ㉠과 같은 표현 방법이 사용된 시구는?

① 돌담에 속삭이는 햇발 같이
② 나는 나룻배 당신은 행인
③ 나보기가 역겨워 가실 때에는 죽어도 아니 눈물 흘리오리다.
④ 결별이 이룩하는 축복

[62~63] 다음 글을 읽고 물음에 답하시오.

> 성북동 산에 번지가 새로 생기면서
> 본래 살던 ㉠ <u>성북동 비둘기</u>만이 번지가 없어졌다.
> 새벽부터 돌 깨는 산울림에 떨다가
> 가슴이 금이 갔다.
> 그래도 성북동 비둘기는
> 하느님의 광장 같은 새파란 아침 하늘에
> 성북동 주민에게 축복의 메시지나 전하듯
> 성북동 하늘을 한 바퀴 휘 돈다.
>
> 성북동 메마른 골짜기에는
> 조용히 앉아 콩알 하나 찍어 먹을
> 널찍한 마당은커녕 가는 데마다
> 채석장 포성이 메아리쳐서
> 피난하듯 지붕에 올라앉아
> 아침 구공탄 굴뚝 연기에서 향수를 느끼다가
> 산 1번지 채석장에 도루 가서
> 금방 따낸 돌 온기에 입을 닦는다.
>
> 예전에는 사람을 성자처럼 보고
> 사람 가까이
> 사람과 같이 사랑하고
> 사람과 같이 평화를 즐기던
> 사랑과 평화의 새 비둘기는
> 이제 산도 잃고 사람도 잃고
> 사랑과 평화의 사상까지
> 낳지 못하는 쫓기는 새가 되었다.
>
> -김광섭, 「성북동 비둘기」-

62 위 시에 쓰인 시어 중 시적 의미가 나머지와 <u>다른</u> 시어는?

① 새파란 아침 하늘
② 돌 깨는 산울림
③ 구공탄 굴뚝 연기
④ 채석장 포성

63 위 시에서 ㉠이 상징하는 의미와 관계가 <u>먼</u> 것은?

① 산업화로 부유한 삶을 누리게 된 사람
② 파괴되어 가는 자연의 모습
③ 사람의 터전을 잃은 도시 빈민
④ 문명으로 인해 인간성을 상실한 인간

EBS 교육방송교재

중졸 검정고시 국어

PART
Ⅱ

산문 문학

이 단원에서는 소설, 수필, 극작품들이 운문 문학과 어떤 차이를 보이는지 알아본다. 또한 갈래별 특징을 파악한 뒤 다양한 작품들을 살펴보고 작가의 창작 의도를 확인하여 작품의 주제를 파악하도록 한다.

01 현대 소설

• 소설의 특징, 소설의 갈등 유형, 시점 등에 대해 이해한다.

1 소설의 뜻

1. 소설

현실 세계에서 있음 직한 일을 상상하여 꾸며 쓴 산문 문학이다.

2. 소설의 특징

허구성	작가가 상상을 통하여 꾸며 낸 이야기
서사성	일정한 시간의 흐름에 따라 전개되는 이야기의 형식을 지님.
예술성	예술의 한 형식으로 아름다움과 감동을 느낄 수 있음.
진실성*	삶의 진실을 추구하고 바람직한 인간상을 찾고자 함.
모방성	배경이 되는 현실 세계를 모방하고 반영함.
산문성	운문이 아닌 산문, 즉 줄글 형식으로 표현함.

진실성
소설에서 '진실성'이란 '사실성'과 다른 의미이므로 주의해야 한다. 실제 있던 사건을 기록했다는 의미가 아니라, 삶에서 바람직하고 옳은 어떤 것을 추구한다는 의미에서 '진실성'이라는 표현을 사용하는 것이다.

3. 소설의 갈등

① 갈등의 뜻 : 소설에서 한 인물 내부의 혼란이나 인물과 그를 둘러 싼 외적인 요소의 대립

② 갈등의 유형

<table>
<tr><td>내적 갈등</td><td colspan="2">한 인물의 마음 속에서 반대되는 마음이 생겨 일어나는 갈등</td></tr>
<tr><td rowspan="5">외적 갈등</td><td colspan="2">인물과 인물을 둘러싼 외부 요소 사이에서 일어나는 갈등</td></tr>
<tr><td>인물 – 인물</td><td>인물들의 성격·가치관 차이에서 오는 갈등</td></tr>
<tr><td>인물 – 사회</td><td>인물과 사회의 윤리나 제도의 차이에서 오는 갈등</td></tr>
<tr><td>인물 – 운명</td><td>인물이 타고난 운명 때문에 겪는 갈등</td></tr>
<tr><td>인물 – 자연</td><td>인물이 거대한 힘을 가진 자연에 맞서 싸우면서 겪게 되는 갈등</td></tr>
</table>

③ 갈등의 기능

㉠ 사건을 전개한다.

㉡ 갈등 해소 방법을 통해 주제를 분명하게 전달한다.

㉢ 인물의 성격을 강화한다.

4. 소설의 3요소*

① 주제 : 작가가 작품을 통해 나타내고자 하는 중심 의미
② 구성 : 주제의 효과적인 전달을 위해 사건을 배치하는 짜임새
③ 문체 : 작가의 특징적인 문장의 길이, 기교 등의 표현

5. 소설 구성의 3요소*

① 인물 : 소설 속에 등장하는 사람
② 사건 : 등장인물이 벌이는 갈등과 행동
③ 배경 : 사건이 벌어지는 시간적・공간적・사회적인 상황

6. 소설의 구성 단계

① 발단 : 인물 소개, 배경과 사건의 실마리가 제시된다.
② 전개 : 사건이 본격화되는 부분, 갈등이 나타나고 사건이 복잡화된다.
③ 위기 : 갈등의 심화, 긴장감의 고조
④ 절정 : 갈등의 최고조, 사건 해결의 실마리가 보이며 주제가 드러난다.
⑤ 결말 : 갈등의 해소와 사건의 마무리, 주인공의 운명이 결정된다.

7. 소설의 시점

1인칭*	주인공 시점	• 주인공인 '나'가 자신의 이야기를 전달 • 나 = 주인공 = 서술자
	관찰자 시점	• 주인공이 아닌 다른 등장인물인 '나'가 주인공의 이야기를 전달 • 나 = 서술자 ≠ 주인공
3인칭*	작가 관찰자 시점	서술자가 객관적인 위치에서 대상을 보이는 대로 관찰하여 서술
	전지적 작가 시점	작가가 전지전능한 신적인 입장에서 인물의 내면 심리까지 서술

8. 소설의 복선

소설 속에서 앞으로 전개될 사건을 미리 짐작하게 하는 장치

예 소나기 – "난 보랏빛이 좋아"(비극적 결말인 소녀의 죽음을 암시)

소설의 3요소와 소설 구성의 3요소

소설의 3요소 ─ 주제 / 구성(인물, 사건, 배경) / 문체

1인칭 시점

1인칭 시점의 서술자는 작품 속에 존재하는 '나'이다. 이 때 '나'가 주인공이면 '1인칭 주인공 시점', '나'가 주인공이 아닌 주변 인물이면 '1인칭 관찰자 시점'이다.

3인칭 시점

3인칭 시점은 서술자가 작품 밖에 존재한다. 이 때 서술자가 등장인물의 내면심리에 대한 서술 없이 객관적으로 행동을 관찰하고 서술만 한다면 '3인칭 작가 관찰자 시점'이고, 서술자가 등장인물들의 심리 상태까지 서술한다면 '3인칭 전지적 작가 시점'이다.

기억 속의 들꽃 _ 윤흥길

핵/심/정/리

- 갈래 : 단편 소설, 현대 소설
- 성격 : 회상적, 비극적
- 배경 ┌ 시간 : 6・25 전쟁
  └ 공간 : 만경강 다리 부근의 어느 마을
- 시점 : 1인칭 관찰자 시점
- 주제 : 전쟁으로 인한 인간성 상실의 비극

한 떼거리의 피란민(避亂民)(시대적 배경 – 6・25 전쟁)들이 머물다 떠난 자리에 소녀는 마치 처치하기 곤란한 짐짝❶처럼 되똑하니 남겨져 있었다. 정갈한 청소부가 어쩌다가 실수로 흘린 쓰레기❷ 같기도 했다. 하얀 수염에 붉은 털옷을 입고 주로 굴뚝으로 드나든다는 서양의 어느 뚱뚱보 할아버지가 간밤에 도둑처럼 살그머니 남기고 간 선물❸ 같기도 했다.

❶ ~ ❸ : 소녀를 비유한 표현

아무튼 소녀는 우리 마을 우리 또래의 아이들에게 어느 날 아침 갑자기 발견되었다. 선물치고는 무척이나 지저분하고 망측스러웠다. 미처 세수도 하지 못한 때꼽재기, 우리들 눈에 비친 그 애의 모습은 거의 거지나 다름없을 정도였다. 우리들 역시 그다지 깨끗한 편이 못 되는데도 그랬다.

〈중략〉

그러나 우리 어린애들은 전혀 달랐다. 어른들 마음과는 아무 상관없이 누나와 나는(철이 없음) 피란민들을 마냥 부러워하고 있었다. 세상의 저쪽 끝에서 와서 다른 저쪽 끝까지 가려는 사람들 같았다. 무거운 짐을 들고 불편한 몸을 이끌며 길을 떠나는 그들의 모습이 오히려 우리들 눈에는 새의 깃털만큼이나 가벼워 보였다. 그들처럼 마음 내키는 대로 세상을 여기저기 떠돌아다니지 않고 우리는 왜 마을에 붙박여 살아야 하는지 도무지 이해할 수가 없었다. 그래서 ㉠ 우리도 피란을 떠나자고 아버지한테 조르기로 작정했다.

"밥을 굶어야 된다. 밥도 안 먹고 잠도 안 자고, 알었지야? 툇돌에서 오줌 누고 뜰팡에다 똥 싸고, 알었지야?"

삽짝 밖에서 누나가 내 귀에 대고 연방 끈끈한 목소리로 속삭였다. 집 안에서 내 청이라면 웬만한 것은 다 들어주는 아버지의 성미를 누나는 십분(十分) 이용할 셈이었다. 나는 누나가 시키는 대로 했다. 그러나 아무리 그렇게 울고 떼를 써도 아버지 입에서는 좀처럼 허락이 내리지 않았다. 아버지한테서 마침내 피란을 가도 좋다는 말이 떨어진 것은 만경강 다리*가 무시무시한 폭격으로 허리를 잘리고 난 그 이튿날이었다. 아직은 제법 멀찌막이서 노는 줄만 알았던 전쟁이

❯ 만경강 다리
실제 존재하는 공간적 배경을 소설 속에 제시함으로써 전쟁의 참혹함을 사실적으로 나타내고 있다. 또한, 다리는 명선이가 금반지를 숨긴 장소이자 죽음을 맞이하게 되는 곳이다.

란 놈이 어느새 어깨동무라도 하려는 기세로 바투 다가와 있었으므로 우리 마을도 이젠 안심할 수가 없게 되었다. 그래서 아버지는 할머니 편에 우리 오뉘를 묶어 마을에서 삼십여 리 떨어진 고모네 집에 잠시 피란시킬 작정이었다. 아버지하고 어머니는 마을에 남아 집을 지키기로 이야기가 되었다.

〈중략〉

"아줌마!"

이때 녀석이 또 예의 그 계집애처럼 간드러진 소리로 어머니를 불러 세웠다.

"따른 집에나 가 보라니께!"

"아줌마한테 요걸 보여 주려구요."

녀석은 엄지와 인지를 붙여 동그라미를 만들어 보였다. 그 동그라미 위에 다른 또 하나의 작은 동그라미(금가락지, 명선이의 생존 수단, 갈등의 원인)가 노란 빛깔을 띠면서 날름 올라앉아 있었다. 뒤란 그늘 속에서도 그것은 충분히 반짝이고 있었다. 그걸 보더니 어머니의 눈에 환하게 불이 켜졌다.

"아아니, 너, 고거 금가락지 아니냐!"

말이 채 끝나기도 전에 금반지는 어느새 어머니의 손에 건너가 있었다. 솔개가 병아리를 채듯이 서울 아이의 손에서 금반지를 낚아채어 어머니는 한참을 칩떠보고 내립떠보는가 하면, 혓바닥으로 침을 묻혀 무명 저고리 앞섶에 싹싹 문질러 보다가, 나중에는 이빨로 깨물어 보기까지 했다. 마침내 어머니의 얼굴에 만족스런 미소가 떠올랐다.(어머니의 태도* 변화 – 이해타산적, 탐욕스러움)

"아가, 너 요런 것 어디서 났냐?"

옷고름의 실밥을 뜯어 그 속에 얼른 금반지를 넣고 웅숭깊은 저 밑바닥까지 확실하도록 두어 번 흔들고 나서 어머니는 서울 아이한테 물었다. 놀랍게도 어머니의 목소리는 서울 아이의 그것보다 훨씬 더 간드러지게 들렸다.

"땅바닥에서 주웠어요. 숙부네가 떠난 담에 그 자리에 가 봤더니 글쎄 요게 떨어져 있잖아요?"(명선의 태도* – 영악함)

녀석이 이젠 아주 의기양양한 태도로 당당하게 대답했다. 그 말을 어머니는 별로 귀담아듣는 기색이 아니었다. 어머니는 연방 벙글벙글 웃어 가며 녀석의

어머니의 태도
'나'의 부모님은 순진한 '나'와는 대조적으로 자신들의 욕심을 위해서 명선이의 금반지를 빼앗으려 하고 있다. 이것은 '나'의 부모님뿐만 아니라 당시 전쟁으로 인해 인간성이 상실된 수많은 사람들의 모습을 '나'의 부모님을 통해 보여주고 있는 것이다.

명선의 태도
명선이는 전쟁통에서 살아남기 위해 남자아이인 척하고 있다. 또한 자신이 가지고 있는 금가락지의 출처도 숨겨야 한다는 것을 알고 있다는 점에서 아이답지 않은 영악한 모습을 보이고 있다.

잔등을 요란스레 토닥거리고 쓰다듬어 주는 것이었다.

"아가, 요담 번에 또 요런 것 생기거들랑 다른 누구 말고 꼬옥 이 아줌니한테 가져와야 된다. 알었냐?"

"네, 꼭 그렇게 하겠어요."

다음에 다시 금반지를 줍기로 무슨 예정이라도 되어 있는 듯이 녀석의 입에서는 대답이 무척 시원스럽게 나왔다.

"어서어서 방 안으로 들어가자. 에린 것이 천리 타관(他官)서 부모 잃고 식구 놓치고 얼매나 배고프고 속이 짜겄냐?"

〈중략〉

그날 밤에 아버지는 명선이를 안방으로 불러 아랫목에 앉혀놓고, 밤늦도록 타일러도 보고 으름장도 놓아 보았다. 하지만, 명선이의 대답은 한결같았다.

"거짓말이 아니라구요. 참말이라구요. 길에서 놀다가……."

"너 이놈, 바른대로 대지 못허까!"

아버지의 호통 소리에 명선이는 비죽비죽 울기 시작했다. 우는 명선이를 아버지는 또 부드러운 말로 달래기 시작했다.

"말은 안 혔어도 너를 친자식 진배없이 생각혀 왔다. 너 같은 어린것이 그런 물건을 갖고 있으면은 털 좋은 법이다. 이 아저씨가 잘 맡아 놨다가 후제 크면 줄 테니께 얻다 숨겼는지 바른대로 대거라."

'나'의 어머니, 아버지 - 탐욕스러움, 금반지를 더 찾고자 함*

아버지와 어머니의 태도
'나'의 부모님은 순진한 '나'와는 대조적으로 자신들의 욕심을 위해서 명선이의 금반지를 빼앗으려 하고 있다. 이것은 '나'의 부모님뿐만 아니라 당시 전쟁으로 인해 인간성이 상실된 수많은 사람들의 모습을 '나'의 부모님을 통해 보여 주고 있는 것이다.

아무리 달래고 타일러도 소용이 없자, 아버지는 마침내 화를 버럭 내면서 명선이의 몸뚱이를 뒤지려 했다. 아버지의 손이 옷에 닿기 전에 명선이는 미꾸라지같이 안방을 빠져나가 자취를 감추어 버렸다. 그리고 그날 밤 끝내 우리 집에 돌아오지 않았다.

〈중략〉

그 이튿날 점심 무렵부터 명선이에 관한 소문이 마을에 파다하게 퍼졌다. 난리통에 혈혈단신(孑孑單身)이 된 서울 아이가 금반지를 많이 가지고 있다는 이야기였다. 어떤 사람들은 그 아이가 열 개도 넘는 금반지를 저만 아는 곳에 꽁꽁 감춰 두고 하나씩 꺼낸다더라고 쑤군거리기도 했다. 입이 방정이라고 정님이가 어머니한테 호되게 꾸중을 들었다. 어머니의 지시에 따라 누나와 나는 돌아오지 않는 명선이를 찾아 마을 안팎을 온통 헤매고 다녔다.

낮더위가 한풀 꺾이고 어둠살이 켜켜이 내려앉을 무렵에야 명선이는 당산(堂山) 숲 속에서 발견되었다. 우리가 그 애를 찾아낸 것이 아니라, 그 애가 돼지 멱따는 소리로 한바탕 비명을 질러 사람들을 불러 모은 결과였다. 이 나무 저 나무 옮아 다니는 매미처럼 당산 숲 속을 팔모로 헤집고 다니며 거듭거듭 내지르는 비명 소리를 듣고서 맨 처음 달려간 사람들 축에 아버지도 끼여 있었다.

"너그 놈들이 누구누군지 내 다 안다아! 어디 사는 누군지 내 다 봐 뒀으니께 날만 샜다 허면 물고(物故)를 낼 것이다아!"

해뜩해뜩 뒷모습을 보이며 당산 골짜기 어둠 속으로 꽁지가 빠지게 달아나는 남자들을 향해 아버지는 길길이 뛰며 입에 거품을 물었다.

"아가, 이자 아모 염려 없다. 어서 내려오니라, 어서."

한 걸음 뒤늦어 득달같이 달려온 어머니가 소나무 위를 까마득히 올려다보며 한껏 보드라운 말씨로 달랬다. 소나무 둥치에 딱정벌레처럼 달라붙어 꼼짝도 않는 하얀 궁둥이가 보였다. 놀랍게도 명선이는 시원스런 알몸뚱이로 있었다. 어느 겨를에 어떻게 거기까지 기어 올라갔는지 명선이는 까마득한 높이에 매달려 홀랑 벌거벗은 채 흐느끼고 있었다. 아무리 내려오라고 타일러도 반응이 없자, 아버지가 팔소매를 걷어붙이고 올라가, 위험을 무릅쓰고 곡예라도 하듯이 그 애를 등에 업고 내려왔다.

"오매오매, 쟈가 지집애 아녀!"
전쟁 중에 살아남기 위해 남자아이인 척 함

〈중략〉

심심할 때마다 명선이는 나를 끌고 끊어진 만경강 다리로 놀러 가곤 했다. 계집애답지 않게 배짱도 여간이 아니어서, 그 애는 아무도 흉내 낼 수 없는 위험천만한 곡예를 부서진 다리 위에서 예사로 벌여 우리의 입을 딱 벌어지게 만드는 것이었다.

(끊어진 만경강 다리: 전쟁의 참혹함*)

"누가 제일 멀리 가는지 내기하는 거다."

만경강 다리
실제 존재하는 지명을 소설 속에 제시함으로써 전쟁의 참혹함을 사실적으로 나타내고 있다.

폭격으로 망가진 그대로 기나긴 다리는 방치되어 있었다. 난간이 떨어져 달아나고, 바닥에 커다란 구멍들이 뻥뻥 뚫린 채 쌀뜨물보다도 흐린 싯누런 물결이 일렁이는 강심(江心) 쪽을 향해 곧장 뻗어 나가다 갑자기 앙상한 철근을 엿가락 모양으로 어지럽게 늘어뜨리면서 다리는 끊겨져 있었다. 얽히고 설킨 철근의 거미줄이 간댕간댕 허공(虛空)을 가로지르고 있는 마지막 그곳까지 기어가는 내기였다. 그리고 내기에서 승리자는 언제나 명선이였다. 웬만한 배짱이라면 구멍이 숭숭 뚫린 콘크리트 바닥을 기는 것은 누구나 할 수 있는 일이었다. 하지만 콘크리트가 끝나면서 강바닥이 까마득한 간격을 두고 저 아래에서 빙글빙글 맴을 도는 철골 근처에 다다르면 누구나 오금이 굳고 팔이 떨려 한 발짝도 더는 나갈 수가 없었다. 오로지 명선이 혼자만이 얼키설키 허공을 건너지른 엿가락 같은 철근에 위태롭게 매달려, 세차게 불어 대는 강바람에 누나한테 얻어 입은 치맛자락을 펄렁거리며 끝까지 다 건너가서 지옥의 저쪽 가장자리에 날름 올라앉아 귀신인 양 이쪽을 보고 낄낄거리는 것이었다. 그렇게 낄낄거리며 우리들 머슴애의 용기 없음을 놀릴 때 그 애의 몸뚱이는 마치 널을 뛰듯이 위아래로 훌쩍훌쩍 까불리면서 구부러진 철근의 탄력에 한바탕씩 놀아나고 있었다.

어느 날, 나는 명선이하고 단둘이서만 다리에 간 일이 있었다. 그때도 그 애는 나한테 내기를 걸어왔다. 나는 남자로서의 위신을 걸고 명선이의 비아냥거림 앞에서 최선의 노력을 다해봤으나, 결국 강바닥에 깔린 뽕나무밭이 갑자기 거대한 팽이가 되어 어찔어찔 맴도는 걸 보고 뒤로 물러서지 않을 수 없었다. 이제 명선이한테서 겁쟁이라고 꼼짝없이 수모를 당할 차례였다.

"야아, 저게 무슨 꽃이지?"

그런데 그 애는 놀림 대신 갑자기 뚱딴지 같은 소리를 질렀다. 말 타듯이 철근 뭉치에 올라앉아서 그 애가 손가락으로 가리키는 곳을 내려다보았다. 거대한 교각(橋脚) 바로 위, 무너져 내리다 만 콘크리트 더미에 이전에 보이지 않던 꽃송이 하나가 피어 있었다. 바람을 타고 온 꽃씨 한 알이 교각 위에 두껍게 쌓인 먼지 속에 어느새 뿌리를 내린 모양이었다.

"꽃 이름이 뭔지 아니?"

난생처음 보는 듯한, 해바라기를 축소해 놓은 모양의 동전만 한 들꽃이었다.

"쥐바라숭꽃*……."
생명력, 전쟁 중에 살아남은 명선이

나는 간신히 대답했다. 시골에서 볼 수 있는 거라면 명선이는 내가 뭐든지 다 알고 있다고 믿는 눈치였다. 쥐바라숭이란 이 세상엔 없는 꽃 이름이었다. 엉겁결에 어떻게 그런 이름을 지어낼 수 있었는지 나 자신도 어리벙벙할 지경이었다.

"쥐바라숭꽃……, 이름처럼 정말 이쁜 꽃이구나. 참 앙증맞게두 생겼다."

또 한바탕 위험한 곡예 끝에 그 애는 기어코 그 쥐바라숭꽃을 꺾어 올려 손에 들고는 냄새를 맡아 보다가 손바닥 사이에 넣어 대궁을 비벼서 양산처럼 팽글팽글 돌리다가 끝내는 머리에 꽂는 것이었다. 다시 이쪽으로 건너오려는데, 이때 바람이 휙 불어 명선이의 치맛자락이 훌렁 들리면서 머리에서 꽃이 떨어졌다.
복선* – 명선이의 죽음을 암시
나는 해바라기 모양의 그 작고 노란 쥐바라숭꽃 한 송이가 바람에 날려, 싯누런 흙탕물이 도도히 흐르는 강심을 향해 바람개비처럼 맴돌며 떨어져 내리는 모양을 아찔한 현기증을 느끼며 지켜보고 있었다.

그날도 나는 명선이와 함께 부서진 다리에 가서 놀고 있었다. 예의 그 위험천만한 곡예 장난을 명선이는 한창 즐기는 중이었다. 콘크리트 부위를 벗어나 그 애가 앙상한 철근을 타고 거미처럼 지옥의 가장귀를 향해 조마조마하게 건너갈 때였다. 그때 우리들 머리 위의 하늘을 두 쪽으로 가르는 굉장한 폭음이 귀뺨을 갈기는 기세로 갑자기 울렸다. 푸른 하늘 바탕을 질러 하얗게 호주기 편대가 떠가고 있었다. 비행기의 폭음에 가려 나는 철근 사이에서 울리는 비명을 거의 듣지 못하였다. 다른 것은 도무지 무서워할 줄 모르면서도 유독 비행기만은 병적으로 겁을 내는 서울 아이한테 얼핏 생각이 미쳐, 눈길을 하늘에서 허리가 동강이 난 다리로 끌어내렸을 때, 내가 본 것은 강심을 겨냥하고 빠른 속도로 멀어져 가는 한 송이 쥐바라숭꽃이었다.
명선이

〈후략〉

➋ 쥐바라숭꽃
들꽃(쥐바라숭꽃)은 꽃이 살기 힘든 척박한 환경 속에 살아남아 있다. 그 모습이 전쟁통에 살아남은 명선이를 상징하는 것이다.

➋ 복선
소설에서 다음에 일어날 일을 넌지시 암시해 주는 기법으로, 명선이를 상징하는 쥐바라숭꽃이 강으로 떨어지는 모습을 통해 결말이 비극적이라는 것(명선이가 다리 밑으로 떨어져 죽게 됨)을 알 수 있다.

줄거리 보기

- 발단 : '나'와 누나는 아버지를 졸라 피란길을 떠나지만 인민군과 마주치자 겁에 질려 돌아옴.
- 전개 : 마을에 남게 된 명선이는 '나'의 어머니에게 금반지를 주고 함께 살게 되지만 먹고 놀기만 하여 '나'의 부모님에게 미움을 받음.
- 위기 : 명선이는 금반지의 출처를 묻는 부모님을 피해 도망치다가 여자임이 밝혀지고, 개패에 적힌 명선이의 사연을 알게 됨.
- 절정 : 끊어진 다리의 철근에서 놀다가 명선이가 비행기 소리에 놀라 강으로 떨어져 죽음.
- 결말 : '나'는 명선이가 떨어진 다리 끝에서 금반지를 발견하지만 강물에 떨어뜨림.

만/점/포/인/트

1. 등장인물의 성격

명선	적극적, 당돌함, 영악함, 소녀다운 면도 있음.
나	순진하고 철이 없음.
'나'의 어머니, 아버지	계산적, 탐욕스러움.
명선이의 숙부	탐욕스러움, 비인간적임.

2. 소재의 의미

금반지	• 명선이의 생존 수단 • 명선이와 어른들의 갈등을 유발시켜 명선이를 죽음에 이르게 한 소재
들꽃	• 전쟁 중에도 강인하게 살아가는 명선이를 상징 • 강한 생명력
개패	'나'의 부모가 명선이를 보호하는 계기
끊어진 만경강 다리	전쟁의 참혹함을 상징

3. 갈등 양상

금반지를 지키려는 명선과 금반지를 빼앗으려는 '나'의 부모님(마을 사람들)의 외적 갈등

바로바로 체크

(1) 이 소설의 시점은?
❶ 1인칭 관찰자 시점
❷ 전지적 작가 시점
❸ 1인칭 주인공 시점
❹ 작가 관찰자 시점

(2) 명선이의 성격으로 적절하지 <u>않은</u> 것은?
❶ 당당함
❷ 적극적
❸ 영악함
❹ 소심함

(3) 명선이의 생존 수단을 의미하는 소재는?

정답 (1) ❶
(2) ❹
(3) 금반지

기/출/문/제 Check!

정답 및 해설 9p

01 위 소설의 서술자는?

① 나
② 누나
③ 아버지
④ 할머니

02 위와 같은 글의 특성으로 적절하지 않은 것은?

① 인생의 진실을 담고 있다.
② 사건이 필연적으로 전개된다.
③ 작가의 상상력이 바탕이 된다.
④ 대사와 지시문 위주로 진행된다.

03 밑줄 친 ㉠의 이유로 알맞은 것은?

① 좋은 학교에 가고 싶어서
② 고향 마을에 붙박여 살고 싶어서
③ 도시에서 좋은 친구를 사귀고 싶어서
④ 마음 내키는 대로 떠돌아다니고 싶어서

꿩 _ 이오덕

핵/심/정/리

- 갈래 : 단편 소설, 현대 소설 , 성장 소설
- 성격 : 교훈적, 향토적
- 배경 : 1960년대, 시골 마을
- 제재 : 꿩
- 주제 : 부당한 차별에 당당하게 맞서서 얻은 자유, 부당한 일에 당당하게 맞서는 용기

"엄마, 정말 나 이젠 학교 안 갈래요."

김이 모락모락 오르는 보리밥 그릇을 무릎 앞에 놓고 먹을 생각도 않는 용이가 투정을 부렸습니다.

"야가 또 이런다. 지발 어미 속 그만 썩혀라. 3년이나 다닌 학교를 그만두면 어쩔래? 순이 봐라, 글 한 자도 모르제? 순인 기집애라서 그래도 괜찮지. 사내가 국민 학교도 졸업 못 하면 어떡할라고?"

순이는 뒷집 아이입니다. 작년에 학교에 입학했는데, 하도 아이들이 곰보딱지라고 놀려서 한달도 다니지 못하고 학교를 그만두었습니다. 가까이에서 보면 얼굴이 조금이 얽었습니다. 그래서 순이는 요즘 아침밥만 먹으면 책보 바구니를 들고 혼자 들로 나갑니다. 냉이를 캐는 것입니다.

"나도 이젠 4학년 됐잖아요. 남의 책 보퉁이만 메고 다니는거 부끄럽다니까요?"

책보 - 시대적 배경 1960년대

"글쎄, 그거 늘 하는 소리제. 지발 좀 참아라. 없는 기 웬수지. 그놈 애들이 왜 그렇게 못살게 하나?"

어머니도 밥숟갈을 들 생각을 않으시고 한숨을 쉬시더니 또 말을 이었습니다.

"야야, 너 아부지도 올해나 남의 일 하면 그만두실끼다. 한해만 참아라. 부디 한해만……"

머슴살이 - 다른 아이들이 용이에게 책 보퉁이를 나르게 하는 이유

용이는 아버지가 남의 집 머슴살이를 올해만 하면 그만두신다는 말에 귀가 번쩍 열렸습니다.

"정말 그만둬요? 올해만 하고?"

"너 장랠 생각해서라도 그만 두시게 해야지. 남의 산전을 얻어서 죽을 먹더래도……"

용이는 된장국에 보리밥을 말더니 단숨에 퍼먹고는 책보를 허리에 둘러메고 일어났습니다.

'올해만 참으면 된다!'

"용아, 빨리 나와!"

바깥에서는 벌써 아이 하나가 기다리고 있었습니다. 마을 앞을 지났을 때는 여러 아이가 되었습니다.

"아들아, 오늘은 우리. 고개 위에서 참꽃 좀 꺾어가자!"
계절적 배경 – 봄

"아직 꽃도 안 폈을걸?"

"병에 꽂아두면 빨리 핀단다."

"그래, 꺾어가자. 교실이 환하게."

모진 겨울을 이겨낸 보리들이 새파랗게 살아난 밭둑길을 걸어가면서 아이들은 모두 어깨를 우쭐거리며 '향토 예비군의 노래'를 소리쳐 불렀습니다. 그러다가 산기슭을 돌아 고갯길을 오르기 시작했을 때 그들은 모두 용이 발 밑에 책보를 던졌습니다. 3년 동안 용이 어깨에 매달려 재를 넘어가고 넘어오던 책보들입니다. 용이 아버지가 같은 동네에서 머슴살이를 하고 있기 때문에 아이들은 모두 용이까지 남의 짐을 날라 주어야 하는 것으로 생각하고 있는 것입니다.

"자 임마. 너 인제 4학년에 돼서 기운도 세졌잖아. 하나 더 날라라."

지금까지 같은 반의 아이들만 그렇게 하던 것이 오늘은 한 학년 위의 성윤이까지도 따라와 커다란 책보를 놓고 갑니다. 책보는 용이 제것까지 모두 일곱 개나 되었습니다. 책보가 없이 된 아이들은 모두 소리치면서 산길을 달려 올라갔습니다.

"올해만 참자!"

용이는 언제나처럼 바위 밑에 가서 참나무 지겟작대기를 찾아와 책보를 모두 꿰어 달았습니다. 그리고는 어깨로 가운데를 메고 올라가기 시작했습니다.

아침 햇빛이 산위에서 쫙 비쳐 내렸습니다.

고갯마루까지는 산허리를 세 번이나 돌면서 올라가야 합니다. 더구나 오늘은 책보가 모두 한학년씩 올라가서 그런지 굉장히 무겁습니다. 용이는 첫 굽이를 돌아가기도 전에 마른 잔디 위에 앉아 쉬어야 했습니다. 이렇게 무거운 짐을 날마다 메고 올라가야 할 일을 생각하니 기가 막힙니다. 더구나 5학년의 성윤이까지 맡기기 시작했으니 이러다가 올해는 지게로 져다 날라야 할지 모릅니다.
용이의 힘겨운 상황을 강조

'이걸 어떻게 하나?'

저 밑에서 따라 올라오던 2학년, 3학년 아이들이 모두 책보를 허리에 둘러매고 용이를 앞질러 올라갑니다. 그 아이들은 용이를 돌아보면서 저희들끼리 무엇을 수군거렸습니다.

"헤헤, 4학년이 됐다는 아이가 남의 책보나 메다 주고…… ."

"참 못난 아이제."
스스로를 못났다고 여기며, 심리적으로 힘듦

모두 이런말로 수군거리는 것 같았습니다.

'뭐, 못난 아이라고?'

용이는 화가 났습니다. 벌써 고개 위에 다 올라갔는지 아이들의 고함소리가 산위에서 들려왔을 때, 용이는 눈앞에 있는 책보를 그냥 콱콱 짓밟아 버리고 싶은 충동이 일었습니다. 발밑에 돌멩이 하나가 밟혔습니다. 용이는 벌떡 일어나 그 돌멩이를 집어 힘껏 골짜기 아래로 던졌습니다. 돌멩이가 저 밑에 떨어지자, 갑자기 온 산골을 뒤흔드는 소리를 치면서 커다란 뭉텅이 하나가 솟아올랐습니다.

"꼬공 꼬공 푸르륵!"

그것은 온 산골의 가라앉은 공기를 뒤흔들어 놓고 하늘을 날아오르는, 정말 살아있는 목숨이 부르짖는 소리였습니다.

'야, 참 멋지다!'

날개를 쫙 펴고 꽁지를 쭉 뻗고 아침 햇빛에 눈부신 모습으로 산을 넘어가는 꿩을 쳐다보는 용이의 온몸에 갑자기 어떤 힘이 마구 솟구쳤습니다. 용이는 그
용이의 행동을 변하게 한 소재 - 용기 자유, 생명력, 자신감
자리에서 한번 훌쩍 뛰어올라 보았습니다. 하늘에라도 날아오를 듯합니다. 용이는 발에 채이는 책보 하나를 집어 들었습니다. 그리고 그것을 하늘 위로 던졌습니다.
용이의 변화된 모습

휭! 공중에서 몇바퀴 돌던 책보가 '퍽' 소리를 내면서 골짜기에 떨어졌을 때 용이는 두 번째 책보를 집어던졌습니다.

또 하나, 또 하나…… .

마지막에 던진 작대기는 건너편 벼랑의 소나무 가지를 철썩 치도록 멀리 떨어졌습니다.

'됐다!'

용이는 인제 하늘이 탁 트이고 가슴이 시원해져서, 저 건너 산을 보고 하하하 웃었습니다. 떠가는 구름을 따라 마구 날아갈 것 같았습니다.

'내가 정말 못난이였구나!'

'인제 다시는 그런 짓 안한다!'

용이는 제 책보만 허리에 둘러맸습니다. 그리고는 고갯마루를 한번 쳐다보더니 날 듯이 뛰어올랐습니다.

고갯마루에는 아이들이 앉아 기다리고 있었습니다. 모두 손에 참꽃 가지를 한 줌씩 꺾어 들었습니다. 어떤 가지는 벌써 불그레한 봉오리가 피어나려고 했습니다.

"어, 용이가 빈손으로 오네?"

"정말 저새끼가?"

"임마, 책보 모두 어쨌어?"

용이는 아무말 없이 그냥 올라오고만 있습니다. 아이들이 용이를 빙 둘러 쌌습니다.

"너, 책보 어쨌어?"

"이 새끼, 죽고 싶니? 빨리 말해!"

용이는 아이들을 한번 둘러보고는 조용히, 그러나 힘찬 소리로 말했습니다. 이상하게도 책보를 모두 날리고 나니 마음이 가라앉는 것이 조금도 겁이 나지 않았습니다.

"너들 책보 말이제? 저 밑의 뚜꺼비 바우밑에 던져 놨어."

"뭐? 이 새끼가!"

"빨리 못 가져 오겠나?"

그러나 용이는 여전히 조용한 소리로 말했습니다.

"나, 인제 못난 놈 아니야!"
과거와 달라짐 - 아이들의 부당한 요구에 맞섬, 당당함

"어, 이 새끼가!"

"요런 머슴의 새끼가……."

"나쁜 새끼! 맛좀 볼래?"

아이들의 발과 주먹이 용이를 향해 덮쳐왔을 때, 용이는 번개같이 거기를 빠져 나와 몇 걸음 발을 옮기더니 발 밑에 있는 돌을 두 손으로 한 개씩 거머쥐고는 거기 있는 커다란 바윗돌 위에 껑충 뛰어올랐습니다. 그 몸놀림이 어찌나 재빠른지, 아이들이 모두 놀랐습니다. 지금까지의 용이와는 아주 다른 딴 아이였습니다.

"자, 덤빌람 덤벼! 누구든지 오는 놈은 이 돌로 박살낼끼다!"

아이들이 입을 벌리고 어쩔 줄 모르고 서 있을 때, 뒤에서 한 아이가,

"난, 내 책보 가질러 갈란다."

하고 달려갔습니다. 그 소리에 다른 아이들도 모두 정신이 돌아온 것처럼,

"나도 간다."

"나도 간다."

하고 달려갔습니다.

"이놈 새끼, 두고 봐라."

맨 마지막에 내려가면서 성윤이가 말했습니다.

"오냐, 임마, 얼마든지 봐 준다."

용이 목소리는 한층 크고 자랑스러웠습니다.

아이들이 모두 '와아'하고 아까 올라온 길을 내려가는 뒷모습을 보면서 용이는 또 한 번 가슴을 확 펴고 하하하 웃었습니다.

"난 이젠 못난 놈 아니야!"

그리고는 다시 혼잣말로 중얼거렸습니다.

"내일 아침에는 순이를 데리고 오자. 순이를 놀리는 놈은 어떤 놈이고 용서 안할끼다."

스스로에 대한 자신감, 비슷한 어려움을 겪는 순이를 도와주려함 → 용이의 정신적 성장

용이는 돌아서서, 햇빛이 눈부신 내리 받이길을 바라보았습니다. 인제는 단숨에 학교까지 뛰어갈 듯합니다.

하늘에는 하얀 구름 한 송이가 날고 있습니다. 용이는 훌쩍 한 번 뛰더니 마구 두 팔을 내저으면서 내리달렸습니다. 그것은 마치 한 마리의 꿩이 소리 치면서 날아오르는 모습과도 같았습니다.

줄거리 보기

- 발단 : 4학년이 된 첫날, 용이는 학교에 가지 않겠다고 투정을 부리다가 아버지가 올해까지만 머슴살이를 한다는 말을 듣고 학교에 간다.
- 전개 : 용이가 머슴의 자식이라는 이유로 다른 아이들의 책 보퉁이를 대신 메고 학교에 가는 고갯길을 올라간다.
- 위기 : 날아오르는 꿩의 모습을 보고 용기를 얻은 용이는 다른 아이들의 책 보퉁이를 골짜기 아래로 던져 버린다.
- 절정 : 책 보퉁이를 찾아오라는 아이들에게 용이는 "나, 인제 못난 놈 아니야!"라고 당당하게 맞선다.
- 결말 : 용이는 꿩이 소리 치며 날아오르는 몸짓처럼 두 팔을 내저으며 학교를 향해 달려간다.

만/점/포/인/트

1. '꿩'을 본 용이의 변화된 모습

꿩을 보기 전		꿩을 본 후
아이들의 책 보퉁이를 대신 들어다 줌.	→	부당한 대우에 당당하게 맞섬.

2. '꿩'의 상징적 의미

용기	꿩이 날아오르는 모습을 보고 용기가 생김.
자유	꿩이 날아오르는 모습을 보고 '하늘에라도 날아오를 듯'하다고 느끼며, 자신에게 주어진 부당한 일에서 벗어날 수 있게 됨.
생명력	꿩이 날아오르며 우는 소리를 '살아 있는 생명의 소리'라고 표현함.
자신감	꿩을 본 이후에 당당하게 맞서고, 자신이 더 이상 못난 아이가 아니라고 생각함.

동백꽃 _ 김유정*

핵/심/정/리

- 갈래 : 단편 소설, 순수 소설, 농촌 소설
- 성격 : 해학적, 향토적, 서정적
- 시점 : 1인칭 주인공 시점
- 배경 ┌ 시간 : 1930년대
  └ 공간 : 강원도 산골 마을
- 주제 : 젊은 시골 남녀의 순박한 사랑

오늘도 또 우리 수탉이 막 쫓기었다. 내가 점심을 먹고 나무를 하러 갈 양으로
우리 수탉이 쫓기는 것이 처음이 아님
나올 때이었다. 산으로 올라서려니까 등 뒤에서 푸드득푸드득 하고 닭의 횃소리가 야단이다. 깜짝 놀라서 고개를 돌려 보니 아니나 다르랴 두 놈이 또 얼리었다.

점순네 수탉(대강이가 크고 똑 오소리 같은 실팍하게 생긴 놈)이 덩저리 작은 우리 수탉을 함부로 해내는 것이다. 그것도 그냥 해내는 것이 아니라 푸드득 하고 면두를 쪼고 물러섰다가 좀 사이를 두고 또 푸드득 하고 모가지를 쪼았다. 이렇게 멋을 부려 가며 여지없이 닦아 놓는다. 그러면 이 못생긴 것은 쪼일 적마다 주둥이로 땅을 받으며 그 비명이 킥킥 할 뿐이다. 물론 미처 아물지도 않은 면두를 또 쪼이어 붉은 선혈은 뚝뚝 떨어진다. 이걸 가만히 내려다보자니 내 대강이가 터져서 피가 흐르는 것같이 두 눈에 불이 번쩍 난다. 대뜸 지게 막대기를 메고 달려들어 점순네 닭을 후려칠까 하다가 생각을 고쳐먹고 헛매질로 떼어만
점순이에게 함부로 할 수 없는 나의 처지
놓는다.

이번에도 점순이가 쌈을 붙여 놨을 것이다. 바짝바짝 내 기를 올리느라고 그랬음에 틀림없을 것이다. 고놈의 계집애가 요새로 접어들어서 왜 나를 못 먹겠다고 고렇게 아르릉거리는지 모른다.

나흘 전 감자 쪼간*만 하더라도 나는 저에게 조금도 잘못한 것은 없다. 계집
과거 회상 시작 – 역순행적 구성*
애가 나물을 캐러 가면 갔지 남 울타리 엮는 데 쌩이질을 하는 것은 다 뭐냐? 그것도 발소리를 죽여 가지고 등 뒤로 살며시 와서,

"얘! 너 혼자만 일하니?"
점순이 – '나'에게 관심이 있음
하고 긴치 않은 수작을 하는 것이다.

어제까지도 저와 나는 이야기도 잘 않고 서로 만나도 본 척 만 척하고 이렇게 점잖게 지내던 터이련만 오늘로 갑작스리 대견해졌음은 웬일인가. 항차 망아지만한 계집애가 남 일하는 놈보구…….

"그럼 혼자 하지 떼루 하디?"
'나'의 성격 – 무뚝뚝함
내가 이렇게 내배앝는 소리를 하니까,

김유정
김유정의 작품은 짧고 간결한 문장, 속도감 있는 사건 전개 등이 특징이다. 특히 해학적이면서 토속적인 어휘를 구사하는 작품들이 많은데 '동백꽃' 역시 감자, 닭싸움 등의 소재로 '나'에 대한 점순이의 관심과 애정을 보여 주고 있다.

쪼간
사건

역순행적 구성
사건이 일어난 순서대로 서술하는 것이 아니라, 서술의 시점이 과거로 돌아가는 구성을 말한다.
'동백꽃'은 '오늘 – 나흘 전 – 사흘 전 – 오늘'의 순서로 사건이 전개되고 있다.

"너 일하기 좋니?"

또는,

"한여름이나 되거든 하지, 벌써 울타리를 하니?"

잔소리를 두루 늘어놓다가 남이 들을까 봐 손으로 입을 틀어막고는 그 속에서 깔깔대인다. 별로 우스울 것도 없는데 날씨가 풀리더니 이놈의 계집애가 미쳤나 하고 의심하였다. 게다가 조금 뒤에는 저의 집께를 할끔할끔 돌아보더니 행주치마의 속으로 꼈던 바른손을 뽑아서 나의 턱 밑으로 불쑥 내미는 것이다. 언제 구웠는지 아직도 더운 김이 확 끼치는 굵은 감자 세 개가 손에 뿌듯이 쥐였다.

나에 대한 점순이의 애정, 관심

"느 집엔 이거 없지."

하고, 생색 있는 큰소리를 하고는 제가 준 것을 남이 알면 큰일날 테니 여기서 얼른 먹어 버리란다. 그리고 또 하는 소리가,

"너 봄감자가 맛있단다."

"난 감자 안 먹는다. 너나 먹어라."

점순이의 말에 자존심이 상함

나는 고개도 돌리려지 않고 일하던 손으로 그 감자를 도로 어깨 너머로 쑥 밀어 버렸다. 그랬더니 그래도 가는 기색이 없고, 뿐만 아니라 쌔근쌔근하고 심상치 않게 숨소리가 점점 거칠어진다. 이건 또 뭐야 싶어서 그 때에야 비로소 돌아다보니 나는 참으로 놀랐다. 우리가 이 동네에 들어온 것은 근 3년째 되어 오지만 여지껏 가무잡잡한 점순이의 얼굴이 이렇게까지 홍당무처럼 새빨개진 법이 없었다. 게다 눈에 독을 올리고 한참 나를 요렇게 쏘아보더니 나중에는 눈물까지 어리는 것이 아니냐. 그리고 바구니를 다시 집어 들더니 이를 꼭 아물고는 엎어질 듯 자빠질 듯 논둑으로 힝하게 달아나는 것이다.

어쩌다 동네 어른이,

"너 얼른 시집을 가야지?" 하고 웃으면,

"염려 마세유. 갈 때 되면 어련히 갈라구……."

이렇게 천연덕스리 받는 점순이었다. 본시 부끄러움을 타는 계집애도 아니거니와 또한 분하다고 눈에 눈물을 보일 얼병이도 아니다. 분하면 차라리 나의 등어리를 바구니로 한번 모지게 후려때리고 달아날지언정.

그런데 고약한 그 꼴을 하고 가더니 그 뒤로는 나를 보면 잡아먹으려고 기를 복복 쓰는 것이다. 설혹 주는 감자를 안 받아 먹은 것이 실례라 하면, 주면 그냥 주었지 '느 집엔 이거 없지?'는 다 뭐냐. 그렇잖아도 저희는 마름이고 우리는 그 손에서 배재를 얻어 땅을 부치므로 일상 굽신거린다. 우리가 이 마을에 처음 들
'나'가 점순이에게 함부로 할 수 없는 이유 – 신분의 차이
어와 집이 없어서 곤란으로 지낼 제, 집터를 빌리고 그 위에 집을 또 짓도록 마련해 준 것도 점순네의 호의였다. 그리고 우리 어머니 아버지도 농사 때 양식이 딸리면 점순네한테 가서 부지런히 꾸어다 먹으면서, 인품 그런 집은 다시 없으리라고 침이 마르도록 칭찬하곤 하는 것이다. 그러면서도 열일곱씩이나 된 것들이 수군수군하고 붙어다니면 동네의 소문이 사납다고 주의를 시켜 준 것도 또 어머니였다. 왜냐 하면, 내가 점순이하고 일을 저질렀다가는 점순네가 노할 것이고 그러면 우리는 땅도 떨어지고, 집도 내쫓기고 하지 않으면 안 되는 까닭이었다. 그런데 이놈의 계집애가 까닭 없이 기를 복복 쓰며 나를 말려 죽이려고 드는 것이다.

눈물을 흘리고 간 담날 저녁나절이었다. 나무를 한 짐 잔뜩 지고 산을 내려오
사흘 전
려니까, 어디서 닭이 죽는 소리를 친다. 이거 뉘 집에서 닭을 잡나, 하고 점순네 울 뒤로 돌아오다가 나는 고만 두 눈이 뚱그래졌다. 점순이가 제 집 봉당에 홀로 걸터앉았는데, 아 이게 치마 앞에다 우리 씨암탉을 꼭 붙들어 놓고는,

"이놈의 닭! 죽어라, 죽어라."
'나'에 대한 원망의 마음

요렇게 암팡스리 패 주는 것이 아닌가. 그것도 대가리나 치면 모른다마는, 아주 알도 못 낳으라고 그 볼기짝께를 주먹으로 콕콕 쥐어박는 것이다.

나는 눈에 쌍심지가 오르고 사지가 부르르 떨렸으나 사방을 한 번 휘돌아보고야 그제서 점순이 집에 아무도 없음을 알았다. 잡은 참 지게 막대기를 들어 울타리의 중턱을 후려치며,

"이놈의 계집애! 남의 닭 알 못 낳으라구 그러니?"

하고, 소리를 빽 질렀다.

그러나 점순이는 조금도 놀라는 기색이 없고, 그대로 의젓이 앉아서 제 닭가지고 하듯이 또 죽어라, 죽어라 하고 패는 것이다. 이걸 보면, 내가 산에서 내려

올 때를 겨냥해 가지고 미리부터 닭을 잡아 가지고 있다가, 네 보란 듯이 내 앞에 쥐지르고 있음이 확실하다. 그러나 나는 그렇다고 남의 집에 뛰어들어가 계집애하고 싸울 수도 없는 노릇이고, 형편이 썩 불리함을 알았다. 그래 닭이 맞을 적마다 지게 막대기로 울타리를 후려칠 수밖에 별 도리가 없다. 왜냐 하면, 울타리를 치면 칠수록 울섶이 물러앉으며 뼈대만 남기 때문이다. 허나 아무리 생각하여도 나만 밑지는 노릇이다.

"아, 이년아! 남의 닭 아주 죽일 터이냐?"

내가 도끼눈을 뜨고 다시 꽥 호령을 하니까, 그제서야 울타리께로 쪼루루 오더니, 울 밖에 섰는 나의 머리를 겨누고 닭을 내팽개친다.

"에이 더럽다! 더럽다!"

"더러운 걸 널더러 입때 끼고 있으랬니? 망할 계집애년 같으니."

하고, 나도 더럽단 듯이 울타리께를 힝하게 돌아내리며 약이 오를 대로 다 올랐다라고 하는 것은 암탉이 풍기는 서슬에 나의 이마빼기에다 물찌똥을 '찍' 갈겼는데, 그걸 본다면 알집만 터졌을 뿐 아니라 골병은 단단히 든 듯싶다.

그리고 나의 등 뒤를 향하여 나에게만 들릴 듯 말 듯한 음성으로,

"이 바보 녀석아!"

"얘! 너 배냇병신이지?"

그만도 좋으련만.

"얘! 너 느 아버지가 고자라지?"

"뭐? 울 아버지가 그래 고자야?"

할 양으로 열벙거지가 나서 고개를 홱 돌리어 바라봤더니 그 때까지 울타리 위로 나와 있어야 할 점순이의 대가리가 어디를 갔는지 보이지가 않는다. 그러나 돌아서서 오자면 아까에 한 욕을 울 밖으로 또 퍼붓는 것이다. 욕을 이토록 먹어 가면서도 대거리 한 마디 못 하는 걸 생각하니, 돌부리에 채이어 발톱 밑이 터지는 것도 모를 만치 분하고 급기야는 두 눈에 눈물까지 불끈 내솟는다.

그러나 점순이의 침해는 이것뿐이 아니다. 사람들이 없으면 틈틈이 제 집 수탉을 몰고 와서 우리 수탉과 쌈을 붙여 놓는다. 제 집 수탉은 썩 험상궂게 생기

고, 쌈이라면 홰를 치는고로 으레이 이길 것을 알기 때문이다. 그래서 툭하면 우리 수탉이 면두며 눈깔이 피로 흐드르하게 되도록 해 놓는다. 어떤 때에는 우리 수탉이 나오지를 않으니까 요놈의 계집애가 모이를 쥐고 와서 꾀어 내다가 쌈을 붙인다.

이렇게 되면 나도 다른 배차를 차리지 않을 수 없었다. 하루는 우리 수탉을 붙들어 가지고 넌지시 장독께로 갔다. 쌈닭에게 고추장을 먹이면, 병든 황소가 살모사를 먹고 용을 쓰는 것처럼 기운이 뻗친다 한다. 장독에서 고추장 한 접시를 떠서 닭 주둥이께로 들여밀고 먹여 보았다. 닭도 고추장에 맛을 들였는지 거스르지 않고 거진 반 접시 턱이나 곧잘 먹는다. 그리고 먹고 금시는 용을 못 쓸 터이므로, 얼마쯤 기운이 들도록 홰 속에다 가두어 두었다.

'나'의 어리숙함

밭에 두엄을 두어 짐 져 내고 나서 쉴 참에 그 닭을 안고 밖으로 나왔다. 마침 밖에는 아무도 없고 점순이만 저희 울 안에서 헌 옷을 뜯는지 혹은 솜을 터는지 웅크리고 앉아서 일을 할 뿐이다.

나는 점순네 수탉이 노는 밭으로 가서 닭을 내려놓고 가만히 맥을 보았다. 두 닭은 여전히 얼리어 쌈을 하는데 처음에는 아무 보람이 없었다. 멋지게 쪼는 바람에 우리 닭은 또 피를 흘리고 그러면서도 날갯죽지만 푸드득푸드득 하고 올라 뛰고 뛰고 할 뿐으로, 제법 한 번 쪼아 보지도 못한다. 그러나 한 번은 어쩐 일인지 용을 쓰고 펄쩍 뛰더니 발톱으로 눈을 하비고 내려오며 면두를 쪼았다. 큰 닭도 여기에는 놀랐는지 뒤로 멈씰하며 물러난다. 이 기회를 타서 작은 우리 수탉이 또 날쌔게 덤벼들어 다시 면두를 쪼니, 그제서는 감때사나운 그 대강이에서도 피가 흐르지 않을 수 없었다. 옳다, 알았다. 고추장만 먹이면 되는구나, 하고 나는 속으로 아주 쟁그러워 죽겠다. 그 때에는 뜻밖에 내가 닭쌈을 붙여 놓는데 놀라서 울 밖으로 내다보고 섰던 점순이도 입맛이 쓴지 눈살을 찌푸렸다. 나는 두 손으로 볼기짝을 두드리며 연방,

멈씰: 멈칫
감때사나운: 매우 억세고 사나워서 휘어잡기 어려운
쟁그러워: 미워하는 대상이 잘못되는 것을 마음속으로 고소하게 여김

"잘 한다! 잘 한다!"

하고, 신이 머리끝까지 뻗치었다.

그러나 얼마 되지 않아서 나는 넋이 풀리어 기둥같이 묵묵히 서 있게 되었다.

왜냐 하면, 큰 닭이 한 번 쪼인 앙갚음으로 허들갑스리 연거푸 쪼는 서슬에 우리 수탉은 찔끔 못 하고 막 곯는다. 이걸 보고서 이번에는 점순이가 깔깔거리고 되도록 이 쪽에서 많이 들으라고 웃는 것이다. 나는 보다못하여 덤벼들어서 우리 수탉을 붙들어 가지고 도로 집으로 들어왔다. 고추장을 좀더 먹였더라면 좋았을 걸, 너무 급하게 쌈을 붙인 것이 퍽 후회가 난다. 장독께로 돌아와서 다시 턱밑에 고추장을 들이댔다. 흥분으로 말미암아 그런지 당최 먹질 않는다. 나는 하릴없이 닭을 반듯이 뉘고, 그 입에다 궐련 물부리를 물리었다. 그리고 고추장물을 타서 그 구멍으로 조금씩 들이부었다. 닭은 좀 괴로운지 '킥 킥' 하고 재채기를 하는 모양이나 그러나 당장의 괴로움은 매일 같이 피를 흘리는 데 댈 게 아니라 생각하였다.

그러나 한두어 종지 가량 고추장 물을 먹이고 나서는 나는 고만 풀이 죽었다. 싱싱하던 닭이 왜 그런지 고개를 살며시 뒤틀고는 손아귀에서 빼드러지는 것이 아닌가. 아버지가 볼까 봐서 얼른 홰에다 감추어 두었더니, 오늘 아침에서야 겨우 정신이 든 모양 같다.

그랬던 걸 이렇게 오다 보니까 또 쌈을 붙여 놓으니 이 망할 계집애가 필연 우리 집에 아무도 없는 틈을 타서 제가 들어와 홰에서 꺼내 가지고 나간 것이 분명하다. 나는 다시 닭을 잡아다 가두고 염려는 스러우나 그렇다고 산으로 나무를 하러 가지 않을 수도 없는 형편이었다. 소나무 삭정이를 따며 가만히 생각해 보니, 암만 해도 고년의 목쟁이를 돌려 놓고 싶다. 이번에 내려가면 망할 년 등줄기를 한 번 되게 후려치겠다. 하고 싱둥겅둥 나무를 지고는 부리나케 내려왔다.

거지반 집에 다 내려와서 나는 호드기 소리를 듣고 발이 딱 멈추었다. 산기슭에 널려 있는 굵은 바윗돌 틈에 노란 동백꽃이 소보록하니 깔리었다.

그 틈에 끼어앉아서 점순이가 청승맞게스리 호드기를 불고 있는 것이다. 그보다도 더 놀란 것은 그 앞에서 또 푸드득푸드득 하고 들리는 닭의 횃소리다. 필연코 요년이 나의 약을 올리느라고 또 닭을 집어 내다가 내가 내려올 길목에다 쌈을 시켜 놓고, 저는 그 앞에 앉아서 천연스레 호드기를 불고 있음에 틀림없으리라. 나는 약이 오를 대로 다 올라서, 두 눈에서 불과 함께 눈물이 펵 쏟아졌다.

나뭇지게도 놀 새 없이 그대로 내동댕이치고는 지게 막대기를 뻗치고 허둥지둥 달려들었다.

가까이 와 보니 과연 나의 짐작대로 우리 수탉이 피를 흘리고 거의 빈사 지경에 이르렀다. 닭도 닭이려니와 그러함에도 불구하고 눈 하나 깜짝없이 고대로 앉아서 호드기만 부는 그 꼴에 더욱 치가 떨린다. 동네에서도 소문이 났거니와 나도 한때는 걱실걱실히 일 잘 하고 얼굴 예쁜 계집앤 줄 알았더니 시방 보니까 그 눈깔이 꼭 여우새끼 같다.

나는 대뜸 달겨들어서 나도 모르는 사이에 큰 수탉을 단 매로 때려 엎었다. 닭은 푹 엎어진 채 다리 하나 꼼짝 못 하고 그대로 죽어 버렸다. 그리고 나는 멍하니 섰다가 점순이가 매섭게 눈을 흡뜨고 닥치는 바람에 뒤로 벌렁 나자빠졌다.

"이놈아! 너 왜 남의 닭을 때려 죽이니?"

"그럼 어때?"

하고, 일어나다가,

"뭐 이 자식아! 누 집 닭인데?"

하고, 복장을 떼미는 바람에 다시 벌렁 자빠졌다. 그리고 나서 가만히 생각을 하니 분하기도 하고 무안도 스럽고, 또 한편 일을 저질렀으니, 인젠 땅이 떨어지고 집도 내쫓기고 해야 될는지 모른다. 나는 비슬비슬 일어나며 소맷자락으로 눈을 가리고는 얼김에 엉, 하고 울음을 놓았다. 그러나 점순이가 앞으로 다가와서,

"그럼 너 이담부턴 안 그럴 테냐?"

하고 물을 때에야 비로소 살 길을 찾은 듯싶었다. 나는 눈물을 우선 씻고 뭘 안 그러는지 명색도 모르건만,

"그래!"

하고 무턱대고 대답하였다.

"요담부터 또 그래 봐라, 내 자꾸 못 살게 굴 테니."

"그래 그래, 인젠 안 그럴 테야."

"닭 죽은 건 염려마라. 내 안 이를 테니."

그리고 뭣에 떠다밀렸는지 나의 어깨를 짚은 채 그대로 픽 쓰러진다. 그 바람에 나의 몸뚱이도 겹쳐서 쓰러지며, 한창 피어 퍼드러진 노란 동백꽃* 속으로 폭 파묻혀 버렸다.

향토적 소재, 두 사람의 사랑을 순수하게 승화시킴

알싸한, 그리고 향긋한 그 냄새에 나는 땅이 꺼지는 듯이 온 정신이 고만 아찔하였다.

"너, 말 마라!"

"그래!"

조금 있더니 요 아래서,

"점순아! 점순아! 이년이 바느질을 하다 말구 어딜 갔어?"

하고 어딜 갔다 온 듯싶은 그 어머니가 역정이 대단히 났다.

점순이가 겁을 잔뜩 집어먹고 꽃 밑을 살금살금 기어서 산 알로 내려간 다음, 나는 바위를 끼고 엉금엉금 기어서 산 위로 치빼지 않을 수 없었다.

해학적

노란 동백꽃
강원도 지방에서는 생강나무를 '동백나무'라고 부른다. 우리가 흔히 부르는 붉은 동백꽃이 아니라, 생강나무꽃을 말한다.

줄거리 보기

- 발단 : 점순이는 '나'를 약올리기 위해 '나'의 수탉과 자신의 수탉을 싸움 붙여 놓지만 '나'는 헛매질로 떼어 놓을 수밖에 없음.
- 전개 : "느 집엔 이거 없지."라며 나에게 감자를 내미는 점순이의 말에 자존심이 상해 '나'는 감자를 거절함.
- 위기 : 감자를 거절한 후 점순이가 '나'의 닭을 괴롭히기 시작하고, '나'는 나의 수탉에게 고추장을 먹여보기도 하지만 점순이네 수탉에게 지게 됨.
- 절정 : 점순이가 또 닭싸움을 시키는 장면을 보고 점순이네 닭을 때려 죽임.
- 결말 : 겁이 나서 울음을 터트리는 '나'에게 닭 죽은 건 이르지 않겠다고 하고, 점순이와 '나'가 같이 동백꽃 속으로 쓰러지며 화해를 하게 됨.

만/점/포/인/트

1. 등장인물의 성격과 상황

나
순박함, 우직함
소작인의 아들

점순
적극적, 집요함
마름의 딸

2. 비속어 사용의 효과

① 작품의 사실성과 현장감을 높여 줌.
② 향토적이고 토속적인 분위기 조성
③ 해학적인 분위기 조성

3. 해학적인 요소

① 점순이의 마음을 모르는 '나'의 어수룩한 모습
② 애정 표현에 적극적인 점순이와 소극적인 '나'의 태도
③ 사투리와 비속어를 사용한 해학적 문체

4. 주요 소재의 의미

감자	• '나'에 대한 점순이의 애정 • 점순이가 '나'를 괴롭히게 되는 계기
노란 동백꽃	• 향토적 분위기를 드러냄. • 갈등 해소와 사랑의 분위기를 형성함.
닭싸움	• '나'와 점순이가 화해하는 계기 • '나'에 대한 점순이의 애정을 반어적으로 드러냄.

5. 사건 전개 방식 : 시간적 구성(현재 - 과거 - 현재)

바로바로 체크

(1) '점순이'의 성격으로 적절한 것은?
❶ 순박함
❷ 우직함
❸ 겸손함
❹ 집요함

(2) 이 글에서 비속어는 사실성과 현장감을 높여주고 향토적인 분위기를 조성하며 해학적인 분위기를 형성한다. (○ | ×)

(3) '나'에 대한 점순이의 애정을 의미하는 소재는?

정답 (1) ❹
(2) ○
(3) 감자

사랑손님과 어머니 _ 주요섭

나*는 금년 여섯 살 난 처녀애입니다. 내 이름은 박옥희이고요. 우리 집 식구라고는 세상에서 제일 이쁜 우리 어머니와 단 두 식구뿐이랍니다. 아차, 큰일났군, 외삼촌을 빼놓을 뻔했으니…….

지금 중학교에 다니는 외삼촌은 어디를 그렇게 싸돌아다니는지, 집에는 끼니 때 외에는 별로 붙어 있지 않아, 어떤 때는 한 주일씩 가도 외삼촌 코빼기도 못 보는 때가 많으니까요. 깜박 잊어버리기도 예사지요, 무얼.

우리 어머니는, 그야말로 세상에서 둘도 없이 곱게 생긴 우리 어머니는, 금년 나이 스물네 살인데 과부랍니다. 과부가 무엇인지 나는 잘 몰라도, 하여튼 동리 사람들이 날더러 '과부 딸'이라고들 부르니까, 우리 어머니가 과부인 줄을 알지요. 남들은 다 아버지가 있는데, 나만은 아버지가 없지요. 아버지가 없다고 아마 '과부 딸'이라나 봐요.

〈중략〉

어느 날은 점심을 먹고 이내 살그머니 사랑에 나가 보니까, 아저씨는 그때야 점심을 잡수셔요. 그래 가만히 앉아서 점심 잡숫는 걸 구경하고 있노라니까 아저씨가,

"옥희는 어떤 반찬을 제일 좋아하누?"

하고 묻겠지요. 그래 삶은 달걀을 좋아한다고 했더니, 마침, 상에 놓인 삶은 달걀을 한 알 집어 주면서 나더러 먹으라고 합니다. 나는 그 달걀을 벗겨 먹으면서,

"아저씨는 무슨 반찬이 제일 맛나우?"

하고 물으니까, 그는 한참이나 빙그레 웃고 있더니,

"나두 삶은 달걀."

하겠지요. 나는 좋아서 손뼉을 짤깍짤깍 치고,

"아, 나와 같네. 그럼, 가서 어머니한테 알려야지."

하면서 일어서니까, 아저씨가 꼭 붙들면서,

핵/심/정/리

- 갈래 : 현대 소설, 단편 소설, 순수 소설
- 성격 : 서정적, 낭만적, 심리적
- 시점 : 1인칭 관찰자 시점
- 배경 : 1930년대
- 주제 : 남녀 간의 사랑과 봉건적 가치관 사이의 갈등

나
'나'는 여섯 살 난 어린아이 서술자이다. 주인공인 어머니와 사랑손님을 관찰하는 입장으로, 어린아이이기 때문에 통속적인 어른들의 사랑 이야기를 순수한 시각으로 전달하는 효과가 있다.

"그러지 말어."

그러시겠지요. 그래도, 나는 한번 맘을 먹은 다음엔 꼭 그대로 하고야 마는 성미지요. 그래서 안마당으로 뛰어들어가면서,

"엄마, 엄마, 사랑 아저씨두 나처럼 삶은 달걀을 제일 좋아한대."
하고, 소리를 질렀지요.

"떠들지 말어."
하고, 어머니는 눈을 흘기십니다.

그러나 사랑 아저씨가 달걀을 좋아하는 것이 내게는 썩 좋게 되었어요. 그것은 그 다음부터는 어머니가 달걀을 많이씩 사게 되었으니까요. 달걀 장수 노파
아저씨에 대한 어머니의 관심
가 오면, 한꺼번에 열 알도 사고 스무 알도 사고, 그래선 두고두고 삶아서 아저씨 상에도 놓고, 또 으레 나도 한 알씩 주고 그래요. 그뿐만 아니라 아저씨한테 놀러 나가면, 가끔 아저씨가 책상 서랍 속에서 달걀을 한두 알 꺼내서 먹으라고 주지요. 그래, 그 담부터는 나는 아주 실컷 달걀을 많이 먹었어요

〈중략〉

이튿날 유치원을 파하고 집으로 오면서, 나는 갑자기 어제 벽장 속에 숨었다가 어머니를 몹시 울게 했던 생각이 나서 집으로 돌아가기가 어째 부끄러워졌습니다. '오늘은 어머니를 좀 기쁘게 해 드려야 할 텐데……. 무엇을 갖다 드리면 기뻐할까?' 하고 생각하였습니다. 그러자 문득 유치원 안의 선생님 책상 위에 놓여 있던 꽃병 생각이 났습니다. 그 꽃은 개나리도 아니고, 진달래도 아니었습니다. 그런 꽃은 나도 잘 알고, 또 그런 꽃은 벌써 피었다가 져 버린 후였습니다. 무슨 서양꽃이려니 하고 나는 생각하였습니다. 나는 우리 어머니가 꽃을 사랑하는 줄을 잘 압니다. 그래서 그 꽃을 갖다가 드리면 어머니가 몹시 기뻐하려니 하고 생각하였습니다.

그래서 나는 도로 유치원 방 안으로 들어갔습니다. 마침 방 안에는 아무도 없었습니다. 선생님도 잠깐 어디를 가셨는지 보이지 않았습니다. 그래, 나는 그 꽃을 두어 개 얼른 빼들고 달음질쳐 나왔지요.

집에 오니 어머니는 문간에 기다리고 있다가 나를 안고 들어갔습니다.

"그 꽃은 어디서 났니? 퍽 곱구나."

하고 어머니가 말씀하셨습니다. 그러나 나는 갑자기 말문이 막혔습니다.

'엄마 드릴라구 유치원서 가져왔어.' 하고 말하기가 어째 몹시 부끄러운 생각이 들었습니다. 그래, 잠깐 망설이다가,

유치원 선생님의 꽃을 몰래 가져왔기 때문

"응, 이 꽃! 저, 사랑 아저씨가 엄마 갖다 주라고 줘."

하고 불쑥 말했습니다. 그런 거짓말이 어디서 그렇게 툭 튀어나왔는지 나도 모르지요.

꽃을 들고 냄새를 맡고 있던 어머니는 내 말이 끝나기가 무섭게 무엇에 몹시 놀란 사람처럼 화닥닥하였습니다. 그리고는, 금시에 어머니 얼굴이 그 꽃보다 더 빨갛게 되었습니다. 그 꽃을 든 어머니 손가락이 파르르 떠는 것을 나는 보았습니다. 어머니는 무슨 무서운 것을 생각하는 듯이 방 안을 휘 한 번 둘러보시더니,

"옥희야, 그런 걸 받아 오문 안 돼."

하고 말하는 목소리는 몹시 떨렸습니다. 나는 꽃을 그렇게도 좋아하는 어머니가, 이 꽃을 받고 그처럼 성을 낼 줄은 참으로 뜻밖이었습니다. 어머니가 그렇게도 성을 내는 것을 보니까, 그 꽃을 내가 가져왔다고 그러지 않고, 아저씨가 주더라고 거짓말을 한 것이 참 잘 되었다고 나는 속으로 생각했습니다. 어머니가 성을 내는 까닭을 나는 모르지만, 하여튼 성을 낼 바에는 내게 내는 것보다 아저씨에게 내는 것이 내게는 나았기 때문입니다. 한참 있더니 어머니는 나를 방안으로 데리고 들어와서,

어린아이 서술자의 한계*

"옥희야, 너 이 꽃 얘기 아무보구두 하지 말아라, 응."

〈중략〉

하루는 밤에 아저씨 방에서 놀다가 졸려서 안방으로 들어오려고 일어서니까 아저씨가 하아얀 봉투를 서랍에서 꺼내어 내게 주었습니다.

"옥희, 이거 갖다가 엄마 드리고 지나간 달 밥값이라구, 응?"

나는 그 봉투를 갖다가 어머니에게 드렸습니다. 어머니는 그 봉투를 받아 들자 갑자기 얼굴이 파랗게 질렸습니다. 그 전날 달밤에 마루에 앉았을 때보다도

어린아이 서술자의 한계
1인칭 관찰자 시점은 다른 인물들의 심리를 정확히 묘사하지 못한다. 특히 이 글의 서술자인 옥희는 여섯 살로, 성인인 어머니와 사랑손님과의 미묘한 감정을 이해하지 못해 인물들의 심리를 독자에게 정확히 전달하지 못하고 있다. 그로 인해 독자들에게 웃음을 유발하기도 하고 서술자가 제시하지 못한 부분을 상상하는 재미를 주기도 한다.

더 새하얗다고 생각되었습니다. 어머니는 그 봉투를 들고 어쩔 줄을 모르는 듯이 초조한 빛이 나타났습니다. 나는,

"그거 지나간 달 밥값이래."

하고 말을 하니까, 어머니는 갑자기 잠자다 깨나는 사람처럼 "응." 하고 놀라더니, 또 금시에 백지장같이 새하얗던 얼굴이 발갛게 물들었습니다. 봉투 속으로 들어갔던 어머니의 파들파들 떨리는 손가락이 지전을 몇 장 끌고 나왔습니다. 어머니는 입술에 약간 웃음을 띠면서 후 하고 한숨을 내쉬었습니다. 그러나, 그것도 잠시 다시 어머니는 무엇에 놀랐는지 흠칫하더니, 금시에 얼굴이 새하얘지고 입술이 바르르 떨렸습니다. 어머니의 손을 바라다보니 거기에는 지전 몇 장 외에 네모로 접은 하얀 종이가 한 장 잡혀 있는 것이었습니다.

어머니에 대한 아저씨의 마음

어머니는 한참을 망설이는 모양이었습니다. 그러나 무슨 결심을 한 듯이 입술을 악물고, 그 종이를 차근차근 펴 들고 그 안에 쓰인 글을 읽었습니다. 나는 그 안에 무슨 글이 씌어 있는지 알 도리가 없었으나, 어머니는 그 글을 읽으면서 금시에 얼굴이 파랬다 발갰다 하고, 그 종이를 든 손은 이제는 바들바들이 아니라 와들와들 떨리어서 그 종이가 부석부석 소리를 내게 되었습니다.

〈중략〉

"하늘에 계신 우리 아버지시여."

어머니는 고요히 기도를 시작하였습니다.

"이름을 거룩하게 하옵시며, 나라에 임하옵시며, 뜻이 하늘에서 이루어진 것처럼 땅에서도 이루어지이다. 오늘날 우리에게 일용할 양식을 주옵시고, 우리가 우리에게 죄 지은 자를 용서하여 준 것처럼 우리 죄를 사하여 주옵시고, 우리를 시험에 들지 말게 하옵시고..... 우리를 시험에 들지 말게 하옵시고..... 시험에 들지 말게..... 시험에 들지 말게......"

어머니의 내적 갈등의 최고조

이렇게 어머니는 자꾸 되풀이하였습니다. 나도 지금은 막히지 않고 줄줄 외는 주기도문을 글쎄 어머니가 막히다니 참으로 우스운 일이었습니다.

"시험에 들지 말게, 시험에 들지 말게......"

하고 자꾸만 되풀이하는 것을 나는 참다 못해서,

"엄마, 내 마저 할게."

하고,

"다만 악에서 구하옵소서. 대개 나라와 권세와 영광이 아버지께 영원히 있사옵나이다."

하고 내가 끝을 마쳤습니다. 어머니는 한참이나 가만있다가 오랜 후에야 겨우,

"아멘."

하고 속살거렸습니다.

〈중략〉

"이 손수건, 저 사랑 아저씨 손수건인데, 이것 아저씨 갖다 드리구 와, 응. 오래 있지 말구 손수건만 갖다 드리구 이내 와, 응."

아저씨와 어머니의 이별

하고 말씀하셨습니다. 손수건을 들고 사랑으로 나가면서 나는 접어진 손수건 속에 무슨 발각발각하는 종이가 들어 있는 것처럼 생각되었습니다마는, 그것을 펴 보지 않고 그냥 갖다가 아저씨에게 주었습니다.

아저씨는 방에 누워 있다가 벌떡 일어나서 손수건을 받는데, 웬일인지 아저씨는 이전처럼 나보고 빙그레 웃지도 않고 얼굴이 몹시 파래졌습니다. 그리고는, 입술을 질근질근 깨물면서 말 한 마디 아니하고 그 손수건을 받더군요.

나는 어째 이상한 기분이 들어서 아저씨 방에 들어가 앉지도 못하고, 그냥 되돌아서 안방으로 도로 왔지요. 어머니는 풍금 앞에 앉아서 무엇을 그리 생각하는지 가만히 있더군요. 나는 풍금 옆으로 가서 가만히 옆에 앉아 있었습니다. 이윽고, 어머니는 조용조용히 풍금을 타십니다. 무슨 곡조인지는 몰라도 어째 구슬프고 고즈넉한 곡조야요.

아저씨로 인한 어머니의 내적 갈등을 드러내는 소재

밤이 늦도록 어머니는 풍금을 타셨습니다. 그 구슬프고 고즈넉한 곡조를 계속하고 또 계속하면서……

여러 밤을 자고 난 어떤 날 오후에 나는 오래간만에 아저씨 방엘 나가 보았더니, 아저씨가 짐을 싸느라고 분주하겠지요. 내가 아저씨에게 손수건을 갖다 드린 다음부터는 웬일인지 아저씨가 나를 보아도 언제나 퍽 슬픈 사람, 무슨 근심

이 있는 사람처럼 아무 말도 없이 나를 물끄러미 바라다만 보고 있어서, 나도 그리 자주 놀러 오지는 않았던 것입니다. 그랬었는데 이렇게 갑자기 짐을 꾸리는 것을 보고 나는 놀랐습니다.

"아저씨, 어데 가우?"

"응, 멀리루 간다."

"언제?"

"오늘 기차 타구!"

"응, 기차 타구…… 갔다가 언제 또 오우?"

〈중략〉

뒷동산에서 내려오자 어머니는 방으로 들어가시더니, 이 때까지 뚜껑을 늘 열어 두었던 풍금 뚜껑을 닫으십니다. 그리고는, 거기 쇠를 채우고 그 위에다가 이전 모양으로 반짇고리를 얹어 놓으십니다. 그리고는, 그 옆에 있는 찬송가를 맥없이 들고 뒤적뒤적하시더니, 빼빼 마른 꽃송이를 그 갈피에서 집어 내시고,

"옥희야, 이것 내다 버려라."

하고 그 마른 꽃을 내게 주었습니다. 그 꽃은 내가 유치원에서 갖다가 어머니께 드렸던 그 꽃입니다

그러자, 옆 대문이 삐걱하더니,

"달걀 사소."

하고, 매일 오는 달걀 장수 노파가 달걀 광주리를 이고 들어왔습니다.

"인젠 우리 달걀 안 사요. 달걀 먹는 이가 없어요."

하시는 어머니 소리는 맥이 한푼어치 없었습니다.

나는 어머니의 이 말씀에 놀라서 떼를 좀 써 보려 했으나, 석양에 빤히 비치는 어머니의 얼굴을 볼 때 그 용기가 없어지고 말았습니다. 그래서 아저씨가 주신 인형 귀에다가 내 입을 갖다 대고 가만히 속삭이었습니다.

"얘, 우리 엄마가 거짓부리 썩 잘하누나. 내가 달걀 좋아하는 줄을 알문서 생먹을 사람이 없대누나. 떼를 좀 쓰고 싶다만, 저 우리 엄마 얼굴을 좀 봐라. 어쩌문 저리두 새파래졌을까? 아마 어데가 아픈가 부다."라고요.

줄거리 보기

- 발단 : 어머니, 작은 외삼촌과 함께 사는 옥희네 집에 아버지의 친구 되는 아저씨가 하숙을 하게 됨.
- 전개 : 아저씨는 옥희에게 어머니에 대해 묻고, 어머니는 아저씨가 좋아하는 달걀을 많이 사는 등 서로에게 관심을 보임.
- 위기 : 옥희가 유치원에서 가져 온 꽃을 아저씨가 준 것이라고 거짓말하며 어머니에게 주자 어머니는 당황하며 갈등함.
- 절정 : 어머니는 아저씨의 편지를 받고 갈등을 하다가 거절의 의미로 손수건을 보내고 옥희를 위해 살겠다는 결심을 함.
- 결말 : 아저씨가 옥희네 집을 떠나게 되고 어머니는 아저씨와의 이별을 슬퍼함.

만/점/포/인/트

1. 서술자(여섯 살 어린아이)의 특징

① 통속적인 어른들의 사랑 이야기가 순수하게 승화되어 전달됨.
② 서술자가 직접 말하지 못하는 부분을 독자가 상상하게 됨.
③ 천진난만한 서술자로 인한 웃음 유발

2. 주요 갈등

① 어머니의 내적 갈등
② 아저씨의 내적 갈등
③ 어머니와 봉건적 윤리 사회의 외적 갈등

3. 주요 소재의 의미

삶은 달걀	아저씨에 대한 어머니의 관심과 정성
풍금	아버지에 대한 추억과 그리움, 아저씨로 인한 어머니의 내적 갈등을 드러냄.
꽃	어머니의 내적 갈등을 심화시킴.
하얀 종이	어머니의 갈등을 최고조에 이르게 함.
손수건	아저씨와의 이별을 상징

바로바로 체크

(1) 이 글의 서술자는 누구인가?

(2) 아저씨에 대한 어머니의 관심과 애정을 나타내는 소재는 무엇인가?

정답 (1) 옥희
(2) 삶은 달걀

기/출/문/제 Check! 정답 및 해설 9p

04 윗글의 서술자에 대한 설명으로 적절한 것은?

① 외삼촌이 옥희 어머니의 행동을 묘사하고 있다.

② 아저씨가 옥희의 행동을 객관적으로 서술하고 있다.

③ 옥희 어머니가 외삼촌의 과거를 요약하여 전달하고 있다.

④ 옥희인 내가 자신과 자신을 둘러싼 인물들의 말과 행동을 서술하고 있다.

소나기 _ 황순원

소년은 개울가에서 소녀를 보자 곧 윤 초시네 증손녀(曾孫女)딸이라는 걸 알 수 있었다. 소녀는 개울에다 손을 잠그고 물장난을 하고 있는 것이다. 서울서는 이런 개울물을 보지 못하기나 한 듯이.

벌써 며칠째 소녀는, 학교에서 돌아오는 길에 물장난이었다. 그런데, 어제까지 개울 기슭에서 하더니, 오늘은 징검다리 한가운데 앉아서 하고 있다.
소녀의 성격* – 적극적

소년은 개울둑에 앉아 버렸다. 소녀가 비키기를 기다리자는 것이다.
소년의 성격* – 소극적

요행 지나가는 사람이 있어, 소녀가 길을 비켜 주었다.

〈중략〉

토요일이었다.

개울가에 이르니, 며칠째 보이지 않던 소녀가 건너편 가에 앉아 물장난을 하고 있었다. 모르는 체 징검다리를 건너기 시작했다. 얼마 전에 소녀 앞에서 한 번 실수를 했을 뿐, 여태 큰길 가듯이 건너던 징검다리를 오늘은 조심스럽게 건넌다.

"얘."

못 들은 체했다. 둑 위로 올라섰다.

"얘, 이게 무슨 조개지?"

자기도 모르게 돌아섰다. 소녀의 맑고 검은 눈과 마주쳤다. 얼른 소녀의 손바닥으로 눈을 떨구었다.

"비단조개."
소년과 소녀의 대화 매개체

"이름도 참 곱다."

갈림길에 왔다. 여기서 소녀는 아래편으로 한 삼 마장쯤, 소년은 우대로 한
새로운 사건의 전개
십 리 가까운 길을 가야 한다.

소녀가 걸음을 멈추며, "너, 저 산 너머에 가 본 일 있니?"

벌 끝을 가리켰다.

"없다."

핵/심/정/리

- 갈래 : 현대 소설, 단편 소설, 순수 소설
- 성격 : 서정적, 향토적
- 시점 : 3인칭 작가 관찰자 시점 (부분적으로 전지적 작가 시점)
- 배경 : 가을, 농촌
- 주제 : 소년과 소녀의 순수한 사랑

소년과 소녀의 성격 변화
소설의 초반부에 소년은 소극적이고 소녀는 적극적인 성격을 보여준다. 그러나 소설 중반부에는 소년이 적극적으로 소녀를 위하는 모습을 보이고, 소녀는 그런 소년의 호의를 받아들이는 소극적인 모습을 보이게 된다.

"우리, 가보지 않으련? 시골 오니까 혼자서 심심해 못 견디겠다."

"저래 봬도 멀다."

"멀면 얼마나 멀기에? 서울 있을 땐 사뭇 먼 데까지 소풍 갔었다." 소녀의 눈이 금새 '바보,바보,'할 것만 같았다.

논 사잇길로 들어섰다. 벼 가을걷이하는 곁을 지났다.

허수아비가 서 있었다. 소년이 새끼줄을 흔들었다. 참새가 몇 마리 날아간다. '참, 오늘은 일찍 집으로 돌아가 텃논의 참새를 봐야 할걸.' 하는 생각이 든다.

소년의 내적 갈등

"야, 재밌다!"

소녀가 허수아비 줄을 잡더니 흔들어 댄다. 허수아비가 자꾸 우쭐거리며 춤을 춘다. 소녀의 왼쪽 볼에 살포시 보조개가 패었다.

소녀의 즐거운 마음을 표현함

〈중략〉

소녀가 산을 향해 달려갔다. 이번은 소년이 뒤따라 달리지 않았다. 그러고도 곧 소녀보다 더 많은 꽃을 꺾었다.

"이게 들국화, 이게 싸리꽃, 이게 도라지꽃,……."

"도라지꽃이 이렇게 예쁜 줄은 몰랐네. 난 보랏빛이 좋아! …… 그런데, 이 양산 같이 생긴 노란 꽃이 뭐지?"

복선-비극적 결말(소녀의 죽음)을 암시

"마타리꽃."

〈중략〉

참, 먹장구름 한 장이 머리 위에 와 있다. 갑자기 사면이 소란스러워진 것 같다. 바람이 우수수 소리를 내며 지나간다. 삽시간에 주위가 보랏빛으로 변했다.

위기감 조성

산을 내려오는데, 떡갈나무 잎에서 빗방울 듣는 소리가 난다. 굵은 빗방울이었다. 목덜미가 선뜻 선뜻했다. 그러자, 대번에 눈앞을 가로막는 빗줄기. 비안개 속에 원두막이 보였다. 그리로 가 비를 그을 수밖에. 그러나, 원두막은 기둥이 기울고 지붕도 갈래갈래 찢어져 있었다. 그런 대로 비가 덜 새는 곳을 가려 소녀를 들어서게 했다.

소녀의 입술이 파아랗게 질렸다. 어깨를 자꾸 떨었다.

무명 겹저고리를 벗어 소녀의 어깨를 싸 주었다. 소녀는 비에 젖은 눈을 들어 한 번 쳐다보았을 뿐, 소년이 하는 대로 잠자코 있었다. 그리고는, 안고 온 꽃묶음 속에서 가지가 꺾이고 꽃이 일그러진 송이를 골라 발 밑에 버린다. 소녀가 들어선 곳도 비가 새기 시작했다. 더 거기서 비를 그을 수 없었다.

복선 - 비극적 결말(소녀의 죽음)을 암시

밖을 내다보던 소년이 무엇을 생각했는지 수수밭 쪽으로 달려간다. 세워 놓은 수숫단 속을 비집어 보더니, 옆의 수숫단을 날라다 덧세운다. 다시 속을 비집어 본다. 그리고는 이쪽을 향해 손짓을 한다. 수숫단 속은 비는 안 새었다. 그저 어둡고 좁은 게 안 됐다. 앞에 나앉은 소년은 그냥 비를 맞아야만 했다. 그런 소년의 어깨에서 김이 올랐다.

소녀가 속삭이듯이, 이리 들어와 앉으라고 했다. 괜찮다고 했다. 소녀가 다시, 들어와 앉으라고 했다.

할 수 없이 뒷걸음질을 쳤다. 그 바람에, 소녀가 안고 있는 꽃묶음이 망그러졌다. 그러나, 소녀는 상관없다고 생각했다. 비에 젖은 소년의 몸 내음새가 확 코에 끼얹혀졌다. 그러나, 고개를 돌리지 않았다. 도리어 소년의 몸기운으로 해서 떨리던 몸이 적이 누그러지는 느낌이었다.

복선 - 비극적 결말(소녀의 죽음)을 암시

소란하던 수숫잎 소리가 뚝 그쳤다. 밖이 멀개졌다.

수숫단 속을 벗어 나왔다. 멀지 않은 앞쪽에 햇빛이 눈부시게 내리붓고 있었다. 도랑 있는 곳까지와 보니, 엄청나게 물이 불어 있었다. 빛마저 제법 붉은 흙탕물이었다. 뛰어 건널 수가 없었다. 소년이 등을 돌려 댔다. 소녀가 순순히 업히었다. 걷어올린 소년의 잠방이까지 물이 올라왔다.

소녀는 '어머나' 소리를 지르며 소년의 목을 끌어안았다.

개울가에 다다르기 전에, 가을 하늘이 언제 그랬는가 싶게 구름 한 점 없이 쪽빛으로 개어 있었다

〈중략〉

그 뒤로 소녀의 모습은 뵈지 않았다. 매일같이 개울가로 달려와 봐도 뵈지 않았다. 학교에서 쉬는 시간에 운동장을 살피기도 했다. 남몰래 5학년 여자 반을 엿보기도 했다. 그러나, 뵈지 않았다.

소녀에 대한 소년의 그리움

그날도 소년은 주머니 속 흰 조약돌만 만지작거리며 개울가로 나왔다. 그랬더니, 이 쪽 개울둑에 소녀가 앉아 있는 게 아닌가.

소년은 가슴부터 두근거렸다.

"그 동안 앓았다."

어쩐지 소녀의 얼굴이 해쓱해져 있었다.

"그 날, 소나기 맞은 탓 아냐?"

소녀가 가만히 고개를 끄덕이었다.

"인제 다 났냐?"

"아직도……."

"그럼, 누워 있어야지."

"하도 갑갑해서 나왔다.…… 참, 그 날 재밌었어……. 그런데 그 날 어디서 이런 물이 들었는지 잘 지지 않는다."

소녀가 분홍 스웨터 앞자락을 내려다본다. 거기에 검붉은 진흙물(소년과 소녀의 추억) 같은 게 들어 있었다.

소녀가 가만히 보조개를 떠올리며, "그래 이게 무슨 물 같니?"

소년은 스웨터 앞자락만 바라보고 있었다.

"내, 생각해 냈다. 그 날, 도랑을 건너면서 내가 업힌 일이 있지? 그때, 네 등에서 옮은 물이다."

소년은 얼굴이 확 달아오름을 느꼈다.

갈림길에서 소녀는

"저, 오늘 아침에 우리 집에서 대추(소년에 대한 소녀의 마음)를 땄다. 낼 제사 지내려고……." 대추 한 줌을 내준다. 소년은 주춤한다.

"맛봐라. 우리 증조(曾祖)할아버지가 심었다는데, 아주 달다." 소년은 두 손을 오그려 내밀며, "참, 알도 굵다!"

"그리고 저, 우리 이번에 제사 지내고 나서 좀 있다가 집을 내주게 됐다." 소년은 소녀네가 이사해 오기 전에 벌써 어른들의 이야기를 들어서, 윤 초시 손자(孫子)가 서울서 사업에 실패해 가지고 고향에 돌아오지 않을 수 없게 되었다는 걸 알고 있었다. 그것이 이번에는 고향집마저 남의 손에 넘기게 된 모양이었다.

"왜 그런지 난 이사 가는 게 싫어졌다. 어른들이 하는 일이니 어쩔 수 없지만 ……." 전에 없이, 소녀의 까만 눈에 쓸쓸한 빛이 떠돌았다.

〈중략〉

이튿날, 소녀이 학교에서 돌아오니, 아버지가 나들이옷으로 갈아입고 닭 한 마리를 안고 있었다. 어디 가시느냐고 물었다. 그 말에도 대꾸도 없이, 아버지는 안고 있는 닭의 무게를 겨냥해 보면서,

"이만하면 될까?"

어머니가 망태기를 내주며,

"벌써 며칠째 '걀걀'하고 알 날 자리를 보던데요. 크진 않아도 살은 쪘을 거여요."

소년이 이번에는 어머니한테 아버지가 어디 가시느냐고 물어 보았다.

"저, 서당골 윤 초시 댁에 가신다. 제삿상에라도 놓으시라고… …."

"그럼, 큰 놈으로 하나 가져가지. 저 얼룩수탉으로……."

소녀를 위하는 소년의 마음

이 말에, 아버지는 허허 웃고 나서, "임마, 그래도 이게 실속이 있다."

소년은 공연히 열적어, 책보를 집어던지고는 외양간으로 가, 쇠잔등을 한 번 철썩 갈겼다. 쇠파리라도 잡는 체.

개울물은 날로 여물어 갔다.

소년은 갈림길에서 아래쪽으로 가 보았다. 갈밭머리에서 바라보는 서당골 마을은 쪽빛 하늘 아래 한결 가까워 보였다. 어른들의 말이, 내일 소녀네가 양평읍으로 이사 간다는 것이었다. 거기 가서는 조그마한 가겟방을 보게 되리라는 것이었다.

소년은 저도 모르게 주머니 속 호두알을 만지작거리며, 한 손으로는 수없이 갈꽃을 휘어 꺾고 있었다.

그 날 밤, 소년은 자리에 누워서도 같은 생각뿐이었다. 내일 소녀네가 이사하는 걸 가보나 어쩌나. 가면 소녀를 보게 될까 어떨까.

그러다가 까무룩 잠이 들었는가 하는데, "허, 참 세상일도……."

마을 갔던 아버지가 언제 돌아왔는지, "윤 초시 댁도 말이 아니야, 그 많던 전답을 다 팔아 버리고, 대대로 살아오던 집마저 남의 손에 넘기더니, 또 악상까지 당하는 걸 보면……." 남폿불 밑에서 바느질감을 안고 있던 어머니가,

"증손(曾孫)이라곤 계집애 그 애 하나뿐이었지요?"

"그렇지, 사내 애 둘 있던 건 어려서 잃어버리고……."

"어쩌면 그렇게 자식 복이 없을까."

"글쎄 말이지. 이번 앤 꽤 여러 날 앓는 걸 약도 변변히 못 써 봤다더군. 지금 같아서 윤 초시네도 대가 끊긴 셈이지……. 그런데 참, 이번 계집앤 어린 것이 여간 잔망스럽지가 않아. 글쎄, 죽기 전에 이런 말을 했다지 않아? 자기가 죽거든 자기 입던 옷을 꼭 그대로 입혀서 묻어 달라고……."

소녀의 유언 – 소년과의 추억을 간직하고 싶음

줄거리 보기

- 발단 : 소년과 소녀가 개울가에서 처음 만남. 소년은 소녀가 던진 조약돌을 집어 주머니에 넣음.
- 전개 : 비단조개를 계기로 소년과 소녀가 처음 대화를 하게 됨. 산으로 놀러 가서 추억을 만듦.
- 위기 : 소나기가 내리자 소년이 소녀를 보살펴 주던 도중 소년이 만들어 준 소녀의 꽃묶음이 망그러짐. 비가 그치자 소년이 소녀를 업고 도랑을 건넘.
- 절정 : 소녀는 소년에게 이사 간다는 소식을 전하며 대추를 건네고, 소년은 소녀를 위해 호두를 서리하지만 만나지 못함.
- 결말 : 소년은 아버지와 어머니의 대화를 통해 소녀의 유언(소년과의 추억이 묻은 옷을 입혀 묻어 달라)을 들음.

만/점/포/인/트

1. 등장인물의 성격과 성격 변화 모습

소년	소녀
소극적, 내성적 ➜ 적극적	적극적, 외향적 ➜ 소극적

2. 주요 소재의 의미

조약돌	• 소년에 대한 소녀의 관심 • 소녀에 대한 소년의 그리움
비단조개	소년과 소녀의 대화 매개체
도랑	소녀를 업고 건널 수밖에 없게 하는 복선
소나기, 먹장구름	• 위기감과 긴장감을 조성 • 불행한 사건을 암시
갈림길	• 새로운 사건 전개 • 소년과 소녀의 이별
대추	소년에 대한 소녀의 마음
호두	소녀에 대한 소년의 마음
입던 옷	소년과의 추억을 간직하고 싶어하는 소녀의 마음

3. 제목(소나기)의 상징적 의미

① 위기감과 긴장감을 조성함.
② 소년과 소녀의 짧고 순수한 사랑
③ 비극적 결말의 원인
④ 소년과 소녀가 친해지게 된 계기

4. 소녀의 죽음을 암시하는 복선

① 난 보랏빛이 좋아.
② 일그러진 꽃송이, 꽃묶음이 망그러졌다.
③ 소녀의 입술이 파랗게 질렸다.

5. 결말 처리 방법의 효과

① 비극적인 결말 : 소년과 소녀의 짧고 순수한 사랑이 안타까움.
② 간접적인 전달 : 소년의 감정 표현을 절제하고 여운과 감동을 남김.
③ 생략법 : 독자의 상상력을 자극함, 여운과 애틋함을 남김.

바로바로 체크

(1) 제목 '소나기'의 상징적 의미로 옳지 않은 것은?
❶ 위기감과 긴장감을 조성함
❷ 비극적 결말의 원인
❸ 시원한 여름비
❹ 소년과 소녀의 짧고 순수한 사랑

(2) 소설 속에서 다음에 일어날 사건을 넌지시 암시하는 기법을 무엇이라 하는가?

정답 (1) ❸
(2) 복선

기/출/문/제 Check! 정답 및 해설 9p

05 이 글에 대한 설명으로 알맞지 않은 것은?

① 계절적 배경은 가을이다.
② 서술자는 작품 속 인물이다.
③ 향토적 분위기를 잘 살리고 있다.
④ 비교적 간결한 문장으로 표현하였다.

소음 공해 _ 오정희

집에 돌아오자마자, 뜨거운 물로 샤워를 하고 실내복으로 갈아입었다. 목요일, 심신 장애인 시설에서 자원 봉사자로 일하는 날은 몸이 젖은 솜처럼 무겁고 피곤하다. 그래도 뇌성마비나 선천적 기능 장애로 사지가 뒤틀리고 정신마저 온전치 못한 아이들을 씻기고 함께 놀이를 하고 휠체어를 밀어 산책을 시키는 등 시중을 들다 보면, 나를 요구하는 곳에서 시간과 힘을 내어 일한다는 뿌듯함이 있다. 고등학생인 두 아들은 아침에 도시락을 두 개씩 싸 들고 갔으니 밤 11시나 되어야 올 것이고, 남편은 3박4일의 출장 중이니 날이 저물어도 서두를 일이 없다. 더욱이 나는 한나절 심신이 지치게 일을 한 뒤라 당당히 휴식을 즐길 권리가 있다. 아이들이 올 때까지의 서너 시간은 오로지 내 시간인 것이다. 아이들은 머리가 커져 치마폭에 감기거나 귀찮게 치대는 일이 없이 "다녀왔습니다." 한 마디로 문 닫고 제 방에 들어앉게 마련이지만, 가족들이 집에 있을 때에는 아무리 거실이나 방에 혼자 있어도 혼자 있다는 기분을 갖기 어려웠다. 사방 문 열린 방에서 두 손 모아 쥐고 전전긍긍 24시간 대기하고 있는 형국이었다.

('나'의 모습-자원 봉사를 함, 따뜻한 마음을 가짐* / 나=중년의 나이 / 가족에게 최선을 다하는 모습)

거실 탁자의 갓등을 켜고 커피를 진하게 끓여 마시며 슈베르트의 아르페지오네 소나타를 틀었다. 첼로의 감미로운 선율이 흐르고, 나는 어슴푸레하고 아득한 공간, 먼 옛날로 돌아가는 듯한 기분에 잠겨들었다. 몽상과 시와 꿈과 불투명한 미래가 약간은 불안하게, 그러나 기대와 신비한 예감으로 존재하던 시절, 내가 이러한 모습으로 살아가리라는 것은 상상할 수도 없었던 시절로……. 사람이 단돈 몇 푼 잃는 것은 금세 알아도 본질적인 것을 잃어 가는 것에는 무감하다던가? "드르륵드르륵." 눈을 감고 하염없이 소나타의 음률에 따라 흐르던 나는 그 감미롭고 슬픔에 찬 흐름을 압도하며 끼어든 불청객에 사납게 눈을 치떴다. 무거운 수레를 끄는 듯 둔탁한 그 소리는 중년 여자의 부질없는 회한과 감상을 비웃듯 천장 위에서 쉼 없이 들려왔다. 십 분, 이십 분, 초침까지 헤아리며 천장을 노려보다가 나는 신경질적으로 전축을 껐다. 그 사실적이고 무지한 소리에 피아노와 첼로의 멜로디는 이미 소음에 지나지 않았다.

(나-교양이 있음, 클래식을 즐김 / 위층의 소음 / 위층의 소음 / 위층의 소음)

핵/심/정/리

- 갈래 : 단편 소설, 현대 소설
- 성격 : 고백적, 비판적
- 시점 : 1인칭 주인공 시점
- 배경 : 현대, 아파트
- 주제 : 이웃에 대한 관심의 필요성, 이웃에게 무관심한 현대인에 대한 비판

자원 봉사를 하는 '나'의 모습
이 글의 주인공은 장애인 시설에서 자원 봉사를 하는 따뜻한 인물이다. 하지만 자신의 윗집에 사는 이웃이 장애가 있다는 것도 모를만큼 이웃에 대해 무관심하기도 한 인물이다.

하루 이틀의 일이 아니었다. 위층 주인이 바뀐 이래 한 달 전부터 나는 그 정체 모를 소리에 밤낮없이 시달려 왔다. 진공 청소기 소리인가? 운동 기구를 들여놓았나? 가내 공장을 차렸나? 식구들마다 온갖 추측을 해 보았으나 도시 알 수 없는 일이었다.

"도깨비가 사나 봐요. 롤러 스케이트를 타는 도깨비."

아들녀석이 머리에 뿔을 만들어 보이며 처음에는 히히덕거렸으나, 자정 넘도록 들려오는 그 소리에 나중에는 짜증을 내기 시작했다. 좀체 남의 험구를 하지 않는 남편도

"한 지붕 아래 함께 못 살 사람들이군."

하는 말로 공동 생활의 기본적인 수칙을 모르는 이웃을 나무랐다.

일주일을 참다가 나는 인터폰을 들었다. 인터폰으로 직접 위층을 부르거나 면

아파트에서의 의사소통 수단, 이웃 간의 단절(간접적인 의사소통 수단)

대하지 않고 경비원을 통해 이쪽 의사를 전달하는 간접적인 방법을 택하는 것은 나로서는 자신의 품위와 상대방에 대한 예절을 지키기 위해서였던 것이다. 나는

'나' – 예의와 품위를 중요하게 여김

자주 경비실에 전화를 걸어, 한밤중에 조심성 없이 화장실 물을 내리는 옆집이나 때없이 두들겨 대는 피아노 소리, 자정 넘어까지 조명등 켜들고 비디오 찍어 가며 고래고래 악을 써 삼동(三冬)에 잠을 깨우는 함진아비의 행태 따위가 얼마나 교양 없고 몰상식한 짓인가, 소음 공해와 공동생활의 수칙에 대해 주의를 줄 것을 선의의 피해자들을 대변해서 말하곤 했었다.

위층의 소리는 멈추지 않았다. 드르륵거리는 소리에 머리털이 진저리를 치며 곤두서는 것 같았다. 철없고 상식 없는 요즘 젊은 엄마들이 아이들에게 집 안에서 자전거나 스케이트 보드 따위를 타게도 한다는데, 아무래도 그런 것 같았다. 인터폰의 수화기를 들자, 경비원의 응답이 들렸다. 내 목소리를 알아채자마자 길게 말꼬리를 늘이며 지레 짚었다. 귀찮고 성가셔하는 표정이 눈앞에 역력히 떠올랐다.

"위층이 또 시끄럽습니까? 조용히 해 달라고 말씀드릴까요?"

잠시 후 인터폰이 울렸다.

"충분히 주의하고 있으니 염려 마시랍니다."

경비원의 전갈이었다. 염려 마시라고? 다분히 도전적인 저의가 느껴지는 전언이었다. 게다가 드르륵드르륵 소리는 여전하지 않은가? 이젠 한판 싸워 보자

는 얘긴가? 나는 인터폰을 들어 다짜고짜 909호를 바꿔 달라고 말했다. 신호음
위층에 직접적인 항의를 함*
이 서너 차례 울린 후에야 신경질적인 젊은 여자의 응답이 들렸다.

"아래층인데요. 댁이 그런 식으로 말할 건 없잖아요? 나도 참을 만큼 참았다고요. 공동 주택에는 지켜야 할 규칙들이 있잖아요? 난 그 소리 때문에 병이 날 지경이에요."

"여보세요, 난 날아다니는 나비나 파리가 아니에요. 내 집에서 맘대로 움직이지도 못하나요? 해도 너무하시네요. 이틀거리로 전화를 해대시니 저도 피가 마르는 것 같아요. 저더러 어쩌라는 거예요?"
적반하장

"하여튼 아래층 사람 고통도 생각하시고 주의해 주세요."

나는 거칠게 수화기를 내려놓았다. "뻔뻔스럽긴. 이젠 순 배짱이잖아?" 소리내어 욕설을 퍼부어도 화가 가라앉지 않았다. 그렇다고 언제까지 경비원을 사이에 두고 '하랍신다', '하신다더라' 하며 신경전을 펼 수도 없는 일이었다. 화가 날수록 침착하고 부드럽게 처신해야 한다는 것은 나이가 가르친 지혜였다. 지난 겨울 선물로 받은, 아직 쓰지 않은 실내용 슬리퍼에 생각이 미친 것은 스스로도 신통했다. 선물도 무기가 되는 법. 발소리를 죽이는 푹신한 슬리퍼를 선물함으로써 소리를 죽이라는
소리를 줄여달라는 의미, 이웃에 대한 무관심
메시지와 함께 소리 때문에 고통받는 내 심정을 간접적으로 나타낼 수 있으리라. 사려 깊고 양식 있는 이웃으로서 공동 생활의 규범에 대해 조곤조곤 타이르리라.

위층으로 올라가 벨을 눌렀다. 안쪽에서 "누구세요?" 묻는 소리가 들리고도 십 분 가까이 지나 문이 열렸다. '이웃사촌이라는데 아직 인사도 없이…….' 등등 준비했던 인사말과 함께 포장한 슬리퍼를 내밀려던 나는 첫마디를 뗄 겨를도 없이 우두망찰했다. 좁은 현관을 꽉 채우며 휠체어에 앉은 젊은 여자가 달갑잖은
극적 반전, 위층 소음의 원인, 갈등 해소의 계기
표정으로 나를 올려다보았다.

"안 그래도 바퀴를 갈아 볼 작정이었어요. 소리가 좀 덜 나는 것으로요. 어쨌든 죄송해요. 도와주는 아줌마가 지금 안 계셔서 차 대접할 형편도 안 되네요."

여자의 텅 빈, 허전한 하반신을 덮은 화사한 빛깔의 담요와 휠체어에서 황급히 시선을 떼며 나는 할 말을 잃은 채 부끄러움으로 얼굴만 붉히며 슬리퍼 든 손을 등 뒤로 감추었다.

직접적인 항의
그간은 경비원을 통해 간접적으로 항의했지만, 윗집에게 직접적으로 항의하는 모습을 통해 갈등이 고조되고 있음을 보여준다.

줄거리 보기

- 발단 : 바쁜 생활 속에서 휴식을 취하던 도중 위층의 소음으로 화가 남.
- 전개 : 소음에 시달리다가 조용히 해 줄 것을 요청함.
- 위기 : 위층 여자와의 갈등이 고조됨.
- 절정 : 위층 여자에게 조용히 하라는 의미로 슬리퍼를 선물하기로 결심함.
- 결말 : 위층에서 나는 소음의 원인이 휠체어라는 것을 알고 당황함.

만/점/포/인/트

1. 상징적 소재

인터폰	• 아파트에서 간접적 의사소통 수단 • 이웃에 대한 무관심과 단절
슬리퍼	• 소음을 줄여달라는 의미를 전달하는 수단 • 이웃에 대한 무관심
아파트	현대인의 삭막한 주거 공간
휠체어	• 위층 여자의 처지를 나타냄. • 소음의 원인 • 갈등을 해소시키며 극적 반전이 이루어지게 하는 매개체

2. 갈등 양상

위층의 소음에 화가 나는 '나'와 조용히 살려 노력하는 '위층 여자'의 외적 갈등

기/출/문/제 Check!

정답 및 해설 9p

06 윗글의 시점으로 알맞은 것은?

① 1인칭 주인공 시점
② 1인칭 관찰자 시점
③ 작가 관찰자 시점
④ 전지적 작가 시점

수난이대 _ 하근찬

'진수가 돌아온다. 진수가 살아서 돌아온다. 아무개는 전사했다는 통지가 왔고, 아무개는 죽었는지 살았는지 통 소식이 없는데, 우리 진수는 살아서 오늘 돌아오는 것이다.' 생각할수록 어깻바람이 날 일이다. 그래 그런지 몰라도, 박만도는 여느 때 같으면 아무래도 한 두 군데 앉아 쉬어야 넘어설 수 있는 용머리재를 단숨에 올라채고 만 것이다. 가슴이 펄럭거리고 허벅지가 뻐근했다. 그러나 그는 고갯마루에서도 쉴 생각을 하지 않았다. 들 건너 멀리 바라보이는 정거장에서 연기가 몰씬몰씬 피어오르며, 삐익 기적 소리가 들려왔기 때문이다. 아들이 타고 내려올 기차는 점심 때가 가까워서야 도착한다는 것을 모르는 바 아니다. 해가 이제 겨우 산등성이 위로 한 뼘가량 떠올랐으니, 정오가 되려면 아직 차례 먼 것이다. 그러나 그는 공연히 마음이 바빴다.

(전사: 시대적 배경* - 6·25 전쟁)

〈중략〉

'열 시 사십 분이라. 보자, 그러면 아직도 한 시간이나 남았구나.'

그는 안심이 되는 듯 후유 숨을 내쉬었다. 담배를 한 개 빼 물고 불을 댕겼다. 정거장 대합실에 와서 이렇게 도사리고 앉아 있노라면, 만도는 곧잘 생각나는 일이 한 가지 있었다. 그 일이 머리에 떠오르면, 등골을 찬 기운이 좍 스쳐 내려가는 것이었다. 손가락이 시퍼렇게 굳어진, 이끼 낀 나무토막 같은 팔뚝이 지금도 저만큼 눈앞에 보이는 듯했다.

(이끼 낀 나무토막 같은 팔뚝: 직유법)

〈중략〉

여느 날과 다름없이 굴속에서 바위를 허물어 내고 있었다. 바위 틈서리에 구멍을 뚫어서 다이너마이트 장치를 하는 것이었다. 장치가 다 되면 모두 바깥으로 나가고, 한 사람만 남아서 불을 댕기는 것이다. 그리고 그것이 터지기 전에 얼른 밖으로 뛰어나와야 한다.

(여느 날과 다름없이 굴속에서 바위를 허물어 내고 있었다.: 만도가 징용에 끌려가 한쪽 팔을 잃었던 과거를 회상, 시대적 배경 – 일제 강점기)

만도가 불을 댕기는 차례였다. 모두 바깥으로 나가 버린 다음 그는 성냥을 꺼냈다. 그런데 웬 영문인지 기분이 꺼림칙했다.❶ 모기에게 물린 자리가 자꾸 쑥쑥❷

핵/심/정/리

- 갈래 : 단편 소설, 전후 소설
- 성격 : 사실적, 향토적, 교훈적
- 배경 : 일제 강점기 ~ 6·25 전쟁 직후
- 시점 : 전지적 작가 시점
- 주제 : 민족의 수난과 이를 극복하려는 의지

시대적 배경

이 소설에는 두 가지의 시대적 배경이 드러난다. 첫 번째는 6·25 전쟁(진수의 이야기), 두 번째는 일제 강점기(강제 징용에 끌려간 만도의 이야기)이다. '수난이대'라는 제목에서 두 부자가 겪은 수난이 드러나며, 두 부자는 우리 민족 전체를 상징하고 있다.

쑤시는 것이었다. 긁적긁적 긁어 댔으나 도무지 시원한 맛이 없었다. 그는 이맛살을 찌푸리면서 성냥을 득! 그었다. 그래 그런지 몰라도 불은 이내 픽 하고 꺼져 버렸다. ❸ 성냥 알맹이 네 개째에서 겨우 심지에 불이 댕겨졌다. 심지에 불이 붙는 것을 ❹ 보자, 그는 얼른 몸을 굴 밖으로 날렸다. 바깥으로 막 나서려는 때였다. 산이 무너지는 듯한 소리와 함께 사나운 바람이 귓전을 후려갈기는 것이었다. 만도는 정신이 아찔했다. 공습이었던 것이다. 산등성이를 넘어 달려든 비행기가 머리 위로 아슬아슬하게 지나가는 것이었다. 미처 정신을 차리기도 전에 또 한 대가 뒤따라 날아드는 것이 아닌가. 만도는 그만 넋을 잃고 굴 안으로 도로 달려 들어갔다. 달려 들어가서 굴 바닥에 아무렇게나 팍 엎드리고 말았다. 그 순간이었다. 쾅! 굴 안이 미어지는 듯하면서 다이너마이트가 터졌다. 만도의 두 눈에서 불이 번쩍했다.

❶~❹ : 불행한 사건을 암시함

만도가 어렴풋이 눈을 떠 보니, 바로 거기 눈앞에 누구의 것인지 모를 팔뚝이 아무렇게나 던져져 있었다

〈중략〉

'그놈이 거짓으로 편지를 띄웠을 리는 없을 건데…….'

만도는 자꾸 가슴이 떨렸다.

'이상한 일이다.'/ 하고 있을 때였다. 분명히 뒤에서, / "아부지!"

부르는 소리가 들렸다. 만도는 깜짝 놀라며 얼른 뒤를 돌아보았다. 그 순간 만도의 두 눈은 무섭도록 크게 떠지고, 입은 딱 벌어졌다. / 틀림없는 아들이었으나, 옛날과 같은 진수는 아니었다. 양쪽 겨드랑이에 지팡이를 끼고 서 있는데, 스쳐 가는 바람결에 한쪽 바짓가랑이가 펄럭거리는 것이 아닌가.

㉠ 만도는 눈앞이 노오래지는 것을 어쩌지 못했다. 한참 동안 그저 멍멍하기만 하다가, 코허리가 찡해지면서 두 눈에 뜨거운 것이 핑 도는 것이었다.

"에라이, 이놈아!"
좌절, 분노

만도의 입술에서 모지게 튀어나온 첫마디였다. 떨리는 목소리였다. 고등어를 든 손이 불끈 주먹을 쥐고 있었다.

진수를 위한 만도의 애정

〈중략〉

술기가 얼근하게 돌자, 이제 좀 속이 풀리는 것 같아 방문을 열고 바깥을 내다보았다. 진수는 이마에 땀을 척척 흘리면서 다 와 가고 있었다.

"진수야!" / 버럭 소리를 질렀다. / "이리 들어와 보래." / "……."

진수는 아무런 대꾸도 없이 어기적어기적 다가왔다. 다가와서 방 문턱에 걸터앉으니까, 여편네가 보고, / "방으로 좀 들어오이소." / 한다. / "여기 좋심더."

그는 수세미 같은 손수건으로 이마와 코언저리를 아무렇게나 훔친다.

"마, 아무 데서나 묵어라. 저, 국수 한 그릇 말아 주소." / "야."

진수를 위하는 만도의 애정

"곱빼기로 잘 좀……. 참지름도 치소, 잉?"/ "야아."

〈중략〉

"아부지!"

"와?"

"이래 가지고 나 우째 살까 싶습니더."

"우째 살긴 뭘 우째 살아. 목숨만 붙어 있으면 다 사는 기다. 그런 소리 하지 마라."

"……."

"나 봐라. 팔뚝이 하나 없어도 잘만 안 사나. 남 봄에 좀 덜 좋아서 그렇지 살기사 왜 못 살아."

"차라리 아부지같이 팔이 하나 없는 편이 낫겠어예. 다리가 없어 노니 첫째 걸어 댕기기에 불편해서 똑 죽겠심더."

"야야, 안 그렇다. 걸어 댕기기만 하면 뭐 하노. 손을 지대로 놀려야 일이 뜻대로 되지."

"그럴까예?"

"그렇다니. 그러니까 집에 앉아서 할 일은 니가 하고, 나댕기메 할 일은 내가 하고, 그라면 안 되겠나, 그제?" / "예."

만도의 성격-긍정적, 진수를 위로함

〈중략〉

개천 둑에 이르렀다. 외나무다리가 놓여 있는 그 시냇물이다.

만도와 진수의 위기

〈중략〉

진수는 지팡이와 고등어를 각각 한 손에 쥐고, 아버지의 등어리로 가서 슬그머니 업혔다. 만도는 팔뚝을 뒤로 돌려서 아들의 하나뿐인 다리를 꼭 안았다. 그리고, "팔로 내 목을 감아야 될 끼다." 했다.

진수는 무척 황송한 듯 한쪽 눈을 찍 감으면서 고등어와 지팡이를 든 두 팔로 아버지의 굵은 목줄기를 부둥켜안았다. 만도는 아랫배에 힘을 주며 끙! 하고 일어났다. 아랫도리가 약간 후들거렸으나 걸어갈 만은 했다. 외나무다리 위로 조심조심 발을 내디디며 만도는 속으로, '이제 새파랗게 젊은 놈이 벌써 이게 무슨 꼴이고. 세상을 잘못 만나서 진수 니 신세도 참 똥이다, 똥.' 이런 소리를 주워섬겼고, 아버지의 등에 업힌 진수는 곧장 미안스러운 얼굴을 하며, '나꺼정 이렇게 되다니 아부지도 참 복도 더럽게 없지. 차라리 내가 죽어 버렸더라면 나았을 낀데…….' / 하고 중얼거렸다.

만도는 아직 술기가 약간 있었으나 용케 몸을 가누며, 아들을 업고 외나무다리를 조심조심 건너가는 것이었다. 눈앞에 우뚝 솟은 용머리재가 이 광경을 가만히 내려다보고 있었다.

부자의 위기 극복 → 민족의 수난을 극복하려는 의지

의인법

줄거리 보기

- 발단 : 6·25 전쟁 때 입대한 아들이 돌아온다는 소식을 듣고 아버지 만도가 기차역으로 마중을 나감.
- 전개 : 만도는 아들을 위해 고등어를 산 후, 정거장에서 아들을 기다리며 자신의 과거(일제 강점기 때 징용에 끌려가 한쪽 팔을 잃음)를 회상함.
- 위기 : 한쪽 다리를 잃은 채로 돌아 온 진수를 보고 슬픔과 분노를 느껴 애꿎은 진수에게 화를 낸 후 함께 집으로 돌아감.
- 절정 : 진수의 상황에 속상한 만도가 주막에서 술을 마시며 화를 누그러뜨리고, 진수에게 국수를 사줌. 잠시 후 외나무다리가 있는 시냇물 앞에서 진수는 망설임.
- 결말 : 만도가 다리 한쪽이 없는 진수를 업고, 진수는 만도의 고등어와 지팡이를 들고 힘을 합쳐 외나무다리를 건넘.

만/점/포/인/트

1. 구성상의 특징

역순행적 구성 방식(현재 - 과거 - 현재)

2. 제목(수난이대)의 의미

과거	일제 강점기 때 징용에 끌려가 한쪽 팔을 잃은 아버지 대의 수난	→ 수난이대
현재	6 · 25 전쟁으로 한쪽 다리를 잃은 아들 대의 수난	

3. 사투리와 비속어 사용

① 작품의 사실성, 현장감을 높임.

② 등장인물의 소박하고 가식 없는 성격을 드러냄.

4. 시대적 배경

일제 강점기	만도가 젊은 시절, 일제의 징용에 끌려가 공습을 피하려다 한쪽 팔을 잃게 됨.
6 · 25 전쟁	진수는 6 · 25 전쟁에 참전하여 한쪽 다리를 잃게 됨.

5. '외나무다리'의 상징적 의미

① 진수와 만도 부자가 겪게 되는 고난과 시련

② 외나무다리를 건너는 모습은 시련과 고난을 극복하는 의지적인 모습을 상징함.

6. '고등어'의 상징적 의미

아들에 대한 사랑

바로바로 체크

(1) 이 글은 현재 - 과거 - 현재의 (　　) 방식으로 구성되어 있다.

(2) 진수와 만도 부자가 겪게 되는 고난과 시련을 상징적으로 나타내는 것은?

정답 (1) 역순행적
(2) 외나무다리

기/출/문/제 Check!

정답 및 해설 9p

07 이 글에 드러난 시대적 상황으로 가장 적절한 것은?

① 전쟁으로 인해 다친 사람들이 있었다.
② 신분제의 동요로 사회가 혼란스러워졌다.
③ 경제 개발의 결과로 도시 빈민이 늘어났다.
④ 산업화가 급속하게 진행되어 도시가 번창하였다.

08 ㉠의 이유로 가장 적절한 것은?

① 진수를 만나지 못해서
② 갑작스러운 편지를 받아서
③ 진수의 한쪽 다리가 없어서
④ 들고 있던 고등어가 무거워서

09 윗글의 특징으로 적절하지 않은 것은?

① 인물들이 사투리를 사용하였다.
② 과거를 회상하는 장면이 나타났다.
③ 1인칭 서술자가 이야기를 이끌어가고 있다.
④ 시대적 배경이 드러나는 어휘가 사용되었다.

10 다음 중 보기의 의미를 담고 있는 것은?

인물들에게 놓인 장애물이면서 인물 간의 화합을 이루게 하는 매개체

① 정거장 ② 기차
③ 만주 ④ 외나무 다리

운수 좋은 날 _ 현진건

새침하게 흐린 품이 눈이 올 듯하더니, 눈은 아니 오고 얼다가 만 비가 추적추적 내리었다.

배경의 역할* – 암울하고 불길한 분위기 조성

이날이야말로 동소문 안에서 인력거꾼 노릇을 하는 김 첨지에게는 오래간만에도 닥친 운수 좋은 날이었다. 문 안에(거기도 문 밖은 아니지만) 들어간답시는 앞집 마나님을 전찻길까지 모셔다 드린 것을 비롯하여 행여나 손님이 있을까 하고 정류장에서 어정어정하며 내리는 사람 하나하나에게 거의 비는 듯한 눈길을 보내고 있다가, 마침내 교원인 듯한 양복장이를 동광학교(東光學校)까지 태워다 주기로 되었다.

시대적 배경 – 1920년대 일제 강점기 (인력거꾼)

시대적 배경 – 1920년대 일제 강점기 (전찻길)

첫 번에 삼십 전, 둘째 번에 오십 전 — 아침 댓바람에 그리 흉하지 않은 일이었다. 그야말로 재수가 옴붙어서 근 열흘 동안 돈 구경도 못한 김 첨지는 십 전짜리 백통화 서 푼, 또는 다섯 푼이 찰깍하고 손바닥에 떨어질 제 거의 눈물을 흘릴 만큼 기뻤었다. 더구나 이날 이때에 이 팔십 전이라는 돈이 그에게 얼마나 유용한지 몰랐다. 컬컬한 목에 모주 한 잔도 적실 수 있거니와, 그보다도 앓는 아내에게 설렁탕 한 그릇도 사다줄 수 있음이다.

그의 아내가 기침으로 쿨룩거리기는 벌써 달포가 넘었다. 조밥도 굶기를 먹다시피 하는 형편이니 물론 약 한 첩 써본 일이 없다. 구태여 쓰려면 못쓸 바도 아니로되, 그는 병이란 놈에게 약을 주어 보내면 재미를 붙여서 자꾸 온다는 자기의 신조(信條)에 어디까지 충실하였다. 따라서 의사에게 보인 적이 없으니 무슨 병인지는 알 수 없으나, 반듯이 누워 가지고 일어나기는커녕 새로 모로도 못 눕는 걸 보면 중증은 중증인 듯. 병이 이대도록 심해지기는 열흘 전에 조밥을 먹고 체한 때문이다. 그때도 김첨지가 오래간만에 돈을 얻어서 좁쌀 한 되와 십 전 짜리 나무 한 단을 사다 주었더니 김첨지의 말에 의하면, 오라질년이 천방지축(天方地軸)으로 남비에 대고 끓였다. 마음은 급하고 불길은 닿지 않아 채 익지도 않은 것을 그 오라질년이 숟가락은 고만두고 손으로 움켜서 두 뺨에 주먹덩이 같은 혹이 불거지도록 누가 빼앗을 듯이 처박질하더니만 그날 저녁부터 가슴이 땅긴다, 배가 켕긴다 하고 눈을 홉뜨고 지랄을 하였다. 그때 김첨지는 열화와 같이 성을 내며,

비속어 사용 – 하층민의 삶을 생생하게 전함

핵/심/정/리

- 갈래 : 단편 소설, 사실주의 소설
- 성격 : 사실적, 반어적
- 시점 : 전지적 작가 시점
- 주제 : 일제 강점기 하층민의 가난하고 비참한 삶

배경의 역할

소설 속 배경은 단순한 배경의 의미뿐만 아니라, 작품 전체의 분위기를 형성하는 데 큰 역할을 한다. 이 작품의 제목은 '운수 좋은 날'이지만 실제로는 아내가 죽은 우울하고 비극적인 날이다. 소설 속 첫부분에 제시된 배경을 통해 음산하고 우울한 분위기를 형성함과 동시에 소설의 비극적인 결말도 암시한다.

"에이, 오라질년, 조랑복은 할 수가 없어, 못 먹어 병, 먹어서 병, 어쩌란 말이야! 왜 눈을 바루 뜨지 못해!"

하고 앓는 이의 뺨을 한 번 후려갈겼다. 홉뜬 눈은 조금 바루어졌건만 이슬이 맺히었다. 김첨지의 눈시울도 뜨끈뜨끈하였다.

환자가 그러고도 먹는 데는 물리지 않았다. 사흘 전부터 설렁탕 국물이 마시고 싶다고 남편을 졸랐다.

"이런 오라질년! 조밥도 못 먹는 년이 설렁탕은. 또 처먹고 지랄병을 하게."

라고 야단을 쳐보았건만, 못 사주는 마음이 시원치는 않았다.

인제 설렁탕을 사 줄 수도 있다. 앓는 어미 곁에서 배고파 보채는 개똥이(세살먹이)에게 죽을 사줄 수도 있다. …… 팔십 전을 손에 쥔 김첨지의 마음은 푼푼하였다.

김첨지 – 겉으로는 퉁명스러우나, 마음속은 아내를 위함

그러나, 그의 행운은 그걸로 그치지 않았다. 땀과 빗물이 섞여 흐르는 목덜미를 기름 주머니가 다 된 왜목 수건으로 닦으며, 그 학교 문을 돌아 나올 때였다. 뒤에서 "인력거!" 하고 부르는 소리가 났다. 자기를 불러 멈춘 사람이 그 학교 학생인 줄 김 첨지는 한 번 보고 짐작할 수 있었다. 그 학생은 다짜고짜로,

"남대문 정거장까지 얼마요?"

라고 물었다. 아마도 그 학교 기숙사에 있는 이로 동기 방학을 이용하여 귀향하려 함이로다. 오늘 가기로 작정은 하였건만, 비는 오고 짐은 있고 해서 어찌 할 줄 모르다가 마침 김 첨지를 보고 뛰어나왔음이리라. 그렇지 않다면 왜 구두를 채 신지 못해서 질질 끌고, 비록 '고꾸라' 양복일망정 노박이로 비를 맞으며 김 첨지를 뒤쫓아 나왔으랴.

"남대문 정거장까지 말씀입니까?"

하고, 김 첨지는 잠깐 주저하였다. 그는 이 우중에 우장도 없이 그 먼곳을 철벅거리고 가기가 싫었음일까? 처음 것, 둘째 것으로 고만 만족하였음일까? 아니다. 결코 아니다. 이상하게도 꼬리를 맞물고 덤비는 이 행운 앞에 조금 겁이 났음이다. 그리고 집을 나올 제 아내의 부탁이 마음에 켕기었다. 앞집 마나님한테서 부르러 왔을 제 병인은 그 뼈만 남은 얼굴에 유월의 샘물 같은 유달리 크고 움푹한 눈에다 애걸하는 빛을 띄우며,

불행에 대한 두려움

"오늘은 나가지 말아요. 제발 덕분에 집에 붙어 있어요. 내가 이렇게 아픈데……."

하고 모기 소리같이 중얼거리며 숨을 걸그렁걸그렁하였다. 그래도 김 첨지는 대수롭지 않은 듯이,

"압다, 젠장맞을 년. 빌어먹을 소리를 다 하네. 맞붙들고 앉았으면 누가 먹여 살릴 줄 알아."

비속어 사용 – 하층민의 삶을 사실적으로 표현함

하고 훌쩍 뛰어나오려니까 환자는 붙잡을 듯이 팔을 내저으며,

"나가지 말라도 그래, 그러면 일찍이 들어와요."

하고 목메인 소리가 뒤를 따랐다.

정거장까지 가잔 말을 들은 순간에 경련적으로 떠는 손, 유달리 큼직한 눈, 울 듯한 아내의 얼굴이 김첨지의 눈앞에 어른어른하였다.

"그래, 남대문 정거장까지 얼마란 말이요?"

하고 학생은 초조한 듯이 인력거꾼의 얼굴을 바라보며 혼잣말같이,

"인천 차가 열한 점에 있고, 그 다음에는 새로 두 점이던가."

라고 중얼거린다.

"일 원 오십 전만 줍시요."

이 말이 저도 모를 사이에 불쑥 김첨지의 입에서 떨어졌다. 제 입으로 부르고도 스스로 그 엄청난 돈 액수에 놀래었다. 한꺼번에 이런 금액을 불러라도 본지가 그 얼마만인가! 그러자, 그 돈 벌 용기가 병자에 대한 염려를 사르고 말았다. 설마 오늘 안으로 어떠랴 싶었다. 무슨 일이 있더라도 제일 제이의 행운을 곱친 것보다도 오히려 갑절이 많은 이 행운을 놓칠 수 없다 하였다.

"일 원 오십 전은 너무 과한데."

이런 말을 하며 학생은 고개를 기웃하였다.

"아니올시다. 잇수로 치면 여기서 거기가 시오 리가 넘는답니다. 또 이런 진날에는 좀 더 주셔야지요."

하고 빙글빙글 웃는 차부의 얼굴에는 숨길 수 없는 기쁨이 넘쳐흘렀다.

"그러면 달라는 대로 줄 터이니 빨리 가요."

관대한 어린 손님은 그런 말을 남기고 총총히 옷도 입고 짐도 챙기러 갈 데로 갔다.

그 학생을 태우고 나선 김첨지의 다리는 이상하게 가뿐하였다. 달음질을 한다느니보다 거의 나는 듯하였다. 바퀴도 어떻게 속히 도는지 군다느니보다 마치 얼음을 지쳐나가는 스케이트 모양으로 미끄러져가는 듯하였다. 언땅에 비가 내려 미끄럽기도 하였다.

이윽고 끄는 이의 다리는 무거워졌다. 자기 집 가까이 다다른 까닭이다. 새삼스러운 염려가 그의 가슴을 눌렀다.

"오늘은 나가지 말아요. 내가 이렇게 아픈데."

이런 말이 잉잉 그의 귀에 울렸다. 그리고 병자의 움쑥 들어간 눈이 원망하는 듯이 자기를 노려보는 듯하였다. 그러자 엉엉 하고 우는 개똥이의 곡성도 들은 듯싶다. 딸국딸국하고 숨 모으는 소리도 나는 듯싶다.

"왜 이러우? 기차 놓치겠구먼."

하고, 탄 이의 초조한 부르짖음이 간신히 그의 귀에 들려왔다. 언뜻 깨달으니 김첨지는 인력거 채를 쥔 채 길 한복판에 엉거주춤 멈춰 있지 않은가.

"예, 예"

하고 김첨지는 또다시 달음질하였다. 집이 차차 멀어갈수록 김첨지의 걸음에는 다시금 신이 나기 시작하였다. 다리를 재겨 놀려야만 쉴새없이 자기의 머리에 떠오르는 모든 근심과 걱정을 잊을 듯이……

정거장까지 끌어다 주고 그 깜짝 놀란 일 원 오십 전을 정말 제 손에 쥠에 말마따나 십리나 되는 길을 비를 맞아가며 질퍽거리고 온 생각은 아니하고, 거저 얻은 듯이 고마웠다. 졸부나 된 듯이 기뻤다. 제 자식뻘밖에 안 되는 어린 손님에게 몇번 허리를 굽히며,

"다녀옵시요."

라고, 깍듯이 재우쳤다.

〈중략〉

"봐라 봐! 이 더러운 놈들아, 내가 돈이 없나, 다리 뼉다구를 꺾어 놓을 놈들 같으니."

하고 치삼이 주워주는 돈을 받아,

"이 원수엣 돈! 이 육시를 할 돈!"

하면서 팔매질을 친다. 벽에 맞아 떨어진 돈은 다시 술 끓이는 양푼에 떨어지며 정당한 매를 맞는다는 듯이 쨍하고 울었다.

곱빼기 두 잔은 또 부어질 겨를도 없이 말려가고 말았다. 김첨지는 입술과 수염에 붙은 술을 빨아들이고 나서 매우 만족한 듯이 그 솔잎 송이 수염을 쓰다듬으며,

"또 부어, 또 부어."

라고 외쳤다.

또 한 잔 먹고 나서 김첨지는 치삼의 어깨를 치며 문득 껄껄 웃는다. 그 웃음소리가 어찌나 컸던지 술집에 있는 이의 눈이 모두 김첨지에게로 몰리었다. 웃는 이는 더욱 웃으며,

"여보게 치삼이, 내 우스운 이야기 하나 할까? 오늘 손을 태우고 정거장에까지 가지 않았겠나."

"그래서?"

"갔다가 그저 오기가 안됐데 그려, 그래 전차 정류장에서 어름어름하며 손님 하나를 태울 궁리를 하지 않았나. 거기 마침 마나님이신지 여학생이신지, 요새야 어디 논다니와 아가씨를 구별할 수가 있던가. 망토를 잡수시고 비를 맞고 서 있겠지. 슬근슬근 가까이 가서 인력거를 타시랍시요 하고 손가방을 받으랴니까 내 손을 탁 뿌리치고 핵 돌아서더니만 '왜 남을 이렇게 귀찮게 굴어!' 그 소리야말로 꾀꼬리 소리지, 허허!"

김첨지는 교묘하게도 정말 꾀꼬리 같은 소리를 내었다. 모든 사람은 일시에 웃었다.

"빌어먹을 깍쟁이 같은 년, 누가 저를 어쩌나, '왜 남을 귀찮게굴어!' 어이구 소리가 체신도 없지, 허허"

웃음소리들은 높아졌다. 그런 그 웃음소리들이 사라지기 전에 김첨지는 훌쩍 훌쩍 울기 시작하였다.

치삼은 어이없이 주정뱅이를 바라보며,

"금방 웃고 지랄을 하더니 우는 건 무슨 일인가?"

김첨지는 연해 코를 들여마시며,

"우리 마누라가 죽었다네."

"뭐, 마누라가 죽다니, 언제"

"이놈아 언제는. 오늘이지."

"예끼 미친놈, 거짓말 말아."

"거짓말은 왜, 참말로 죽었어…… 참말로. 마누라 시체를 집에 뻐들쳐 놓고 내가 술을 먹다니, 내가 죽일 놈이야 죽일 놈이야."

하고 김첨지는 엉엉 소리 내어 운다.

치삼은 흥이 조금 깨어지는 얼굴로,

"원 이사람아 참말을 하나, 거짓말을 하나. 그러면 집으로 가세, 가."

하고 우는 이의 팔을 잡아당기었다.

치삼의 끄는 손을 뿌리치더니 김첨지는 눈물이 글썽글썽한 눈으로 싱그레 웃는다.

"죽기는 누가 죽어."

하고 득의 양양.

"죽기는 왜 죽어, 생떼같이 살아만 있단다. 그 오라질년이 밥을 죽이지. 인제 나한테 속았다."

하고 어린애 모양으로 손뼉을 치며 웃는다.

"이 사람이 정말 미쳤단 말인가. 나도 아주먼네가 앓는단 말은 들었었는데."

하고 치삼이도 어떤 불안을 느끼는 듯이 김첨지에게 또 돌아가라고 권하였다.

"안 죽었어, 안 죽었대도 그래."

김첨지는 홧증을 내며 확신있게 소리를 질렀으되 그 소리엔 안 죽은 것을 믿으려고 애쓰는 가락이 있었다. 기어이 일 원어치를 채워서 곱빼기를 한 잔씩 더 먹고 나왔다. 궂은 비는 의연히 추적추적 내린다.

김 첨지는 취중에도 설렁탕을 사가지고 집에 다다랐다. 집이라 해도 물론 셋

아내를 향한 김 첨지의 애정

집이요, 또 집 전체를 세든 게 아니라 안과 뚝 떨어진 행랑방 한 간을 빌어든 것인데 물을 길어대고 한 달에 일 원씩 내는 터이다. 만일 김 첨지가 주기를 띠지 않았던들 한 발을 대문에 들여놓았을 제 그곳을 지배하는 무시무시한 정적(靜寂) — 폭풍우가 지나간 뒤의 바다 같은 정적 — 에 다리가 떨렸으리라. 쿨룩거리는 기침 소리도 들을 수 없다. 그르렁거리는 숨소리조차 들을 수 없다. 다만 이 무덤 같은 침묵을 깨뜨리는, 깨뜨린다느니보다 한층 더 침묵을 깊게 하고 불길하게 하는 빡빡하는 그윽한 소리, 어린애의 젖 빠는 소리가 날 뿐이다. 만일 청각이 예민한 이 같으면, 그 빡빡소리는 빨 따름이요, 꿀떡꿀떡하고 젖 넘어가는 소리가 없으니, 빈 젖을 빤다는 것도 짐작할는지 모르리라.

혹은 김 첨지도 이 불길한 침묵(아내의 죽음)을 짐작했는지도 모른다. 그렇지 않으면 대문에 들어서자마자 전에 없이,

"이 난장맞을 년, 남편이 들어오는데 나와 보지도 않아. 이 오라질년."

이라고 고함을 친 게 수상하다. 이 고함이야말로 제 몸을 엄습해오는 무시무시한 증을 쫓아 버리려는 허장성세(虛張聲勢)인 까닭이다.

하여간 김 첨지는 방문을 왈칵 열었다. 구역을 나게 하는 추기 — 떨어진 삿자리 밑에서 나온 먼지내, 빨지 않은 지저귀에서 나는 똥내와 오줌내, 가지각색 때가 켜켜이 앉은 옷내, 병인의 땀 섞은 내가 섞인 추기가 무딘 김 첨지의 코를 찔렀다.

방안에 들어서며 설렁탕을 한구석에 놓을 사이도 없이 주정꾼은 목청을 있는 대로 다 내어 호통을 쳤다.

"이 오라질년, 주야장천(晝夜長川) 누워만 있으면 제일이야! 남편이 와도 일어나지를 못해."

라는 소리와 함께 발길로 누운 이의 다리를 몹시 찼다. 그러나 발길에 채이는 건 사람의 살이 아니고 나무등걸과 같은 느낌이 있었다. 이때에 빡빡 소리가 응아 소리로 변하였다. 개똥이가 물었던 젖을 빼어놓고 운다. 운대도 온 얼굴을 찡그려 붙어서 운다는 표정을 할 뿐이다. 응아 소리도 입에서 나는 게 아니고, 마치 뱃속에서 나는 듯하였다. 울다가 울다가 목도 잠겼고 또 울 기운조차 시진한 것 같다.

발로 차도 그 보람이 없는 걸 보자 남편은 아내의 머리맡으로 달려들어 그야말로 까치집 같은 환자의 머리를 껴들어 흔들며,

"이년아, 말을 해, 말을! 입이 붙었어, 이 오라질년!"

"……"

"으응, 이것 봐, 아무 말이 없네."

"……"

"이년아, 죽었단 말이냐, 왜 말이 없어?"

"……"

"으응, 또 대답이 없네, 정말 죽었나보이."

이러다가 누운 이의 흰 창이 검은 창을 덮은, 위로 치뜬 눈을 알아보자마자,

"이 눈깔! 이 눈깔! 왜 나를 바루 보지 못하고 천정만 바라보느냐, 응"

하는 말끝엔 목이 메이었다. 그러자 산 사람의 눈에서 떨어진 닭똥 같은 눈물이 죽은 이의 뻣뻣한 얼굴을 어룽어룽 적시었다. 문득 김 첨지는 미친 듯이 제 얼굴을 죽은 이의 얼굴에 한데 비벼대며 중얼거렸다.

"설렁탕을 사다 놓았는데 왜 먹지를 못하니, 왜 먹지를 못하니…… 괴상하게도 오늘은 운수가 좋더니만……"

비극적 결말 - 반어적인 제목으로 비극적 상황을 극대화함

줄거리 보기

- 발단 : 아픈 아내를 두고 일을 나온 김 첨지는 오랜만에 운수가 좋아 손님을 많이 태우게 됨.
- 전개 : 김 첨지는 거듭되는 행운에 기쁨과 불안감을 동시에 느낌.
- 위기 : 아내에 대한 불안감을 떨치기 위해 선술집에서 친구와 함께 술을 마심.
- 절정 : 아내를 위해 설렁탕을 사 들고 가지만 아내의 죽음을 발견함.
- 결말 : 아내의 죽음 앞에서 비통해함.

만/점/포/인/트

1. 제목(운수 좋은 날)의 의미

아내가 죽은 비극적이고 절망적인 날로 비극적 현실을 극대화하는 반어적인 제목

2. 시대적 배경

1920년(인력거꾼, 첨지, 전찻길, 양복쟁이, 동광학교, 백통화 서 푼 등)

3. '설렁탕'의 의미

김 첨지의 아내에 대한 사랑을 나타내는 소재

4. 배경이 되는 날씨

겨울, 비 내리는 날 – 일제 강점기라는 배경 속에서 우리 민족의 비참한 삶의 모습을 보여 주고 작품 전체에 음산하고 불길한 분위기를 조성함.

바로바로 체크

(1) '운수 좋은 날'은 아내가 죽은 비극적이고 절망적인 날로 비극적 현실을 극대화하는 (   )인 제목이다.

(2) '설렁탕'의 의미는?

정답 (1) 반어적
(2) 김 첨지의 아내에 대한 사랑을 나타내는 소재

기/출/문/제 Check!

정답 및 해설 9p

11 **글의 제목에 대한 설명이다. (　) 안에 들어갈 말로 가장 적절한 것은?**

> 제목 '운수 좋은 날'은 가장 비극적인 날을 (　)으로 표현한 것이다. 작품의 제목은 '운수 좋은 날'이지만, 그 내용은 가장 운수가 나쁜 날이다. 이것은 외면적 행운 뒤에 비극적 결말이 준비되어 있다는 모순된 현실을 극적으로 제시한다.

① 객관적　　② 반어적
③ 설득적　　④ 체험적

12 **'김 첨지'의 심리 상태와 거리가 먼 것은?**

① 큰 불행이 닥칠 것을 예감하고 있다.
② 친구에게 아내의 허물을 드러내려 한다.
③ 병든 아내가 걱정이 되어 마음이 무겁다.
④ 집으로 가는 것을 몹시 불안해하고 있다.

원미동 사람들 _ 양귀자

〈전략〉

처음에는 어떤 일이나 그렇듯 대수롭지 않았다. '김포 쌀 상회'의 상호가 '김포 슈퍼'로 바뀌었을 뿐인 것이다. 원래는 쌀과 연탄만을 취급하면서 23통 일대의 쌀과 연탄을 도맡아 배달해 주던 김포 쌀 상회*의 경호 아버지가 어지간히 돈을 모은 모양이었다. 비어 있는 옆 칸을 헐어 가게를 확장한 것이다.
갈등의 시작

〈중략〉

김 반장은 그럼 두 손을 늘어뜨리고 구경만 할 것인가? 제꺼덕 김포 슈퍼보다 10원씩 더 가격을 내리고 저울 눈금도 마냥 후하게 달았다. 스무 개짜리 귤은 아예 스물다섯 개씩 팔아넘기니 한 박스 팔아도 본전 건지면 천만다행인 장사가 시작된 셈이었다. 새해 들면서 김포와 형제의 공방전이 여기에 이르자, 오히려 살판난 것은 동네 여자들이었다. 구입할 게 많다 싶으면 세 정거장쯤 떨어져 있는 시장으로 가던 여자들이 시장 발걸음을 끊은 것도 새해 들어서의 버릇이었다. 굳이 시장에 갈 일이 없었다. 어지간한 것은 모두 형제나 김포에 있었고 이만저만 파격 세일이 아닌 까닭이었다.

"워메, 그게 콩나물 200원어치여? 시상에 난 김포가 더 싼 줄 알았더니 김 반장네가 훨씬 많구만그려."

어느 날, 고흥댁이 소라 엄마의 손에 들린 콩나물의 부피에 입을 쩍 벌린 것도 무리는 아니었다. 시장에 가더라도 500원어치 꼴은 실히 될 만한 양이었기 때문이었다.

"아녜요. 연탄은 김포가 더 싸요. 난 어제 백 장 들였는데 500원이나 깎아 주고 플라스틱 바구니까지 얹어 주던걸요."

소라 엄마가 소곤소곤 정보를 일러 주고 가자, 이번에는 원미 지물포 안주인이 아이들한테 초콜릿을 물리고 오면서 또 소곤거린다.

"어쩌려고 저러는지? 200원짜리 초콜릿을 김 반장은 150원에 팔더라니깐요. 떼 온 값도 안 되게 막 팔아 넘긴대요. 이판사판이래요."

핵/심/정/리

- 갈래 : 현대 소설, 단편 소설, 세태 소설
- 성격 : 사실적, 일상적, 비판적
- 시점 : 전지적 작가 시점
- 주제 : 가난한 동네의 이웃 간에 벌어지는 갈등과 이해, 공존의 원리

쌀 상회
이 글의 배경이 1980년대임을 알 수 있게 하는 단어이다. '유선 방송, 안테나, 연탄, 복덕방, 180원 하는 과자' 등도 1980년대 상황을 나타내주는 소재들이다.

그러면 고흥댁은 정말 헷갈리기 시작하는 것이다. 아까까지만 해도 김포에서 적어도 30원은 싸게 샀다고 자부한 판인데 잠깐 사이에 형제에서는 50원이나 싸게 팔고 있다니, 어느 쪽으로 가야 이익일지 계산하기가 썩 어렵잖은가 말이다. 그러잖아도 지난번에 형제 슈퍼에서 산 비누를 물리고 그 즉시로 김포 슈퍼에서 싼 값으로 비누를 샀다고 해서 동네 여자들 구설수에 올라 있는 고흥댁*이(눈치가 없음) 었다. 한 마디로 너무 노골적이라는 비난이었는데 그깟 몇 십 원 때문에 당장 산 물건을 되물리는 법이 어디 있느냐는 거였다. 이쪽 저쪽을 다니더라도 좀 눈치껏 하지 않고 너무 표나게 굴었던 까닭이었다. 싸게 주는 쪽으로 가는 것이야 말리지 않지만 어느 쪽이 더 싼지 요령껏 눈치를 살핀 후에 행동에 옮기라는 말일 것이었다. 말귀는 알아들었다 해도 번번이 한 수 뒤처지는 것이 고흥댁은 여간 억울하지 않았다. 아까 콩나물만 해도 그랬다. 김포 콩나물이 엄청 양이 많더라고 오전에 이미 소문을 들었던 터라, 경호네한테 가서 200원어치를 한 봉투 받아 왔었다. 흡족할 만큼 많이 뽑아 준 터라 내심 기분이 좋았는데, 잠시 후에 보니 소라 엄마는 김 반장네에서 훨씬 많은 콩나물 봉투를 들고 오는 게 아닌가? 그래서 괜히 자기만 손해 보았다고 지물포 여자한테 하소연을 좀 했더니 담박에 핀잔만 돌아오고 말았다.

> **고흥댁**
> 지나치게 이해타산적인 모습을 보인다.

"아이구, 아줌마도……, 손해는 무슨 손해요? 김포에서 받은 것도 200원어치 곱절은 됐을 텐데, 안 그래요?"

말을 듣고 보니 맞는 소리였다. 눈치를 잘 보아서 김 반장한테로 갔으면 더 이익은 봤을망정 손해는 아니었으니까…….

"그나저나 고래 싸움에 새우 등 터진다는 옛말은 다 틀린 말여. 고래들이 싸우는 통에 우리 같은 새우들이 먹잘 게 좀 많은가 말여."

〈중략〉

싱싱 청과물의 주인* 사내는 이제 막 이사 와서 동네 형편은 전혀 모르는 듯했다. 무작정 과일전만 벌였으면 혹시 괜찮았을 것을 눈치도 없이 '부식 일절 가게 안에 있음'이란 종이 쪽지를 붙여 놓고 파, 콩나물, 두부, 상추, 양파 따위 부식 '일절'이 아닌 '일체'를 팔기 시작하였다. 참 답답한 노릇이었다. 김포 슈퍼

> **싱싱 청과물의 주인**
> 동네(원미동) 분위기를 파악하지 않은 채로 개업을 했다가 김 반장과 경호네 동맹 관계로 인해 결국 폐업하게 된다.

와 형제 슈퍼의 딱 가운데 지점에서, 그것도 결사적인 고객 확보로 바늘 끝처럼 날카로운 두 가게 앞에 버젓이 '부식 일절' 운운한 쪽지를 매달아 놓았으니 무사할 리가 없었다.

〈중략〉

"사람 폴짝 뛰다 죽겄네. 얼라! 과일만 팔아도 속이 뒤집힐 판에 부식 일절? 참 골고루들 애먹이는구먼."

김 반장의 눈빛이 곱지 못하듯, 김포 슈퍼 내외도 안색이 좋지 못하였다.
악착같고 인정이 없음, 생활력이 강함

"정말 죽어라 죽어라 하네요. 김 반장 등쌀에도 피가 마르는데 인제는 싱싱 청과물까지 끼어들어 훼방을 놓으니……."

웃음 많던 경호 엄마가 한숨을 푹 쉬었다. 그런 걸 아는지 모르는지 싱싱 청과물의 유리창에는 또 하나의 쪽지가 나붙었다.
치밀하지 못함

'완도 김 대량 입하.'

〈중략〉

경호네와 김 반장이 단순한 휴전 조약만을 맺은 게 아니라, 당분간 동맹 관계를 유지하기로 약조를 했다는 것이다. 물론, 이 동맹자들이 쳐부숴야 할 적군은 싱싱 청과물이었다. 믿을 만한 소식통에 의하면, 먼저 동맹을 제안한 쪽은 김 반장이라고 했다. 김 반장이 늦은 밤, 경호 아버지와 함께 공단 쪽 돼지 갈비집에서 술을 마시는 걸 보았다는 사람도 있었다. 제안은 김 반장이 했지만 이것저것 묘책은 경호 아버지한테서 나온 것이란 말도 있었고, 서로 형님 아우 해 가면서 신세 한탄도 할 만큼 사이가 좋아졌다는 소문도 있었다.

남은 일은 싱싱 청과물이 어떻게 당하는지 구경하는 것뿐이었다. 고흥댁 말대로 고래가 세 마리로 불어났으니 먹을 게 더 많아지리라는 기대도 조금 있었다. 아닌게 아니라, 주된 전략은 바로 가격 인하였다. 성성 청과물에서 취급하는 품목에 한해서만 두 가게가 모두 대폭적으로 가격을 내리기로 하였다는 것이다. 그 외의 상품들은 동맹 이후 두 가게가 같이 정상 가격으로 환원하였다. 완도 김을 대량 입하했던 싱싱 청과물에 맞서 김 반장은 위도 김을 들여와 집집마다 산지 가격으로 나누어 주었다. 부지런한 경호 아버지가 서울의 청과물 도매 시장에서 들여온 사과와 귤이 김 반장네 가게에도 진열되어 싼값으로 팔려 나가기 시작했다.

원미동 여자들이야 굳이 싱싱 청과물을 들러야 할 이유가 없었다. 과일이나 부식은 경호네나 김 반장 쪽이 훨씬 값이 헐했으므로, 또한 한 동네 이웃으로 낯이 익은 그들의 가게에서 싱싱 청과물 쪽을 지켜보고 있을 게 뻔한데 원성을 사 가면서까지 찾아갈 까닭이 무언가?

이렇게 되자, 싱싱 청과물의 주인 남자는 슬그머니 '부식 일절' 운운한 쪽지를 거두어들였다. '완도 김 대량 입하'라는 쪽지도 떼었다. 괴일만 취급할 것임을 공표하기나 하는 듯, 대신 '과일 도산매'란 종이 쪽지가 나붙였다. "콩나물이나 파 따위 팔아 봤자 큰돈 남는 것도 아니고, 그래 너희들 소원대로 딴눈 안 팔고 과일이나 팔아 보겠다." 이러면서 땅바닥에 침을 탁 뱉는 것을 보았노라고 서울 미용실 경자가, 드나드는 여자들한테 말을 전하곤 하였다. 그만큼 해 두었으니 동맹을 맺은 보람이 있은 셈이었다. 이제는 김 반장이나 경호 아버지의 동맹 관계가 지속될 이유가 없어진 게 아니냐고, 앞으로는 어떻게 일이 되어 갈 것인지 동네 사람들은 성급히 앞일을 궁금해하였다. 그러나 싱싱 청과물을 향한 일제 공격이 끝난 게 아닌 모양이었다. 경호 엄마 말에 의하면, 그들 내외도 사실상 동맹 관계가 끝난 것으로 해석하고 있었다. 그런데 김 반장이 펄쩍 뛰며 야단이더라고 전했다.

"우리는 과일 안 팔아? 그놈이 문 닫는 꼴음 보기 적에는 절대로 그만두지 않을 거요."

김 반장이 기어이 싱싱 청과물 망하는 꼴을 보아야겠다고 이를 악물더라는 말을 들은 동네 여자들의 반응은 가지가지였다.

"지독하네. 경호네는 김 반장이 그런다고 따라 해? 어린 사람이 악심을 품으면 경호 아버지가 달래야 사람의 도리지."

"그런 소리 말아요. 어떻게 김 반장 말을 거역해요? 동맹을 맺었을 때는 끝까지 의리를 지켜야죠"

"의리 좋아하네. 모르긴 몰라도 경호네 역시 싱싱 청과물 망하는 꼴 보려고 같이 작당했을 걸."

"만약에 진짜 그렇다면 경호네가 잘못 생각한 거야. 사실로 말해서 김 반장이 진짜로 망하는 꼴보고 싶은 마음으로 치자면야 경호네 김포 슈퍼지 어디 그깟 싱싱 청과물 가지고 성이 차겠수?"

"김 반장 그 사람, 너무 악착스러워. 젊은 사람이 어찌 그리 인정머리가 없을 꼬?"

"그래 말야. 지 엄마한테는 왜 그리 툴툴거리는지, 남들한테는 곧잘 싹싹하면서 지 부모한태는 얼굴 펴는 걸 못 보겠더라구."

"그게 다 무능한 부모들이 받아야 할 대접인 게지. 우리도 이 꼴로 나가다간 자식들한테 그런 대접을 받기 십상이지."

〈중략〉

"당신들 말야, 왜 어깃장을 놓아? 가격이야 뻔한데 본전치기로 넘기면서 남의 장사 망쳐 놓는 속셈이 대관절 무엇이야? 엉! 왜 못살게들 굴어?"

경호 아버지도 어름하게 물러서지는 않았다.

"싸게 사서 싸게 파는 것도 죄요? 원 별소릴 다 듣겠네."

얼굴이 벌개진 싱싱 사내는 공연스레 목청만 돋운다.

"이 사람들, 이제 보니 심보가 새까맣군그래. 싸게 사서 싸게 파는 것도 죄냐구? 말해! 나하고 무슨 원수가 졌냐? 날 죽여 보겠다는 심보는 대체 뭐야!"

그러면 김 반장*이 또 씩씩거리며 대들었다.

악착같고 인정 없음, 생활력이 강함

"이게 좁쌀밥만 먹고 살았나? 말마다 영 기분 나쁘게시리 반말로만 내뱉는군. 단단히 정신을 차릴 필요가 있는 작자라니까."

마침내 싱싱 청과물 사내가 죽기살기로 김 반장의 멱살을 잡고 바둥거리기 시작했다. 몸피가 유난히 왜소하여 애초 김 반장의 상대가 되지도 못하면서 기를 쓰고 덤벼드는 그를 김 반장은 여유 있게 메다꽂았다. 이 못된 놈이 사람 친다고 악을 쓰면서 덤벼드는 그를 향해 김 반장은 알게 모르게 주먹 솜씨를 발휘하였다.

"어디서 굴러먹던 뼈다귀인지 생전 보지도 못한 놈이 남의 장사 망치려고 덤

김 반장
가족을 책임져야 하는 실질적 가장이며, 동네 일에 적극적으로 나선다. 그러나 악착같고 욕심이 많은 성격으로 비슷한 업종의 사람들과 경쟁, 다툼을 하게 된다.

벼든 것을 생각하면 내 속이 터진다구."

김 반장의 목소리는 칼날처럼 서늘했다.

"와 이라노? 이게 무슨 짓들이가? 한 동네 삼시로 서로 웬 주먹질이란 말이가? 보소, 아저씨가 참으소, 맞는 사람만 손해라 카이. 아이구마 김 반장아, 니가 깡패로 나섰노? 이러는 기 아니다. 아무리 억울헌 일이 있다 캐도 이러는 기 아니다. 이 손 치아라! 내 말 안 들을라먼 인자부터 니랑 내랑 아는 체도 말자고마, 이 손 치아라!"

원미 지물포 주씨가 적극적으로 두 사람을 뜯어 말렸다. 지물포 주인 주씨가 뜯어 말리는 그 사이에도 김 반장은 연신 싱싱 청과물 사내의 옆구리를 향해 헛발길질을 해대고 있었다.

싸움 구경에 나섰던 사람들은 그 날의 사건을 두고두고 입에 올렸다. 다음 다음 날, 싱싱 청과물 사내가 입술을 깨물며 리어카 행상으로 과일 처분에 나선 것을 보고는 모두들 김 반장의 잔인함에 몸을 떨었다. 구정 대목을 보려고 무리하면서까지 들여놓은 과일을 소화하기 위해서는 그 수밖에 없기는 하였다.

"지독해. 김 반장네 가게에선 앞으로 두부 한 모도 사지 않을 거야."

시내 엄마는 질렸다는 듯이 고개를 설레설레 흔들었다. 이제 네 살짜리 사내 하나를 두고 있는 그녀는 얼핏 보기엔 64번지 새색시보다 훨씬 앳되어 보였다. 써니 전자를 꾸려 나가는 그들 부부의 사는 모습도 지극히 낭만적이어서 깊은 밤 문 닫힌 그들 가게에서 흘러나오는 애수어린 음악 소리만 들어도 그것을 능히 짐작할 수 있는 터였다.

"경호 아버지도 다시 봐야겠어. 어쩌면 그렇게 몸을 사릴까? 약아빠졌어. 난 김 반장보다 경호 아버지가 더 얄밉더라."

64번지 새댁이 분개하였지만, 여자들은 김 반장 쪽이 아무래도 나빴다는 쪽으로 의견들을 모았다. 그렇게까지 독한 줄은 몰랐었는데, 정말이지 사람이란 두고두고 겪어 보아야만 속을 안다고 입을 삐쭉였다.

원래가 목이 좋지 않아 어느 장사든 길게 가 본 적이 없는 싱싱 청과물은 문을 연 지 한 달 만에 셔터를 내리고야 말았다. 만두집, 돼지갈비 전문, 오락실 따위의 장시를 벌였던 이전의 주인들도 두세 달을 채우지 못했으니까 그다지 이상할 것도 없는 일이었다. 다만 몇 푼이라도 가게 치장에 돈이 든 것이 아니고, 미처 팔지 못한 과일이나 부식은 식구들이 먹어치우면 될 것이니 다른 사람들에 비해 큰 손해는 없을 것이라고 여자들은 수군거렸다. 동맹자들이 결국은 목적을 달성한 사실에 대해 한편으로는 놀라기도 하면서 혹은 언짢게 생각하기도 하면서…….

특히 시내 엄마가 싱싱 청과물의 폐업을 가장 가슴아파했다.
인정이 많음

"오죽하면 여기까지 와서 장사를 벌였을라구. 이 동네가 어디 장사해서 돈 벌 곳이 되나? 그깟 것 같이 좀 먹고 살면 어때서. 너무 잔인해."

"문 닫은 걸 보니 안되긴 좀 안됐어. 그래도 어쩌겠나? 다들 먹고 살아 보려고 아옹다옹하는 것이니……."

원래 대범한 편인 지물포 여자가 다소나마 그들을 감싸 주었다.

〈후략〉

줄거리 보기

- 발단 : 쌀과 연탄만을 취급하던 '김포 쌀 상회'가 '김포 슈퍼'로 확장함.
- 전개 : 형제 슈퍼와 김포 슈퍼가 가격 경쟁을 하자, 처음에는 마을 사람들이 난처해 하다가 자신의 이익을 챙기게 됨.
- 위기 : 싱싱 청과물이 개업하자 형제 슈퍼와 김포 슈퍼가 애를 태우게 됨.
- 절정 : 형제 슈퍼와 김포 슈퍼가 손을 잡고 싱싱 청과물의 문을 닫게 함.
- 결말 : 먹고 살기 위해 고민하는 원미동 사람들의 모습, 전파상을 하는 시내 엄마는 다른 전파상이 생기자 고민하게 됨.

만/점/포/인/트

1. 갈등 양상
   김포 슈퍼 ↔ 형제 슈퍼 : 외적 갈등
   김포 슈퍼, 형제 슈퍼 ↔ 싱싱 청과물 : 외적 갈등

2. 등장인물의 성격

김 반장	억척스러움, 인정이 없음.
경호 아버지	대범하지 못하고 몸을 사림.
싱싱 청과물 사내	성질이 급함, 침착하지 못하고 성급하게 일을 벌임.
고흥댁	눈치가 없음.
시내 엄마	동정심이 많음.

3. 시대적 배경
   1980년대 – 유선 방송, 안테나, 쌀 상회, 복덕방, 연탄, 전파상, 180원 하는 과자 등

4. 작가의 창작 의도
   이웃 간에 벌어지는 갈등과 화해의 모습을 통해 인간들이 지켜야 할 공존의 원리를 보여주기 위함.

바로바로 체크

(1) 이 글의 주제는 각박한 세상에서의 이웃 간의 정이다. (O | ×)

(2) 이 글에서 시대적 배경을 나타내는 단어가 아닌 것은?
❶ 유선 방송
❷ 쌀 상회
❸ 슈퍼
❹ 복덕방

정답 (1) ×
(2) ❸

기/출/문/제 Check!

정답 및 해설 9p

13 윗글에서 드러난 고흥댁의 성격은?

① 이웃의 일에 관심이 많다.
② 약한 사람을 동정할 줄 안다.
③ 동네 사람들과 원만하게 지낸다.
④ 드러내 놓고 자신의 이익을 추구한다.

일가(一家) _공선옥

그날은 봄 방학을 한 날이었다. 학교가 끝나고 여느 날과 다름없이 자전거를
과거 회상-중요한 사건이 일어남
타고 귀가했다. 우리 집으로 오르는 언덕길에서부터는 자전거를 타고 가기가 좀 힘들다. 내려서 자전거를 끌고 갈까 어쩔까 하다가 힘들더라도 그냥 타고 가기로 했다. 오늘은 어쩐 일인지 다른 날보다 힘이 남아도는 것 같았다. 그 이유가 무엇일까. 그것이 미옥이 때문이라고 한다면 좀 남세스러운가? 하여간 날은 다른 날과 똑같은 날이지만 내 기분만은 특별한 날이었다. 나는 지난주 월요일에 미옥이에게 편지를 보냈었다. 내가 미옥이에게 관심이 있다는 것을 어떻게 표현해야 할지 모르겠다고 아버지에게 말했더니 아버지는 편지를 보내 보라고 했다.
사춘기 소년의 순진한 모습

"편지요? 너무 촌스럽지 않을까요?"

"그건 촌스러운 게 아니라, 오히려 정중한 거다. 봐라, 내가 너희 엄마와 결혼할 수 있었던 것도 다 편지 덕분이지."

나는 아버지 말대로 미옥이에게 정중하게 편지를 썼다. 나는 사실 겨울 방학 내내 미옥이만 생각했다. 나는 나중에 꼭 미옥이와 결혼하리라는 결심을 굳히고 또 굳혔다. 미옥이와 결혼할 수 있기 위해서는 나이를 빨리 먹어야 하는데, 이제 겨우 열여섯살이라는 게 분하고 원통할 지경이었다. 그러나 편지에는 그런 말을 쏙 빼고 그저, 방학을 어떻게 보내고 있는지, 공부는 열심히 하고 있는지, 3학년에 올라가서는 더 열심히 공부하자는 말과 함께 편지 끝에 슬쩍 혹시 나 보고 싶은 마음은 없는지 물어보는 것으로 내 마음을 표현했다. 편지를 부치기 위해면 소재지 우체국으로 자전거를 타고 가면서 미옥이가 사는 동네 앞을 지날 때
공간적 배경 : 시골
는 혹시 미옥이가 골목에 나와 있지는 않은지 마을 안 골목으로 들어가 괜히 맴을 돌기도 하면서 자전거 페달을 한없이 느리게 굴렸다. 그리고 어느 순간 정말 미옥이가 나타났다 분명 미옥이었다. 미옥이는 같은 동네 애들인 아라와 보람이와 함께 어딘가를 가고 있었다. 아라가 먼저 나를 발견했다.

"야, 한희창."

나는 모른 척 그냥 페달을 밟을까 말까 하다가 마지못해 돌아보는 척, 덤덤하게 웃어 보였다.

핵/심/정/리

- 갈래 : 단편 소설, 현대 소설, 성장 소설
- 성격 : 반어적, 심리적
- 시점 : 1인칭 주인공 시점(부분적으로 1인칭 관찰자 시점이 드러남)
- 주제 : 핵가족 중심의 현대 사회에서 찾아 볼 수 없는 일가 친척의 의미를 통해 현대 사회를 비판함

"너 어디 가냐?" / "그냥 가던 길이야."

"근데, 왜 우리 동네는 들어와서 어정거려?"

"너희 동네 오면 안 되냐?"

나는 일부러 부드럽게 물었다. 내 부드러움에 아라 목소리도 금방 순해졌다.

"아니, 뭐 꼭 그런건 아니지만. 그래, 잘 가라."

아라 옆에서 보람이는 그냥 생글거리기만 하고 정작 미옥이는 딴 곳을 바라보고만 있었다. 바보, 내가 정말 보고 싶은 얼굴은 왜 안 보여 주는 거야. 나는 아쉬움에 발걸음이 떨어지지 않는다는 말을 실감하며 그 동네를 빠져나와 우체국으로 가는 지름길인 농로를 힘차게 달려 나갔다. 열이 오른 얼굴에 티끌 하나 없이 맑은 겨울 바람을 맞으며 가는 길을 나는 어쩌면 평생 잊을 수 없을 것도 같았다. 솔직히 말한다면 평생 잊지 않기를 바란 것이 잊을 수 없을 것 같다는 기분으로 바뀐 것이긴 하지만 말이다.

〈중략〉

어쩐 일인지 다음 날이 되어도 아저씨는 떠날 기미를 보이지 않았다. 시키지도 않았는데 아침에 일어나 아버지가 평소에 우사 입구에 걸어 놓는 아버지의 작업복을 입고서 우사로 가더니 소먹이를 준다, 바닥을 청소한다, 과수원에 거름을 낸다, 분주하게 돌아치는 것이었다. 그리고 다음 날도, 그다음 날도 아저씨는 아버지를 따라다니며 혹은 혼자서 마치 우리 집 일꾼으로 들어온 사람처럼 구는 것이었다. 밥때가 되면, 마당을 들어서며 "제수씨 밥 안 줍네까? 뱃가죽이

'나'의 집에 오래 머물 것처럼 행동하는 아저씨

아주 등가죽에 가 붙었습네다."라고 우렁우렁하게 소리를 치는 것이었다.

아저씨의 넉살스러운 성격

나는 사실 우리 식구 말고 다른 사람이 오면 반갑기는 하지만 그것은 순전히 손님으로 왔을 때 뿐이다. 손님으로 왔으니 금방 가야 할 사람이 몇 날 며칠을 가지 않고 아예 눌러앉아 살 기색을 보이니, 나는 답답해서 견딜 수가 없었다. 내가 답답한 것은 우리 식구만 있을 때처럼 말이나 행동이 자연스럽거나 자유롭지 못하기 때문이다. 더구나 내 말, 내 행동 하나하나에 '조선 사람의 예의범절'을 따지는 손님이니, 신경이 보통으로 쓰이는 것이 아니었다.

"아버지, 아저씨 언제 가요?"

나는 지나가는 말투로 슬쩍 아버지에게 물었다. 그랬는데,

"창이 너 이제 보니 아주 버릇없는 놈이구나. 손님이 오셨으면 계시는 동안 불편하지 않도록 잘 모실 생각만 해도 모자랄 판국에 뭐? 언제 가? 예끼, 이놈."

아버지 – 손님에 대한 예의범절을 중시함

아버지에게는 손님에 관한 말은 아예 꺼내지 않는 게 좋을 것 같았다.

"엄마, 저 아저씨 언제 간대요?" / "낸들 아니?"

그러고 보니 엄마도 답답하기는 마찬가지인 것 같았다. 엄마를 답답하게 하는 것은 사실 내가 느끼는 답답함보다도 더 심각한 것이었다.

"원, 아무리 일가래도 저건 몰상식이야." / "맞아, 몰상식."

"아무리 일가래도 엄연히 손님으로 와 놓구선 날마다 술을 달래지 않나, 옷을 빨아 달래지 않나." / "맞아, 아무리 일가래도."

'엄마'와 '나' – 아저씨를 못마땅하게 생각함

〈중략〉

아버지, 엄마의 언성이 점점 높아지고 있었다. 나는 그 순간 어떻게 해야 할지 알 수가 없었다. 내 문제 때문에 싸우는 것이 틀림없으니 내게도 책임이 있는 것은 분명했다. 책임 있는 사람이 할 일은 오직 하나, 이 싸움을 말려야 한다. 그러나 나는 그 순간 그냥 도망치고만 싶었다. 두 양반이 싸우든지 말든지, 나는 그냥 어디론가 사라져 버리고만 싶었다. 무엇보다도 나는 그 상황이 무서웠다. 아버지는 내 편지를 엄마가 '갈취했다'고 한 부분을 결코 취소하지 않았다. 그런데 '갈취했다'는 말이 뭐가 어쨌다고 그 말에 그렇게 엄마는 분개하는 것일까. 나는 내 방으로 들어가 문을 잠가 버렸다. 이 싸움이 끝나더라도 당분간 집 안에는 냉기가 돌 것이다. 아버지, 엄마의 싸움이 있고 난 후면 언제나 그랬듯이. 어렸을 때는 막연히 공포스럽던 그 냉기가 이젠 넌더리가 날 것이 뻔했다. 나는 이제 열여섯 살이다. 공포스러움을 그저 참고만 있어야 했던 시절은 지났다는 얘기다. 나도 이제 내 생활이 있고 내 생각이 있고 내 인격이 있다. 나는 내 생활과 내 생각과 내 인격을 존중받지 못하더라도 무시당하며 살고 싶지는 않다. 무시당하고 살아도 그것이 무시당하는 건지 아닌지조차도 분간 못 할 나이는 아니다. 아니, 나는 언제나 분간은 했었다.

내적 갈등 – 이 싸움을 말려야 한다 ➜ 싸우는 상황이 무서워서 도망치고 싶음

'나' 자신의 존재를 깊이 있게 생각함 ➜ 성장 소설의 성격

〈중략〉

나는 알고 있었다. 사실 엄마, 아버지가 저렇게 대립할 수밖에 없는 밑바닥 감정에는 분명 아저씨의 존재가 작용하고 있다는 것을. 그러나 엄마도, 아버지도 아저씨에 대한 말은 입 끝에도 올리지 않았다. 그 이유는 아저씨가 바로 지척에 있는 우사에서 거름을 내는 척하면서 집 안의 상황에 낱낱이 귀를 기울이고 있을지도 모르기 때문이었을 것이다.

부부 싸움의 근본적인 원인

〈중략〉

엄마는 이튿날도, 그 이튿날도 돌아오지 않았다. 전에 없던 일이었다. 전에는 아버지하고 싸워서 나갔든 그냥 나갔든, 꼭 하루면 돌아오곤 했던 것이다. 그리고 엄마가 집을 나가 간 곳이 어딘지도 아버지나 나나 알 수 있었다. 그곳은 고모 집이거나 내가 이모라고 부르는 엄마의 친구 집이었다. 이번에도 둘 중 한 곳에 갔겠거니, 하고 아버지나 나나 안심하고 엄마가 돌아오길 기다리며 남자 셋이서 밥을 해 먹고 낮에는 일하고 밤에는 텔레비전을 보다가 잠을 잤다. 밥하는 것은 주로 내가 하고 국은 아버지가 끓이고 반찬은 그냥 있는 대로 먹었다. 아저씨는 여전히 밥 먹을 때도 술 한 잔, 일할 때도 술 한 잔, 하루에 매실주 석 잔 이상을 마셨다.

"나 때문에 제수씨가 집을 나간 게라면 정말 동생한테 미안하오."

"아이고 형님, 그게 무슨 말씀이십니까. 그건 전혀 그렇지 않습니다. 부부가 살다 보면 부부 싸움이란 것도 가끔 하게 되는 거고 애 엄마가 집을 나간 것도 결코 형님 때문이 아니라 ……."

"참말 미안하오, 동생."

"형님 자꾸 그러시면 제가 들 낯이 없습니다."

"하아, 내가 죄인이오,"

"아니라니까요, 형님."

〈중략〉

아침에 눈을 떠 보니, 부엌에서 낯익은 소리가 났다. 똑같이 달그락거려도 어쩐지 부드러운 달그락거림. 그것은 바로 엄마가 왔다는 소리였다. 나는 부엌문을 열고 슬며시 부엌 안을 들여다보았다. 피차 쑥쓰러워 말은 할 수 없었지만 그래도 엄마가 돌아왔으니, 행복한 아침인 것은 틀림없었다. 마침 아버지가 아침 일을 마치고 마당으로 들어서며,

엄마가 돌아와 안도감과 따뜻함을 느낌

"형님도 차암."

아저씨의 말투를 따라함

하는 것이었다. 아저씨와 며칠 살더니 아버지도 아저씨 말투를 닮아 가는 모양이었다.

"왜요, 아버지?"

"아, 글쎄, 가실 거면 정식으로 아침이라도 드시고 갈 일이지, 부득불 새벽차를 타야 한다고 하구서 결국 떠나셨잖니."

"아저씨 가셨다구요?"

"그렇잖구."

나는 엄마를 돌아보았다. 시원한 표정일까, 섭섭한 표정일까가 궁금해서는 결코 아니었다. 단지 그냥 얼떨떨한 기분에 그런 것일 뿐.

"그러게 말예요. 내가 막 역에 들어서니 시숙님이 개찰구를 빠져나가고 있지 뭐예요. 시숙님도 차암."

엄마도 아저씨의 말투를 따라함

엄마는 기차를 타고 어디를 갔다 왔던 것일까. 궁금하긴 했지만 나는 엄마에게 끝내 아무것도 묻지 않았다. 물으면 피차 쑥스러울 것 아닌가.

'나'의 어른스러운 태도

나는 이제 고등학생이 된다. 중학교 삼 년을 돌아본다. 그중에 잊을 수 없는 사람이나 사건이 무엇일까. 벽에 등을 기대로 생각해 본다. 사람이라면 단연코 미옥이가 떠오른다. 나는 언젠가 미옥이 때문에 지금처럼 벽에 등을 기대고 앉아서 굵은 눈물을 흘린 적이 있다. 나는 그것을 아직 똑똑히 기억하고 있다. 그런데 참 이상하다. 똑같이 미옥이를 생각하는데도 지금은 왜 눈물이 나지 않는 걸까. 내가 큰 것일까? 아니면 내가 마음이 변할 것일까. 아니면 ……. 알 수 없는 일이다. 아버지 말씀마따나 알려고 하지 않아도 언젠간 저절로 알게 되는 날이 올 것이다. 사건이라면? 물론 부부 싸움으로 인한 어머니의 가출 건일 것이다. 그때, 일가라는 사람이 있었지. 중국에서 온 아저씨, 나의 당숙. 나는 왜 그를 까맣게 잊고 있었던

것일까. 그러나 나는 맹세코 아저씨를 한 번도 잊은 적이 없다. 내가 아저씨를 잊었다면 지금 이 순간 왜 그를 생각하고 눈물이 난단 말인가.

아저씨에 대한 나의 태도가 변화함

아침에 밥을 먹으면서 나는 아버지한테 물었다.

"아버지, 일가라는 분요."

"누구?"

"아니, 아버지도 잊으셨어요?"

"아, 그 형님 말이야?"

"네. 지금도 연락하시나요?"

"글쎄다. 워낙에 형님들이 많아서 말이지."

아버지의 무심한 태도

"그런데 아버지, 정말 그 분이 아버지 사촌 형님이 맞아요?"

"이 세상에 사촌 아닌 사람이 어디 있니?"

갈수록 오리무중이었다. 그런데 나야말로 왜 새삼스럽게 그 아저씨를 궁금해하는 것일까. 내가 정말 크기는 큰 것일까? 이제야말로 누군가에 대해서 알고 싶어 하는 것을 보니 말이다. 국어 선생님이 그랬다.

"내가 내 외로움 때문에 울 때는 아직 그가 덜 컸다는 증거고 나와 상관없는 남의 외로움 때문에 울 수 있다면 이미 그가 다 컸다는 것을 의미한다. 그는 이제 더 이상 어린애가 아니다."

미옥이 때문에 울었던 일

아저씨를 생각하며 우는 것

선생님이 그 말을 할 때는 무슨 뜻인 줄 정말 몰랐다. 그러나 나는 어둠 속에서 벽에 등을 기대고 앉아 있을 때 알게 되었다. 작년 이맘때 나는 미옥이 때문에 울었다. 그러나 지금 나는 나의 일가, 나의 당숙 때문에 울고 있는 나를 종종 발견하게 된다. 미옥이를 생각하며 울 때는 미옥이가 내 마음을 알아주지 않은 게 원통해서 울었던 것임을 나는 알고 있다. 그런데 지금 이 눈물은 왜 나오는 것일까. 이것도 나중에 저절로 알아지는 눈물일까. 그것은 아직 알 수 없었다. 다만, 한 가지 내가 알 수 있는 것은 어떤 한 사람의 외로움이 이제사 내게로 전해져 왔다는 것뿐. 나는 이제 열일곱 살이다. 더는 어린애가 아닌 것이다.

'나'가 스스로 성장했음을 느낌

만/점/포/인/트

1. 글 전체의 내용과 '나'의 심리
   ① 발단 : '나'는 좋아하는 '미옥'에게 편지를 보내 답장을 받았으며, 일가 '아저씨'가 '나'의 집을 찾아옴. ➜ 편지를 받고 기분이 좋았으나 '아저씨' 때문에 기분이 가라앉음.
   ② 전개 : '아저씨'의 이야기를 듣느라 '미옥'의 편지를 읽지 못함. ➜ '아저씨'가 불편함.
   ③ 위기 : '아저씨'는 떠날 기미를 보이지 않고 엄마가 '나'의 편지를 압수하여 아버지와 갈등함. ➜ '아저씨'가 빨리 떠났으면 하고, 부모님의 갈등 때문에 괴로움.
   ④ 절정 : 부부 싸움 끝에 엄마가 집을 나가고, '아저씨'는 자기 탓이라며 미안해 함. ➜ 엄마가 없어서 외로움, 미옥과의 관계가 끝나 슬픔.
   ⑤ 결말 : '아저씨'가 떠나고 엄마가 돌아옴. '나'는 '아저씨'를 떠올리며 눈물을 흘림. ➜ 갑작스런 '아저씨'의 행동에 얼떨떨했으나 이후 '아저씨'의 외로움에 공감하게 됨.

2. 서술자의 특성과 작가의 창작 의도
   (1) 서술자의 특성
      ① 아이라고 하기엔 조금 성숙하고, 어른이라 하기에는 부족한 청소년
      ② 엄마와 아버지의 싸움이 아저씨 때문이라고 생각하다가도 아저씨와 상관없다고 여기기도 함.
      ③ 집을 나간 엄마를 그리워하기도 하면서 아저씨의 외로움도 공감할 줄 아는 성숙한 모습을 함께 지니고 있음.
   (2) 작가의 창작 의도
      ① 어른이 되기엔 조금 부족한 청소년을 서술자로 내세워 소설의 분위기를 순수하게 만듦.
      ② 어른들의 속물적인 모습을 간접적으로 드러나게 함.
      ③ 아저씨에 대한 '나'의 생각이 변화하는 모습을 통해 현대 사회의 가족 이기주의를 드러나게 하고 극복 가능성도 제시함.

바로바로 체크

• 이 글의 주제는 핵가족 중심의 현대 사회에서 찾아 볼 수 없는 일가 친척의 의미이다. (O | X)

정답 O

자전거 도둑 _박완서

핵심정리

- 갈래 : 현대 소설, 단편 소설
- 성격 : 교훈적, 비판적
- 시점 : 전지적 작가 시점
- 배경 ┌ 시간 : 1970년대
  └ 공간 : 서울 청계천 세운 상가 뒷길
- 주제 : 도덕성과 양심 회복의 필요성

수남이는 청계천 세운 상가 뒷길의 전기 용품 도매상의 꼬마 점원이다.

수남이란 어엿한 이름이 있는데도 꼬마로 통한다. 열여섯 살이라지만 볼은 아직 어린아이처럼 토실하니 붉고, 눈 속이 깨끗하다.(수남이의 외양 묘사) 숙성한 건 목소리뿐이다. 제법 굵고 부드러운 저음이다. 그 목소리가 전화선을 타면 점잖고 떨떠름한 늙은이 목소리로 들린다.

〈중략〉

이 곳 단골 손님들은 우락부락한 전공들이 대부분이어서 성질들이 거칠고 급하다. 자기가 요구하는 것을 수남이가 빨리 알아듣고 척척 챙기지 못하고 조금만 어릿어릿하면 '짜아식'하며 사정없이 밤송이 같은 머리에 알밤을 먹인다.

수남이는 그 숱한 전기 용품 이름을 척척 알아들을 수 있을 만큼 일에 익숙해질 때까지 숱한 알밤을 먹었다.

그런데 일에 익숙해진 후에도 수남이는 심심찮게 까닭도 없는 알밤(수남이에 대한 애정)을 얻어먹는다. 이 거친 사내들은 그런 짓궂은 방법으로 수남이를 귀여워하는 것이다. 예쁜 아이를 보면 물어뜯어 울려 놓고 마는 사람이 있듯이, 이 사내들은 그런 방법으로 수남이에게 애정 표시를 했다.

"짜아식, 잘 잤냐?"

"짜아식, 요새 제법 컸단 말야. 장가들여야겠는데, 짜아식 좋아서……."

그리곤 알밤이다. 주먹과 팔짓만 허풍스럽게 컸지, 아주 부드러운 알밤이다. 그러니까 수남이는 그만큼 인기 있는 점원인 셈이다.

수남이는 단골 손님들에게만 인기가 있는 게 아니라, 주인 영감에게도 여간 잘 뵌 게 아니다. 누구든지 수남이에게 알밤을 먹이는 걸 들키기만 하면 단박 불호령이 내린다.

"왜 하필 남의 머리를 쥐어박어? 채 굳지도 않은 머리를. 그게 어떤 머린 줄이나 알고들 그래, 응? 공부 많이 해서 대학도 가고 박사도 될 머리란 말야. 임자들 같은 돌대가리가 아니란 말야."

그러면 아무리 막돼먹은 손님이라도 선생님 꾸지람에 떠는 초등 학생처럼 풀이 죽어서 수남이에게 진심으로 미안해 했다. 그리고는,

"꼬마야, 그럼 너 요새 어디 야학이라도 다니니?"

하며 은근히 부러워하는 눈치까지 보였다. 그러면 영감님은 딱하다는 듯이 혀를 차며,

"아니, 야학은 아무 때나 들어가나. 똥통 학교라면 또 몰라. 수남이는 내년 봄에 시험 봐서 들어가야 해. 야학이라도 일류로, 그래서 인석이 그저 틈만 있으면 책이라고. 허허……."

수남이는 가슴이 크게 출렁거린다. 수남이는 한 번도 주인 영감님에게 하다못해 야학이라도 들어가 공부를 해 보고 싶단 말을 비친 적이 없다. 맨 손으로 어린 나이에 서울에 와서 거지도 안 되고 깡패도 안 되고 이런 어엿한 가게의 점원이 된 것만도 수남이로서는 눈부신 성공인데, 벼락맞을 노릇이지, 어떻게 감히 공부까지를 바라겠는가.

그러면서도 자기 또래의 고등학생만 보면 가슴이 짜릿짜릿하던 수남이다.(공부를 하고 싶기 때문) 처음 전기 용품 취급이 서툴러 시험을 하다 툭하면 손 끝에 감전이 되어 짜릿하며 화들짝 놀랐던 것처럼, 고등학교 교복은 수남이의 심장에 짜릿한 감전을 일으키며 가슴을 온통 마구 휘젓는 이상한 힘이 있었다.

그런 수남이의 비밀을 주인 영감님은 알고 있었던 것이다. 수남이는 부끄럽고도 기뻤다.

그래서 수남이는 "내년 봄에 시험 봐서 들어가야 해. 야학이라도 일류로……." 할 때의 주인 영감님이 그렇게 좋을 수가 없다. 그 소리를 듣기 위해서라면 그까짓 알밤쯤 하루 골백 번을 맞으면 대수랴 싶다. 그런 소리를 자기를 위해 해 주는 주인 영감님을 위해서라면 뼛골이 부러지게 일을 한들 눈곱만큼도 억울할 것이 없을 것 같다.(수남의 성격 - 순진함) 월급은 좀 짜게 주지만(주인 영감의 성격* - 인색함), 그 감미로운 소리를 어찌 후한 월급에 비기겠는가.

수남이의 하루는 눈코 뜰 새 없이 고단하지만 행복하다. 내년 봄 — 내년 봄은 올 봄보다는 멀지만 오기는 올 것이다. 그리고 영감님이 잘못 알아서 그렇지 시

주인 영감의 성격
겉으로는 수남이를 위하는 척 하지만, 실제로는 적은 월급에 수남이를 부리려는 욕심 많은 성격으로 수남이의 공부에는 관심이 없다.

험 볼 때는 봄이 아니라 겨울이다. 겨울은 봄보다 이르다.
주인 영감은 수남이의 야학에 대해 관심이 없음

수남이는 온종일 눈코 뜰 새 없이 바쁘게 일을 하고 밤에는 가게 방에서 숙직을 한다. 꾀죄죄한 다후다 이불에 몸을 휘감고 나면 방바닥이야 차건 더웁건 잠이 쏟아진다.

그럴 때 "인석은 그저 틈만 있으면 책이라고" 하던 주인 영감님의 목소리가 생생하게 들려 온다. 수남이는 낮 동안 책은커녕 신문 한 귀퉁이 읽은 적이 없다. 도대체가 그럴 틈이 없다. 점원이 적어도 세 명은 있어야 해 낼 가게 일을 혼자서 해 내자니 여간 벅찬 것이 아니다. 그래도 수남이는 혹사당하고 있다는 억울한 생각 같은 것은 전혀 없다. 어쩌다 남들이 영감님에게

"꼬마 혼자 데리고 벅차시겠습니다. 좀 큰 애 하나 더 쓰셔야죠."

영감님은 그런 소리를 제일 싫어한다. 벌레라도 씹어먹은 듯이 이상야릇한 얼굴로 상대방을 흘겨보며,

"누가 뭐 사람 더 쓰기 싫어 안 쓰나. 어디 사람 같은 놈이 있어야 말이지. 깡패 놈이라도 걸려들어 봐. 우리 수남이가 물든다고. 이런 순진한 놈일수록 구정물 들긴 쉽거든."

얼마나 고마운 주인 영감님인가. 이런 고마운 어른을 위해 그까짓 세 사람이
주인 영감에 대한 수남이의 생각
할 일 혼자 못 할까 하고 양팔의 근육이 팽팽히 긴장한다. 그런 고마운 어른이 보지도 않는 책을 틈만 있으면 본다고 남들에게 자랑을 한 뜻은 밤에라도 잠만 자지 말고 열심히 공부해 두라는 뜻일 것이다. 수남이가 그렇게 풀이한 것이다. 그런 생각을 하면 눈이 말똥말똥해지며 잠이 저만큼 달아난다. 혹시나 하고 보따리 속에 찔러 가지고 온 중학교 때 교과서랑 고등학교까지 다닌 형이 쓰던 참고서 나부랭이를 이렇게 유용하게 쓸 줄은 정말 몰랐었다. 책이라야 통틀어 그것뿐이다.

그 어느 해보다도 긴 겨울이 가고 봄이 왔다. 내년 봄이 아니라 올 봄이 온 것이다. 캘린더에는 벚꽃이 만발해 있었다. 그런데도 그 어느 해보다도 길게 해 먹은 겨울은 뭘 아직도 덜 해 먹었는지 화창한 봄날에 끼여들어 심술을 부렸다. 별안간 기온이 급강하하더니 바람까지 세차게 몰아쳤다.

낮 동안 떼어서 세워 놓은 가게 판자 문이 요란한 소리를 내고 나자빠지는가 하면, 가게 함석 지붕은 얇은 헝겊처럼 곧 뒤집힐 듯이 펄럭대고, 골목 위 공중을 가로지른 전화줄에서는 온종일 귀신의 휘파람 같은 이상한 소리가 났다.
배경의 역할 - 불길한 사건 암시

낮에는 이 가게 골목에서 사고까지 났다. 전선을 도매하는 집 아크릴 간판이 다 마른 빨래처럼 훨훨 나는가 했더니, 곧장 땅으로 떨어지면서 때마침 지나가던 아가씨의 정수리를 들이받고 떨어졌다.

피가 아가씨의 분결 같은 볼을 타고 흘러 흰 스웨터에 선명한 붉은 반점을 줄줄이 그렸다. 피를 보자 다 큰 아가씨가 어린애처럼 앙앙 울어댔다.

가게마다에서 사람들이 뛰어나왔으나 아가씨를 부축해서 병원으로 달려간 것은 바람에 간판을 날린 전선 도매집 주인 아저씨였다.

사람들은 모두 치료비를 톡톡히 부담해야 할 그 아저씨를 동정했다. 지랄스런
사람들 - 이해타산적
바람이지, 그 아저씨가 무슨 잘못이 있기에 생돈을 빼앗기냐고, 그렇지만 돈지갑 옆구리에 차고 부는 바람 못 봤으니, 그 재수 나쁜 아가씬들 그 재수 나쁜 아저씨한테 떼를 쓸밖에 도리없지 않겠느냐고 사람들은 쑥덕댔다.

하여튼 수남이가 알 수 있는 것은 그 아가씨도 그렇고 그 아저씨도 그렇고 오늘 재수 옴 붙었다는 것뿐이었다.

수남이는 문득 자기도 재수 옴 붙을 것 같은 예감이 들었다. 그래서 화들짝 놀라 큰 간판을 다시 점검하고 힘껏 흔들어 보고, 대롱대롱 매달린 아크릴 간판은 아예 떼어서 안에다 갖다 두고, 떼어 세워 놓은 빈지문은 좁은 옆 골목 변소 앞에 끼워 놓았다.

바람부는 서울의 뒷골목은 흉흉하고 을씨년스러웠다. 먼지는 물론 온갖 잡동사니들이 다 날아들어 쓰레기 무더기를 만들었다. 쓸어도 쓸어도 당해 낼 도리가 없었다.

손님도 딴 날보다 적고 수남이는 까닭없이 마음이 울적했다.

시골의 바람부는 날 풍경이 생생하게 떠올랐다. 보리밭은 바람을 얼마나 우아하게 탈 줄 아는가, 큰 나무는 바람에 얼마나 안달맞게 들까부는가, 큰 나무와 작은 나무가 함께 사는 숲은 바람에 얼마나 우렁차고 비통하게 포효하는가, 그것을

알고 있는 것은 이 골목에서 자기 혼자뿐이라는 생각이 수남이를 고독하게 했다.

전선 가게 아저씨가 어두운 얼굴을 하고 돌아왔다. 가게 주인들이 우르르 전선 가게로 모였다. 아가씨의 안부보다도 그 아가씨 손해가 얼마인가, 모두 그것이 궁금한 모양이었다.

수남이네 주인 영감님도 가더니, 한참 만에 돌아오면서 하늘을 쳐다보며 욕지거리를 했다.

"육시랄 놈의 바람, 무슨 끝장을 보려고 온종일 이 지랄이야."

아마 전선 가게 아저씨 손해가 대단했던 모양이다. 그래서 동정삼아 그렇게 화를 내는 눈치다. 하긴 그런 일이 아니더라도 서울 사람들에게는 바람이 손톱만큼도 반가울 리가 없겠다. 바람의 의미를, 간판이 날아가는 횡액, 한없이 날아오는 먼지, 쓰레기 그것밖에 모르니까.

봄바람이 게으른 나무들에게, 잠든 뿌리들에게, 생경한 꽃망울들에게 얼마나 신기한 마술을 베풀고 지나갔나를 모르니까. 봄바람이 한차례 지나고 거짓말같이 화창하고 아늑하게 갠 날, 들판이나 산등성이에 있어 본 적이 없을 테니까.

수남이는 다시 한 번 울고 싶도록 고독해진다.
생동감 넘치는 시골의 바람을 자신만 알고 있기 때문

전화를 받은 주인 영감님이 좀 생기가 나더니 계산서를 작성해 주면서 ××상회에 20W 형광 램프 다섯 상자만 배달해 주고 오란다. 가까운 데 있는 소매상에서는 이렇게 전화 주문으로 배달까지를 부탁해 오는 수가 많다. 수남이는 자전거도 잘 타 배달이라면 문제도 없다.

그래도 오늘은 바람이 유난해서 조심하느라 형광 램프 상자를 밧줄로 꼼꼼히 묶는다. 주인 영감님까지 묶는 걸 거들어 주면서,

"인석아, 까불지 말고 조심해. 사고내 가지고 누구 못할 노릇 시키지 말고."

오늘 장사가 좀 잘 안 돼서 그런지 말씨가 퉁명스럽긴 했지만, 나쁜 말은 아닌데도 수남이는 고깝게 듣는다.

꼭 네깐 놈 다칠 게 걱정이 아니라 나 손해볼 게 겁난다는 소리로 들린다.

수남이는 보통 때 같으면 "할아버지 다녀오겠습니다."하고 신바람 나게, 그리고 붙임성 있게 외치고는 방긋 웃어 보이고 나서야 페달을 밟고 씽 달렸을 터인

데, 오늘은 왠지 그래지지가 않는다. 아무 말 안 하고 자전거를 무거운 듯이 질질 끌다가 뭉기적 올라타면서 느릿느릿 페달을 젓는다. 주인 영감님이 뒤에서 악을 쓴다.

"인석아 조심해. 까불지 말고."

주인 영감님의 목소리가 회오리바람을 타고 이상하게 날카롭고 기분 나쁘게 들린다. 수남이는 '쳇'하고 혀를 차고는 도망치듯 씽 자전거의 속력을 낸다.

형광 램프를 ××상회에 부리고 나서 수금하는 데 또 한참이 걸린다. 장사꾼의 생리란 묘한 데가 있다.

수남이는 아직도 그 생리만은 이해가 안 될 뿐더러 문득문득 혐오감까지 느끼고 있다.

금고에 돈을 수북이 넣어 놓고도 꼭 땡전 한푼 없는 얼굴을 하고 도무지 돈을 내주려 들지를 않는다. 조금 있다 오란다. 그 동안에 수금이 되면 주겠다는 것이다.

그러나 이쪽에선 그 수에 넘어가지 말고 악착같이 지키고 서서 받아 내야 하는 것이다. 그것이 수남이가 서울에 와서 점원 노릇 하면서 배운 상인 철학 제1항이었다.

"아유, 오늘 더럽게 장사 안 된다."

××상회 주인은 니코틴이 새까맣게 달라붙은 이빨 안쪽을 드러내고 크게 하품을 한다. 돈을 빨리 안 주는 변명 같기도 하고, '인석아, 하루 종일 기다려 봐라, 누가 돈을 호락호락 내줄 줄 아니.'하는 공갈 같기도 하다.

그러나 수남이는 들은 척도 안 하고 장승처럼 버티고 서 있다. 저런 수에 넘어가 호락호락 물러가면 주인 영감님에게 야단맞는 것도 맞는 거려니와, 앞으로 열 번도 넘게 헛걸음을 해야 수금을 끝마칠 수 있기 때문이다.

그것도 목돈이 아니라 오백 원, 천 원씩 푼돈을 녹여서 말이다.

이럴 때 수남이는 이 세상에 장사꾼처럼 징그러운 족속이 또 있을까 싶은 생각이 나서 한숨이 절로 난다. 그러면서도 자기도 어느 틈에 장사꾼다운 징그러운 수를 쓰고 만다.

"오늘 물건 대금은 꼭 결제해 주셔야 돼요. 은행 막을 돈이란 말예요."
외적 갈등(수남이 ↔ ××상회 주인)

수남이는 은행 막는다는 말의 정확한 뜻을 잘 모른다. 그 번들번들하고 위엄 있는 은행이 뒤로 어디 큰 구멍이라도 뚫려 있단 소린지, 뚫려 있기로서니 왜 장사꾼이 막아야 하는지 잘 모르는 채로, 급하게 돈을 받아 내려는 장사꾼들이 으레 심각한 얼굴을 하고 그런 소리를 하길래 수남이도 그래 보는 것이다.

"짜아식, 알았어. 기다려 봐. 돈 들어오는 대로 줄께."

〈중략〉

"너나 나나 오늘 재수 옴 붙은 걸로 치고 반반씩 손해 보자. 오천 원만 내."

수남이는 너무 놀라 울음까지 끄르륵 삼키고 신사를 쳐다본다. 그 사이 사람들이 큰 구경이나 난 것처럼 모여들어 신사와 수남이를 에워싼다.

누군가가 뒤에서 "빌어, 이놈아. 그저 잘못했다고 무조건 빌어."하고 속삭인다. 수남이는 여러 사람들이 자기를 동정하고 있다고 느끼자 적이 용기가 난다.

"아저씨, 잘못했습니다. 한 번만 용서해 주십시오. 네, 아저씨."

제법 또렷한 소리로 용서를 빈다.

"용서라니, 이만큼 했으면 됐지 어떻게 더 용서를 해."

"아저씨, 그러시지 말고 한 번만 봐 주셔요. 네, 아저씨."

수남이는 주머니에 들은 만 원 생각을 하면 얼굴이 화끈대고 공연히 무섭기까지 하다. 그렇지만 주인 영감님을 위해 그 돈만은 죽기를 무릅쓰고 지킬 각오를 단단히 한다.

"아니 욘석이 이제 보니 이런 큰일 저지르고 그냥 내뺄 심사 아냐? 요런 악질 녀석 같으니라고."

신사의 표정은 은은히 감돌던 연민이 싹 가시고 점잖게 무표정해진다.

그리고는 옆에 섰던 운전사인 듯한 남자에게,

"안 되겠네. 요런 악질 깡패 녀석하고 시비해 봤댔자 공연히 시간만 낭비니, 자네 자물쇠 하나 마련해다 주게. 이 녀석 자전걸 잡아 놓기로 하세. 언제든지 오천 원 가져와서 찾아가라고."

신사 - 인정이 없음

그리고는 주머니에서 오백 원짜리를 한 장 꺼내서 운전사에게 주는 것이었다.

시대적 배경을 알려주는 소재

수남이로서는 전혀 예기치 못했던 사태였다.

주머니의 만 원에 대해서만 생각했었지 자전거에 대해선 전혀 생각이 미치지 못했었다.

운전사는 금방 커다란 자물쇠를 하나 사 가지고 왔다. 신사는 다시 네놈은 쳐다보기도 싫다는 듯이 수남이를 전혀 상대 안 하고, 묵묵히 자전거 바퀴에다 자물쇠를 채우고, 앞에 빌딩을 가리키면서,

"나 저기 306호 실에 있으니까 돈 오천 원 갖고 와. 그러면 열쇠 내 줄 테니."
외적 갈등(신사 ↔ 수남이)

하고는 수남이를 힐끗 흘겨보고 유유히 빌딩 속으로 사라져 갔다.

수남이는 울지도 못하고 빌지도 못하고 그냥 막연히 서 있었다. 수남이와 신사의 시비를 흥미진진하게 구경하던 사람들도 헤어지지 않고 그냥 서 있었다. 아마 수남이가 앙앙 울거나, 펄펄 뛰면서 욕을 하거나 그런 일이 일어나 주기를 기다리는 눈치였다.

수남이는 바보가 돼 버린 아이처럼 조용히 멍청히 서 있었다. 누군가가 나직이 속삭였다.

"토껴라 토껴. 그까짓 것 갖고 토껴라."

그것은 악마의 속삭임처럼 은밀하고 감미로웠다. 수남이의 가슴은 크게 뛰었다. 이번에는 좀더 점잖고 어른스러운 소리가 나섰다.

"그래라, 그래. 그까짓 거 들고 도망가렴. 뒷일은 우리가 감당할게."
수남의 내적 갈등을 심화시킴

그러자 모든 구경꾼이 수남이의 편이 되어 와글와글 외쳐 댔다.

"도망가라, 어서어서 자전거를 번쩍 들고 도망가라, 도망가라."

수남이는 자기 편이 되어 준 이 많은 사람들을 도저히 배반할 수 없었다. 이상한 용기가 솟았다. 수남이는 자전거를 마치 검부러기처럼 가볍게 옆구리에 끼고 질풍같이 달렸다.

정말이지 조금도 안 무거웠다. 타고 달릴 때보다 더 신나게 달렸다. 달리면서 마치 오래 참았던 오줌을 시원스레 내깔기는 듯한 쾌감까지 느꼈다.

주인 영감님은 자전거를 옆에 끼고 질풍처럼 달려온 놈을 눈을 휘둥그렇게 뜨고 바라볼 뿐이었다. 오늘 바람이 세더니만 필시 이 조그만 놈이 바람에 날아왔나, 설마 그럴 리야 없을 텐데 내 눈이 어떻게 된 것인가 그런 눈치였다.

수남이는 너무 숨이 차서 이런 주인 영감님의 궁금증을 시원히 풀어 주지 못하고 한동안 헉헉대기만 한다.

"임마, 말을 해. 무슨 일이야? 네놈 꼴이 영락없이 도둑놈 꼴이다, 임마."

죄책감을 느끼게 하는 말

도둑놈 꼴이라는 소리가 수남이의 가슴에 가시처럼 걸린다. 수남이는 겨우 숨을 가라앉히고 자초지종을 주인 영감님께 고해 바친다. 다 듣고 난 주인 영감님은 무엇이 그리 좋은지 무릎을 치면서 통쾌해 한다.

"잘 했다, 잘 했어. 맨날 촌놈인 줄만 알았더니 제법인데, 제법이야."

그리고는 가게에서 쓰는 드라이버니 펜치를 가지고 자전거에 채운 자물쇠를 분해하기 시작한다. 엎드려서 그 짓을 하고 있는 주인 영감님이 수남이의 눈에 흡사 도둑놈 두목❶같아 보여 속으로 정이 떨어진다❷. 주인 영감님 얼굴이 누런 똥빛❸인 것조차 지금 깨달은 것 같아 속이 메스껍다.❹

❶~❹: 주인 영감에 대한 수남이의 생각 변화

마침내 자물쇠를 깨뜨렸나 보다. 영감님 얼굴에 회심의 미소가 떠오르더니 자유롭게 된 자전거 바퀴를 시험이라도 하려는 듯이 자전거로 골목을 한 바퀴 빙그르르 돌아 들어와서는,

"네놈 오늘 운 텄다."

그리고는 수남이의 머리를 쓰다듬고 볼과 턱을 두둑한 손으로 귀여운 듯이 감쌌다. 영감님이 기분이 좋을 때면 수남이에 대한 애정의 표시로 으레 그렇게 했었고, 수남이도 그걸 좋아했었다.

〈중략〉

수남이는 드디어 어느 날 형이 그랬던 것처럼 서울 가서 돈 벌어 오겠다고 집을 나섰다. 아버지는 말리지 않았다. 문지방을 짚고 일어나 앉아서 띄엄띄엄 수남이를 타일렀다.

㉠ "무슨 짓을 하든지 그저 도둑질을 하지 말아라, 알았쟈."

그런데 도둑질을 하고 만 것이다. 하지만 수남이는 스스로 그것은 결코 도둑질이 아니었다고 변명을 한다.

그런데 왜 그때, 그렇게 떨리고 무서우면서도 짜릿하니 기분이 좋았던 것인가? 문제는 그때의 그 쾌감이었다. 자기 내부에 도사린 부도덕성이었다. 오늘

한 짓이 도둑질이 아닐지 모르지만 앞으로 도둑질을 할지도 모르겠다는 생각이 들었다. 형의 일이 자기와 정녕 무관한 일이 아니란 생각이 들었다.

㉠ 소년은 아버지가 그리웠다. 도덕적으로 자기를 견제해 줄 어른이 그리웠다. 주인 영감님은 자기가 한 짓을 나무라기는커녕 손해 안 난 것만 좋아서 "오늘 운 텄다."고 좋아하지 않았던가.

도덕성을 중시하는 인물↔주인 영감(비도덕적)

수남이는 짐을 꾸렸다. 아아, 내일도 바람이 불었으면. 바람이 물결치는 보리밭을 보았으면. 마침내 결심을 굳힌 수남이의 얼굴은 누런 똥빛이 말끔히 가시고, 소년다운 청순함으로 빛났다.

갈등 해소 방법

줄거리 보기

- 발단 : 시골에서 서울로 올라온 16살 수남이는 주인 영감을 아버지처럼 느끼며 열심히 생활함.
- 전개 : 바람에 날아온 간판에 행인이 다치는 사건이 일어나고, 바람을 보며 수남이는 고독해 함.
- 위기 : 수남이의 자전거가 쓰러져 고급 승용차에 흠집을 내고 승용차 주인인 신사는 보상을 요구함. 도망가라는 주변 사람들의 말에 수남이는 자전거를 들고 도망오며 쾌감을 느낌.
- 절정 : 자신의 행동을 칭찬하는 주인 영감에게 거부감을 느끼며, 도둑질을 했던 자신의 형 수길이를 떠올리며 내적 갈등을 겪음.
- 결말 : 수남이는 자신을 도덕적으로 지켜줄 수 있는 아버지가 계신 고향으로 가기로 결심하고 짐을 꾸림.

만/점/포/인/트

1. 갈등의 양상

외적 갈등	• 돈을 주지 않으려는 ××상회 주인과 돈을 받으려는 수남 • 수남이에게 수리비를 받으려는 신사와 돈을 지키려는 수남
내적 갈등	자신이 한 짓에 대해 도덕성과 부도덕성 사이에서 갈등하는 수남

2. 등장인물의 성격

수남이	성실하고 순진함.
주인 영감	이기적이고 부도덕한 인물
신사	경박하고 인정이 없음.
아버지	도덕성을 중시함.

3. 주인 영감에 대한 수남이의 생각 변화

긍정적 : 고마운 사람 → 부정적 : 도둑놈 두목같아 보임, 얼굴이 누런 똥빛임.

바로바로 체크

(1) 수남이가 주인 영감에 대해 느끼는 감정 중 의미가 다른 하나는?
❶ 도둑놈 두목
❷ 누런 똥빛
❸ 고마운 사람
❹ 도둑놈

(2) 이 글의 주제는 인간소외 현상에 대한 비판적인 시선이다. (○ | ×)

정답 (1) ❸
(2) ×

기/출/문/제 Check! 정답 및 해설 9p

14 윗글에 대한 설명으로 적절하지 <u>않은</u> 것은? (㉠ 참고)

① 시점이 바뀌는 부분이 있다.
② 갈등을 해소한 주인공의 모습이 나타난다.
③ 인물 간의 대화를 중심으로 이야기가 전개된다.
④ 돈을 벌기 위해 시골에서 도시로 온 소년의 이야기다.

15 이 글의 '수남이'에 대한 이해로 적절하지 <u>않은</u> 것은?

① 자신이 부도덕해질까 봐 걱정하고 있다.
② 물질적 이익만을 추구하는 주인 영감에게 실망하였다.
③ 자신은 도둑질한 형과 전혀 관련성이 없다고 생각한다.
④ 도덕적으로 자신을 견제해 줄 어른이 필요하다고 생각한다.

하늘은 맑건만 _현덕

중문 안 안반 뒤에 숨기어둔 공이 간 데가 없다. 팔을 넣어 아무리 더듬어도 빈탕이다. 문기는 가슴이 두근거리기 시작하였다.

'혹 동네 아이들이 집어 갔을까?'

도리어 그랬으면 다행이다. 만일에 그 공이 숙모 손에 들어가기나 했으면 큰일이다.

문기는 아무 일 없는 태도로 전날과 다름없이 안마당에서 화초분에 물을 준다. 그러면서 계속해 숙모의 눈치를 살핀다. 숙모는 부엌에서 저녁을 짓는다. 마루로 부엌으로 오르고 내릴 때 얼굴이 마주치는 것이다. 문기는 자기를 보는 숙모 눈에 별다른 것이 없다 싶었다. 문기는 차츰 생각을 고친다.

'필시 공은 거지나 동네 아이들이 집어 갔기 쉽지. 그렇잖으면 작은어머니가 알고 가만있을 리 있나.'

조금 후 문기는 아랫방으로 내려갔다.

그리고 책상 서랍을 열어보았을 때 문기는 또 좀 놀랐다. 서랍 속에 깊숙이 간직해 둔 쌍안경이 보이질 않는다. 그것뿐이 아니다. 서랍 안이 뒤죽박죽이고 누가 손을 댔음이 분명하다.

'인제 얼마 안 있으면 작은아버지가 회사에서 돌아오시겠지. 그리고 필시 일은 나고 말리라.'

문기는 책상 앞에 돌아앉아 책을 펴 들었다. 그러나 눈은 아물아물 가슴은 두근두근 도무지 글이 읽어지질 않는다.

며칠 전 일이다.(과거 회상) 문기는 저녁에 쓸 고기 한 근을 사오라고 숙모에게 지전 한 장(시대적 배경(1930년))을 받았다. 언제나 그만 때면 사람이 붐비는 삼거리 고깃간이다. 한참을 기다려서 문기 차례가 왔다. 문기는 지전을 내밀었다. 뚱뚱보 고깃간 주인은 그 돈을 받아 둥구미에 넣고 천천히 고기를 베어 저울에 단 후 종이에 말아 내밀었다. 그리고 그 거스름돈(갈등을 유발하는 소재)으로 지전 아홉 장과 그 위에 은전 몇 닢을 얹어 내주는 것이 아닌가. 문기는 어리둥절하였다. 처음 그 돈을 숙모에게 받을 때와 고깃간 주인에게 내밀 때까지도 1원짜리로만 알았던 것이다. 문기는 돈과 주인을 의심스레

핵/심/정/리

- 갈래 : 현대 소설, 단편 소설, 성장 소설
- 성격 : 사실적, 교훈적
- 시점 : 전지적 작가 시점
- 주제 : 정직한 삶의 중요성

쳐다보았다. 허나 그는 다음 사람의 고기를 베느라 분주하다. 문기는 주몃주몃 하는 사이 사람에게 밀려 뒷줄로 나오고 말았다. 그러나 다시 생각하면 정말 숙모가 1원짜리를 준 것인지 아닌지 모르겠다. 아니라면 도리어 큰일이 아닌가. 하여튼 먼저 숙모에게 알아볼 일이었다. 문기는 집을 향해 돌아가면서도 연해 고개를 기웃거리며 그 일을 생각하였다. 내가 잘못 본 것인가. 고깃간 주인이 잘못 본 것인가 하고. 골목 모퉁이를 꺾어 돌아섰다. 서너 칸 앞을 서서 동무 수만이가 간다. 문기는 쫓아가 그와 나란히 서며,

"너 집에 인제 가니?"

하고 어깨에 손을 걸고,

"이거 이상한 일 아냐?"

"뭐가 말야?"

"고길 사러 갔는데 말야. 난 일 원짜리로 알구 냈는데 십 원으로 거슬러주니 말야."

"정말야? 어디 봐."

문기는 손바닥을 펴 돈과 또 고기를 보였다. 수만이는 잠시 눈을 꿈벅꿈벅 무슨 궁리를 하는 듯 문기 얼굴을 보고 섰더니,

"너 이렇게 해봐라."

"어떻게 말야?"

"먼저 잔돈만 너희 작은어머니에게 주는 거야."

"그리고 어떡해?"

"그리고 아무 말 없거든 내게로 나와. 헐 일이 있으니."

"무슨 헐 일?"

"글쎄 그러구만 나와. 다 좋은 일이 있으니."

마침내 문기는 수만이가 이르는 대로 잔돈만 양복 주머니에서 꺼내 놓았다. 숙모는 그 돈을 받아 두 번 자세히 세어보고 주머니에 넣고는 아무 말 없이 돌아서 고기를 씻는다. 그래도 문기는 한동안 머뭇머뭇 눈치를 보다가 슬며시 밖으로 나갔다. 그리고 문밖엔 수만이가 이상한 웃음으로 그를 맞이하였다.

수만이가 있다던 좋은 일이란 다른 것이 아니었다. 거리에서 보고 지내던 온갖, 가지고 싶고 해 보고 싶은 가지가지를 한번 모조리 돈으로 바꾸어 보자는 것이다. 그러나 문기는,

“돈을 쓰면 어떻게 되니?”

“염려 없어. 나 하는 대로만 해.”

하고 머뭇거리는 문기 어깨에 팔을 걸고 수만이는 우쭐거리며 걸음을 옮긴다. 하긴 문기 역시 돈으로 바꾸고 싶은 것이 없지 않은 터, 그리고 수만이가 시키는 대로 끌려 하기만 하면 남이 하래서 하는 것이니까 어떻게 자기 책임은 없는 듯 싶었다. (잘못된 행동에 대한 자기 합리화) 그리고 수만이는 수만이대로 돈은 문기가 만든 돈, 나중에 무슨 일이 난다 하여도 자기 책임은 없으니까 또 안심이었다. 이래서 두 소년은 마침내 손이 맞고 말았다.

그래도 으슥한 골목을 걸을 때에는 알 수 없는 두려움에 가슴이 두근거리었으나, 밝은 큰 행길로 나오자 차차 다른 기쁨으로 변했다. 길 좌우편 환한 상점 유리창 안의 온갖 것이 모두 제 것인 양, 손짓해 부르는 듯했다. 드디어 그들은 공을 샀다. 만년필을 샀다. 쌍안경을 샀다. 만화책을 샀다. 그리고 활동사진 구경도 갔다. 다니며 이것저것 군것질도 했다.

그리고 그 나머지 돈으로 또 한 가지 즐거운 계획이 있었다. 조그만 환등 기계 한 틀을 사자는 것이다. 이것을 놀려 아이들에게 1전씩 받고 구경을 시킨다. 그리고 여기서 나오는 것으로 두고두고 용돈에 주리지 않도록 하자는 계획이다. 하고 오늘 저녁부터 그 첫 착수를 하자는 약조였다.

그러나 이 즐거운 계획을 앞두고 이내 올 것이 오고 말았다. 안방에서 저녁상을 받고 앉았던 삼촌은 문기를 불렀다. 두 번 세 번 문기야, 소리가 아랫방 창을 울린다. 방 안에서 문기는 못 들은 양 대답하지 않는다. 그러나 네 번째는 안방 미닫이를 열고 삼촌은,

“문기 아랫방에 없니?”

댓돌 위에 신이 놓여 있는데 없는 양할 수는 없다. 기어이 문기는 그 삼촌 앞에 나가 무릎을 꿇고 앉지 않을 수 없었다. 삼촌은 잠잠히 식사를 계속한다. 그 상 밑에 안반 뒤에 숨겨두었던 공이 와 있다. 상을 물릴 임시에 삼촌은 입을 열었다.

"너 요새 학교에 매일 갔었니?"

"네."

삼촌은 상 밑에 그 공을 굴려내며,

"이거 웬 공이냐?"

"수만이가 준 공예요."

"이것두?"

하고 삼촌은 무릎 밑에서 쌍안경을 꺼내 들었다.

"네."

"수만이란 뭣하는 집 아이냐?"

문기는 고개를 숙이고 앉아 말이 없다. 삼촌은 숭늉을 마시고 상을 물렸다.

"네 입으로 수만이가 줬다니 네 말이 옳겠지. 설마 네가 날 속이기야 하겠니? 하지만 남이 준다고 아무것이고 덥적덥적 받는다는 것두 좀 생각해볼 일이거든."

삼촌은 다시 말을 계속한다.

"말 들으니 너 요샌 저녁두 가끔 나가 먹는다더구나. 그것두 수만이에게 얻어 먹는 거냐?"

문기는 벌겋게 얼굴이 달아 수그리고 앉았다. 삼촌은 잠시 묵묵히 건너다만 보고 있더니 음성을 고쳐 엄한 어조로,

죄책감, 부끄러움

"어머님은 어려서 돌아가시구 아버지는 저 모양이시구 앞으로 집안을 일으킬 사람은 너 하나야. 성실치 못한 아이들하고 어울려 다니다 혹 나쁜 데 빠지거나 하면 첫째 네 꼴은 뭐구 내 모양은 뭐냐? 난 너 하나는 어디까지든지 공부도 시키구, 사람을 만들어주려구 애를 쓰는데 너두 그 뜻을 받아주어야 사람이 아니냐."

그리고 삼촌은 이렇게 뒤뚝 맘 한 번 잘못 가졌다가 영 신세를 망치고 마는 예를 이것저것 들어 말씀하고는 이후론 절대 이런 것 받아들이지 말라는 단단한 다짐을 받은 후 문기를 내보냈다.

문기는 아랫방에 내려와 혼자 되자, 삼촌 앞에서보다 갑절 얼굴이 달아올랐다. 지금까지 될 수 있는 대로 생각지 않으려고 힘을 써오던 그 편에 정면으로 제 몸을 세워놓고 보지 않을 수 없었다. 그러자 자기라는 몸은 벌써 삼촌의 이른

바 나쁜 데 빠지고 만 것이다. 그야 자기는 수만이가 시켜서 한 일이니까 잘못이 없다는 것이지만, 당초에 그것은 제 허물을 남에게 밀려는 얄미운 구실이 아니고 뭐냐. 그리고 문기는 이미 삼촌을 속이었다. 또 써서는 아니 될 돈을 쓰고 말았다. 아아, 일찍이 어머니를 여의고 아버지란 사람은 일상 천 냥 만 냥 하고 허한 소리만 하면서 남루한 주제에 거처가 없이 시골, 서울로 돌아다니는 사람이고, 어려서부터 문기를 길러낸 사람이 삼촌이었다. 그리고 조카의 장래를 자기의 그것보다 더 중히 알고 염려하며 잘 되어주기를 바라는 삼촌이었다. 그 삼촌의 기대에 어그러지지 않는 인물이 되어 보이겠다고 엊그제 주먹을 쥐고 결심하던 문기가 아니냐. 생각할수록 낯이 뜨거워지는 일이다. 마침내 문기는 공과 쌍안경을 집어 들고 문밖으로 나갔다. 어둑어둑 저물어가는 행길이다. 문기는 골목으로 들어섰다. 대낮에 많은 사람 가운데에서 거리낌 없이 가지고 놀던 그 공이 지금은 사람이 드문 골목 안에서도 남이 볼까 두려워졌다. 컴컴해질수록 더 허옇게 드러나 보이는 커다란 공을 처치하기에 곤란해 문기는 옆으로 꼈다 뒤로 돌렸다 하며 사람의 눈을 피한다. 쌍안경이 든 불룩한 주머니가 또 성화다. 골목 하나를 돌아서 나올 즈음 문기는 모르고 흘리는 것인 양 슬며시 쌍안경을 꺼내 길바닥에 떨어뜨렸다. 그리고 걸음을 빨리하여 건너편 골목으로 들어간다. 개천가 앞에 이르렀다. 거기서 문기는 커다란 공을 바지 앞에 품고 앉아서 길 가는 사람이 없기를 기다린다.

죄책감에서 벗어나기 위한 행동 ❶

자전거가 가고 노인이 오고 동이 뜬 그 중간을 타서 문기는 허옇게 흐르는 물 위로 공을 던져버렸다. 이어 양복 안주머니에 간직해두었던 나머지 돈을 꺼내 들었다. 그것도 마저 던져 버리려다가 문득 들었던 손을 멈춘다. 그리고 잠시 둥실둥실 물을 따라 떠나가는 공을 통쾌한 듯 바라보다가는 돌아서 걸음을 옮긴다.

죄책감에서 벗어나기 위한 행동 ❷

문기는 삼거리 고깃간을 향해 갔다. 그리고 뒷골목으로 돌아가 나머지 돈을 종이에 싸서 담 너머로 그 집 안마당을 향해 던졌다.

죄책감에서 벗어나기 위한 행동 ❸

그제야 문기는 무거운 짐을 풀어논 듯 어깨가 거뜬했다. 아까 물 위로 둥실둥실 떠가던 그 공, 지금은 벌써 10리고 20리고 멀리 떠갔을 듯싶은 그 공과 함께 문기는 자기의 허물도 멀리 사라져 깨끗이 벗어난 듯 속이 후련했다. 그리고,

"다시는, 다시는……."

하고 문기는 두 번 다시 그런 허물을 범하지 않겠다고 백 번 다지며 집을 향해 돌아간다. 그러나 문기는 그것만으로는 도저히 자기 허물을 완전히 벗을 수 없었다. 그가 자기 집 어귀에 이르렀을 때 뜻하지 않은 것이 기다리고 있다 나타났다.

"너 어디 갔다 오니?"

하고 컴컴한 처마 밑에서 수만이가 튀어나오며 반긴다.

"지금 느이 집에 다녀오는 길이다."

그리고 문기 어깨에 팔 하나를 걸고 행길을 향해 돌아서며,

"어서 가자."

약조한 환등 틀을 사러 가자는 것이다. 극장 앞 장난 가게에 있는 조그만 환등 틀을 오고 가는 길에 물건도 보고 가격도 보아두었던 것이다. 그리고 오늘 낮에도 보고 온 것이었만 수만이는,

"그새 팔리지나 않았을까?"

하고 걸음을 재촉한다. 문기는 생각 없이 몇 걸음 끌려가다가는 갑자기 그 팔을 쳐 내리며 물러선다.

"난 싫다."

수만이는 어리둥절해 쳐다본다.

"뭐 말야? 환등 틀 사기 싫단 말야?"

"난 인제 돈 가진 것 없다."

"뭐?"

하고 수만이는 의외라는 듯 눈이 둥그레지다가는 금세 능청스런 웃음을 지으며,

"너 혼자 두고 쓰잔 말이지. 그러지 말구 어서 가자."

"정말 없어. 지금 고깃간집 안마당으로 던져주고 오는 길야. 공두 쌍안경두 버리구."

하고 문기는 증거를 보이느라고 이쪽 저쪽 주머니를 털어보이는 것이나 수만이는 흥 하고 코웃음을 친다.

"누군 너만 못 약을 줄 아니?"

그리고 연실 빈정댄다.

"고깃간집 마당으로 던졌다? 아주 핑계가 됐거든."

"거짓말 아니다. 참말야."

할 뿐, 문기는 어떻게 변명할 줄을 몰라 쳐다보기만 하다가 고개를 떨어뜨리고 울상을 한다.

"오늘 작은아버지에게 막 꾸중 듣구. 그리고 나두 인젠 그런 건 안 헐 작정이다."

"그래도 나하고 약조헌 건 실행해야지. 싫으면 너는 빠져도 좋아. 그럼 돈만 이리 내."

하고 턱 밑에 손을 내민다.

"정말 없대두 그래."

수만이는 내밀었던 손으로 대뜸 멱살을 잡는다.

"이게 그래두 느물거든."

이런 때 마침 기침을 하며 이웃집 사람이 골목으로 들어서자 수만이는 슬며시 물러선다. 그러나,

"낼은 안 만날 테냐. 어디 두고 보자!"

하고 피해 가는 문기 등을 향해 소리쳤다.

이튿날 아침이다. 학교를 가는 길에 문기가 큰 행길로 나오자 맞은편 판장에 백묵으로 커다랗게 '김문기는' 하고 그 밑에 동그라미 셋을 쳐 'ㅇㅇㅇ했다' 하고 써 있다. (문기를 협박하는 수만) 그리고 학교 어귀에 이르러 삼거리 잡화상 빈지판에도 같은 것이 씌어 있는 것이다. 문기는 이번에도 무춤하고 보다가는 얼른 모자를 벗어서 이름자만 지워버렸다. 그러는 것을 건너편 길모퉁이에서 수만이가 일그러진 웃음으로 보고 섰다. 그리고 문기가 앞으로 지나가자,

"왜 겁이 나니? 지우게."

하고 뒤를 오면서 작은 소리로,

"그래, 정말 돈 너만 두고 쓸 테냐. 그럼 요건 약과다."

그리고 수만이는 추군추군하게 쫓아다니며 은근히 골리었다.

철봉 틀 옆에 정신없이 선 문기를 불시에 다리오금을 쳐 골탕을 먹게 하였다. 단거리 경주 연습을 하는 척 달음박질을 하다가는 일부러 문기 앞으로 달려들어 몸째 부딪는다.

그리고 으슥한 곳에서 단 둘이 만나는 때면 수만이는,

"너 네 맘대루만 허지. 나두 내 맘대루 헐 테다. 내 안 풍길 줄 아니, 풍길 테야."

하고 손을 들어 꼽는다. 풍기기만 하면 첫째 학교에서 쫓겨날 것이요, 둘째 너희 집에서 쫓겨날 것이요, 그리고 남의 걸 훔친 거나 일반이니까 또 그런 곳으로 붙들려 갈 것이요 하고는 또 풍길 테다.

사실 그 다음 시간 교실을 들어갔을 때 문기는 크게 놀랐다.

칠판 한가운데,

"김문기는 ○○○했다."

가 커다랗게 씌어 있다. 뒤미처 선생님이 들어왔다. 일은 간단히 선생님이 한 번 쳐다보고 누구 장난이냐 하고 쓱쓱 지워버리고는 고만이었지만 선생님이 들어오고 그것을 지우기까지의 그동안 문기는 실로 앞이 캄캄했다.

그러나 수만이는 그것으로 그만두지 않았다. 학교를 파해 거리로 나와서는 한층 심했다. 두어 칸 문기를 앞세워 놓고 따라오면서 연해 수만이는,

"앞에 가는 아이는 ○○○했다지."

그리고 점점 더해 나중엔 도적질을 거꾸로 붙여서,

"앞에 가는 아이는 '질적도' 했다지."

하고 거리거리 외며 따라오는 것이다.

문기 집 가까이 이르렀다. 수만이는 문기 앞으로 다가서며 작은 음성으로 조졌다.

"너 지금으로 가지고 나오지 않으면 낼은 가만 안 둔다. 도적질했다 하구 똑바루 써 놀 테야."

문기는 여전히 못 들은 척 걸음만 옮긴다. 자기 집 마당엘 들어섰다. 숙모는 뒤꼍에서 화초 모종을 하는지,

"여기 심어라, 저기 심어라."

하고 아랫집 심부름하는 아이와 이야기하는 소리가 날 뿐 집 안엔 아무도 없다.

그리고 눈앞에 보이는 붓장 안 앞턱에 잔돈 얼마와 지전 몇 장이 놓여 있다. 그리고 문밖엔 지금 수만이가 돈을 가지고 나오기를 기다리고 섰다. 여기서 문기는 두 번째 허물을 범하고 말았다.
외숙모의 돈을 훔친 것

"진작 듣지."

하고 빙그레 웃는 수만이 얼굴에다 뺨을 때리듯 돈을 던져주고 문기는 달아났다.

급한 걸음으로 문기는 네거리 하나를 지났다. 또 하나를 지났다. 또 하나를 지났다. 걸음은 차차 풀이 죽는다. 그리고 문기는 이런 생각을 하였다.

'나는 몰래 작은어머니 돈을 축냈다. 그러나 갚으면 고만 아니냐. 그 돈 값어치만큼 밥도 덜 먹고 학용품도 아껴 쓰고 옷도 조심해 입고 이렇게 갚으면 고만 아니냐.'

몇 번이고 이 소리를 속으로 되내며 문기는 떳떳이 얼굴을 들고 집으로 들어갈 수 있을 만한 뱃심을 만들려 한다. 그러나 일없이 공원으로 거리로 돌며 해를 보낸다.

날이 저물어서 문기는 풀이 죽어 집 마루에 걸터앉았다. 숙모가 방에서 나오다 보고,

"너 학교에서 인제 오니?"

그리고 이어,

"너 혹 붓장 안의 돈 봤니?"

하다가는 채 문기가 입을 열기 전에 숙모는,

"학교서 지금 오는 애가 알겠니. 참 점순이 고년 앙큼헌 년이드라. 낮에 내가 뒤꼍에서 화초 모종을 내고 있는데 집을 간다고 나가더니 글쎄 돈을 집어갔구나."

문기는 잠잠히 듣기만 한다. 그러나 속으로는 갚으면 고만이지 소리를 또 한 번 외어 본다.

그날 밤이었다. 아랫방 들창 밑에 훌쩍훌쩍 우는 어린아이 울음소리가 났다. 아랫집 심부름하는 아이 점순이 음성이었다. 숙모가 직접 그 집에 가서 무슨 말을 한 것은 아니로되 자연 그 말이 한 입 걸러 두 입 걸러 그 집에까지 들어갔고

그리고 그 집 주인 여자는 점순이를 때려 쫓아낸 것이다. 먼저는 동네 아이들이 모여 지껄지껄하더니 차차 하나 가고 둘 가고 훌쩍훌쩍 우는 그 소리만 남는다. 방 안의 문기는 그 밤을 뜬눈으로 새웠다.

이튿날 아침이다. 문기는 밥을 두어 술 뜨다가는 고만둔다. 뭐 그 돈을 갚기 위한 그것이 아니다. 도시 입맛이 나지 않았다. 학교엘 갔다. 첫 시간은 수신 시간, 그리고 공교로이 제목이 '정직'이다. 선생님은 뒷짐을 지고 교단 위를 왔다 갔다 하며 거짓이라는 것이 얼마나 악한 것이고 정직이 얼마나 귀하고 중한 것인가를 누누이 말씀한다. 그리고 안경 쓴 선생님의 그 눈이 번쩍 하고 문기 얼굴에 머물렀다 가고 가고 한다. 그럴 때마다 문기는 가슴이 뜨끔뜨끔해진다. 문기는 자기 한 사람에게만 들리기 위한 정직이요, <u>수신 시간</u>인 듯싶었다. 그만치
시대적 배경(1930년대)
선생님은 제 속을 다 들여다보고 하는 말인 듯싶었다.

운동장에서도 문기는 풀이 없다. 사람 없는 교실 뒤 버드나무 옆 그런 데만 찾아다니며 고개를 숙이고 깊은 생각에 잠기거나 팔짱을 찌르고 왔다 갔다 하기도 한다. 그러다 누가 등을 치면 소스라쳐 깜짝깜짝 놀란다.

<u>언제나 다름없이 하늘은 맑고 푸르건만 문기는 어쩐지 그 하늘조차 쳐다보기</u>
죄책감 때문
<u>가 두려워졌다.</u> 자기는 감히 떳떳한 얼굴로 그 하늘을 쳐다볼 만한 사람이 못 된다 싶었다.

언제나 다름없이 여러 아이들은 넓은 운동장에서 마음대로 뛰고 마음대로 지껄이고 마음대로 즐기건만 문기 한 사람만은 어둠과 같이 컴컴하고 무거운 마음에 잠겨 고개를 들지 못한다. 무엇보다도 문기는 전일처럼 맑은 하늘 아래서 아무 거리낌 없이 즐길 수 있는 마음이 갖고 싶다. 떳떳이 하늘을 쳐다볼 수 있는, 떳떳이 남을 대할 수 있는 마음이 갖고 싶었다.

오후 해 저물녘이다. 문기는 책보를 흔들흔들 고개를 숙이고 담임선생님 집 앞을 왔다가는 무춤하고 섰다가 그대로 지나가고 그대로 지나가고 한다. 세 번째는 드디어 그 집 문 안을 들어서서 선생님을 찾았다. 선생님은 문기를 안방으로 맞아들였다. 학교에서 볼 때 엄하고 막막하던 선생님은 의외로 부드러이 웃는 낯으로 문기를 대한다. 문기는 선생님 앞에 엎드려 모든 것을 자백할 결심이

었다. 그런데 선생님의 부드러운 태도에 도리어 문기는 말문이 열리지 않았다. 다음은 건넌방에서 어린애가 울어 못했다. 다음은 사모님이 들락날락하고 그리고 다음엔 손님이 왔다. 기어이 문기는 입을 열지 못한 채 물러나오고 말았다.

먼저보다 갑절 무겁고 컴컴한 마음이었다.(내적 갈등의 최고조) 도저히 문기의 약한 어깨로는 지탱하지 못할 무거운 눌림이다. 걸음은 집을 향해 가는 것이지만 반대로 마음은 멀어진다. 장차 집엘 가서 대할 숙모가 두려웠고 삼촌이 두려웠고 더욱이 점순이가 두려웠다.

어느덧 걸음은 삼거리를 지나고 있었다. 문기 등 뒤에서 아주 멀리 뿡뿡 하고 자동차 소리와 비켜라 비켜라 하는 사람의 소리가 나는 듯하더니 갑자기 귀밑에서 크게 울린다. 언뜻 돌아다보니 바로 눈앞에 자동차 머리가 달려든다. 그리고 문기는 으쓱하고 높은 데서 아래로 떨어지는 듯싶은 감과 함께 정신을 잃고 말았다.

얼마 동안을 지났는지 모른다. 문기가 어렴풋이 눈을 떴을 때 무섭게 전등불이 밝아 눈이 부시었다. 문기는 다시 눈을 감았다. 두 번째 문기는 눈을 뜨자 희미하게 삼촌의 얼굴이 나타나며 그것이 차차 똑똑해지더니 삼촌은,

"너 내가 누군 줄 알겠니?"

하고 웃지도 않고 내려다본다. 문기는 이것도 꿈인가 하고 한 번 웃어주려면서 그대로 맑은 정신이 났다. 문기는 병원 침대 위에 누워 있었다. 어디 아픈 데는 없으면서도 몸을 움직일 수는 없다. 삼촌은 근심스런 얼굴로 내려다본다.

"작은아버지."

하고 문기는 입을 열었다. 그리고,

"저는 마땅히 받아야 할 벌을 받은 거예요."

하고 문기는 눈을 감으며 한마디 한마디 그러나 똑똑하게 처음서부터 끝까지, 먼저 고깃간 주인이 1원을 10원으로 알고 거슬러 준 것, 그 돈을 써버린 것, 그리고 또 붓장 안의 돈을 자기가 훔쳐낸 것, 이렇게 하나하나 숨김없이 자백을 하자,(내적 갈등의 해소) 이때까지 겹겹으로 싸고 있던 허물이 한 꺼풀 한 꺼풀 벗어지면서 따라 마음속의 어둠도 차차 사라지며 맑아가는 것을 문기는 확실히 깨달을 수 있었다. 마음이 맑아지며 따라 몸도 가뜬해진다. 내일도 해는 뜨고 하늘은 맑아지리라. 그리고 문기는 그 하늘을 떳떳이 마음껏 쳐다볼 수 있을 것이다.

줄거리 보기

- 발단 : 문기는 서랍 속에 있던 자신의 공과 쌍안경이 없어진 것을 알고 불안해 한다.
- 전개 : 얼마 전, 숙모의 심부름으로 고깃간에 갔다가 잘못 준 거스름돈으로 수만이와 흥청망청 쓰게 된다.
- 위기 : 외삼촌이 문기에게 공과 쌍안경의 출처를 물으며 훈계를 하고, 죄책감을 느낀 문기는 공과 쌍안경을 버리고 나머지 거스름돈을 고깃간집 안마당에 던져버린다. 그러나 수만이는 문기의 말을 믿지 않고 나머지 돈을 가져오라며 문기를 협박하자, 결국 작은 어머니 돈을 훔쳐 수만이에게 주게 된다.
- 절정 : 죄책감을 느낀 문기는 선생님에게 고백을 하려했지만 하지 못하고, 집으로 돌아오는 길에 교통사고를 당하게 된다.
- 결말 : 문기는 병원에서 외삼촌에게 모든 사실을 털어놓게 되고, 죄책감에서 벗어난다.

만/점/포/인/트

1. 시대적 배경

1930년대 일제 강점기 (지전, 은전, 1원, 고깃간, 수신 시간 등)

2. 상징적인 소재들

거스름돈	심부름을 간 고깃간에서 거스름돈을 잘못 받은 사건으로 인해 갈등이 시작됨.
공, 쌍안경, 나머지 돈	죄책감과 양심의 가책을 느끼게 하는 물건들

3. 구성 방식

현재 ➜ 과거 ➜ 현재 (역순행적 구성)

4. 작품 속 갈등 양상과 해결 방법

내적 갈등	• 잘못 받은 거스름돈으로 공과 쌍안경을 산 후 삼촌에게 들켜 거짓말을 하고, 죄책감을 느낌 ➜ 양심의 가책을 느끼고 공과 쌍안경을 버리고 거스름돈을 돌려 줌. • 문기 대신 점순이가 돈을 훔쳤다는 누명을 쓰고 쫓겨나자 괴로워함 ➜ 사실대로 말하고자 선생님을 찾아감.
외적 갈등	• 돈이 없다는 문기의 말을 수만이 믿지 않고 돈을 달라며 문기를 괴롭힘 ➜ 문기가 숙모의 돈을 훔쳐 수만에게 줌.

흰 종이 수염 _ 하근찬

아버지가 돌아오던 날 동길이는 학교에서 공부를 하지 못하고 쫓겨났다. 다른 다섯 명의 아이와 함께였다.

아이들은 모두 풀이 죽어 있었다. 어떤 아이는 시퍼런 코가 입으로 흘러드는 것도 아랑곳없이 눈만 대고 깜작거렸고, 입술이 파랗게 질린 아이도 있었다. 여생도 둘은 찔끔찔끔 눈물을 짜내고 있었다. 축처진 조그마한 어깨들이 볼수록 측은했다.

그러나 동길이만은 그렇지가 않았다. 그는 두 주먹을 발끈 쥐고 있었다. 양쪽 볼에는 발칵 불만을 빼물고 있었고, 수박씨만한 두 눈은 차갑게 반짝거렸다.

'울엄마 일하는데 어떻게 학교에 오는공. 울아부지 안제 돈 많이 벌어 갖고 돌아오면 다 줄낀데 자꾸 지랄같이…….'

동길이는 담임선생의 처사가 도무지 못마땅하여 속으로 또 한번 눈을 흘겼다.

쫓겨 나온 교실이 마음에 있다거나 선생님의 교탁 안으로 들어간 책보가 걱정이 된다거나 해서가 아니었다. 그런 알량한 몇 권의 헌책 나부랭이, 혹은 사친회비를 못 내고 덤으로 앉아서 얻어 배우는 치사스러운 공부 같은 것, 차라리 시원했다. 집으로 돌아가서 돈을 가져오라는 호령 따위도 이미 면역이 된 지 오래여서 시들했다. 그러나 돈을 못 가지고 오겠거든 아버지나 어머니를 데려오라는 데는 딱 질색이었다. 전에 없던 일이었다.

"사람이면 염치가 좀 있어야지, 한두 달도 아니고. 이놈아! 너는 사, 오, 륙, 칠 넉 달치나 밀렸잖아. 이학년 올라와서 어디 한 번이나 낸 일 있나? 지금 당장 가서 가져오든지 그러찮음 아버질 데려와!"

냅다 고함을 지르는 바람에 간이 덜렁했으나 동길이는 또렷한 목소리로,

"아부지 집에 없심더."

했다.

"어디 가고 없노?"

"노무자 나갔심더."

시대적 배경 - 1950년대 전쟁 직후

핵/심/정/리

- 갈래 : 현대 소설, 단편 소설, 전후 소설
- 성격 : 향토적, 비극적, 사실적
- 시점 : 전지적 작가 시점
- 주제 : 전쟁이 가져온 상처와 이를 극복하려는 노력

"……."

징용에 나갔다는 말을 듣자 선생은 잠시 말이 없다가,

"그럼, 어머니라도 데려와."

했다. 목소리가 꽤 누그러졌으나, 매정스럽기는 매양 한가지였다.

"안 데려옴 넌 여름방학 없다. 알겠나?"

㉠「꼬박 이년 만에 돌아온 아버지……. 동길은 조심히 아버지의 얼굴을 들여다보았다. 꺼멓게 탄 얼굴에 움푹 꺼져 들어간 두 눈자위, 그리고 코 밑이랑 턱에는 수염이 지저분했다. 목덜미로 식은땀이 흐르고 있었고, 입 언저리에는 파리떼가 바글바글 엉켜 붙어 있었다. 그러나 아버지는 그런 줄도 모르고 푸푸 코를 불면서 자고만 있었다. 동길이는 파리란 놈들을 쫓았다.

어머니는 조심스러운 눈길로 동길이를 힐끗 돌아본다. 집에 와서 갈아입었는지 아버지의 입성은 깨끗했다. 징용에 나가기 전, 목공소에 다닐 때 입던 누런 작업복 하의에 삼베샤쓰…….」 그런데,

「 」: 인물의 외양 묘사

"에!"

이게 웬일일까? 동길이는 두 눈이 휘둥그레지고 입이 딱 벌어졌다. 그러나 어머니는 동길의 놀라는 모습을 돌아보지 않고 후유 한숨을 쉴 따름이었다. 동길이는 떨리는 손으로 한쪽 소맷부리를 들추어보았다.

없다. 분명히 없다.

동길이는 어머니를 향해 소리쳤다.

"어무이! 아부지 팔 하나 없다."

"……."

"팔 하나 없어. 팔!"

"……."

"잉?"

"……."

말없이 돌아보는 어머니의 두 눈에는 눈물이 흥건히 괴어 있었다.

동길이는 아버지가 슬그머니 무서워지는 것이었다.

어머니 곁으로 가서 부엌문에 붙어 서서도 곧장 아버지의 한쪽 소맷자락을 힐끗힐끗 건너다보았다.

어머니는 또 한번 후유 한숨을 쉬면서 함지박을 들고 부엌으로 들어갔다. 밀가루 수제비를 뜨는 것이었다. 어머니의 손끝에서 똑똑 떨어져서 부글부글 끓어오르는 물 속으로 들어가는 수제비를 바라보자 동길이는 배에서 꼬르르 소리가 났다. 꿀꺽 침을 삼켰다. 아버지의 팔뚝 생각 같은 것은 이미 없었다.
아이다운 천진난만함

수제비를 떠서 두 그릇 상에 받쳐 들고 어머니가 부엌을 나오자 동길이는 앞질러 마루로 올라갔다. 아버지는 아직 쿨쿨 자고 있었다. 아버지의 한쪽 소맷자락이 눈에 띄자 동길이는 다시 흠칫했다.

"보이소 예! 그만 일어나이소. 점심 가져왔구마."
사투리 사용*

어머니가 흔들어 깨우는 바람에 아버지는,

"으으윽."

한 개밖에 없는 팔을 내뻗어 기지개를 켜며 부스스 일어났다. 동길이는 저도 모르게 뒤로 한걸음 물러섰다. 그리고 얼른 아버지를 향해 절을 하기는 했으나 겁을 집어먹은 듯이 눈이 둥그래졌다. 아버지는 동길이를 보더니,

"으으……. 핵교 잘댕기나? 어무이 말 잘 듣고?"

그리고 아아윽! 커다랗게 하품이었다.

점심상을 가운데 놓고 아버지와 동길이 마주 앉았다. 그 곁에 어머니는 뚝배기를 마룻바닥에 놓고 앉았다.

몰씬몰씬 김이 오르는 수제비죽……. 동길이는 목젖이 튀어나오는 것 같았다. 후딱 숟가락을 들었다. 그리고 그 뜨끈뜨끈한 놈을 폭 한 숟갈 떠올리기가 무섭게 아가리를 짝 벌렸다. 아버지도 숟가락을 들었다. 왼쪽 손이었다. 없어진 팔이 하필이면 오른쪽이었던 것이다. 어머니는 그것을 보자 이마에 슬픈 주름을 잡으며 얼른 외면을 했다. 그러나 동길이는 수제비를 퍼올리기에 바빠서 아버지의 남은 손이 왼손인지 오른손이지 그런 덴 도무지 관심이 없는 듯 했다.

돼지새끼처럼 한참을 그렇게 퍼먹고 나서야 좀 숨이 도는 듯 동길이는 힐끗 아버지를 거들떠보았다. 아버지의 숟가락질은 도무지 서툴기만 했다.

사투리 사용
사투리를 사용하여 향토적이고 토속적인 분위기를 형성하고 현장감, 사실성을 높이고 있다.

'아부지 팔이 하나 없어져서 참 큰일났네. 저런! 오른쪽 팔이 없어졌구나. 우짜다가 저랬는고이?'

그리고 동길이는 남은 국물을 훌훌 마저 들이마셨다. 콧등에 맺힌 땀방울이 또르르 굴러 내린다.

"야아."

이제 좀 살겠다는 것이다.

〈중략〉

대낮이 가까워졌을 무렵, 동길이는 아이들이 떠들어 대는 소리를 듣고 다리 위를 쳐다보았다.

"외팔뚝이이."

"하나, 둘, 셋!"

"외팔뚝이이."

다리 난간에 붙어 서서 이쪽을 내려다보며 소리를 모아 고함을 질러 대는 아이들은 틀림없는 자기 학급 아이들이었다. 동길이는 귀뿌리를 한 대 얻어맞은 듯 했다. 동길이가 쳐다보자 이번엔 한 놈씩 차례차례 고함을 질러 나간다.

"똥길이 즈그 아부지 외팔뚝이이."

"외팔뚝이 새끼 모욕하네에."

"학교는 안 오고 모욕만 하네."

맨 마지막으로,

"외팔뚝이 오늘 학교 왔더라아."

하는 소리는 어딘지 모르게 속으로 기어 들어가는 소리였다. 그리고 살금 아이들 뒤로 숨어 버리는 것이 아닌가. 창식이란 놈이 틀림없었다.

동길이는 온몸에 쥐가 나는 듯 했다. 치가 떨렸다. 부리나케 밖으로 헤엄쳐 나온 그는 후닥후닥 돌멩이를 집어 들었다. 돌멩이는 다리 난간을 향해서 핑핑 날았다. 그러나 한 개도 거기까지 닿지는 않았다.

외적 갈등(동길이 ↔ 아이들)

다리 위에서는 와아 환호성을 올리며 좋아라 하고 웃어 댄다. 그리고 어떤 놈이 배었는지 침이 날라왔다.

약이 오를 때로 오른 동길이는 두 손에 돌멩이를 발끈 쥐고 그냥 막 자갈 밭을 내달았다. 강둑을 뛰어올라 다리를 향해 마구 달리는 것이었다. 빨간 알몸뚱이가 마치 다람쥐 같았다.

욕지거리를 퍼부어쌓던 아이들은 큰 소리로 웃어 대면서 우르르 도망들을 친다. 도저히 따를 만한 거리가 아니었다. 그러나 동길이는 손에 쥔 돌멩이를 힘껏 내던졌다.

분해서 견딜 수가 없었다.

"짜식들, 어디 두고 보자. 창식이 요놈새끼, 죽여 버릴 끼다. 요놈새끼……."

그날 저녁 동길이는 아버지에게 되게 꾸지람을 들었다.

아버지는 어디에서 술을 마셨는지 얼굴이 벌겋게 익어 가지고 비칠비칠 사립문을 들어서더니 대뜸,

"길이 이놈 어디 갔노, 응?"

하고 소리를 질렀다. 손에 웬 책보 하나와 흰 종이를 포개 쥐고 있었다.

마루에서 저녁을 먹고 있던 동길이와 어머니는 눈이 둥그래졌다.

"아, 이놈 여깄구나. 이놈, 니 오늘 어디 갔더노? 핵교 안 가고, 어딜 싸돌아댕깃노? 응?"

마루에 올라와 덜커덩 궁둥방아를 찧으며 눈알을 부라렸다.

"아이구, 어디서 저렇게 술을……."

어머니는 혼자말처럼 중얼거리며 밥상을 가지러 일어선다.

"야, 오늘 김주사가 한턱 내더라. 우리 목공소 주인 김주사가 말이지. 징용 나가서 고생 많이 했다고 한턱 내더라니까. 고생 많이 했다고……. 팔뚝을 하나 나라에 바쳤다고……. 으흐흐흐……."

그리고는 또,

"이놈! 너 오늘 와 핵교 안 갔노? 응? 돈이 없어서 안 갔나? 응? 응? 이 못난 자식아! 뭐 핵교를 안 댕기겠다고?"

하고 마구 퍼부어 댄다.

"이놈아, 오늘 내가 핵교에 갔다. 핵교에 갔어. 너거 선생 만나서 다 얘기했

다. 이 봐라, 이 놈아! 내 팔이 하나 안 없어졌나. 이것을 내 보이면서 다 얘기하니까 너거 선생 오히려 미안해서 죽을라 카더라. 죽을라 캐. 봐라, 이렇게 책보도 안 받아 왔는강."

전쟁의 비극성

아버지는 책보를 동길이 앞에 불쑥 내밀었다. 동길이는 책보와 흰 종이를 한꺼번에 받아 안으며 모가지를 움츠렸다.

"이놈아, 아부지가 징용에 나갔다고 선생님한테 와 말을 못 하노. 아부지가 돌아오면 다 갖다 바치겠다고 와 말을 못하노 말이다. 입은 뒀다가 뭐 할라카는 입이고?"

"아부지 노무자 나갔다고 캤심더."

동길이는 약간 보로통해졌다.

"뭐, 이놈아? 니가 똑똑하게 말을 못했으니까 그렇지. 병신 자식 같으니……."

어머니가 밥상을 들고 와서 아버지 앞에 놓으며,

"자아, 그만하고 어서 저녁이나 드이소."

했다. 아버지는 숟가락을 들었다. 그러나 밥을 떠올릴 생각은 않고 연방 떠들어 댄다.

〈중략〉

"야아, 오늘 밤의, 아아, 오늘 밤의 활동사진*은 쌍권총을 든 사나이, 아아, 쌍권총을 든 사나이. 많이 구경하러 오이소! 많이많이 구경하러 오이소!"

그러고는 쑥스러운 듯 얼른 메가폰을 입에서 떼어버리는 것이었다. 그럴라치면 이번에는 아이들이 제가끔 목소리를 돋우어,

"아아, 오늘 밤에는 쌍권총을 든 사나이."

"아아, 쌍권총을 든 사나이, 구경하러 오이소."

"아아, 오늘 밤에 많이많이 구경하러 오이소."

하고 떠들어댔다.

동길이는 공연히 즐거웠고, 가슴이 울렁거렸다. 우뚝 멈추어 서서 우선 광고판의 그림부터 바라보았다.

활동사진
지금의 '영화'와 비슷한 개념이다. '신작로, 사친회비, 노무자, 징용, 책보, 아이스 케이크' 등과 함께 6·25 전쟁 직후의 시대상을 드러내는 소재이다.

시꺼먼 안경을 낀 코쟁이가 큼직한 권총을 두 자루 양쪽 손에 쥐고 있는 그림이었다. 노란 머리카락과 새파란 눈깔을 가진 여자도 하나 윗도리를 거의 벗은 것처럼 하고 권총을 든 사나이 등뒤에 납작 붙어 있었다. 괴상한 그림이었다.

"아아, 쌍권총을 든 사나이, 아아, 오늘밤의 활동사진은 쌍권총을 든 사나이, 많이 구경 오이소! 많이많이 구경 오이소!"

그리고 메가폰을 입에서 뗀 그 희한한 사람의 시선이 동길이의 시선과 마주쳤다.

순간 동길이의 가슴이 철렁 내려앉고 말았다. 뒤통수를 야물게 한 대 얻어맞은 것 같았다. 그리고 눈물이 핑 돌았다. 어처구니가 없었다.

그 희한한 사람이 바로 아버지였던 것이다.

아버지는 동길이와 눈이 마주치자 약간 멋쩍은 듯했다. 그러고는 얼른 시선을 돌려버리는 것이었다. 동길이는 코끝이 메워 오며 뿌옇게 눈앞이 흐려져 갔다.

아이들은 더욱 신명이 나서 떠들어댄다.

"아아, 오늘 밤에는 쌍권총입니다."

"아아, 쌍권총을 든 사나이 재미가 있습니다."

이런 소리에 섞여 분명히,

"동길아! 느그 아부지다. <u>느그 아부지 참 멋쟁이다.</u>"
조롱, 놀림

하는 소리가 동길이의 귓전을 때렸다. 용돌이란 놈의 목소리에 틀림없었다.

동길이는 온몸의 피가 얼굴로 치솟는 듯했다. 주먹으로 아무렇게나 눈물을 뿌리쳤다. 뿌옇던 눈앞이 확 트이며 얼른 눈에 들어온 것은 소리를 지른 용돌이 아닌 창식이란 놈이었다. 요놈이 나무꼬챙이를 가지고 아버지의 수염을 곧장 건드리면서,

"진짜 앙이다야. 종이로 만든 기다, 종이로."

하고 켈켈 웃어쌓는 것이 아닌가.

동길이는 가슴속에 불이 확 붙는 것 같았다. 순간 동길이의 눈은 매섭게 빛났다. 이미 물불을 가릴 계제가 아니었다. 살쾡이처럼 내달을 따름이었다.

"으악!"

비명 소리와 함께 길바닥에 나가떨어진 것은 물론 창식이었다. 개구리처럼 뻗었다. 그러나 동길이는 그 위에 덮쳐서 사정없이 마구 깔고 문댔다.

"아이크, 아야야야……. 캥!"

창식이의 얼굴은 떡이 되는 판이었다.

아이들은 덩달아서 와아와아 소리를 지르며 떠들어댔다.

동길이 아버지는 두 눈이 휘둥그래지며 손에서 메가폰을 떨어뜨렸다. 어찌된 영문인지 알 수가 없었다.

창식이는 이제 소리도 지르지 못하고 읔! 읔! 넘어가고 있었다.

"와 이카노? 와 이카노? 와 이캐?"

동길이 아버지는 후닥닥 광고판을 벗겨 던졌다. 그리고 하나 남은 손을 대고 내저으며 어쩔 줄을 몰라했다. 턱에 붙였던 수염이, 실밥이 떨어져서 흰 종이 수염이 가슴 앞에 매달려 너풀너풀 춤을 춘다.

가장으로서의 책임감, 전쟁으로 인한 비극적인 삶

"이누무 자식이 미쳤나, 와 이카노, 와 이캐 잉?"

결말*

결말

일반적인 소설에서는 결말에 갈등이 해소되지만 이 소설은 싸움을 말리는 아버지의 대사로 끝난다. 이것은 독자의 상상력을 자극하며, 갈등이 고조된 상태로 끝이 나 전쟁의 참혹성을 강조하는 효과를 가져온다.

줄거리 보기

- **발단** : 동길이는 아버지가 노무자로 끌려가서 사친회비를 내지 못해 학교에서 쫓겨남.
- **전개** : 전쟁으로 팔을 잃은 아버지가 돌아오고, 동길이는 아버지를 놀리는 아이들 때문에 화가남.
- **위기** : 가족을 위해 극장에 취직한 아버지와 학교에 간 동길이
- **절정** : 극장 선전을 하고 있는 아버지를 놀리는 아이들의 모습을 동길이 봄.
- **결말** : 창식이를 때려 눕히는 동길이와, 동길이를 말리는 아버지

만/점/포/인/트

1. 갈등 양상

① 학교에 가라는 아버지와 가지 않겠다는 동길이의 외적 갈등
② 아버지를 놀리는 아이들과 그런 아이들에게 화가 난 동길이의 외적 갈등

2. 사투리 사용

① 친근감을 주고 재미와 흥미를 유발함.
② 향토적, 사실적, 생동감이 느껴짐.
③ 작품의 공간적 배경을 짐작하게 함.

3. 시대적 배경

6·25 전쟁 직후(사친회비, 노무자, 징용, 책보 등)

4. '흰 종이 수염'의 상징적 의미

① 아버지의 모습을 우스꽝스럽게 만들어 비극적 분위기를 연출함.
② 전쟁으로 상처 받은 사람들의 비참한 삶을 상징함.
③ 비참한 현실을 극복하려는 의지를 보여 줌.

기/출/문/제 Check!

정답 및 해설 9p

16 ㉠에 가장 두드러지게 나타난 것은?

① 작품의 배경
② 인물의 외양 묘사
③ 인물의 심리 변화
④ 인물 간의 외적 갈등

바로바로 체크

(1) '흰 종이 수염'의 상징적 의미가 아닌 것은?
❶ 전쟁으로 상처받은 사람들의 비참한 삶
❷ 나이 든 노인의 하얀 수염
❸ 아버지의 모습을 우스꽝스럽게 만들어 비극적 분위기를 나타냄.
❹ 비참한 현실을 극복하려는 의지

(2) 이 글에서 가장 두드러지게 나타나는 표현법으로 겉모습을 그림 그리듯이 표현하는 방식은?

정답 (1) ❷
(2) 묘사

02 고전 소설

• 고전 소설과 현대 소설의 차이점을 찾아보고, 고전 소설의 특징을 이해하며 작품을 감상해 본다.

1 고전 소설이란?

1. 고전 소설

갑오개혁(1894년) 이전까지 지어진 소설이다.

2. 고전 소설과 현대 소설의 특징

구분	고전 소설	현대 소설
주제	권선징악적, 교훈적	인간 사회에 대한 다양한 탐구
내용	비현실적인 내용	현실에 있음 직한 내용
결말	행복한 결말	다양한 결말
인물	전형적 인물*, 평면적 인물*	개성적 인물*, 입체적 인물*
구성	평면적 구성, 일대기적 구성	입체적 구성, 역순행적 구성
시점	전지적 작가 시점	다양한 시점
사건	우연적, 비현실적	필연적, 현실적
배경	비현실적, 막연한 배경	현실적, 구체적 배경
문체	운문체, 문어체	구어체, 산문체
표현	과장, 나열, 한문투 문장	정확하고 간결한 묘사

전형적 인물
어떤 계층이나 집단의 공통된 성격을 대표하는 인물로, 개별적인 성격과 집단의 성격을 함께 지니며 대부분 형식적이고 일반적인 인물이다.

개성적 인물
전형적 인물과 반대되는 인물로 다른 인물이 지니지 못한 독창성과 특이성을 지닌 인물이다. 현대 소설에 보이는 다양한 개성적인 인물들이 여기에 속한다.

평면적 인물
이야기의 처음부터 끝까지 성격의 변화가 없는 인물

입체적 인물
이야기의 도중에 성격의 변화가 보이는 인물

박씨전 _ 작자 미상

[앞부분 줄거리]

조선 인조 때, 이 상공(相公)의 아들 이시백은 어려서부터 매우 총명하고 용맹하여 그 이름을 떨쳤다. 어느 날 박 처사(處士)가 이시백의 집에 찾아가 이시백과 자신의 딸을 정혼시키자고 청하고, 박 처사의 신비한 재주를 보고 감탄한 이 상공은 둘의 혼인을 허락한다. 그러나 박 처사의 딸과 혼인한 이시백은 박씨의 용모가 천하의 박색(薄色)임을 알고 실망하여 박씨를 대면조차 하지 않는다. 박씨는 이 상공에게 청하여 후원에 피화당을 짓고 시비 계화와 함께 지낸다. 박씨는 하룻밤에 옷을 지어 내고 볼품없는 망아지를 훌륭한 말로 길러 내는 등 비범한 능력을 보여 준다.

사회적 상황 – 자식의 혼사를 부모가 결정함

고전 소설의 특징 – 비범한 능력을 지님.

〈중략〉

다음 날, 날이 밝자마자 박씨는 집을 나섰다. 피화당 뜰에 나와 두어 걸음을 걷는가 싶더니 어느새 몸을 날려 구름을 타고 자취를 감추었다. 잠깐 만에 금강산에 다다라 부친께 절을 하고 문안을 드리니, 처사가 박씨의 손을 잡고 반겼다.

고전 소설의 특징 – 비현실적

"너를 시가에 보낸 후 너의 기박한 운명을 생각하며 눈물 흘리지 않은 날이 없었다. 하지만 이는 하늘에 매인 바요 사람의 힘으로 어찌하지 못하는 것이다. 이제 너의 액운(厄運)은 다하였다. 앞으로는 네 앞날에 행복만이 무한할 것이니, 너무 슬퍼하지 말고 잠깐만 쉬다 가거라. 내 이달 십오일에 너의 시댁으로 갈 것이니라."

〈중략〉

그날 밤, 박씨는 몸을 깨끗이 씻은 뒤 둔갑술을 부려 허물을 벗었다. 날이 밝은 후, 박씨는 계화를 불렀다. 계화가 들어가 보니 전에 없던 절세가인(絕世佳人)이 방 안에 앉아 있었다. 여인의 얼굴은 아름답기 그지없었으며, 그 태도는 너무도 기이했다. 월궁항아(月宮姮娥)나 무산 선녀(巫山仙女)라도 따르지 못할 듯했고, 서시와 양귀비도 미치지 못할 정도였다.

고전 소설의 특징 – 비현실적

〈중략〉

핵/심/정/리

- 갈래 : 국문 소설, 역사 소설, 여성 영웅 소설, 군담 소설
- 배경 : 시간적 – 조선 시대, 병자호란
  공간적 – 조선
- 주제 : 박씨 부인의 영웅적 기상과 재주, 청나라에 대한 적개심과 복수심

오랑캐 장수와 군사들이 정신을 수습하여 다시 칼을 들고 쳐들어가려 했다. 그러자 이번에는 맑은 날이 순식간에 다시 어두워지며 구름과 안개가 자욱하여 지척을 분간하지 못할 지경이 되었다. 상황이 이쯤 되자 용골대 역시 감히 집 안으로 들어가지는 못하고 용울대의 머리만 쳐다보며 탄식할 뿐이었다.

이때 나무 사이로 한 여자가 나타났다.

"어리석은 용골대야! 네 동생 용울대가 내 칼에 놀란 혼이 되었는데, 너까지 내 칼에 죽고 싶어 이렇게 찾아왔느냐?"

용골대는 이 말을 듣고 분을 참을 수 없었다.

"대체 어떤 계집이 감히 장부를 희롱하느냐? 불행하게도 내 동생이 네손에 죽었지만, 나는 이미 조선 임금의 항서를 받은 몸이다. 이제 너희도 우리나라 백성인데, 어찌 우리를 해치려 하느냐? 나라가 무엇인지도 모르는 여자로구나. 살려두어도 쓸데가 없으니 나와서 내 칼을 받아라."

계화가 들은 척도 하지 않고 계속해서 용울대의 머리만 가리키면서 조롱을 하였다.

"나는 충렬 부인의 시비 계화다. 너야말로 참으로 가련한 사내로구나. 네 동생 울대도 내 손에 죽었는데, 너 역시 나같이 연약한 여자 하나 당하지 못해 그렇듯 분통해 하느냐? 참으로 가련한 놈이로다."

용골대는 끓어오르는 화를 참지 못하고, 쇠로 만든 활에 왜전(矮箭)을 먹여 쏘았다. 하지만 계화를 맞히기는커녕 예닐곱 걸음 앞에 가 떨어져 버렸다. 화가 머리 끝까지 치밀어 오른 용골대가 다시 군사를 몰아쳤다.

"모든 군사는 한꺼번에 화살을 쏘아라." / 명령을 들은 군사들은 앞다투어 화살을 쏘았지만 역시 하나도 맞히지 못했다. 화살만 허비한 채 가슴이 막혀 어찌할 바를 모르고 있던 용골대는 황급히 김자점을 불렀다.

"너희도 이제 우리나라의 백성이다. 얼른 도성의 군사들을 뽑아서 저 팔문금사진을 깨뜨리고 박씨와 계화를 잡아들여라. 만일 거역한다면 군법에 따라 처벌할 것이다." / 서릿발 같은 명령을 내리자 김자점이 겁먹은 소리로 대답했다.

"어찌 장군의 명령을 거역하겠습니까?"

김자점은 급히 군사를 모아 대포 한 방을 쏜 뒤 팔문금사진을 에워쌌다.

그런데 갑자기 그 진이 변하여 백여 길이나 되는 늪이 되었다. 갑작스러운 일에 당황하던 용골대가 꾀를 내어, 군사들에게 팔문진 사면에 못을 파게 한 뒤 화약을 묻게 했다.

"너희가 아무리 천 가지로 변화하는 술수를 가졌다고 한들 오늘에야 어찌 살기를 바랄까? 목숨이 아깝거든 바로 나와 몸을 던져라."

피화당을 향해 무수히 욕을 했지만 고요한 정적만 흐를 뿐 집 안에서는 아무 소리도 들리지 않았다.

용골대가 군사들에게 명령하여 일시에 불을 지르니, 화약 터지는 소리가 산천을 무너뜨릴 것 같았다. 사면에서 불이 일어나 불빛이 하늘을 가득 메웠다.

이때, 박씨 부인이 옥으로 된 발을 걷고 나와 손에 옥화선을 쥐고 불을 향해 부쳤다. 그러자 갑자기 큰바람이 불면서 불기운이 오히려 오랑캐 진영을 덮쳤다. 오랑캐 장졸들이 불꽃 한가운데에서 천지를 분별하지 못한 채 넋을 잃고 허둥거리다가 무수히 짓밟혀 죽었다. 순식간에 피화당 근처는 아수라장이 되었다.

용골대는 크게 놀라 급히 물러났다.

"한 번의 싸움에 이겨서 항복을 받았으니 이미 큰 공을 세웠거늘, 부질없이 조그마한 계집을 시험하다가 장졸들만 다 죽이게 되었구나. 이런 절통(切痛)하고 분한 일이 어디 있단 말인가?"

통곡을 하며 몸부림쳤지만 더 이상 어찌할 도리가 없었다.

"우리 임금이 장졸을 전장에 보내시고 칠 년 가뭄에 비 기다리듯 기다리실 텐데, 무슨 면목으로 임금을 뵙는단 말인가? 우리 재주로는 도저히 감당을 못할 듯하니 이제라도 그냥 돌아가는 것이 좋겠구나."

모든 장수와 군사가 용골대의 말에 살길을 찾은 듯 안도의 한숨을 내쉬었다

용골대가 모든 장졸을 뒤로 물린 후, 왕비와 세자, 대군을 모시고 장안의 재물과 미녀를 거두어 돌아갈 채비를 꾸렸다. 오랑캐에게 잡혀가는 사람들의 슬픈 울음소리가 장안을 진동했다.

ⓐ 박씨가 계화를 시켜 용골대에게 소리쳤다.

"무지한 오랑캐 놈들아! 내 말을 들어라. 조선의 운수가 사나워 은혜도 모르는 너희에게 패배를 당했지만, 왕비는 데려가지 못할 것이다. 만일 그런 뜻을

둔다면 내 너희를 몰살시킬 것이니 당장 왕비를 모셔 오너라."

하지만 용골대는 오히려 코웃음을 날렸다.

"참으로 가소롭구나. 우리는 이미 조선 왕의 항서를 받았다. 데려가고 안 데려가고는 우리 뜻에 달린 일이니, 그런 말은 입 밖에 내지도 마라."

오히려 욕설만 무수히 퍼붓고 듣지 않자 계화가 다시 소리쳤다.

"너희의 뜻이 진실로 그러하다면 이제 ⓑ 내 재주를 한 번 더 보여 주겠다."

계화가 주문을 외자 문득 공중에서 두 줄기 무지개가 일어나며 모진 비가 천지를 뒤덮을 듯 쏟아졌다. 뒤이어 얼음이 얼고 그 위로는 흰 눈이 날리니, 오랑캐 군사들의 말발굽이 땅에 붙어 한 걸음도 옮기지 못하게 되었다. 그제야 용골대는 사태가 예사롭지 않음을 깨달았다.

"당초 우리 왕비께서 분부하시기를 장안에 ⓒ 신인(神人)이 있을 것이니 이시백의 후원을 범치 말라 하셨는데, 과연 그것이 틀린 말이 아니었구나. 지금이라도 ⓓ 부인에게 빌어 무사히 돌아가는 편이 낫겠다."

용골대가 갑옷을 벗고 창칼을 버린 뒤 무릎을 꿇고 애걸하였다.

"소장이 천하를 두루 다니다 조선까지 나왔지만, 지금까지 무릎을 꿇은 적은 한번도 없었습니다. 이제 부인 앞에 무릎을 꿇어 비나이다. 부인의 명대로 왕비는 모셔 가지 않을 것이니, 부디 길을 열어 무사히 돌아가게 해 주십시오."
역사적 사실과 다름.*

무수히 애원하자 그제야 박씨가 발을 걷고 나왔다.

"원래는 너희의 씨도 남기지 않고 모두 죽이려 했었다. 하지만 내 사람 목숨 죽이는 것을 좋아하지 않기에 용서하는 것이니, 네 말대로 왕비는 모셔 가지 마라. 너희가 부득이 세자와 대군을 모셔 간다면 그 또한 하늘의 뜻이기에 거역하지 못하겠구나. 부디 조심하여 모셔 가라. 그렇게 하지 않으면 신장과 갑옷 입은 군사를 몰아 너희를 다 죽인 뒤, 너희 국왕을 사로 잡아 분함을 풀고 무죄한 백성까지 남기지 않을 것이다. 나는 앉아 있어도 모든 일을 알 수 있다. 부디 내 말을 명심하여라."
역사적 사실에서 완전히 벗어나게 하지는 않으려는 의도

〈후략〉

역사적 사실과 다름
이 글은 '병자호란'이라는 역사적 사실을 배경으로 하고 있다. 하지만 실제와는 다른 모습을 소설 속에서 제시함으로써 문학에서나마 전쟁의 상처를 보상받고자 하는 독자들의 소망을 작품 속에서 보여 주고 있다.

줄거리 보기

- 발단 : 이득춘의 아들인 이시백은 박처사의 딸과 혼인을 하게 되지만 박씨가 얼굴이 추하다는 이유로 냉대한다.
- 전개 : 박씨는 여러 가지 비범한 능력을 보여주고, 남편의 장원 급제를 돕지만 여전히 남편과 시어머니는 박씨의 박색을 이유로 무시한다.
- 위기 : 박씨가 박처사의 도움으로 절세가인으로 변신하게 되자, 이시백은 그 동안의 잘못을 뉘우친다. 이때 청나라에서 조선을 침략하여 나라가 위기에 처하게 된다.
- 절정 : 청나라의 공격에 결국 조선의 임금이 항복하게 되자, 박씨는 용골대의 동생을 죽이고, 동생의 복수를 하기 위해 찾아온 용골대에게 항복을 받아낸다.
- 결말 : 청나라 군이 물러가고 임금은 박씨에게 정경부인의 칭호를 내리며, 박씨는 이시백과 행복하게 남은 생을 보낸다.

만/점/포/인/트

1. 박씨전의 창작 동기

① 병자호란의 패배를 문학으로나마 보상받고 싶은 마음
② 문학을 통해서 민족의 자주성을 지키고자 하는 마음

2. 역사적 사실과 다른 점

역사적 사실	조선은 청나라에게 치욕적으로 항복을 하게 되고 소현 세자와 봉림 대군이 청나라에 끌려가게 됨.
소설의 내용	임금이 청나라에게 항복을 하지만, 박씨가 용골대를 물리친 후 용골대의 항복을 받아내고 두 나라는 화친을 하게 됨.

3. 박씨전의 의의

여성 영웅을 등장시킴	• 남성보다 우월한 여성을 통해 여성들을 대리만족시킴. • 국란 때 나라를 지키지 못한 남성 등을 비판함. • 남존여비 관습을 비판함.
당대 민중의 소망이 문학으로 드러남	• 패배였던 역사적 사실을 소설 속에서 다르게 표현하여 백성들의 분노를 위로함. • 문학에서나마 청나라에 복수하고자 했던 당대 민중의 소망이 드러남.

기/출/문/제 Check!

정답 및 해설 9p

17 윗글에 대한 설명으로 적절하지 않은 것은?

① 전지적 작가 시점으로 서술되고 있다.
② 주인공의 영웅적 활약상이 드러나 있다.
③ 조선이 승리했던 전쟁을 소재로 하고 있다.
④ 시간의 흐름에 따라 이야기가 진행되고 있다.

18 ⓐ~ⓓ 중 지시하는 대상이 다른 것은?

① ⓐ
② ⓑ
③ ⓒ
④ ⓓ

양반전 _ 박지원

〈전략〉

더러운 일을 끊어 버리고, 옛사람을 우러르며, 뜻을 아름답게 지니고, 오경이면 일어나 유황에다 불붙여 기름등잔을 켜고, 눈은 코끝을 내려다보며, 발꿈치를 괴고 앉아, 얼음 위에 박 밀 듯이 '동래박의'를 줄줄 외워야 한다. 주림을 참고, 추위를 견디고, 가난 타령 아예 말며, 눈은 코끝을 내려다보며, 발꿈치를 괴고 앉아, 얼음 위에 박 밀 듯이 '동래박의'를 타령을 하지 말며, 어금니를 마주치고, 머리 뒤를 손가락으로 퉁기며, 침을 입 안에 머금고 가볍게 양치질하듯 한 뒤 삼기며, 옷소매로 휘양*을 닦아 먼지를 털어 털 무늬를 일으키며, 세수할 적엔 주먹으로 벼르듯이 하지 말고, 냄새 없게 이를 잘 닦고, 길게 빼는 소리로 종을 부르며, 느린 걸음으로 신발을 끌 듯이 걸어야 한다. '고문진보'와 '당시품휘'를 깨알같이 베껴 쓰되 한 줄에 백 자씩 쓴다.

(얼음 위에 박 밀 듯이: 말이나 글을 거침없이 줄줄 내리읽거나 내리외는 모양)

➡ 1차 양반 매매 증서*의 내용(양반으로서 지켜야 할 의무와 규범 제시)

〈중략〉

「"양반이라는 것이 겨우 이것뿐이란 말입니까? 제가 듣기로 양반은 신선 같다던데 정말 이와 같다면 저는 너무도 엄청나게 속은 셈입니다. 바라건대 좀 더 이익이 될 수 있도록 고쳐 주십시오."」

(이익이 될 수 있도록: 부자가 양반이 되려고 하는 목적) 「 」: 부자가 양반 증서를 수정해 줄 것을 요구

마침내 증서를 이렇게 고쳐 만들었다.

"하느님이 백성을 내니, 그 백성은 넷이다. 네 가지 백성 가운데는 선비가 가장 귀한 것이고, 거기서도 양반이라 불리면 이익이 엄청나다. 농사, 장사 아니하고, 문사 대강 공부하여 크게 되면 문과 급제, 작게 되면 진사로세. 「문과 급제 홍패라면 온갖 물건 구비되니 이게 바로 돈 전대요.」 서른에야 진사되어 첫 벼슬에 발 디뎌도 이름난 음관*되어 높은 자리로 섬겨진다. 「일산 덕에 귀가 희고 설렁* 줄에 배 처지며, 방 안에 널린 귀걸이 예쁜 기생 몫이 되고 뜨락에 흘린 곡식 두루미 모이로다.」 궁한 선비 시골 살면 나름대로 횡포 부려 이웃 소로 밭

「 」: 홍패를 남용하여 재물을 축적하는 비리가 만연함.

「 」: 무위도식하는 양반의 모습

핵/심/정/리

- 갈래 : 단편 소설, 한문 소설, 풍자 소설, 고전 소설
- 성격 : 현실 비판적, 풍자적, 사실적
- 시점 : 전지적 작가 시점(일부분 작가 관찰자 시점)
- 배경 ┌ 시간 : 조선 후기
  └ 공간 : 강원도 정선군
- 주제 : 양반들의 위선적인 태도와 무능력함, 허위 의식에 대한 풍자와 비판
- 특징 : ❶ 실용을 강조하는 실학 사상에 대한 반영
  ❷ 양반들의 경제적 무능력과 허례허식, 위선적인 생활 태도를 비판
  ❸ 조선 후기 시대상 반영

휘양
추울 때 머리에 쓰던 모자의 하나

매매 증서
'1차 매매 증서'에는 양반이 지켜야 할 의무만 나열되어 있고, '2차 매매 증서'에는 양반이 가지는 권력이 나열되어 있다. 그러나 그 권력은 백성들에게 횡포를 부려 갖게 되는 것으로 부자는 결국 양반되기를 포기한다. 군수는 표면적으로는 부자를 칭찬하는 듯 하지만, 결국 매매 증서를 작성함으로써 부자가 스스로 양반되기를 포기하게 하려는 의도를 가졌다고 볼 수 있다.

음관
과거를 거치지 아니하고 조상의 공덕에 의하여 맡은 벼슬

설렁
사람을 부를 때 줄을 잡아당기면 소리를 내는 방울

을 갈고 일꾼 뺏어 김을 맨들 누가 나를 거역하리, 네놈 코에 잿물 붓고 상투
신분을 이용하여 평민들을 괴롭히는 양반의 모습
잡아 도리질하고 귀밑 나룻 다 뽑아도 감히 원망 못하니라."

➡ 2차 양반 매매 증서의 내용(부당한 특권을 남용하는 비도덕적인 양반의 모습)

부자가 증서 내용을 듣고 있다가 혀를 내두르며 말했다.

"그만두시오! 그만두시오! 참으로 맹랑한 일입니다! 장차 나더러 도적놈이 되
양반의 행동이 도둑의 행위와 같다(풍자의 절정)
라는 말입니까?" 그러고는 머리를 흔들며 뛰쳐나가서 죽을 때까지 다시는 양반의 일을 입에 담지 않았다.

➡ 부자가 양반되기를 포기함(양반들의 삶이 '도둑놈'같고, 그들의 특권이 부당하다고 생각함)

줄거리 보기

- 발단 : 무능한 양반이 환곡을 갚지 못해 곤란한 처지에 놓임.
- 전개 : 부자가 환곡을 대신 갚아 주고 양반 신분을 삼.
- 절정 1 : 군수가 부자에게 양반으로서 지켜야 할 의무와 규범을 담은 증서를 작성해 줌.
- 절정 2 : 부자의 요구로 양반의 특권을 담아 양반 증서를 수정함.
- 결말 : 부자는 양반을 '도적놈'이라고 하며 스스로 양반되기를 포기함.

만/점/포/인/트

1. '양반전'에 나타난 시대상

① 무능하고 가난한 양반들
② 나라에서 곡식을 빌려주는 환곡 제도를 실시
③ 신분을 사고 팔 수 있음. ➜ 신분제의 동요
④ 양반이 아닌 평민도 부를 축적 할 수 있음.

2. '양반전'의 풍자 대상

양반층의 허위 의식과 부패상

3. 인물의 성격

양반	무능력하며 자신의 신분을 돈을 받고 파는 비도덕적 모습
부자	• 양반을 동경했으나 양반의 실체를 알고 양반 되기를 포기함. • 조선 후기 부농층을 대변하는 인물

4. '양반 증서'의 내용 및 의미

1차 양반 증서	양반으로서 지녀야 할 의무와 규범 ➜ 허례허식과 체면을 중시하는 양반의 모습
2차 양반 증서	양반의 특권 ➜ 신분과 지위를 이용하여 이득을 취하는 양반의 부패한 모습을 비판

바로바로 체크

(1) 이 글에서 풍자하는 양반의 모습은?

(2) 양반 증서를 통해 알 수 있는 시대적 상황은?

정답 (1) 양반층의 허위 의식과 부패상
(2) 신분을 돈으로 사고 팔 수 있었다(매관매직). 양반들은 신분과 지위를 이용하여 이득을 취하였다.

춘향전 _ 작자 미상

핵/심/정/리

- 갈래 : 고전 소설, 판소리계 소설*, 애정 소설
- 성격 : 해학적, 풍자적
- 주제 : ❶ 지고지순한 남녀 간의 사랑
  ❷ 탐관오리에 대한 응징
  ❸ 평등한 사회에 대한 갈망

[앞부분 줄거리]

남원 부사의 아들 몽룡(신분이 높음)이 단옷날 광한루에 나갔다가 그네를 타는 기생 월매의 딸 춘향(신분이 낮음)의 모습을 보고 반한다. 몽룡은 춘향의 집으로 찾아가 춘향과 부부의 연을 맺고, 행복한 나날을 보낸다. 그러던 어느 날, 몽룡은 남원 부사 임기가 끝난 아버지를 따라 한양으로 가게 되어 춘향에게 이별을 고한다. 그 후 남원 부사로 새로 부임한 변학도가 춘향에게 수청을 강요하고, 춘향이 이를 거절하자 춘향을 옥에 가둔다. 한편 한양에서 장원 급제한 몽룡은 암행어사의 신분으로 남원에 와서, 변학도의 횡포를 모두 듣게 된다.

판소리계 소설
판소리의 창을 산문화하여 기록한 서사 문학. 『춘향전』, 『흥부전』, 『심청전』 등이 판소리계 소설의 대표적인 작품이며 판소리의 창과 문체나, 인물, 세계관 등이 비슷하게 나타난다.

이튿날 날이 밝자 조회를 끝내고 이웃 읍의 수령들이 남원으로 몰려들었다. 운봉 · 구례 · 곡성 · 순창 · 진안 · 장수의 운님들이 아랫사람들을 거느리고 차례로 잔치 마당으로 들어왔다. 왼편에 행수 군관, 오른편에 명을 전하는 사령, 한가운데 본관 사또는 주인이 되어 하인 불러 분부하되,

"관청색 불러 다과상 올려라. 육고자 불러 큰 소 잡고, 예방 불러 악공 대령하라. 승발 불러 차일 대령하라. 사령 불러 잡인을 금하라."

이렇듯 요란한 가운데 깃발들이 휘날리고, 삼현 육각 음악 소리 공중에 떠 있고, 초록 저고리에 붉은 치마(녹의홍상 – 곱게 차려입은 젊은 여자의 옷차림을 뜻함)를 입은 기생들이 하얀 손을 높이 들어 춤을 춘다.

"지화자, 두둥실, 좋다."하는 소리에 어사또 마음이 심란하다.(어사또 심리 – 탐관오리에 대해 반감(편집자적 논평)) 화를 누르고 한 번 놀려 줄 심산으로 어슬렁어슬렁 잔치판으로 걸어 들어갔다.

"여봐라, 사령들아. 너희 사또께 여쭈어라. 먼 데 있는 걸인이 마침 잔치를 만났으니 고기하고 술이나 좀 얻어먹자고 여쭈어라."

사령하나가 뛰어나와 등을 밀쳐 낸다.

"어느 양반인데 이리 시끄럽소. 사또께서 거지는 들이지도 말라고 했으니(사또 – 인색함) 말도 내지 말고 나가시오."

운봉 수령이 그 거동을 지켜보다가 무슨 짐작이 있었는지 변 사또에게 청했다.

"저 걸인이 옷차림은 남루하나 양반의 후예인 듯하니 저 끝자리에 앉히고 술

이나 한잔 먹여 보내는 것이 어떻겠소?"

"운봉 생각대로 하지오마는……."

마지못해 입맛을 다시며 허락은 한다. 어사또 속으로,

'오냐, 도적질은 내가 하마. 오랏줄은 네가 져라.'

되뇌이며 주먹을 꽉 쥐고 있는데 운봉 수령이 사령을 부른다.

"저 양반 드시라고 해라."

어사또 들어가 단정히 앉아 좌우를 살펴보니 마루 위의 모든 수령이 다과상을 앞에 놓고 진양조 느린 가락을 즐기는데, 어사또 상을 보니 어찌 아니 통분하랴.

어사또에 대한 반감을 드러냄(편집자적 논평)

귀퉁이가 떨어진 개다리소반에 닥나무 젓가락, 콩나물에 깍두기, 막걸리 한 사발이 놓였구나. 상을 발로 탁 차 던지며 운봉의 갈비를 슬쩍 집어 들고, "갈비 한 대 먹읍시다." "다리도 잡수시오."

해학적 표현 – 신체 부위인 '갈비'와 음식 '갈비'를 이용한 언어유희를 통해 웃음을 유발함

하고 운봉이 하는 말이,

"이런 잔치에 풍류로만 놀아서는 맛이 적으니 운자를 따라 시 한 수씩 지어 보면 어떻겠소?"

"그말이 옳다."

다들 찬성을 했다. 운봉이 먼저 운을 낼 때 '높을 고(高)'자, '기름 고(膏)'자 두

한시에서 운율을 맞추는 글자

자를 내놓고 차례로 운을 달아 시를 지었다. 앞사람이 끝나면 뒷사람이 받아 시를 지을 때 어사또 끼어들어 하는 말이,

"이 걸인도 어려서 글을 좀 읽었는데, 좋은 잔치를 맞아 술과 안주를 포식하고

반어적 – 형편없는 대접을 받고, 술과 안주를 포식했다 말함

그냥 가기가 염치가 아니니 한 수 하겠소이다."

운봉이 반갑게 듣고 붓과 벼루를 내주니, 백성들의 사정과 본관 사또의 정체

탐관오리의 정치로 인한 백성들의 상황 / 탐관오리

를 생각하여 시 한편을 써 내려갔다.

금준미주(金樽美酒)는 천일혈(千人血)이요

옥반가효(玉盤佳肴)는 만성고(萬姓膏)라

촉루낙시(燭淚落時)에 민루락(民淚落)이요

가성고처(歌聲高處)에 원성고(怨聲高)라

이 글의 뜻은

금 술잔의 좋은 술은 수많은 사람의 피요

옥쟁반의 좋은 안주는 만백성의 기름이라

촛농이 떨어질 때 백성들 눈물도 떨어지고

노랫소리 높은 곳에 원망의 소리도 높구나

➥ 인간 존중 사상 - 양반과 백성이 다를 것이 없이 평등함을 말함

이렇게 시를 지어 보이니 술에 취한 변 사또는 무슨 뜻인지도 모르지만, 글을 받아 본 운봉은 속으로,

변사또의 어리석음

'아뿔싸! 일 났다.'

가슴이 철렁 내려앉았다.

운봉 - 단순한 걸인이 아님을 눈치챔

이때 어사또 하직하고 간 연후에 운봉이 공형 불러 분부한다.

"야야, 일 났다!"

공방 불러 자리 단속, 병방 불러 역마 단속, 관청색 불러 다과상 단속, 옥사정 불러 죄인 단속, 집사 불러 형벌 기구 단속, 형방 불러 서류 단속, 사령 불러 숙직 단속, 한참 이렇게 요란할 때 눈치 없는 본관 사또, 운봉을 향해 말을 던진다.

변 사또 - 눈치 없고 아둔함

"여보, 운봉, 어딜 그리 바삐 다니시오."

"소피 보고 들어오오."

그때 술이 거나하게 취한 변 사또가 술주정을 하느라고 느닷없이 명을 내렸다.

"춘향이 빨리 불러 올려라."

이때 어사또가 서리에게 눈길을 주어 신호를 하니, 서리 · 중방이 역졸 불러 단속할 때, 이리 가며 수군수군, 저리 가며 수군수군 신호를 전한다. 서리 · 역졸의 거동을 보자. 한 가닥 올로 지은 망건에 두터운 비단 갓싸게, 새 패랭이 눌러 쓰고, 석 자 길이 발감개에 새 짚신 신고, 속적삼, 속바지 산뜻이 입고, 여섯 모 방망이에 사슴 가죽끈을 매달아 손목에 걸어쥐고, 여기서 번뜻 저기서 번뜻, 남원읍이 웅성거렸다.

열거법 - 상황을 생동감 있게 나타냄, 긴장감을 고조함

이때 청파역 역졸들이 달 같은 마패를 햇빛같이 번쩍 들고 우렁차게 소리를
마패 - 백성들의 삶을 밝게 해줌, 옥에 갇힌 '춘향'이 광명을 찾게 함
질렀다.

"암행어사 출두야!"
극적 반전이 나타나는 장면

역졸들이 일시에 외치는 소리에 강산이 무너지고 천지가 뒤집히는 듯하니 산천초목인들 금수인들 아니 떨겠는가. 한번 소리가 나자 남문에서도,
설의적 표현 - 암행어사의 위세를 과장되게 표현함

"출두야!"

분문에서도,

"출두야!"

동문에서도 서문에서도,

"출두야!"

소리가 맑은 하늘에 천둥 치듯 진동했다.

"공형 들라."

외치는 소리에 육방이 넋을 잃는다.

"공형이오."

서둘러 나오는데 등나무 채찍으로 딱 치니,

"애고, 죽네."

"공방, 공방!"

공방이 자리를 들고 들어오며,

"안 하려는 공방을 하라더니 저 불속에 어찌 들어가랴?"

등나무 채찍으로 딱 치니,

"애고, 박 터졌네."

좌수 · 별감은 넋을 잃고, 이방 · 호장은 혼을 잃고, 삼색 옷 입은 나졸들은 분주하네. 모든 수령이 도망하는데 그 꼴이 가관이다. 도장 궤 잃고 유밀과 들고, 병부 잃고 송편 들고, 탕건 잃고 용수 쓰고, 갓 잃고 밥상 쓰고, 칼집 쥐고 오줌 누기, 부서지니 거문고요, 깨지나니 북 · 장고라.

본관 사또 똥을 싸고, 멍석 구멍에 생쥐 눈 뜨듯 하면서 관아 깊숙한 안채로
겁이 나서 몸을 숨기고 바깥을 살피는 모양을 비유적으로 이르는 말
들어가며 급히 내뱉는 말이,

"어, 추워라. 문 들어온다. 바람 닫아라. 물 마르다 목 들여라."

언어유희 - 어사출두로 혼비백산한 관리들의 모습을 희화화하여 당대 관리들의 모습을 폭로함

관청색은 상을 잃고 문짝을 이고 내달으니 서리, 역졸 달려들어 후다닥 딱 친다.

"애고, 나 죽네,"

이때 암행어사 분부하되,

"이 고을은 대감께서 계시던 곳이다. 소란을 금하고 객사로 옮기다."

관아를 한차례 정리하고 동헌에 올라앉은 후에,

"본관은 봉고파직하라."

어사또의 임무 - 탐관오리에 대한 징벌

"본관은 봉고파직이오."

동서남북 분밖에 봉고파직이라는 암행어사의 명이 나붙었다. 절차에 따라 옥의 형리를 불러 분부하되,

"옥에 갇힌 죄인들을 다 올리라."

호령하니 죄인을 올리거늘 다 각각 죄를 물은 후에 죄 없는 자들을 풀어 줄 때,

어사또의 임무 - 억울한 백성 구제

"저 계집은 무엇인고?" / 형리가 아뢴다.

"기생 월매의 딸인데 관가에서 포악을 떤 죄로 옥중에 있사옵니다."

"무슨 죄인고?"

"본관 사또를 모시라고 불렀더니 절개를 지킨다면서 사또 명을 거역하고 사또 앞에서 악을 쓴 춘향이로소이다." / 어사또 분부하되,

"너만 한 년이 수절한다고 나라의 관리를 욕보였으니 살기를 바랄 것이냐. 죽어 마땅할 것이나 기회를 한 번 더 주마. 내 수청도 거역할 테냐?"

춘향의 마음을 떠 봄 - 어사또의 능청스러움

이 어사는 춘향의 마음을 떠보려고 짐짓 한번 다그쳐 보는 것인데, 춘향은 어이가 없고 기가 콱 막힌다.

"내려오는 사또마다 빠짐없이 명관이로구나! 어사또 들으시오. 층층이 높은 절벽 높은 바위가 바람이 분들 무너지며, 푸른 솔 푸른 대가 눈이 온들 변하리까. 그런 분부 마옵시고 어서 빨리 죽여 주오,"

반어적 표현 - 어사또와 변학도 모두 부정한 관리라 비꼼 / 비유 - 춘향의 굳은 절개 / 춘향에게 온 시련 / 비유 - 춘향의 굳은 절개 / 춘향에게 온 시련

하면서 무슨 생각이 났는지 황급히 이리저리 두리번거리며 향단이를 찾는다.

"향단아, 서방님 혹시 어디 계신가 살펴보아라. 어젯밤 오셨을 때 천만당부했는데, 어디를 가셨는지, 나 죽는 줄도 모르시는가? 어서 찾아보아라."

어사또 다시 분부하되, "얼굴을 들어 나를 보아라."

하시기에 춘향이 천천히 고개를 들어 대 위를 살펴보니, 거지로 왔던 낭군이 어사또로 뚜렷이 앉아 있었다. 순간, 춘향은 깜짝 놀라 눈을 질끈 감았다가 떴다.

갈등의 해소, 극적 반전

"나를 알아보겠느냐? 네가 찾는 서방이 바로 여기 있느니라."

어사또는 즉시 춘향의 몸을 묶은 오라를 풀고 동헌 위로 모시라고 명을 내렸다.

몸이 풀린 춘향은 웃음 반 울음 반으로,

"얼씨구나 좋을씨고, 어사 낭군 좋을씨고. 남원읍에 가을 들어 낙엽처럼 질 줄 알았더니 객사에 봄이 들어 봄바람에 핀 오얏꽃이 날 살리네. 꿈이냐 생시냐? 꿈이 깰까 염려로다."

변학도의 횡포 / 춘향의 위기 / 이몽룡

한참 이렇게 즐길 적에 뒤늦게 달려온 춘향 모도 입이 찢어져라 벙글벙글 웃으며 어깨춤을 추고, 구경 왔던 남원 고을 백성들도 얼씨구 덩실 춤을 추었다. 어사또는 춘향의 손을 잡고 놓을 줄을 모르고 쌓였던 사연의 실타래는 끝날 줄을 몰랐으니, 그 한없이 즐거운 일을 어찌 일일이 말로 하겠는가.

춘향과 몽룡의 재회의 기쁨(편집자적 논평)

춘향의 높은 절개가 광채 있게 되었으니 어찌 아니 좋을 것인가. 어사또 남원읍의 공사를 모두 처리하고 춘향 모녀와 향단이를 데리고 서울로 길을 떠나는데, 위의가 찬란하니 세상 사람들 누가 칭찬하지 않으랴.

춘향의 절개에 대한 칭송(편집자적 논평)

춘향과 몽룡에 대한 세간의 평가(칭찬)를 직접 드러냄(편집자적 논평)

탐관오리에 대한 비판적 의식과 절개를 중시하는 유교적 가치, 평등한 사회에 대한 갈망을 드러냄

이때 춘향이 남원을 하직할 때, 영화롭고 귀하게 되었건만 정든 고향을 이별하려니 한편으로는 기쁘고 한편으로는 울적했다.

"놀고 자던 내 방 부용당아 부디 잘 있거라. 광한루 오작교야 잘 있거라. 영주각도 잘 있거라. '봄풀들은 해마다 푸르건만 왕손은 가서 돌아오지 않는구나.'라더니 나를 두고 이름이다. 다 각기 이별할 제 만수무강하옵소서. 다시 보기 아득해라."

이렇듯 마음속으로 빌며 작별을 고했다.

이때 어사또는 좌도, 우도 여러 읍을 순행하여 백성들의 사정을 살핀 후에 서울로 올라가 어전에 나아가 임금께 엎드려 절하니 판서, 팜찬, 참의들이 들어와 보고서들을 일일이 점검했다. 심사를 마친 후 임금께서 크게 칭찬을 했다. 신하들도 입을 모아 큰 공을 세웠다고 칭찬하면서 춘향의 이야기도 덧붙였다.

임금은 즉시 이몽룡에게 이조 참의, 대사성이라는 벼슬을 내리고 춘향에게는 정렬부인 칭호를 내렸다. 이몽룡은 임금의 은혜에 감사하며 절을 하고 물러 나와 부모를 뵈오니 성은 입음을 축하해 주셨다.

그 후 이몽룡은 벼슬이 점점 높아져 이조 판서, 호조 판서, 우의정, 좌의정, 영의정을 다 지내고 벼슬에서 물러난 후에 정렬부인 성춘향과 더불어 백년해로했다. 이몽룡은 정렬부인에게서 세 아들과 세 딸을 두었는데, 자식들은 모두 총명하여 그 부친보다도 오히려 재주가 나은 점이 많더니 부친을 이어 계계승승 모두 일품의 벼슬자리를 만세토록 유전하더라.

고전 소설의 특징 – 행복한 결말, 권선징악

줄거리 보기

- 발단 : 기생의 딸 '춘향'과 남원 부사의 아들 '몽룡'이 서로 사랑에 빠지게 된다.
- 전개 : '몽룡'이 한양으로 가면서 '춘향'과 이별을 하게 된다.
- 위기 : '변학도'가 남원 부사로 부임하면서 '춘향'에게 수청을 강요하지만, 이를 거역한 '춘향'은 옥에 갇히게 된다.
- 절정 : '몽룡'이 암행어사가 되어 남원으로 돌아와 '변학도'와 탐관오리를 숙청하고, '춘향'을 구한다.
- 결말 : '춘향'과 '몽룡'은 서울로 올라가 백년해로한다.

만/점/포/인/트

1. '춘향전'에서 알 수 있는 고전 소설의 특징

① 유교적 질서 : 온갖 시련과 고통 속에서 '춘향'이 절개를 지킴.
② 권선징악 : 탐관오리인 '변학도'가 벌을 받게 됨.
③ 행복한 결말 : 주인공인 '춘향'과 '몽룡'이 사랑을 이루고 행복하게 끝남.
④ 편집자적 논평 : 서술자의 가치관을 직접적으로 드러냄.

2. 갈등 양상

① 몽룡 ↔ 변학도 : 암행 어사인 몽룡이 탐관오리인 변학도를 응징함.
② 변학도 ↔ 춘향 : 변학도의 수청 강요를 춘향은 거절하며 몽룡을 향한 춘향의 사랑을 드러냄.

홍길동전 _ 허균

핵/심/정/리

- 갈래 : 고전 소설, 한글 소설, 영웅 소설, 사회 소설
- 성격 : 사회 비판적, 현실적, 의지적, 우연적
- 시점 : 전지적 작가 시점
- 주제 : 적서 차별 제도의 타파와 입신양명에 대한 의지
- 시점 : 전지적 작가 시점

〈전략〉

길동이 점점 자라 여덟 살이 되자, 총명하기가 보통이 넘어 하나를 들으면 백 가지를 알 정도였다.(고전 소설의 특징 - 비범한 능력) 그래서 공(公)은 길동을 더욱 귀여워하면서도 길동의 출생이 천하여,(갈등의 원인) 길동이 '아버지'나 '형' 하고 부를 때마다 즉시 꾸짖어 그렇게 부르지 못하게 하였다. 길동은 열 살이 넘도록 감히 호부호형(呼父呼兄)하지 못하고 종들로부터 천대받는 것을 뼈에 사무치도록 한탄하면서 마음 둘 바를 몰랐다.

어느 가을 9월 보름께가 되자, 달빛이 밝게 비치고 맑은 바람이 쓸쓸하게 불어 와 사람의 마음을 울적하게 하였다. 길동은 서당에서 글을 읽다가 문득 책상을 밀치고 탄식하기를,

"대장부가 세상에 나서 공맹을 본받지 못할 바에야, 차라리 병법(兵法)이라도 익혀(당시 사회상 ❶ - 무관보다 문관이 대우를 받음) 대장인(大將印)을 허리춤에 비스듬히 차고 동정서벌하여 나라에 큰 공을 세우고 이름을 오래도록 빛내는 것이 장부의 통쾌한 일이 아니겠는가!(당시 사회상 ❷ - 입신양명을 중요하게 여김) 나는 어찌하여 이 한 몸 적막하여, 아버지와 형이 있는데도 아버지를 '아버지'라 부르지 못하고 형을 '형'이라고 부르지 못하니,(당시 사회상 ❸ - 적자와 서자의 차별이 있었음) 심장이 터질지라. 이 어찌 통탄할 일이 아니겠는가!"

하고, 뜰에 내려와 검술을 익히고 있었다.

그 때 마침, 공이 또한 달빛을 구경하다가, 길동이 서성거리는 것을 보고 즉시 불러 물었다.

"너는 무슨 흥이 있어서 밤이 깊도록 잠을 자지 않느냐?"

길동이 공경하는 자세로 대답하였다.

"소인(小人)이 마침 달빛을 즐기는 중입니다. 그런데, 만물이 생겨날 때부터 오직 사람이 귀한 존재인 줄 아옵니다.(천부 인권 사상, 만민 평등 사상*) 그러나 소인에게는 귀함이 없사오니 어찌 사람이라 하겠습니까?"

공은 그 말의 뜻을 짐작은 했지만, 일부러 책망하며 말하였다.

"너 그게 무슨 말이냐?" / 길동이 절하고 말씀드리기를

"소인이 평생 서러워하는 바는, 소인이 대감의 정기(精氣)를 받아 당당한 남자로 태어났고, 또 낳아서 길러 주신 어버이의 은혜를 입었음에도 불구하고 아버

만민 평등 사상
이 글의 작가인 허균은 양반이지만, 사람은 하늘 아래 모두 평등하며 당시의 신분 제도의 불합리함을 타파해야 한다고 생각하였다. 그러한 작가의 생각을 작품 속에 반영했다고 볼 수 있다.

지를 '아버지'라 못하옵고 형을 '형'이라 못 하오니, 어찌 사람이라 하겠습니까?" 하고, 눈물을 흘리며 적삼을 적셨다.

공이 이 말을 다 듣고 비록 불쌍하다는 생각은 들었으나 그 마음을 위로하면 방자해질까 염려되어 크게 꾸짖어 말했다.

"재상 집안에 천한 종의 몸에서 태어난 자식이 너뿐이 아닌데, 네가 어찌 이다지도 방자하냐? 앞으로 이런 말을 하면 내 눈앞에 나타나지도 못하게 하겠다."
홍 판서의 태도 - 현실 순응적

이렇게 꾸짖으니, 길동은 감히 한 마디도 더 하지 못하고 다만 땅에 엎드려 눈물을 흘릴 뿐이었다. 공이 물러가라고 하자, 그제서야 길동은 침소로 돌아와 슬퍼해 마지않았다. 길동이 본래 재주가 뛰어나고 도량이 크고 넓은지라 마음을 가라앉히지 못해 밤이면 잠을 이루지 못하곤 하였다.

하루는 길동이 어머니의 침소에 가 울면서 아뢰었다.

"소자가 모친과 더불어 전생의 연분이 중하여 이번 세상에 모자가 되었으니, 그 은혜가 지극하옵니다. 그러나 소자의 팔자가 사나워서 천한 몸이 되었으니, 품은 한이 깊사옵니다. 장부가 세상에 살면서 남의 천대를 받는 것이 불가한지라 소자는 자연히 설움을 억제하지 못하여 어머니의 슬하를 떠나려 하오니, 엎드려 바라건대 모친께서는 소자를 염려하지 마시고 귀한 몸 잘 돌보십시오."

길동의 어머니가 듣고, 크게 놀라 말했다.

"재상가의 천한 출생이 너뿐이 아닌데, 어찌 마음을 좁게 먹어 어미의 간장을 태우느냐?"
길동 어머니의 태도 - 현실 순응적, 길동의 태도 - 현실 비판적

길동이 대답했다.

"옛날, 장충의 아들 길산은 천한 출생이지만 열세 살에 그 어머니와 이별하고 운봉산에 들어가 도를 닦아 아름다운 이름을 후세에 전하였습니다. 소자도 그를 본받아 세상을 벗어나려 하오니, 모친은 안심하고 후일을 기다리십시오. 근래에 곡산댁의 눈치를 보니 상공의 사랑을 잃을까 하여 우리 모자를 원수같이 알고 있습니다. 큰 화를 입을까 하오니 모친께서는 소자가 나감을 염려하지 마십시오."

하니 그 어머니 또한 슬퍼하더라.

〈후략〉

줄거리 보기

- 발단 : 홍 판서와 하인 춘섬 사이에서 서자로 태어난 길동은 호부호형을 하지 못하고 입신양명을 할 수 없음을 원통해하며, 자신의 능력을 시기하는 사람들이 자신을 해치려하는 것을 알고 출가함.
- 전개 : 길동은 집을 나와 도적의 무리를 만나 우두머리가 되어 활빈당을 조직하고 수령들이 부당하게 모은 재물을 빼앗아 가난한 사람들에게 나누어 줌.
- 위기 : 활빈당의 활약으로 위기를 느낀 조정에서 길동을 잡으려 하지만, 도술을 쓰는 길동을 잡지 못함.
- 절정 : 조정에서는 길동이 원하는 대로 병조판서로 임명해주고, 뜻을 이룬 길동은 조선을 떠나 율도국을 발견하여 왕이 됨.
- 결말 : 길동은 율도국에서 이상국을 건설하고, 뜻을 모두 이룬 길동은 신선이 되어 율도국을 떠남.

만/점/포/인/트

1. 작품 속에 드러나는 당시 사회상

① 축첩 제도가 존재함.
② 신분 차별, 적서 차별이 존재함.
③ 무관보다 문관이 대접을 받음.
④ 공맹(공자와 맹자)을 본받고자 하며 입신양명을 중요하게 여김.

2. 인물의 현실 대응 태도

홍 판서	현실 순응적
춘섬	현실 순응적
홍길동	현실 비판적

3. 주된 갈등 양상

입신양명을 꿈꾸는 홍길동과 서자에게 문관의 길을 내어주지 않는 사회 제도와의 외적 갈등

바로바로 체크

(1) 작품 속에 드러나는 사회의 모습이 아닌 것은?
❶ 신분 차별
❷ 축첩 제도
❸ 평등사상
❹ 입신양명

(2) 홍길동은 입신양명을 꿈꾸지만, 서자에게 출세의 기회를 주지 않는 사회 제도와 내적 갈등을 겪고 있다. (O | X)

정답 (1) ❸
(2) X

기/출/문/제 Check! 정답 및 해설 9p

19 윗글에 대한 설명으로 적절한 것은?

① 동물을 의인화한 우화 소설이다.
② 시대의 현실을 반영한 사회 소설이다.
③ 여성을 주인공으로 한 한문 소설이다.
④ 남녀 간의 사랑을 다룬 애정 소설이다.

20 '길동'이 갈등하는 이유로 적절한 것은?

① 출생이 천하여 호부호형하지 못한다.
② 검술 실력이 부족하여 인정받지 못한다.
③ 어머니의 사랑에 보답하지 못하고 있다.
④ 글 읽는 것을 아버지가 허락하지 않는다.

21 윗글에 나타난 사회의 특징이 아닌 것은?

① 신분의 차별이 있었다.
② 종을 거느리고 사는 이들도 있었다.
③ 아들과 아버지는 한 집에서 살 수 없었다.
④ 나라에 큰 공을 세우는 것을 가치 있게 여겼다.

03 설화

• 설화의 특징과, 종류를 파악하여 다양한 설화를 감상해보도록 한다.

1 설화란?

1. 설화

예로부터 전해오는 조상들의 삶의 모습과 지혜가 담긴 꾸며낸 이야기로 구비 전승된다.

2. 설화의 특징

① 구전 문학*이다.
② 작자가 알려져 있지 않다.
③ 전승하는 집단의 문화와 세계관을 보여 준다.
④ 비현실적이고 우연적인 사건이 등장하기도 한다.

구전 문학
기록으로 전해지지 않고 입에서 입으로 전해지는 이야기

3. 설화의 종류

① 신화 : 신격화된 인물의 삶이나 민족의 기원 등에 관한 이야기로 포괄적인 증거물이 존재한다.
② 전설 : 오래전부터 전해 내려오는 이야기로 근거가 되는 구체적인 사물이나 장소가 있으며 결말은 주로 비극적이다.
③ 민담 : 일반 민중 사이에서 흥미 위주로 전해 내려오는 이야기로 증거물이 없으며 대개 행복한 결말 구조를 보인다.

아기 장수 우투리 _ 작자 미상

옛날 옛날 먼 옛날, 임금과 벼슬아치들이 백성들을 종처럼 부리던 때의 이야기야.
설화의 특징 - 막연한 배경 / 구어체 - 친근감 형성
욕심 많은 임금과 사나운 벼슬아치들에게 시달릴 대로 시달리던 백성들은 누군가 힘세고 재주 많은 영웅이 나타나 자기들을 살려 주기를 목이 빠지게 바라고 살았지.

이때, 지리산 자락 외진 마을에 한 농사꾼 내외가 살았어.
전설의 특징 - 구체적 배경
산비탈에 밭을 일구어 구메 농사나 지어 먹으며, 그저 산 입에 거미줄이나 안 치는 걸 고맙게 여기고 살았지. 그렇게 살다가 늘그막에 아기를 하나 낳았는데, 낳고 보니 아기 탯줄이 안 잘라져. 가위로 잘라도 안 되고 낫으로 잘라도 안 되고 작두로 잘라도 안 돼. 별짓을 다 해도 안 되더니 산에 가서 억새풀을 베어다 그걸로 탯줄을 치니까 그제야 잘라지더래.
영웅 소설의 특징 ❶ - 기이한 탄생, 억새풀 - 민중의 끈질긴 생명력

아기 이름을 '우투리'라고 했는데, 이 우투리가 갓난아기 때부터 하는 짓이 달라. 방에다 뉘어 놓고 나가서 일을 하고 들어와 보면 시렁에 덜렁 올라가 있지를 않나, 곁에 뉘어 놓고 잠깐 잠들었다 깨어나 보면 납죽 장롱 위에 올라가 있지를 않나. 이래서 참 이상하게 여긴 어머니, 아버지가 하루는 아기를 방에 두고 나와서 문구멍으로 들여다봤지. 그랬더니, 아 이런 변이 있나? 글쎄 아기가 방 안에서 포르르 포르르 날아다니지 뭐야?
영웅 소설의 특징 ❷ - 비범한 능력
가만히 보니 아기 겨드랑이에 조그마한 날개가, 꼭 얼레빗만 한 게 뾰조록하니 붙어 있더란 말이지. 그걸 보고 어머니가 그만 기겁을 해.

"아이고, 여보, 이것 큰일 났소. 내가 아기를 낳아도 예사 아기를 낳은 게 아니라 영웅을 낳았소."

겨드랑이에 날개 돋친 아기는 장차 영웅이 될 아기란다. 그런데 이게 참 좋아할 일이 아니라 기겁을 할 일이야. 가난한 백성이 영웅을 낳으면 임금과 벼슬아치들이 가만두지를 않거든. 영웅이 백성을 살리려고 저희들과 맞서 싸우기라도 하면 큰일이니, 힘을 쓰기 전에 죽여 버리려고 든단 말이야. 잘못하다가는 온 식구가 다 죽을 판국이지.

그래서 어머니, 아버지가 의논 끝에 우투리를 데리고 지리산 속 아주아주 깊은 골로, 사람 발길이 닿지 않는 곳으로 들어가 숨어 살았어.
영웅 소설의 특징 ❸ - 인물의 고난, 역경

핵/심/정/리

- 갈래 : 설화(전설)
- 성격 : 비극적, 서사적, 비현실적
- 시점 : 전지적 작가 시점
- 주제 : 아기 장수 우투리의 비범한 능력과 비극적인 삶

그런데 발 없는 말이 천 리 간다더니, 우투리라고 하는 영웅이 지리산에 났다고, 이런 소문이 백성들 사이에 돌고 돌아 임금 귀에까지 들어가게 됐어. 임금이 그 소문을 듣고 가만있을 리 있나? 사납고 힘센 장군을 뽑아 우투리를 잡으러 보냈어. 장군이 군사들을 많이 거느리고 우투리네 집에 들이닥쳤지.

그런데 우투리가 참 영웅이라도 큰 영웅이지. 군사들이 몰려오는 걸 어떻게 알고 감쪽같이 사라져 버렸어. 어디로 갔는지 자취도 없어. 그 많은 군사들이 온 산속을 이 잡듯이 뒤져도 못 찾았지. 사흘 밤낮을 뒤지고도 못 찾으니까 장군이 애매한 우투리 어머니, 아버지를 잡아갔어. 잡아가서 묶어 놓고 곤장을 치는 거야.

선견지명

지배층의 횡포

"우투리 있는 곳을 어서 대라."

이렇게 으르면서 곤장을 친단 말이야. 그런데 어머니, 아버진들 알 수가 있나. 때려도 때려도 모른다고 하니까, 어쩔 수 없었던지 사흘 만에 풀어 줬지.

어머니, 아버지가 초주검이 돼 가지고 집으로 돌아오니, 그새 우투리가 집에 돌아와 눈물을 줄줄 흘리면서 기다리고 있어. 저 때문에 어머니, 아버지가 두들겨 맞은 걸 보고 가슴이 아파서 그러지.

그런 뒤에 하루는 우투리가 어디서 구했는지 콩을 한 말이나 가지고 와서 어머니한테 볶아 달라고 그러더래. 그래서 어머니가 콩을 넣고 볶는데, 볶다가 보니 콩 한 알이 톡 튀어나오겠지. 하도 배가 고파서 어머니가 그걸 주워 먹어 버렸네. 그러니까 한 말에서 한 알이 모자라게 볶아 줬단 말이야.

복선-우투리에게 불길한 일이 생길 것임

우투리가 볶은 콩으로 갑옷을 짓는데, 콩을 하나하나 붙여 옷을 만드니 온몸을 다 가릴 만큼 되었어. 그런데 딱 한 알이 모자라서 한 군데를 못 가렸어. 어디를 못 가렸는고 하니 왼쪽 겨드랑이 날갯죽지 바로 아래를 못 가렸어.

우투리가 그렇게 갑옷을 지어 입고 나서 어머니더러,

"조금 있으면 군사들이 다시 올 것입니다. 혹시 내가 싸우다 죽거든 뒷산 바위 밑에 묻어 주되, 좁쌀 석 되, 콩 석 되, 팥 석 되를 같이 묻어 주세요. 그리고 삼 년 동안은 아무에게도 묻힌 곳을 가르쳐 주지 마세요. 그렇게만 하면 삼 년 뒤에는 나를 다시 만날 수 있을 것입니다."

백성들의 주식 → 우투리의 기반이 민중임을 상징함

이러거든.

그러고 나서 조금 있으니 아닌 게 아니라 장군이 군사들을 데리고 다시 왔어. 우투리가 갑옷을, 그 왜 볶은 콩으로 지은 갑옷 있잖아? 그걸 입고 집 앞에 떡 버티고 섰으니, 군사들이 겁을 내어 가까이 오지 못하고 멀리서 활을 쏘는데, 뭐 몇 백 발을 쏘는지 몇 천 발을 쏘는지 몰라. 화살이 비 오듯이 쏟아져. 그 많은 화살이 죄다 갑옷에 맞아 부러지는데, 꼭 썩은 겨릅대 부러지듯 툭툭 부러져. 그러니 그 많은 화살을 다 맞아도 끄떡없어. 군사들이 화살을 다 쏘고 이제 딱 한 개가 남았는데, 그때 갑자기 우투리가 왼팔을 번쩍 들어 겨드랑이를 썩 내놓는 게 아니겠어? 그 콩 한 알 모자라서 날갯죽지 밑에 맨살 드러난 데 말이야. 거기를 썩 드러내 놓고 가만히 서 있는 거야. 그때 마지막 한 개 남은 화살이 탁 날아와서 거기를 딱 맞히니 우투리가 풀썩 쓰러져 죽었어.

의도적인 죽음 - 부모의 고초를 덜고, 후일을 도모하기 위함

장군이 군사들을 데리고 돌아간 뒤에, 어머니, 아버지가 슬피 울면서 우투리를 뒷산 바위 밑에 구덩이를 파고 묻어 줬어. 우투리 말대로 좁쌀 석 되, 콩 석 되, 팥 석 되를 같이 넣어 묻어 줬지.

그러고 나서 세월이 흘렀는데, 거의 한 삼 년이 흘렀나 봐. 그동안 백성들 사이에 소문이 나기를 우투리가 아직 안 죽고 살아 있다, 지리산 속에서 병사를 기르며 때를 기다린다, 이런 소문이 짜하게 퍼졌어. 사방이 고요하면 산속에서 병사들이 말을 타고 내닫는 소리가 달가닥달가닥 들린다고도 하고, 얼마 안 있으면 우투리가 산에서 나와 백성들을 다 구할 거라고도 하고, 이런 소문이 돌고 돌아 또 임금 귀에까지 들어갔지.

"에잇, 안 되겠다. 이번에는 내 손으로 죽이는 수밖에 없다."

임금이 화가 나서 군사들을 많이 데리고 우투리네 집을 찾아갔어. 찾아가서 어머니, 아버지더러,

"우투리를 어디에 묻었느냐? 바른대로 대라!"

하고 을러대겠지. 그런다고 어머니, 아버지가 순순히 가르쳐 줄 리 있나? 입을 딱 다물고 죽어도 말 못 한다고 버텼지. 아무리 으름장을 놓아도 말을 안 하니까 임금이 시퍼런 칼을 아버지 목에 딱 갖다 대고,

"이래도 말 안 할 테냐?"

하는데, 그걸 보니 어머니가 그만 눈앞이 아득해져서 저도 모르게 뒷산 바위 밑
어머니 – 나약함(힘없는 민중을 상징)
에 묻었노라고 말해 버렸어. 임금이 그 길로 뒷산에 가서 우투리 묻었다는 바위 밑을 파 보았지.

그런데 이게 참 귀신이 곡할 노릇이야. 암만 파도 아무것도 안 나와. 우투리는 커녕 개미 뒷다리 하나 없어. 아주 깨끗해. 임금이 가만히 살펴보니, 우투리가 살아 있다면 숨을 데라고는 그 위에 있는 바위 속뿐이겠거든. 그렇지만 바위에 뭐 틈이 있기나 하나.

바위를 열고 속을 들여다보려고 해도 도무지 열 재간이 있어야 말이지. 임금이 바위를 이리 쳐다보고 저리 쳐다보고 빙빙 돌기만 하다가 다시 우투리 어머니, 아버지한테로 갔어. 가서,

"우투리 낳을 때 뭐 이상한 일이 없었느냐? 바른대로 대라."

하는데, 이번에도 칼을 아버지 목에 딱 갖다 대고 으름장을 놓으니 어머니가 그만 눈앞이 아득해 가지고, 탯줄이 안 잘려 억새풀로 잘랐노라고 가르쳐 줘 버렸어. 임금이 다시 뒷산으로 가서 억새풀을 한 아름 베어다 바위를 탁 쳤지. 그랬더니 이게 웬일이야? 우르르하고 땅이 흔들리면서 바위 한가운데에 금이 쩍 가더니 그 큰 바위가 스르르 두 쪽으로 갈라지지 않겠어? 그 갈라진 틈으로 바위
전설의 특징 ❶ – 비현실적
속을 들여다보니, 야, 참 이런 장관이 없구나. 소문대로 우투리가 죽지 않고 살아, 바위 속에서 병사를 기르고 있었던 게지. 그 사이에 좁쌀 석 되, 콩 석 되, 팥 석 되가 모조리 병사가 되고, 말이 되고, 투구가 됐어. 투구를 쓴 병사들이
백성들의 주식 – 우투리의 지지 기반이 민중임을 상징
저마다 말을 타고 늘어섰는데, 그 수가 몇 천이나 되는지 몇 만이나 되는지 몰라. 그때 우투리는 막 말을 타려고 한 발은 땅을 딛고 한 발은 말안장에 걸쳤는데, 그때 그만 바위가 갈라져 버린 거야. 바위가 갈라져 바깥바람이 들어가니까 그 많은 병사들이 스르르 녹아서 없어지고, 우투리도 스르르 눈 녹듯이 녹아서 형체가 없어져 버렸어. 그때가 삼 년에서 딱 하루가 빠지는 날이었단다. 하루만
비극성 강조
더 있었으면 우투리가 병사들과 함께 바위를 열고 나와 백성들을 살렸을 텐데, 딱 하루가 모자라 그리되고 말았어.

바위가 열리고 우투리가 병사들과 함께 사라지던 바로 그 순간, 지리산 자락

어느 냇가에 날개 달린 말이 나타나 사흘 밤 사흘 낮을 울었대. 그렇게 슬피 울
전설의 특징 ❷ – 구체적 증거물
던 말은 냇물 속으로 스르르 들어가 버렸는데, 그 뒤에도 물속에서는 자주 말 우는 소리가 들렸대. 백성들은 그 소리를 듣고 우투리가 아직도 죽지 않고 살아
백성들의 염원 – 우투리의 부활을 바람
있다고 믿고 있어. 날개 달린 말이 우투리를 태우고 물속으로 들어갔다고 믿는 게지. 우투리는 지금도 그 물속에 살아 있을까?

줄거리 보기

- 발단 : 지리산 외진 마을에 사는 농사꾼 부부가 영웅의 모습을 보이는 우투리를 낳고, 사람이 닿지 않는 곳으로 피하게 됨.
- 전개 : 우투리는 자신 때문에 고초를 겪는 부모를 보며 눈물을 흘림.
- 위기 : 우투리는 어려움을 극복하기 위해 볶은 콩으로 만든 갑옷을 입었으나 한 알이 모자라 죽게 됨.
- 절정 : 우투리의 부모는 임금이 무서워 우투리가 묻힌 곳을 알려주게 되고, 금기가 누설되어 우투리는 재기에 실패하게 됨.
- 결말 : 우투리의 부활에 대한 백성들의 믿음과 희망으로 물속에서 말 우는 소리가 들림.

만/점/포/인/트

1. 특징

① 구어체를 사용하여 생동감과 친근감을 줌.
② 시간의 흐름에 따른 순행적 구성
③ 복선을 제시하여 뒤에 제시될 내용을 짐작하게 함.
④ 일반적인 영웅 이야기와 달리 비극적인 결말을 맺음.

2. 일반적인 영웅 이야기와 우투리의 비교

일반적 영웅 이야기	우투리
기이한 탄생	억새풀에 의해 탯줄이 잘림.
비범한 능력	날개가 있음, 선견지명이 있음.
시련이나 위기를 겪음.	임금과 군사들의 위협을 받음.
위업을 달성함.	어려움을 극복하지 못함. (일반적 영웅 이야기와의 차이점)

3. 소재의 상징적 의미

날개	우투리가 영웅임을 상징함.
억새풀	민중의 끈질긴 생명력이자 우투리를 죽음에 이르게 하는 소재
곡식	영웅의 지지 기반이 민중임을 상징함.
날개 달린 말	우투리의 영웅성, 우투리의 부활에 대한 백성들의 믿음

바로바로 체크

(1) 이 글은 (   )하게 탄생한 영웅 이야기를 담고 있다.

(2) 일반적인 영웅 이야기와 우투리의 차이점은?

(3) 다음 중 전설의 특징이 아닌 것은?
❶ 구체적인 배경이 제시된다.
❷ 행복한 결말이다.
❸ 구체적인 증거가 존재한다.
❹ 구전 문학이다.

정답 (1) 비범, 기이
(2) 위업을 달성하지 못했다(비극적 결말이다).
(3) ❷

04 수필, 수기, 편지글, 설(說), 기행문

• 수필의 범주에 해당하는 수기, 편지글, 설(說), 기행문 등의 특징을 정리하고 소설과 다른 점을 파악하며 작품을 감상해 본다.

1 수필

1. 수필

① 글쓴이가 생활 속에서 얻은 생각과 느낌을 일정한 형식 없이 자유롭게 적은 글이다.

② 일기, 기행문, 수기, 자서전 등이 이에 속한다.

2. 수필의 특징

① 개성적인 글 : 글쓴이의 개성이 드러난다.

② 형식이 자유로운 글 : 특별히 정해진 형식이 없이 자유롭게 쓸 수 있다.

③ 비전문적인 글 : 남녀노소 누구나 쉽게 쓸 수 있는 글이다.

④ 고백적인 글 : 글쓴이의 생각을 솔직하게 표현한다.

⑤ 신변잡기적인 글 : 주변의 무엇이든 글감이 될 수 있다.

3. 수필의 종류

경수필	중수필
생활 속에서 일어나는 여러 가지 일들을 가볍게 쓴 글로 편지글이나 기행문, 일기 등이 이에 해당한다.	사회적인 문제나 공적인 문제 등 무거운 내용을 논리적으로 표현한 글로 칼럼이나 평론 등이 이에 해당한다.
체험적, 개성적, 주관적, 신변잡기적	논리적, 사회적, 이성적

4. 수필과 소설의 차이점

구분	수필	소설
글 속의 나	글쓴이 자신	허구의 인물
형식	자유로운 형식	일정한 형식이 있음.
주제	주제나 글쓴이의 생각을 직접적으로 드러냄.	주제나 글쓴이의 생각을 인물과 사건을 통해 간접적으로 드러냄.
성격	사실적, 체험적	허구적

2 수기

1. 수기

수필의 한 종류로 어려움을 이겨 낸 자신의 뜻있는 체험을 중심으로 쓴 글이다.

2. 수기의 특징

① 수필에 속하는 글로, 글쓴이의 어려웠던 체험이 진솔하게 드러난다.
② 어려움을 이겨낸 글쓴이의 의지가 드러난다.
③ 생활 속에서 느낀 감동과 깨달음을 전하는 글이다.

3. 수필과 수기의 차이점

① 수필의 소재 : 일상생활의 경험
② 수기의 소재 : 어려움을 이겨낸 특정한 경험

3 편지글

1. 편지글

자신이 하고 싶은 말이나 생각을 상대방에게 전달하는 글이다.

2. 편지글의 특징

① 독자(받는 대상)가 정해진 글이다.
② 개인적인 글이다.
③ 일정한 형식이 있다.
④ 대상에 따라 예의를 갖추어야 한다.
⑤ 실용적인 글이다.

3. 편지글의 형식

① 첫머리 : 받는 사람, 첫인사
② 사연 : 편지를 쓴 목적과 내용
③ 끝맺음 : 끝인사, 쓴 날짜, 서명

4 고전 수필 – 설(說)

1. 고전 수필 – 설(說)

구체적인 사건이나 사물의 이치를 해석하고 자신의 의견이나 주장을 덧붙인 글이다.

2. 고전 수필 – 설(說)의 특징

① 한문 문학이다.
② 문학의 갈래상 수필에 속한다.
③ '예화(사실) + 의견(견해, 주장)'의 2단 구성을 취한다.
④ 비유나 우의적인 표현 방법을 많이 사용한다.

5 기행문

1. 기행문

여행하는 도중에 보고, 듣고, 느낀 바를 적은 글이다.

2. 기행문의 특징

① 여행의 과정을 시간의 흐름이나 공간의 이동에 따라 쓴다.
② 주로 현재형 문장을 사용한다.
③ 여행한 곳의 지방색이 나타난다.
④ 글쓴이만의 관찰력이나 감상이 드러난다.

3. 기행문의 3요소

여정	여행의 경로로 언제, 어디를, 어떻게 거쳐갔는지에 대한 과정
견문	여행하면서 보고, 듣고, 경험한 내용
감상	견문에 대한 글쓴이의 생각과 느낌

괜찮아 _ 장영희

핵/심/정/리

- 갈래 : 수필(수기)
- 제재 : 어린 시절 골목길에서 있었던 일
- 성격 : 회상적, 체험적, 교훈적
- 주제 : 다른 사람에 대한 배려와 격려의 소중함.

초등학교 때 우리집은 서울 동대문구 제기동에 있는 작은 한옥이었다. 골목 안에는 고만고만한 한옥 네 채가 서로 마주 보고 있었다. 그때만 해도 한 집에 아이가 보통 네댓은 됐으므로 골목길 안에만도 초등학교 다니는 아이가 줄잡아 열 명이 넘었다. 학교가 파할 때쯤 되면 골목은 시끌벅적, 아이들의 놀이터가 되었다.

(과거 회상 / 시대적 배경 – 1960년대)

어머니는 내가 집에서 책만 읽는 걸 싫어하셨다. 그래서 방과 후 골목길에 아이들이 모일 때쯤이면 어머니는 대문 앞 계단에 작은 방석을 깔고 나를 거기에 앉히셨다. 아이들이 노는 걸 구경이라도 하라는 뜻이었다.

딱히 놀이기구가 없던 그때, 친구들은 대부분 술래잡기, 사방치기, 공기놀이, 고무줄놀이 등을 하고 놀았지만 나는 공기놀이 외에는 어떤 놀이에도 참여할 수 없었다. 하지만 골목 안 친구들은 나를 위해 꼭 뭔가 역할을 만들어 주었다. 고무줄놀이나 달리기를 하면 내게 심판을 시키거나 신발주머니와 책가방을 맡겼다.❶ 그뿐인가,

술래잡기를 할 때는 한곳에 앉아 있어야 하는 내가 답답해할까 봐 어디에 숨을지 미리 말해 주고 숨는 친구도 있었다.❷

우리 집은 골목에서 중앙이 아니라 모퉁이 쪽이었는데 내가 앉아 있는 계단 앞이 친구들의 놀이 무대였다.❸ 놀이에 참여하지 못해도 난 전혀 소외감이나 박탈감을 느끼지 않았다. 아니, 지금 생각하면 아마도 내가 소외감을 느낄까 봐 친구들이 배려해 준 것이었다.

(❶ ~ ❸ : 나를 위한 친구들의 배려)

그 골목길에서의 일이다. 초등학교 1학년 때였던 것 같다. 하루는 우리 반이 좀 일찍 끝나서 혼자 집 앞에 앉아 있었다. 그런데 그때 마침 골목을 지나던 깨엿 장수가 있었다. 그 아저씨는 가위만 쩔렁이며, 목발을 옆에 두고 대문 앞에 앉아 있는 나를 흘낏 보고는 그냥 지나쳐 갔다. 그러더니 리어카를 두고 다시 돌아와 내게 깨엿 두 개를 내밀었다. 순간 아저씨와 내 눈이 마주쳤다. 아저씨는 아무 말도 하지 않고 아주 잠깐 미소를 지어 보이며 말했다.

(목발: 글쓴이의 처지를 알 수 있는 단어)

"괜찮아."

무엇이 괜찮다는 건지 모른다. 돈 없이 깨엿을 공짜로 받아도 괜찮다는 것인지, 아니면 목발을 짚고 살아도 괜찮다는 말인지……. 하지만 그건 중요하지 않다. 중요한 건 내가 그날 마음을 정했다는 것이다. 「이 세상은 그런대로 살 만한 곳이라고, 좋은 사람이 있고, 선의와 사랑이 있고, '괜찮아'라는 말처럼 용서와 너그러움이 있는 곳이라고 믿기 시작했다는 것이다.」

「 」: 깨엿 장수 아저씨와의 만남을 통해 얻은 깨달음

오래전 학교 친구를 찾아 주는 방송 프로그램이 있었다. 한번은 가수 김현철이 나와서 초등학교 때 친구를 찾았는데, 함께 축구 경기를 하던 이야기가 나왔다. 당시 허리가 36인치일 정도로 뚱뚱한 친구가 있었는데, 뚱뚱해서 잘 뛰지 못한다고 다른 친구들이 축구팀에 끼워 주려고 하지 않았다. 그때 김현철이 나서서 말했다고 한다.

가수 김현철의 일화 제시 - 흥미 유발, 주제 강조

"괜찮아, 얜 골키퍼를 시키면 우리 함께 놀 수 있잖아!"

그래서 그 친구는 골키퍼를 맡아 함께 축구를 했고 몇십 년이 지난 후에도 김현철의 따뜻한 말과 마음을 그대로 기억하고 있었다.

괜찮아 – 난 지금도 이 말을 들으면 괜히 가슴이 찡해진다. 2002년 월드컵 4강에서 독일에 졌을 때 관중들은 선수들을 향해 외쳤다.

"괜찮아! 괜찮아!"

혼자 남아 문제를 풀다가 결국 골든벨을 울리지 못해도 친구들이 얼싸안고 말해준다.

"괜찮아! 괜찮아!"라고 용기를 북돋아 주는 말❶. "너라면 뭐든지 다 눈감아 주겠다."라는 용서의 말❷, "무슨 일이 있어도 나는 네 편이니 넌 절대 외롭지 않다."라는 격려의 말❸. "지금은 아파도 슬퍼하지 말라."라는 나눔의 말❹, 그리고 마음으로 일으켜 주는 부축의 말❺, 괜찮아.

❶ ~ ❺: '괜찮아'에 담긴 의미

그래서 세상 사는 것이 만만치 않다고 느낄 때, 죽을 듯이 노력해도 내 맘대로 일이 풀리지 않는다고 생각될 때, 나는 내 마음속에서 작은 속삭임을 듣는다. 오래전 내 따뜻한 추억 속의 골목길 안에서 들은 말 – '괜찮아! 조금만 참아. 이제 다 괜찮아질 거야.'

아, 그래서 '괜찮아'는 이제 다시 시작할 수 있다는 희망의 말이다.

만/점/포/인/트

1. '괜찮아'에 담긴 의미
깨엿 장수가 나에게 해 준 말로 용기를 북돋아 주는 말, 용서의 말, 격려의 말, 나눔의 말, 부축의 말이다.

2. 등장인물의 성격

나	타인의 배려를 받아들일 줄 앎.
어머니	자식에 대한 사랑이 지극함.
친구들	신체가 불편한 친구에 대한 배려심이 있음.

기/출/문/제 Check!

정답 및 해설 9p

22 이 글에서 '나'를 위해 친구들이 배려해 준 것이 아닌 것은?

① 대문 앞 계단에 작은 방석을 깔아 주었다.
② 놀이를 할 때 꼭 무언가 역할을 만들어 주었다.
③ 골목 구석 쪽에 있던 '나'의 집 계단 앞을 놀이 무대로 삼았다.
④ 술래잡기를 할 때 미리 내게 자신이 어디에 숨을지를 말해 주었다.

23 이 글에서 글쓴이가 말하고자 하는 바에 대한 감상으로 적절하지 않은 것은?

① 혼자 사는 게 더 편해.
② 작은 말 한마디에도 용기를 얻을 수 있어.
③ 좋은 사람들이 있어서 이 세상은 살 만해.
④ 어려움이 있어도 선의와 사랑이 있다면 극복할 수 있어.

바로바로 체크

(1) 이 글의 특징으로 알맞은 것은?
❶ 운율이 있다.
❷ 체험을 바탕으로 한다.
❸ 허구적 인물이 등장한다.
❹ 영화나 드라마 촬영을 목적으로 한다.

(2) 깨엿 장수가 나에게 해 준 말로, 내가 세상에 대한 따뜻함을 느낄 수 있게 만든 말은?

정답 (1) ❷
(2) 괜찮아

막내의 야구 방망이 _ 정진권

어느 날 퇴근을 해 보니 막내의 친구 애들 7, 8명이 마루에 둘러앉아 있었다. 초등학교 5학년 개구쟁이들. 그러나 개구쟁이답지 않게 조용했다. 그중엔 처음 보는 아이도 있었다. 그날 저녁에 막내는 야구 방망이(중심 소재) 하나만 사 달라고 졸랐다. 조르는 대로 다 사 줄 수는 없는 일이지만 너무도 간절히 원하기 때문에 나는 사 주마고 약속을 했다. 그리고 다음 날 퇴근을 할 때 방망이 하나를 사다 주었다.

그 다음 날부터 막내는 늦게 돌아왔다. 어떤 때는 하늘에 별이 떠야, 방망이에 장갑을 꿰어 매고 새카만 거지 아이가 되어 돌아오는 것이다. 그러고는 한 사흘을 굶은 놈처럼 밥을 퍼먹는다. "왜 이렇게 늦었니?" "야구 연습 좀 하느라구요."

〈중략〉

그런데 배치해 주는 대로 가 보니 그 반 아이들의 괄시*가 말이 아니었다.그런 괄시를 받을 때마다 옛날의 자기 반이 그리웠다. 선생님을 졸졸 따라 소풍 가던 일, 운동회에서 다른 반 아이들과 당당하게 겨루던 일, 이런저런 자기 반의 아름다운 역사가 안타깝게 명멸*하는 것이다.

〈중략〉

"아빠, 우린 해야 돼. 다음 번엔 우승해야 돼. 선생님이 다 나오실 때까지 우린 누구 하나도 기죽을 수 없어."

막내는 이야기를 마치면서 이렇게 말했다. 나는 아무 말도 하지 못했다. 무슨 망국민*의 독립 운동사라도 읽는 것처럼 감동 비슷한 것이 가슴에 꽉 차 오는 것 같았다. 학교라는 데는 단순히 국어, 수학이나 가르치는 데가 아니구나 하는 생각도 들었다.

이튿날 밤 나는 늦게 돌아오는 막내의 방망이를 미더운 마음으로 소중하게 받아 주었다. 그때도 막내와 그 애의 친구 애들의 초롱초롱한 눈 같은 맑고 푸른 별이 두어 개 하늘에 떠 있었다. 나는 그때처럼 맑고 푸른 별(아이들의 맑고 순수한 동심)을 일찍이 본 일이 없다.

핵/심/정/리

- 갈래 : 수필
- 성격 : 교훈적, 체험적, 사실적
- 제재 : 막내 반 아이들의 야구 시합
- 주제 : 공동체를 위하는 아이들의 순수한 모습
- 특징 : ❶ 아이들의 순수한 동심을 잘 보여줌.
  ❷ 현대인의 모습과 대조되는 아이들의 모습을 통한 성찰
  ❸ 일상적인 체험을 바탕으로 삶의 중요한 가치를 전달

괄시
업신여겨 하찮게 대함.

명멸
불이 커졌다 꺼졌다 함. 나타났다 사라짐.

망국민
망한 나라의 백성

만/점/포/인/트

1. 글쓴이의 경험
   막내에게 야구 방망이를 사준 뒤 막내의 귀가가 늦어져 화를 냄. → 야구 시합에 우승하기 위한 이유와 아이들의 노력을 알고 감동을 받음.

2. '맑고 푸른 별'의 의미
   ① 아이들의 순수한 모습
   ② 최선을 다하는 모습
   ③ 어려움을 극복하려는 도전 정신

기/출/문/제 Check!

정답 및 해설 9p

24 윗 글을 쓴 의도로 적절한 것은?

① 경험을 통해 깨달은 것을 표현하기 위해
② 자신의 의견을 논리적으로 주장하기 위해
③ 사실적 정보를 객관적으로 알려주기 위해
④ 인물의 일생을 기록하여 교훈을 주기 위해

25 막내의 마음으로 적절하지 않은 것은?

① 같은 반 친구들을 격려하는 마음
② 야구 경기에서 우승하고 싶은 마음
③ 옛날의 자기 반을 그리워하는 마음
④ 우수한 야구팀에 들어가고 싶은 마음

바로바로 체크

(1) 이 글의 중심 소재는?

(2) 이 글의 주제는 개인주의에 대한 비판이다. (O | X)

정답 (1) 야구 방망이
(2) X

슬견설 _ 이규보

어떤 손[客]이 나에게 이런 말을 했다.

"어제 저녁, 아주 처참한 광경을 보았습니다. 어떤 사람이 큰 몽둥이로 개를(큰 것) 쳐서 죽이는 것을 보았습니다. 그 모습이 불쌍해 마음이 너무 아팠습니다. 그래서 이제부터는 개고기나 돼지고기를 먹지 않기로 했습니다."

➥ 기 : 개의 죽음을 아파하는 어떤 손의 이야기

이 말을 듣고, 나는 이렇게 대답했다.

"며칠 전 어떤 사람이 불이 이글이글하는 화로를 끼고 앉아서, 이를 잡아서 그 불 속에 넣어 태워 죽이는 것을 보고, 나는 마음이 아파서 다시는 이를(작은 것) 잡지 않기로 맹세했습니다."

➥ 승 : 이의 죽음도 마음이 아프다는 나의 대답

그러자 그 사람은 화를 내며 말했습니다.

"이는 하찮은 존재가 아닙니까? 나는 덩그렇게 크고 육중한 짐승이 죽는 것을 보고 불쌍히 여겨서 한 말인데, 당신은 구태여 이를 예로 들어서 대꾸하니, 이는 필연코 나를 놀리는 것이 아닙니까?"

➥ 전 : 개는 육중한 짐승이나 이는 미물이라는 손의 반응

나는 좀 구체적으로 설명할 필요를 느꼈다.

"무릇 피와 기운이 있는 것은 사람으로부터 소, 말, 돼지, 양, 곤충, 개미에 이르기까지 모두가 한결같이 살기를 원하고 죽기를 싫어하는 것입니다. 어찌 큰 놈만 죽기를 싫어하고, 작은 놈만 죽기를 좋아하겠습니까? 그런즉, ㉠ 개와 이의 죽음은 같은 것입니다. 그래서 예를 들어서 큰 놈과 작은 놈을 적절히 대조한 것이지, 당신을 놀리기 위해서 한 말은 아닙니다. 당신이 내 말을 믿지 못하겠으면 당신의 열 손가락을 깨물어 보십시오. 엄지손가락만이 아프고 그 나머지 손가락은 아프지 않습니까? 한 몸에 붙어 있는 큰 지절과 작은 부분이 골고루 피와 고기가 있으니, 그 아픔은 같은 것이 아니겠습니까? 하물며, 각기 기운과 숨을 받은 자로서 어찌 저 놈은 죽음을 싫어하고 이 놈은 좋아할 턱이 있겠습니까?

핵/심/정/리

- 갈래 : 고전 수필, 설(說)
- 성격 : 비판적, 교훈적, 풍자적, 비유적
- 주제 : 편견과 선입관 없이 사물이나 생명의 본질을 올바로 파악하자.

당신은 물러가서 눈 감고 고요히 생각해 보십시오. 그리하여 달팽이의 뿔을 소의 뿔과 같이 보고, 메추리를 대붕과 동일시하도록 해 보십시오. 연후에 나는 당신과 함께 도를 이야기하겠습니다."라고 했다.

➡ 결 : 개나 이 모두 소중한 생명이며, 죽음은 모두 아픈 것이라는 나의 설명

만/점/포/인/트

1. 대조적인 소재

큰 것		작은 것
개, 엄지손가락, 소, 말, 돼지, 양, 소뿔, 대붕	↔	이, 나머지 손가락, 곤충, 개미, 달팽이의 뿔, 메추리

2. 죽음에 대한 생각

나	이와 개의 죽음은 다르지 않다. 모든 생명은 다 소중하다.
어떤 사람	이와 개의 죽음은 다르다. 개는 크고 육중한 짐승이지만, 이는 작고 하찮은 동물이다.

3. '슬견설'의 주제

① 편견을 버리자.

② 모든 생명체는 소중하다.

③ 사물의 본질을 올바로 파악하자.

기/출/문/제 Check!

정답 및 해설 9p

26 윗글의 성격으로 가장 적절한 것은?

① 교훈적

② 객관적

③ 감상적

④ 예찬적

27 이 글의 문맥으로 보아 ㉠에 담긴 의미와 <u>다른</u> 것은?

① 엄지손가락

② 소의 뿔

③ 메추리

④ 대붕

바로바로 체크

(1) 큰 것에 해당하는 소재가 <u>아닌</u> 것은?

❶ 개

❷ 엄지손가락

❸ 곤충

❹ 소

(2) 이 글은 큰 것과 작은 것의 차이를 (　　)의 방식을 사용하여 설명하였다.

정답 (1) ❸

(2) 대조

실수 _ 나희덕

핵/심/정/리

- 갈래 : 수필
- 성격 : 체험적, 회고적, 교훈적
- 주제 : 실수의 긍정적인 효과

중국의 곽휘원이란 사람이 떨어져 살고 있는 아내에게 편지를 보냈는데, 그 편지를 받은 아내의 답시는 이러했다.

벽사창에 기대어 당신의 글월을 받으니
처음부터 끝까지 흰 종이뿐이옵니다.
아마도 당신께서 이 몸을 그리워하심이
차라리 말 아니하려는 뜻임을 전하고자 하신 듯하여이다.

남편의 편지에 대한 아내의 생각

이 답시를 받고 어리둥절해진 곽휘원이 그제야 주위를 둘러보니, 아내에게 쓴 의례적인 문안 편지는 책상 위에 그대로 있는 게 아닌가. 아마도 그 옆에 있던 흰종이를 편지인 줄 알고 잘못 넣어 보낸 것인 듯했다. 백지로 된 편지를 전해 받은 아내는 처음엔 무슨 영문인가 싶었지만, 꿈보다 해몽이 좋다고 자신에 대한 그리움이 말로 다할 수 없음에 대한 고백으로 그 여백을 읽어 내었다. 남편의 실수가 오히려 아내에게 깊고 그윽한 기쁨을 안겨 준 것이다. 이렇게 실수는 때로 삶을 신선한 충격과 행복한 오해로 이끌곤 한다.

'나'가 생각하는 실수의 긍정적 효과

실수라면 나 역시 일가견이 있는 사람이다. 언젠가 비구니들이 사는 암자에서 하룻밤을 묵은 적이 있다. 다음 날 아침 부스스해진 머리를 정돈하려고 하는데, 빗이 마땅히 눈에 띄지 않았다. 원래 여행할 때 빗이나 화장품을 찬찬히 챙겨 가지고 다니는 성격이 아닌 데다 그날은 아예 가방조차 가지고 있지 않았다. 그러던 중에 마친 노스님 한 분이 나오시기에 나는 아무 생각도 없이 이렇게 여쭈었다.

"스님, 빗 좀 빌릴 수 있을까요?"

스님은 갑자기 당황한 얼굴로 나를 바라보았다. 그제야 파르라니 깎은 스님의 머리가 유난히 빛을 내며 내 눈에 들어왔다. 나는 거기가 비구니들만 사는 곳이라는 사실을 깜박 잊고 엉뚱한 주문을 한 것이었다. 본의 아니게 노스님을 놀린 것처럼 되어 버려서 어쩔 줄 모르고 서 있는 나에게, 스님은 웃으시면서 저쪽

구석에 가방이 하나 있을텐데 그 속에 빗이 있을지 모른다고 하셨다.
'나'의 실수를 '스님'이 너그럽게 이해해줌

방 한구석에 놓인 체크무늬 여행 가방을 찾아 막 열려고 하다 보니 그 가방 위에는 먼지가 소복하게 쌓여 있었다. 적어도 5,6년은 손을 대지 않은 것처럼 보이는 그 가방은 아마도 누군가 산으로 들어오면서 챙겨 들고 온 속세의 짐이었음에 틀림없었다. 가방 속에는 과연 허름한 옷가지들과 빗이 한 개 들어 있었다.

나는 그 빗으로 머리를 빗으면서 자꾸만 웃음이 나오는 걸 참을 수가 없었다. 절에서 빗을 찾은 나의 엉뚱함도 우물가에서 숭늉 찾는 격이려니와, 빗이라
일의 순서도 모르고 성급하게 덤빔을 비유적으로 이르는 말
는 말 한마디에 그토록 당황하고 어리둥절해 하던 노스님의 표정이 자꾸 생각나서였다. 그러나 그 순간 나는 보았다. 시간을 거슬러 올라가 검은 머리칼이 있던, 빗을 썼던 까마득한 시절을 더듬고 있는 그 분의 눈빛을, 20년 30년, 마치 물길을 거슬러 올라가는 연어 떼처럼 참으로 오랜 시간이 그 눈빛 위로 스쳐 지나가는 듯했다.

그 순식간에 이루어진 회상의 끄트머리에는 그리움인지 무상함인지 모를 묘한 미소가 반짝하고 빛났다. 나의 실수 한마디가 산사의 생활에 익숙해져 있던 그분의 잠든 시간을 흔들어 깨운 셈이다. 그걸로 작은 보시*는 한 셈이라고 오히
산사의 생활에 익숙해져 있는 스님에게 속세의 삶을 잠시 떠올리게 했다고 생각함
려 스스로를 위로해보기까지 했다.

이처럼 악의가 섞이지 않은 실수는 봐줄 만한 구석이 있다. 그래서인지 내가 번번이 저지르는 실수는 나를 곤경에 빠뜨리거나 어떤 관계를 불화로 이끌기보다는 의외의 수확이나 즐거움을 가져다줄 때가 많았다. 겉으로는 비교적 차분하
실수의 긍정적인 효과 ❶
고 꼼꼼해 보이는 인상이어서 나에게 긴장을 하던 상대방도 이내 나의 모자란 구석을 발견하고는 긴장을 푸는 때가 많았다.
실수의 긍정적인 효과 ❷

또 실수로 인해 웃음을 터뜨리다 보면 어색한 분위기가 가시고 초면에 쉽게 마음을 트게 되기도 했다. 그렇다고 이런 효과 때문에 상습적으로 실수를 반복
실수의 긍정적인 효과 ❸
하는 것은 아니지만, 한번 어디에 정신을 집중하면 나머지 일에 대해서 거의 백지상태가 되는 버릇은 쉽사리 고쳐지지 않는다. 특히 풀리지 않는 글을 붙잡고

보시
자비심으로 남에게 재물이나 불법을 베풂.

있거나 어떤 생각거리에 매달려 있는 동안 내가 생활에서 저지르는 사소한 실수들은 나 스스로도 어처구니가 없을 지경이다.

그러면 실수의 '어처구니없음'은 어디서 오는 것일까. 원래 어처구니란 엄청나게 큰 사람이나 큰 물건을 가리키는 뜻에서 비롯되었는데, 그것이 부정어와 함께 굳어지면서 어이없다는 뜻으로 쓰이게 되었다. 크다는 뜻 자체는 약화되고 그것이 크든 작은 우리가 가지고 있는 상상이나 상식을 벗어난 경우를 지칭하게 된 것이다. 그러니 상상에 빠지기 좋아하고 상식으로부터 자유로워지려는 사람에게 어처구니없는 실수가 그림자처럼 따라다니는 것은 아주 자연스러운 일이다.

결국 실수는 삶과 정신의 여백에 해당한다. ('나'가 생각하는 실수의 의미) 그 여백마저 없다면 이 각박한 세상에서 어떻게 숨을 돌리며 살 수 있겠는가. 그리고 발 빠르게 돌아가는 세상에 어떻게 휩쓸려 가지 않고 남아 있을 수 있겠는가. 어쩌면 사람을 키우는 것은 능력이 아니라 실수의 힘일지도 모른다. 그러나 날이 갈수록 실수가 용납되는 땅은 점점 좁아지고 있다. 사소한 실수조차 짜증과 비난의 대상이 되기가 십상이다. (실수를 대하는 사람들의 태도 ❶) 남의 실수를 웃으면서 눈감아 주거나 그 실수가 나오는 내면의 풍경을 헤아려 주는 사람을 만나기도 어려워져 간다. 나 역시 스스로는 수많은 실수를 저지르고 살면서도 다른 사람의 실수에 대해서는 조급하게 굴거나 너그럽게 받아 주지 못한 때가 적지 않았던 것 같다. (실수를 대하는 사람들의 태도 ❷)

도대체 정신을 어디에 두고 사느냐는 말을 들을 때면 그 말에 무안해져 눈물이 핑 돌기도 하지만, 내 속의 어처구니는 머리를 디밀고 이렇게 소리치는 것이다. 정신과 마음은 내려놓고 살아야 한다고. (각박한 세상에서 삶의 여유를 가져야 함) 어디로 가는 줄도 모르고 뛰어가는 자신을 하루에도 몇 번씩 세워두고 '우두커니' 있는 시간, 그 '우두커니' 속에 사는 '어처구니'를 많이 만들어 내면서 살아야 한다고. 바로 그 실수가 곽휘원의 아내로 하여금 백지의 편지를 꽉 찬 그리움으로 읽어 내도록 했으며, 산사의 노스님으로 하여금 기억의 어둠 속에서 빗 하나를 건져 내도록 해 주었다고 말이다. (기억의 어둠 속: 과거 속세의 기억 / 빗: 원관념: 추억)

만/점/포/인/트

1. 곽휘원의 실수담

곽휘원의 실수	떨어져 살고 있는 아내에게 실수로 백지로 된 편지를 보냄.

⬇

아내의 마음	남편이 그리움을 말로 다할 수 없어 백지를 보냈다고 생각하여 기쁨

2. '나'의 실수담

'나'의 실수	머리카락이 없는 스님에게 빗을 빌려 달라고 함.

⬇

스님의 반응	• '나'의 갑작스러운 부탁에 당황했지만, 실수를 너그럽게 이해하며 빗이 있는 곳을 알려 줌. • 까마득한 지난날을 잠시 회상하며 미소를 지음.

3. 실수에 대한 '나'의 생각과 이 글을 쓴 글쓴이의 의도

실수에 대한 글쓴이의 생각		글쓴이가 이 글을 쓴 의도
• 실수는 각박한 세상에서 삶의 여유를 느낄 수 있게 해 줌. • 사람을 키우는 힘이 될 수 있음.	→	실수의 긍정적인 영향을 이해하고, 각박한 세상에서 삶의 여유를 가지고 살아야 함을 말하고자 함.

열보다 큰 아홉 _이문구

핵심정리

- 갈래 : 수필
- 성격 : 교훈적, 대조적
- 주제 : 청소년 시기는 '아홉'이라는 수처럼 아직 완전하진 않지만 무한한 가능성을 지닌 때이다.

오늘은 아홉과 열이라는 수(數)가 지니고 있는 뜻에 대해서 생각해 보기로 합시다. / 잘 아시다시피 열은 십・백・천・만・억 등의 십진급수(十進級數)에서 제일 먼저 꽉 찬 수입니다. 그러므로 이 열에 얼마를 더 보태거나 빼거나 한다면 그것은 이미 열이 아닌 다른 수가 됩니다.

무엇을 하기에 그 이상 좋을 수가 없이 알맞은 경우에 '십상 좋다'고 말하는 '십상'도, '열 십(十)' 자와 '이룰 성(成)' 자에서 나온 말입니다. 그만큼 열이란 수는 이미 이룰 것을 이룩한 완전한 수이며, 성공을 한 수인 것입니다. 그러면 아홉이란 수는 어떤 수입니까? 두말할 필요도 없이 열보다 하나가 모자라는 수입니다. 다시 말하면 완전에 거의 다다른 수, 거기에 하나만 보태면 완전에 이르게 되는 수, 그래서 매우 아쉬움을 느끼게 하는 수인 것입니다.

그러면 아홉은 정녕 열보다 적거나 작은 수일까요. 그렇지 않습니다. 예를 들어 보겠습니다. 끝없이 높고 너른 하늘을 십만리 장천이라고 하지 않고 구만리 장천이라고 합니다. 젊은이더러 '앞이 구만리 같은 사람'이라고 하는 말과 같은 뜻이지요. 굽이굽이 한없이 서린 마음을 구곡간장(九曲肝腸)이라고 하고, 굽이굽이 에워 도는 산굽이가 얼마인지 모르는 길을 구절양장(九折羊腸)이라고 하고, 통과해야 할 문이 몇이나 되는지 모르는 왕실을 구중궁궐(九重宮闕)이라고 하고, 죽을 고비를 수도 없이 넘기고 살아난 것을 구사일생(九死一生)이라고 표현하고 있습니다.

우리가 흔히 듣는 말 중에 '모든 기록은 깨어지기 위해서 있다.'라는 말이 있습니다. 이 말이 맞지 않는 말이라면, 여러분이 아시다시피 세계 제일의 기록만을 수록하는 기네스북도 해마다 다시 찍어 내야 할 이유가 없겠지요.

열이란 수가 넘치지도 않고 모자라지도 않고, 또 조금도 여유가 없이 꽉 찬 수, 그래서 다음도 없고 다음다음도 없이 아주 끝나 버린 수라는 점에서, 아홉은 열보다 많고, 열보다 크고, 열보다 높고, 열보다 깊고, 열보다 넓고, 열보다 멀고, 열보다 긴 수였으며, 그리하여 다음, 또 그다음, 그도 아니면 그 다음다음을 바라볼 수 있는, 미래의 꿈과 가능성의 수였기에, 슬기롭고 끈기 있는 우리의 선조들에게 일찍부터 열보다 열 배도 넘는 사랑을 담뿍 받아 왔던 것입니다. / 하물며 여러분은 지금 한창 자라고, 한창 배우고, 한창 놀아야 할 중학생입니다. 여러분은 지금 무엇 한 가지도 완벽할 수가 없으며, 항상 어딘가가 부족하고 어설픈 것이 오히려 정상적인 학생입니다. 행여 무엇이 남들보다 모자란 것이 아닌가 싶어서 스스로 괴로워하고 외로워하고 서글펴해 온 학생이 있다면, 어떨까요, 이제부터라도 열이란 수보다 아홉이란 수를 더 사랑해 보는 것은.

만/점/포/인/트

- **사용된 표현 방법**
  ① 의인법 : 열이란 수는 ~ 성공을 한 수인 것입니다.
  ② 문답법 : 그러면 아홉이란 수는 어떤 수입니까? 두말할 필요도 없이 열보다 하나가 모자라는 수입니다.
  ③ 도치법 : 어떨까요, 이제부터라도 열이란 수보다 아홉이란 수를 더 사랑해 보는 것은.
  ④ 인용법 : 우리가 흔히 듣는 말 중에 '모든 기록은 깨어지기 위해서 있다.'라는 말이 있습니다.
  ⑤ 열거법 : 아홉은 열보다 많고, 열보다 크고, 열보다 높고, 열보다 깊고, 열보다 넓고 (후략) ~
  ⑥ 반복법 : 한창 자라고, 한창 배우고, 한창 놀아야 할 중학생입니다.

바로바로 체크

(1) 글쓴이는 아홉이라는 수를 부정적으로 바라본다. (○ | ×)

(2) 다음에 사용된 표현 방법을 쓰시오.

어떨까요, 이제부터라도 열이란 수보다 아홉이란 수를 더 사랑해보는 것은.

정답 (1) ×
(2) 도치법

05 전기문

• 한 인물에 대해 사실적으로 서술한 전기문이 수필과 어떤 차이점을 보이는지 알아보고 작품을 감상해 본다.

1 전기문이란?

1. 전기문

특정한 인물의 생애나 업적, 일화 등을 사실적으로 기록한 글이다.

2. 전기문의 특성

① 사실성 : 실존 인물의 이야기로 실제 있었던 사실을 바탕으로 쓴다.
② 교훈성 : 독자에게 깨달음과 교훈을 준다.
③ 문학성 : 서사, 묘사 등의 문학적인 표현과 서술 방법을 사용한다.
④ 서사성 : 대체로 시간의 흐름에 따라 내용을 구성한다.
⑤ 역사성 : 역사 속의 인물을 통해 당시의 역사적 상황이 드러난다.

3. 전기문의 구성 방식

① 일대기적 구성 : 인물이 태어나서 죽을 때까지의 모든 일생을 기록하는 방식이다.
② 집중적 구성 : 인물의 주요한 업적을 중심으로 기록하는 방식이다.

4. 전기문의 종류

전기	어떤 인물의 일생을 다른 사람이 기록한 글
자서전	자기 자신이 자기 생애의 일부나 전부를 쓴 글
회고록	자신의 생애 중에서 특히 중요한 업적이나 활동을 중심으로 쓴 글
평전	한 인물의 일생을 다른 사람이 비평 중심으로 쓴 글로 전기와 비슷하지만 비평이 담겨 있다는 차이점이 있음.
열전	여러 사람의 전기를 한데 모아 기록한 글

백범일지 _ 김구

[앞부분 줄거리]

치하포 주막에서 식사를 하다가 조선인처럼 변장한 일본인을 발견한 김구는 그가 명성황후를 시해한 일본인 중 한 명임을 직감하고는 그 자리에서 살해한다. 살해 직후 자신이 범인임을 당당히 밝힌 김구는 감옥에 들어가게 된다.

〈전략〉

그때 마침 신문(訊問)을 한다는 기별이 왔다. 나는 생각했다.

'내가 해주에서 다리뼈가 다 드러나는 모진 형(刑)을 당하고 죽는 데까지 이르렀으면서도 사실을 부인했던 것은, 내무부에 가서 대관들을 보고 내 뜻을 이야기하기 위함이었다. 그러나 여기서 불행히 병으로 죽게 되었으니, 이곳에서라도 꼭 왜인을 죽인 취지를 분명히 말하고 죽으리라.'

이처럼 마음을 굳게 먹고, 간수의 등에 업혀 경무청으로 들어갔다. 업혀 들어가면서 살펴보니 도적을 신문하기 위한 기구들을 삼엄하게 갖춰 놓고 있었다. 간수가 나를 업어다가 문밖에 앉혀 놓자, 당시 경무관 김윤정이 내 모양을 보고 물었다.

"어찌하여 저 죄수의 모습이 저렇게 되었느냐?"

열병으로 그리되었다고 간수가 보고하자, 김윤정이 내게 물었다.

"네가 정신이 있어 묻는 말에 대답할 수 있느냐?"

"정신은 있으나 목이 말라서 말이 나오지 않으니 물을 한 잔 주면 마시고 말을 하겠소."

그러자 곧 심부름꾼이 물을 가져다가 마시도록 해 주었다. 김윤정은 법정 위에 앉아 순서대로 이름과 주소, 나이를 묻고 사건에 대한 질문에 들어갔다.

"네가 안악 치하포에서 모월 모일에 일본인을 살해한 일이 있느냐?"

"내가 그날 그곳에서 국모(國母)의 원수를 갚기 위해 왜인 한 명을 때려죽인 사실이 있소."

나의 대답을 들은 관리들은 일제히 얼굴을 들고서 묵묵히 서로를 쳐다보았고, 법정 안은 갑작스레 조용해지기 시작했다. 내 옆 의자에는 와타나베라고 하는

핵/심/정/리

- 갈래 : 전기문(자서전)
- 성격 : 현실 비판적, 저항적
- 배경 : 1896년, 을미사변 다음 해
- 주제 : 옳은 일을 한 뒤의 당당한 김구

일본인 순사가 걸터앉아서 나의 신문 과정을 방청인지 감시인지 하고 있다가, 신문이 시작되자 법정 안이 조용해지는 것을 보고 의아해하며 통역에게 그 이유를 묻는 것 같았다. 나는 그것을 보고서, / "이놈!"

하고 큰소리로 사력(死力)을 다해 꾸짖었다.

"나라끼리 통상 조약을 체결한 후 그 나라 임금을 시해하라는 법이 어디 있더냐? 이놈아, 너희는 어찌하여 우리 국모를 시해하였느냐? 내가 죽으면 귀신이 되어서, 살면 몸으로, 네 임금을 죽이고 일본인을 씨도 없이 다 죽여 국가의 치욕(恥辱)을 씻으리라!"

통렬히 꾸짖는 서슬에 겁이 났던지 와타나베는 대청 뒤쪽으로 도망하여 숨고 말았다. 법정 안의 공기가 긴장되기 시작하였다. 누군가 김윤정에게 와서 말했다.

"사건이 중대하니 감리 영감께 말씀드려 직접 신문하시도록 해야겠습니다."

잠시 후 감리사 이재정이 들어와 윗자리에 앉았다. 법정 안에서 참관하던 관리와 근무자들이 위로부터 아무 분부가 없었는데도 찻물을 가져다 마시게 해 주었다. 나는 법정 맨 윗자리에 앉은 이재정에게 질문하였다.

관리와 근무자의 태도 – '나'를 배려함

「"나는 일개 시골의 천민이지만 신하 된 백성의 의리로 국가가 수치를 당하고, 푸른 하늘 밝은 해 아래 내 그림자가 부끄러워서 왜인 한 명을 죽였소. 그러나 나는 아직 우리 동포가 왜인들의 왕을 죽여 복수하였단 말을 듣지 못하였소. 어찌 한갓 부귀영화와 국록(國祿)을 도적질하는 더러운 마음으로 임금을 섬기시오?"」

「 」: '나'의 태도 – 당당함, 애국심이 투철함

이재정, 김윤정을 비롯한 수십 명의 참석 관리들이 내 말을 듣는 광경을 보니, 제각기 얼굴이 달아올라 홍당무빛을 띠고 있었다. 이재정이 마치 하소연하듯 내게 말했다.

부끄러움

"창수가 지금 하는 말을 들으니, 그 충의(忠義)와 용기(勇氣)를 흠모하는 반면 내 당황스럽고 부끄러운 마음도 비할 데 없소이다. 그러나 상부의 명령(命令)대로 신문하여 위에 보고하려는 것인즉, 사실이나 상세히 말씀하여 주시오."

〈중략〉

"참말 별난 사람이다. 아직 아이인데, 도대체 무슨 사건이냐?"

간수와 순검들이 보고 들은 대로 사람들에게 이야기를 해 주었다

"해주 김창수라는 소년인데 중전 마마의 복수를 위해 왜인을 때려죽였다나? 아까 감리사를 책망하는데 그도 아무 대답을 못하던걸."

이런 이야기가 파다하게 퍼져 나갔다. 내가 간수의 등에 업혀 나가면서 어머님의 얼굴을 살펴보니 약간 희색(喜色)을 띠고 계셨다. 여러 사람이 구경한 이야기를 들으신 까닭인 듯한데, 나를 업고 가는 간수도 어머님을 향하여 말하였다.

어머님 - 나의 행동이 자랑스러움

"당신, 안심하시오. 어쩌면 이렇게 호랑이 같은 아들을 두셨소?"

나는 감옥 안에 들어가 옥중에서도 한 번 큰 소동을 일으켰다. 다름이 아니라 그들이 나를 다시 도적 죄수를 가두는 감옥에 넣은 것에 대해 크게 분개했기 때문이다. 나는 벽력같이 소리를 지르며 관리를 보고 호통쳤다.

"전에는 내가 아무 의사를 드러내지 않았으므로 나에 대한 대우를 강도로 하나 무엇으로 하나 잠잠히 입 다물고 있었다. 허나 오늘은 정당하게 내 뜻을 발표하였음에도 아직도 나를 이렇게 홀대하느냐? 땅에 금만 그어 놓고 그것을 감옥이라 하여도 나는 도망가지 않을 것이다. 내가 당초에 도망하여 살고자 하는 생각이 있었다면, 왜인을 죽였던 그 자리에 내 주소와 성명을 적어서 알리고, 또 내 집에 와서 석 달여나 잡으러 오기를 기다리고 있었겠느냐? 너희 관리의 무리가 왜인을 기쁘게 하기 위해 내게 이런 나쁜 대우를 하느냐?"

김윤정이 즉시 감옥 안에 들어와 이 광경을 보고 애꿎은 간수를 책하였다.

"그 사람은 다른 죄수들과 다른데 왜 도둑 죄수들과 섞여 있게 하느냐? 더구나 그는 중병에 들어 있지 않느냐? 어서 좋은 방으로 옮겨 몸을 풀어 주고 너희들이 잘 보호하여 드려라."

그때부터 나는 감옥 안의 왕이 되었다. 어머님이 옥문 밖에서 면회를 오시는데, 비록 초조한 얼굴이었으나 희색이 돌았다. 어머님은 말씀하셨다.

"아까 네가 신문을 받고 나온 뒤에 경무관이 돈 150냥을 보내고 네 보약을 먹이라고 하더라. 오늘부터는 주인 내외는 물론이고 사랑손님들도 나를 매우 존경하며 대하고, 또 옥중에 있는 아드님이 무슨 음식이든지 자시고 싶어 하거든 말만 하면 다 해 주겠다고 한다."

〈중략〉

그 후로는 면회하러 오는 사람의 수가 더욱 많아졌다. 대개 이런 말들을 하였다.

"나는 인천항에 거주하는 아무개올시다. 당신의 의기(義氣)를 사모하여 신문장에서 얼굴을 뵈었소이다. 설마 오래 고생하려고요. 안심하고 지내십시오. 출옥 후에 한자리에서 반가이 뵙시다."

면회 올 때는 음식을 한 상씩 정성스레 준비하여 들여보내 주었다. 나는 그 사람들의 정에 감동하여 보는 데서 몇 점씩 먹고는 죄수들에게 차례로 나누어 주었다. (다른 사람들을 배려함) 제3차 신문은 감리영에서 했는데, 그날도 근처 주민들이 다 모인 것 같았다. 그날은 감리사 이재정이 친히 신문을 하였는데, 왜인은 보이지 않았다. 감리가 매우 친절히 말을 묻고, 나중에 신문서 꾸민 것을 내게 보여 읽게 하고 고칠 것은 고치게 하고 서명하였다. 이로써 신문은 끝이 났다. 며칠 후에는 왜인들이 내 사진을 박는다고 해서 경무청으로 또 업혀 들어갔다. 그날도 법정 안팎에 허다한 구경꾼이 인산인해(人山人海)를 이루었다. 김윤정이 슬쩍 내 귀에 들리게 말하였다.

"오늘 저 사람들이 창수의 사진을 박으러 왔으니, 주먹을 쥐고 눈을 부릅뜨고 사진을 찍으시오."

그런데 사진을 찍느니 못 찍느니가 교섭의 문제가 되어 한참 동안 의논이 분분하였다. 결국 관청 건물 내에서는 허락지 못할 터이니 길거리에서나 찍으라 하고 나를 업어서 길거리에 앉혔다. 왜인이 다시 청하기를 김창수에게 수갑을 채우든지 포승으로 얽든지 하여 죄인처럼 보이게 해 달라고 하였다. 김윤정은 거절하였다.

"이 사람은 임금님께서 허가하신 죄인이라, 고종 폐하의 분부가 없는 이상 그 몸에 형구를 댈 수 없소."

왜인은 다시 질문하였다.

"정부에서 형법을 정하여 사용하면, 그것이 곧 대군주의 명령이 아니오?"

김윤정은 갑오경장 후에 형구는 전부 폐하였다고 답했다. 왜인은 다시 말했다.

"귀국의 감옥 죄수들이 쇠사슬 찬 것과 칼 쓴 것을 내가 보았소."

김윤정은 노하여 그 왜인을 꾸짖으며 야단하였다.

"죄수의 사진에 대해 조약에 정한 의무는 없소. 단지 상호 간에 참고 자료로 삼으려는 것에 불과한 작은 일로 이같이 내정 간섭을 하는 것은 받아들일 수 없소."

구경꾼들은 경무관이 명관이라고 칭찬하였다.

급기야 길거리에서 사진을 찍게 되었다. 왜인이 다시 구걸하듯 청하니, 내가 앉은 옆자리에 포승을 놓아두고 사진을 찍었다. 나는 며칠 전보다는 기운이 좀 돌아와 있었으므로, 경무청이 들렸다 놓일 정도로 큰소리를 질러 왜인을 꾸짖고, 일반 관중들을 향하여 고함 고함 질러 연설을 하였다.

"이제 왜인이 국모를 살해하였으니 온 나라 백성에게 크나큰 치욕이오. 뿐 아니라 왜인의 독해(毒害)는 궐내(闕內)에만 그치지 않을 것이오. 당신들의 아들들과 딸들이 결국에는 왜인의 손에 다 죽을 터이니 나를 본받으시오."

만/점/포/인/트

1. 글쓴이의 태도와 이유

당당함 : 국모를 시해한 왜인을 죽인 것은 백성으로서 당연히 해야 할 일이기 때문

2. 시대적 상황

① 명성 황후가 일본인에 의해 살해당함.

② 나라의 힘이 약해지고 일본의 간섭이 심해짐.

3. 글쓴이의 성품

① 국모를 시해한 일본인을 죽임. – 애국심이 투철함.

② 왜인들 눈치 보기에 급급한 법정의 관리들을 꾸짖음. – 의로움, 용기가 강함.

③ 신문 과정을 감시하러 온 일본인 순사를 꾸짖음. – 불의를 보면 참지 못함.

④ 면회 오는 사람들이 보낸 음식을 다른 죄수들과 나누어 먹음. – 배려심이 있음.

바로바로 체크

(1) 글쓴이의 성품을 설명하는 단어가 아닌 것은?

❶ 애국심
❷ 의로움
❸ 나약함
❹ 당당함

(2) 이 글은 현실 비판적이고 저항적인 글이다. (O | X)

정답 (1) ❸
(2) O

06 희곡, 시나리오

- 희곡과 시나리오가 다른 문학 작품과 어떤 차이점을 보이는지 파악해보고 다양한 작품을 감상해 보도록 한다.

1 희곡

1. 희곡

무대 상연을 전제로 한 연극의 대본이다.

2. 희곡의 특징

① 목적 : 무대 상연

② 기본 단위

㉠ 막 : 무대의 막이 올랐다가 내릴 때까지를 '막'이라 한다.

㉡ 장 : 무대 장면이 변하지 않고 이루어지는 사건의 한 토막으로 '장'이 모여 '막'이 된다.

③ 제약 : 시간적·공간적 배경, 등장인물 수에 제약이 많다.

④ 사건 전개 : 대사와 행동으로 사건이 전개된다.

⑤ 진행 : 현재형 문학이다.

3. 희곡의 구성 요소

해설		희곡의 첫머리에 제시되는 내용으로 연극의 등장인물, 무대, 배경 등을 설명한 부분
대사	대화	인물 간에 주고받는 말
	독백	상대 없이 혼자 하는 말
	방백	관객에게는 들리지만 상대에게는 들리지 않는다는 약속하에 하는 말
지시문	동작	등장인물의 표정, 동작, 심리 상태 등을 지시하는 말
	무대	작품의 배경, 무대 장치 및 소도구 배치, 음향 효과 등을 지시하는 말

4. 희곡 구성 단계에 따른 갈등 양상

발단	전개	절정	하강	대단원
등장인물, 배경, 사건 소개	사건 전개 갈등 형성	갈등 최고조	갈등 해결 계기	갈등 해소

2 시나리오

1. 시나리오

영화나 드라마 상영을 목적으로 쓴 대본을 말한다.

2. 시나리오의 특징

① 목적 : 영화나 드라마 상영
② 기본 단위 : 장면(S#)
③ 제약 : 희곡보다 시간적·공간적 배경, 등장인물 수에 제약이 없다.
④ 사건 전개 : 대사와 행동으로 사건이 전개된다.
⑤ 진행 : 현재형 문학이다.
⑥ 특수 용어 : 특수 용어가 사용된다.

3. 시나리오 구성 요소

해설	시나리오의 첫 부분에 등장인물, 배경 등을 소개하는 글
대사	등장인물들이 주고 받는 말
지시문	인물의 동작과 표정, 음향 효과, 카메라 위치 등을 지시하는 글
장면 표시	각 장면을 나타내는 것, S#

4. 시나리오 특수 용어

S#(Scene number)	장면 표시 번호
F.I.(Fade In)	화면이 어두운 상태에서 점점 밝아지는 것
F.O.(Fade Out)	화면이 밝은 상태에서 점점 어두워지는 것
C.U.(Close Up)	어떤 인물이나 장면을 크게 확대하여 찍는 것
O.L.(Over Lap)	한 화면에 다른 화면을 겹쳐서 장면을 전환하는 것
E.(Effect)	효과음
Mon.(몽타주)	여러 장면을 적절히 떼어 붙여서 새로운 장면을 만드는 것
NAR.(내레이션)	화면 밖에서 들리는 설명 형식의 대사
Ins.(Insert)	화면과 화면 사이에 끼워 넣는 삽입 화면

5. 희곡과 시나리오의 공통점과 차이점

	희곡	시나리오
공통점	• 종합 예술 • 대사와 행동으로 이루어짐. • 갈등의 문학 • 현재형의 문학	
차이점	• 연극 대본 • 시간적 · 공간적 제약이 심함. • 일회성 • 막과 장으로 이루어짐.	• 영화의 대본 • 시간적 · 공간적 제약이 거의 없음. • 영구적 • 구성 단위는 장면임.

3 뮤지컬

1. 뮤지컬

노래, 춤, 연기를 표현한 종합 예술이다.

2. 뮤지컬 대본의 특징

① 현재형의 문학이다.
② 무대 상연을 전제로 한다.
③ 대사와 행동, 노래로 이야기를 전달한다.
④ 시간적 · 공간적 배경의 제약이 있다.
⑤ 종합 예술이다.

들판에서 _ 이강백

〈전략〉

형 : 야. 멋진데! 아주 멋지게 그렸어!

아우 : 경치가 좋으니까 그림이 잘 그려져요.

형 : 넌 정말 솜씨가 훌륭해!

아우 : 형님 솜씨가 더 훌륭하지요.

형 : 아냐, 난 너만큼 잘 그리지 못하는걸.

아우 : (형의 그림이 있는 곳으로 와서 감탄한다.) 형님 그림이 훨씬 멋있어요!

형 : (기뻐하며) 오, 그래?

아우 : 그럼요. 푸른 들판(우리 국토), 시냇물과 오솔길, 샛노랗게 피어 있는 민들레꽃, 한가롭게 풀을 뜯는 젖소들……. 참 아름답고 평화로운 풍경이군요.

형 : 난 아직 집은 못 그렸어. 그런데 너는 벌써 우리가 사는 집까지 그렸구나. 들판 한가운데 빨간색 양철 지붕과 하얀 연기가 피어오르는 굴뚝…….

아우 : 난 이곳에서 평생토록 형님과 함께 살고 싶어요.

형 : 나도 너와 함께 아름다운 이곳에서 행복하게 살고 싶어.

형과 아우, 다정하게 포옹한다.

형 : 돌아가신 부모님께서 우리의 이런 모습을 보신다면…….

아우 : 분명히 저 하늘 위에서 바라보고 계실 거예요.

형 : 정말 고마우신 부모님이시다. 이렇게 좋은 곳을 우리 형제에게 물려주셨으니!

형, 주위에 피어 있는 민들레꽃을 꺾어서 아우에게 내민다.

형 : 들판에 피어 있는 이 민들레꽃(형제의 우애)에 걸고서 맹세하자. 우리 형제는 언제나 사이좋게 지내기로…….

〈중략〉

핵/심/정/리

- 갈래 : 희곡
- 성격 : 우의적, 교훈적, 상징적
- 주제 : 형제간의 화해, 자주적으로 분단 극복

형 : 난 지금까지 우리 집이 들판 한가운데 있는 줄 알았어! 그런데 그게 아냐! 측량 기사가 쳐 놓은 밧줄을 보라고. 우리 집은 한가운데가 아닌, 약간 오른쪽에 있잖아?

아우 : 그렇군요. 우리 집이 오른쪽에 있는데요.

형 : 오른쪽은 내 쪽이야.

아우 : 형님 쪽에 있다고 우리 집을 형님이 독차지하려는 건 아니겠지요?

형 : 너는 내 허락 없이는 내 집에 들어오면 안 돼!

아우 : 형님, 저건 우리 집이에요! 우리가 다 함께 사는 집이라고요!

형 : 네가 있는 곳 그쪽도 우리가 다 함께 살던 땅이었어. 그런데 너는 나를 단 한 번도 넘어가지 못하게 했잖아?

아우 : 그건 오해예요, 형님. 얼마든지 이쪽으로 넘어오세요!

형 : 지금은 넘어오라고?

아우 : 네, 형님.

형 : 내가 뭣 때문에 그쪽으로 가야 하지? (아우를 외면한 채 그림을 그리며) 난 집이나 마저 그려야겠다.

아우 : 좋아요, 형님은 집을 가지세요. 그렇다면 나는 젖소들을 가지겠어요.

형 : 젖소들을 가지겠다고?

아우 : 저기 들판을 보세요. 젖소들은 지금 왼쪽에, 그러니까 내 쪽에 있어요.

형 : 어떻게 모두 네 쪽에 있지?

아우 : 내 쪽의 풀이 탐스러워 젖소들이 몰려왔겠죠. 난 젖소들을 길러서 재산을 모을 겁니다. 그래서 형님 집보다도 더 큰 집을 짓겠어요!

형 : 집을 크게 짓든 작게 짓든 네 마음대로 하렴! 하지만, 가축들은 자유롭게 놔둬! 네 땅의 풀을 다 뜯어 먹으면, 다시 내 땅으로 넘어올 거다!

측량 기사와 조수들, 등장한다.
외부 세력

측량 기사 : 어떻습니까, 우리 실력이? 양쪽으로 정확하게 나눠 놓은 측량 솜씨에 놀라셨을 겁니다. (조수들을 칭찬한다.) 자네들, 참 잘 했어. 아주 능숙한 솜씨야!

조수들 : 고맙습니다, 칭찬해 주셔서.

조수 1 : 사실은 우린 이런 일을 여러 번 했거든요.

조수 2 : 측량을 한 다음엔 땅을 빼앗았죠. 아주 교묘한 방법으로요.

측량 기사 : 쉿, 입조심해!

조수들 : 네, 알겠습니다.

측량 기사 : (먼저, 형에게 다가가서 묻는다.) 측량을 끝냈으니 다음엔 무슨 일을 할까요?

형 : 그걸 왜 나에게 묻죠?

측량 기사 : 우리가 일을 정확히 하기 위해서죠. 처음 약속대로 말뚝과 밧줄을 치워 드릴까요?

형 : 아니, 그냥 둬요.

측량 기사 : (동생에게 넘어가서 묻는다.) 어떻게 할까요? 당신 형님은 말뚝과 밧줄을(대립과 분단) 그냥 두라는데요?

아우 : 밧줄은 약해요. 더 튼튼한 건 없어요?

측량 기사 : 더 튼튼한 거라면……

아우 : 젖소들이 넘어가지 못할 만큼 튼튼한 것이 필요해요.

측량 기사 : 그거야 철조망도 있고, 높다란 벽(단절)도 있죠.

형 : (아우를 향하여 꾸짖는다.) 너, 지금 무슨 짓을 하려는 거냐?

아우 : 형님은 내 일에 상관하지 마세요! (측량 기사에게) 철조망보다는 벽이 좋겠어요. (손을 머리 위로 높이 들어 올리며) 이 정도 높은 벽을 쌓아 올리면 아무것도 넘어가지 못하겠죠!

형 : 뭐, 높은 벽? 너와 나 사이를 완전히 가로막겠다고?

측량 기사 : 우리 조수들은 유능해서 여러 가지 부업을 하고 있죠. (조수들을 손짓으로 부른다.) 이리 와! 이분에게 자네들이 잘 설명해 드려!

조수들, 아우에게 다가간다.

〈중략〉

형 : 저 요란한 천둥소리! 부모님께서 날 꾸짖는 거야!

아우 : 빗물이 눈물처럼 느껴져!

형과 아우, 탄식하면서 나누어진 들판을 바라본다.

형 : 아아, 이 들판의 풍경은 내 마음속의 풍경이야. 옹졸한 내 마음이 벽을 만들었고, 의심 많은 내 마음이 전망대를 만들었어. 측량 기사는 내 마음속을 훤히 알고 있었지. 내가 들고 있는 이 총마저도 그렇잖아. 동생에 대한 내 마음의 불안함을 알고, 그는 마치 나 자신의 분신처럼 내가 바라는 것만을 가져다줬던 거야.

아우 : 난 이 들판을 나눠 가지면 행복할 줄 알았어. 형님과 공동 소유가 아닌, 반절이나마 내 땅을 가지기를 바랐지. 그래서 측량 기사가 하자는 대로 했던 거야. 하지만, 나에게 남은 건 벽과 총뿐, 그는 나를 철저히 이용만 했어.

형 : 처음엔 실습이라고 했지. 그러나 실습이 아니었어……. 그런데 지금은 동생을 죽이고 싶어! 벽 너머에서 마구 총까지 쏘아 대는 동생이 미워서……. 하지만, 동생을 죽인다고 내 마음이 편해질까? 아냐, 더 괴로울 거야. (총구를 자신의 머리에 겨눈다.) 차라리 내가 죽는 게 낫겠어!

아우 : 이젠 늦었어. 너무 늦은 거야! 벽이 생겼던 바로 그때, 내가 형님께 잘못했다고 말해야 했어. 하지만, 인제 형님은 내 말이라면 믿지 않을 테고, 나 역시 형님 말을 믿지 못해. (고개를 숙이고 흐느껴 운다.) 이래서는 안 돼, 안 되는데 하면서도……. 어쩔 수가 없어.

형 : 들판에는 아직도 민들레꽃이 피어 있군! (총을 내려놓고 허리를 숙여 발밑의 민들레꽃을 바라본다.) 우리가 언제나 다정히 지내기로 맹세했던 이 꽃…….

아우 : 형님과 내가 믿을 수 있는 건 무엇일까? 그것이 단 하나라도 남아 있다면 좋을 텐데……. 그렇구나, 민들레꽃이 남아 있어! (총을 내던지고, 민들레꽃을 꺾어 든다.) 이 꽃을 보니까 그 시절이 그립다. 형님과 함께 행복하게 지냈던 시절이 그리워…….

형 : 벽 너머 저쪽에도 민들레꽃은 피어 있겠지…….

아우 : 형님이 보고 싶어!

형 : 동생 얼굴이 보고 싶구나!

형과 아우, 그들 사이를 가로막은 벽을 안타까운 표정으로 바라본다. 비가 그치면서 구름 사이로 ㉠ 한 줄기 햇빛이 비친다.

형 : 하지만, 내 마음을 어떻게 저 벽 너머로 전하지?

아우 : 비가 그치고, 산들바람이 부는군.

형 : 저 벽을 자유롭게 넘어갈 수만 있다면……. 가만있어 봐. 민들레꽃은 씨를 맺으면 어떻게 되지? 바람을 타고 멀리 날아가잖아?

아우 : 햇빛이 비치니까 샛노란 민들레꽃이 더 예쁘게 보여.
화합, 화해

〈후략〉

줄거리 보기

- 발단 : 형제가 그림을 그리고 있는 평화로운 들판에 측량 기사와 조수가 나타나서 말뚝과 밧줄을 설치함.
- 전개 : 측량 기사와 조수가 형제 사이를 이간질로 갈라 놓음.
- 절정 : 형제가 서로 믿지 못해 총을 쏘며 대립하게 됨.
- 하강 : 형제가 벽을 사이에 두고 과거의 평화로웠던 시절을 떠올리며 내적 갈등을 겪게 됨.
- 대단원 : 민들레꽃을 벽 너머로 던지며 벽을 허물기로 함.

만/점/포/인/트

1. 등장인물의 성격

형	소극적, 권위주의적, 소심함
동생	적극적, 형에 대한 피해의식이 있음.
측량 기사	교활함

2. 상징적인 소재들

들판	우리나라 국토
형과 동생	남과 북, 우리 민족
측량 기사와 조수	외부 세력
말뚝, 밧줄	형제간의 갈등과 대립, 분단 상황
벽	형제간의 완전한 단절
전망대	의심과 불신의 심화
총	형제간의 대립과 갈등의 최고조
비	형제가 스스로의 행동을 반성하게 되는 계기
민들레꽃	형제간의 우애, 화합

3. 갈등 양상

외적 갈등	땅을 서로 가지려는 형과 동생의 외적 갈등
내적 갈등	• 다시 형과 화해하고 싶어 하는 동생의 내적 갈등 • 동생과 화해하고 싶어 하는 형의 내적 갈등

바로바로 체크

(1) 이 글에서 우리나라 국토를 상징하는 소재는 무엇인가?

(2) 형과 동생의 상징적 의미를 남과 북으로 볼 때, 측량 기사의 상징적 의미는 무엇인가?

(3) 이러한 글의 형식을 무엇이라 하는가?
❶ 소설
❷ 시
❸ 수필
❹ 희곡

정답 (1) 들판
(2) 외부 세력
(3) ❹

기/출/문/제 Check!

정답 및 해설 9p

28 윗글과 같은 글에 대한 설명으로 적절하지 <u>않은</u> 것은?

① 막과 장으로 구성된다.
② 공간의 제약을 받지 않는다.
③ 무대 상연을 목적으로 한다.
④ 대사와 지시문으로 사건이 전개된다.

29 위와 같은 글의 종류는?

① 시
② 희곡
③ 수필
④ 소설

30 ㉠의 역할로 알맞은 것은?

① 형과 아우의 화해를 암시한다.
② 사건의 빠른 진행을 예고한다.
③ 인간의 욕심을 상징적으로 드러낸다.
④ 인물들의 우울한 심리 상태를 표현한다.

말아톤 _ 정윤철, 송예진, 윤진호

핵/심/정/리
- 갈래 : 시나리오
- 성격 : 감동적
- 제재 : 초원의 마라톤 완주
- 주제 : 자폐아의 장애 극복 의지와 가족의 사랑

〈앞부분 줄거리〉

어렸을 때에 초원이가 자폐증이라는 진단을 받게 되자, 엄마 경숙은 감당할 수 없는 현실 앞에서 좌절한다. 그러나 경숙은 초원이가 달리기만큼은 정상인보다도 월등한 능력을 가지고 있음을 발견하고, 달릴 때만큼은 남들과 다르지 않은 아들의 모습에 희망을 가지고 꾸준히 훈련시킨다.

스무 살 청년이 된 초원, 그러나 지능은 여전히 다섯 살 수준에 머물고 있다. 하는 짓이나 말투는 영락없는 다섯 살 어린애이지만, 어린 시절부터 꾸준히 해 온 달리기 실력만큼은 여전히 최고인 초원. 경숙은 자신의 목표를 '초원의 서브스리 달성'으로 정하고 아들의 훈련에 집중한다.

어느 날, 음주 운전으로 사회봉사 명령을 받고 초원의 학교로 전직 유명 마라토너 정욱이 오자, 경숙은 애원하다시피 해서 아들의 코치 역할을 떠맡긴다. 정욱은 처음부터 초원을 지도하는 것이 마음에 내키지 않아 성의 없이 대하고 초원도 쉽게 다가서지 못한다. 그러나 많은 시간을 함께 지내면서 서로는 마음을 열게 된다. 정욱은 초원이 속도 조절의 실패로 계속 완주 못한 점에 유의하며, 지구력을 중심으로 본격적인 훈련에 들어간다.

한편, 불성실하게만 보이는 정욱이 도통 미덥지 않은 경숙은 어느 날 정욱과 말다툼을 벌이게 된다. <u>경숙은 자신의 욕심 때문에 초원이를 혹사시키고 있는 것이 아닌가 싶은 생각을 하게 된다.</u> (경숙의 내적 갈등)

그래서 마라톤도, 서브스리도 모두 포기하기로 마음먹는다.

<u>S#</u> 60 학교(낮)
(시나리오임을 알 수 있는 용어)

점심시간. 정욱과 담임선생, 함께 식사를 타 와 마주 보고 앉는다.

담임 : (비밀 얘기라도 하는 듯) 초원이가요, 코치님을 왕 좋아하나 봐요.

정욱 : 왜요?

담임 : 매일 아침 오자마자 손정욱 코치 선생님 언제 오시냐고 물어보는 통에 죽겠다니까요? 원래 얘네 들은 여간 관심 있는 거 아니면 먼저 묻는 방법이 없는데…….

정욱 : (콧방귀를 뀌며) 먹을 거 있으면 지 혼자 먹고, 내가 주는 것도 절대 안 먹는데요, 뭘.

담임 : 아, 그건 유괴당할까 봐 엄마가 옛날부터 교육시킨 거예요. 신경 쓰지 마세요. 그리고 원래 얘네들이 주고받는 개념이 없어요. 저한테까지 얄짤없죠. 쿨하다고 생각하세요, 그냥.

초원이가 식판을 들고 다가오자, 정욱, 옆자리에 의자를 끌어내며 앉으라고 시늉을 한다. 하지만 본척만척하고 다른 자리로 가서 앉는 초원.

담임 : 아시죠? 늘 앉는 자리에 앉는 걸 좋아해요. (웃음)

머쓱해진 정욱, 피식 웃는데, 옆에 덩치 큰 진구가 와서 서 있다. 정욱, 진구를 올려다본 후 알겠다는 표정으로 어깨를 으쓱한 후 한 칸 옆자리로 물러난다.

S# 61 운동장(낮)

정욱, 초원과 마주 보고 트랙에 서 있다.

정욱 : 너, 나 좋아, 안 좋아?

초원 : 좋아요.

정욱 : 그래? 나도 너 좋아. (초원이 다리를 툭 치며) 초원이 다리는?

초원 : 백만 불짜리 다리.

정욱 : 또 뭐냐? 아, 몸매는?

초원 : 끝내 줘요.

정욱 : 좋아. 오늘은 특수 훈련을 하겠다. 먼저 준비 운동 시작!

제멋대로 준비 운동을 하는 정욱과 이를 그대로 따라 하는 초원. 정욱, 재밌는지 쿵푸와 태권도 기본 동작을 막 한다. 열심히 따라 하는 초원.

(정욱의 태도 - 불성실함 / 초원의 태도 - 성실함, 순수함)

S# 62 찜질방(낮)

찜질방 옷으로 갈아입은 정욱과 초원, 대자로 바닥에 드러누워 있다.

정욱 : 아…… 좋다, 특수 훈련. 초원이도 좋지?

초원, 누워서 등이 뜨거워 죽겠다는 표정으로 몸을 비틀며 눈만 멀뚱멀뚱.

(시간 경과)

초원은 앉아 시계를 들여다보고 있고, 정욱은 누워 있다.

초원 : 달리기 언제 해요?
달리기에 대한 열정
정욱 : 달리기가 뭐가 좋니? 초원아, 여기가 얼마나 편해? 아이구, 이제야 술이 좀 깨네. 야, 우리 조금만 자자.
초원 : 달리기 연습해야 돼요. (벌떡 일어선다.)
정욱 : 야. 야.

옷 갈아입고 초원을 찜질방 입구에서 배웅하는 열받은 표정의 정욱.

정욱 : 너, 운동장 요 앞이니까 혼자 갈 수 있지?
초원 : 네.
정욱 : 그럼 가서 뛰고 있어. 좀 있다 갈 테니까.

초원, 나가다 말고 물어본다.

초원 : 몇 바퀴 뛰어요?
정욱 : 원하는 만큼 뛰어.
초원 : 몇 바퀴 뛰어요?
정욱 : (짜증나는 표정으로) 100바퀴!
귀찮아서 한 말

정욱, 초원을 보내고 마사지 코너에 가서 마사지를 받는다.

(시간 경과)

핸드폰이 계속 울려 옆 사람이 핸드폰 좀 받으라고 하는 통에 깨는 정욱. 왜 애가 집에 안오냐고 다그치는 경숙의 목소리가 전화기 속에서 들린다. 정욱, 당황하며 시계를 보니 거의 오후 다섯시가 되어간다. 세 시간이나 잠든 것이다.

S# 63 운동장(낮)

아직 오후 햇살이 따가운 운동장. 어이없는 표정으로 트랙을 내려다보고 서 있는 정욱. 죽은 듯 바닥에 쓰러져 있는 초원. 정욱이 겁먹은 표정으로 다가가 발로 툭툭 쳐 보니 숨은 아직 붙어 있는 듯하다.

초원 : (헉헉 숨을 몰아쉬며) 이제 한 바퀴 남았다.

정욱 : 뭐?

초원 : (일어서며) 한 바퀴.

벌떡 일어서서 다시 비틀비틀 뛰기 시작하는 초원.

정욱 : 저 미친 놈이. (트랙으로 빠르게 걸어간다.) 야! 야! 그만 뛰어. 스톱!

정욱의 말이 들리지 않는 듯 헐떡거리며 계속 뛰는 초원.

정욱 : (초원 옆으로 와서) 그만 뛰라니까!

초원 : 한 바퀴 남았다.

정욱 : (기막힌) 하, 100바퀴를 채우겠다고? (멀어져 가는 초원을 보며) 저거 진짜 로봇이네? 그래 마저 돌아라. 100바퀴 꽉꽉 채워.

정욱, 멈춰 서서 팔짱을 끼고 초원이를 바라본다.

정욱 : (시계를 보며) 세 시간 반…….

트랙을 돌아 정욱 쪽으로 달려오는 초원. 지친 기색이 역력하지만 억지로 뛰는 것 같지 않다. 얼굴엔 약간의 미소마저 흐르고, 이를 바라보는 정욱의 표정 진지해진다.

마라톤에 대한 초원이의 열정과 가능성을 보게 됨

드디어 마지막 바퀴를 마저 채우는 초원. 땅바닥에 앉아 숨을 몰아쉬고 있는 초원에게 다가가는 정욱.

정욱 : 100바퀴 다 뛰니까 좋아?

초원 : 네.

정욱 : 뭐가 좋아? 힘 안들어?

초원, 자기 가슴에 손을 대고 있다.

정욱 : (놀라며) 왜그래. 가슴 아파?

가쁜 숨을 내쉬며 말없이 정욱을 올려다보는 초원, 돌연 정욱의 손을 잡아 자기 가슴에 대어 준다. 쿵쿵쿵쿵 격렬하게 박동하는 초원이 가슴. 전기에 감전된 듯 놀라는 정욱의 얼굴. 한동안 마주 보는 두 사람.

초원과 정욱의 교감

〈중략〉

S# 70 초원의 집(낮)

초원의 일기장을 들여다보고 있는 경숙. 동물원 그림이 그려진 걸 보고 왠지 화가 치미는 표정. 전화기를 꺼내 정욱의 번호를 누르려다 참는다.

정욱의 훈련 방식에 관여를 할지, 하지 않을지 경숙의 내적 갈등

플래너를 보는 경숙, 아무것도 적혀 있지 않는 빈 플래너가 불안하다. 플래너 뒤에 끼워 놓았던 올해의 마라톤 대회 일정표를 꺼낸다.

〈후략〉

줄거리 보기

- 발단 : 자폐아 초원의 어머니 경숙은 남들과 다를 바 없이 키우기 위해 초원이에게 꾸준히 달리기를 훈련시킴.
- 전개 : 경숙은 사회 봉사를 하러 온 전직 마라토너 정욱에게 초원의 마라톤 훈련을 부탁하고, 처음에는 시간을 보내기 위해 훈련을 하던 정욱도 점점 초원에게 마음을 열기 시작함.
- 절정 : 정욱의 훈련 방식이 못마땅했던 경숙이 직접 초원에게 마라톤 훈련을 시키다가 초원이 병원에 입원하게 되고, 경숙은 자신의 행동이 초원에게 강압적이었다는 생각에 괴로워하며 초원에게 마라톤을 그만두게 하려 함.
- 하강 : 초원은 마라톤 대회에 출전하기 위해 몰래 집을 나서 대회에 참가함.
- 대단원 : 초원은 마침내 서브스리를 달성하고, 경숙은 초원이 마라톤에 대한 자신의 의지를 보여주려 했다는 것을 알게 됨.

만/점/포/인/트

1. 등장인물의 성격

초원	• 자폐증이 있음. • 달리기에 재능이 있음.
경숙	• 초원을 사랑함. • 마라톤에 대한 초원의 재능을 발견함.
정욱	자유분방함.

2. 갈등 양상

외적 갈등	• 초원이의 마라톤 훈련을 포기하려 하는 경숙과 초원이의 마라톤 훈련을 계속하길 원하는 정욱 • 초원이가 마라톤을 그만두길 바라는 경숙과 마라톤 대회에 참가하고 싶어하는 초원

바로바로 체크

(1) 이 글의 형식으로 옳은 것은?
❶ 소설
❷ 희곡
❸ 시나리오
❹ 수필

(2) 이 글이 희곡과 가장 두드러지게 다른 점은 장면(S#)으로 구성된다는 점이다. (O | ×)

정답 (1) ❸
(2) O

기/출/문/제 Check!

정답 및 해설 9p

31 위와 같은 글의 특징을 〈보기〉에서 고른 것은?

[보기]

ㄱ. 막과 장으로 구성된다.
ㄴ. 무대 상연을 목적으로 한다.
ㄷ. 대사와 지시문을 통해 사건이 전개된다.
ㄹ. 촬영과 편집을 위한 특수 용어가 사용된다.

① ㄱ, ㄴ
② ㄱ, ㄷ
③ ㄴ, ㄹ
④ ㄷ, ㄹ

시집가는 날 _ 오영진

맹효원 : 무슨 소리냐? 경주 돌이면 다 옥돌이라더냐? 혼담을 건네러 가서 신랑 선두 아니 보구 와?

가문이 좋다고 그 집 자식까지 좋은 것은 아니다.

맹 진사 : 아, 뺨을 맞아도 금가락지 낀 손으로 맞으랬다고, 저쪽은 김 판서 대감 댁이 아닙니까?

봉변을 당해도 권세 있는 사람에게 당하는 것이 낫다.

맹효원 : 뭣이 어째? 아니, 그럼 너는 권문세도만 믿구 무조건 딸자식을 내주겠다는 거냐? 신랑 성격이 포악하든 괴팍스럽든 말이다.

맹 진사 : (무릎걸음으로 다가앉으며) 작은 아버지! 사내란 뜨뜻미지근한 것보다 괴팍스러운 게 낫지요!

인간됨보다 재물과 권세를 중요하게 생각함

맹효원 : 허, 이런? (친척들을 돌아보며) 자네들 소견은 어떤가?

친척들, 대답 대신 좌우로 갓의 물결

맹효원 : 형님! (맹 노인을 깨운다.) 형님 생각은 어떻습니까?

맹 노인 : (잠에서 깨며) 오오냐?

맹효원 : 제 소견이 틀렸습니까, 형님?

맹 노인 : (못 알아듣고) 난 요새 이놈의 귓구멍에 모기떼가 아우성을 치는 통에 …….

〈중략〉

맹 진사 대청 한가운데 쭈그리고 앉아 열심히 족보를 읽고 있다. 마치 풍월을 읊조리듯 경을 읽듯—박 참봉이 그 옆에서 벼루에 먹을 갈며 장단을 맞추고 있다.

맹 진사 : 에그 군색스럽게 무슨 족보가 이런고? 고조부, 증조부, 조부, 아버지가 그저 한결같이 초시 초시 초시 이래가지고도 숙부님들은 나무라기만 허시니. 혓. 안 그런가? 박 참봉!

박 참봉 : 아 누가 아니랍니까. 일찌감치 진사 한 자리 사 두시기를 정말 잘 하셨습죠.

매관매직이 성행하던 시기

핵/심/정/리

- 갈래 : 뮤지컬 극본
- 성격 : 해학적, 풍자적, 비판적
- 주제 : 혼인 제도의 모순, 양반의 허례허식에 대한 풍자

맹 진사 : (당황해서) 예끼 이 사람! 누가 듣네!

박 참봉 : 에그 참, 내 주둥아리가?

맹 진사 : (소리를 낮춰) 자, 참봉. 이거 좀 뜯어 고쳐! 어서! 쥐도 새도 모르게 감쪽같이 뜯어고치잔 말야!

박 참봉 : 아니 영감마님 족보를 말씀입니까?

맹 진사 : 족보란 가끔 그런 게야! 그런데 제일 높은 감투가 뭔지 알겠나?

박 참봉 : 그야 상감마마 담엔 영의정입죠.

맹 진사 : 틀림없겠지?

박 참봉 : 틀림없습니다.

맹 진사 : 그럼 6대조는 영의정이다.

박 참봉 : (역시 소리를 낮춰) 그렇게 단번에 뛰어오를 수야 있습니까? 차근차근 질서정연하게 단계적으로 승차하셔야죠!

맹 진사 : 그렇든가? 그럼…… 포도대장쪽에서부터 시작을 해 볼까?

박 참봉 : 지당하옵니다. (족보에 적는다.)

맹 진사 : 7대조는? 평안 감사쯤이 어떨까?

박 참봉 : 제일 실속 있는 감투입죠! (신이 나서 적어 넣는다.)

맹 진사 : 8대존?

박 참봉 : (거침없이) 성균관 대제학! 제가 한자리 했음허는 감투입죠! (적는다.)

맹 진사 : (약간 불안하여) 영의정은 아직 멀었는가?

박 참봉 : (묵살하고) 9대조는 좌의정…….

맹 진사 : 10대조는?

박 참봉 : (혼잣말로) 이쯤되면 무방하겠지! 에이, 모르겠다. 영의정 줬다! (족보에 적어넣고 자신만만해서 보여 준다.) 어떻습니까?

(박 참봉: 맹 진사에게 아첨을 하는 인물)

맹 진사 : 호랑이의 날개로군! 헛, 헛……. (한번 훑어보고) 자, 그럼 어서 마저 적어 넣게! 진사 태량의 사위로 판서 김치정의 장남 미언, 미언의 이름을 내 아랫대에 적어 넣는단 말야!

(호랑이의 날개로군!: 금상첨화(錦上添花))

〈중략〉

음악 고조. 이윽고 각기 도포 한 벌씩과 관 하나씩을 찾아들고 총알처럼 뛰어나오는 맹 진사, 박 참봉. 서로 정신없이 도포와 관을 입히고 씌워주기에 엎치락뒤치락하는데 — 삼돌이의 안내로 좌측에서 나타나는 치윤과 미언. 맹 진사 급히 뜰로 내려가 과객을 영접한다.

맹 진사 : 아랫것들이 몰라봐서 대접이 아니었습니다.(비뚤어진 관을 매만지며) 헤, 헤! 제가 바로 맹태량. 이집의 주인이올시다.

맹 진사 박 참봉에게 눈짓 — 참봉, 깜짝 놀라 도포와 관을 벗고 족보를 감춰 가지고 쪼르르 좌측으로 퇴장. 맹 진사 과객과 그 하인을 안내하여 대청에 오른다.

치윤 : 창졸간에 폐가 많소이다.

맹진사 : 아, 원 천만에! 이렇게 대할 손님 저렇게 대할 손님이 있죠.
상대에 따라 대접을 달리하는 모습

삼돌 멀건히 구경한다.

맹 진사 : 듣자온데 호수 건너 마을에 사신다니. 혹시 김 판서 대감을 아시는지요?
치윤 : 아, 네! 「(노래) 나는 새도 떨어뜨리고 산천초목이 알아모시는 / 명재상 김 판서라. 나이 어려 재동으로 / 열다섯에 등과하고 / 해마다 승진하여 / 삼십 전에 명판서로 성상을 받드신 분 / 팔도의 삼척동자도 / 다 알고 있는 터에 / 누구라서 모르겠습니까?」
「 」: 뮤지컬의 특징 – 노래와 춤

맹 진사 : (매우 흡족해서) 헷헤! 그러실 테지! (자랑하듯) 바로 그댁하고 나하구 사돈을 맺었죠. 헤, 헴!
치윤 : (놀라는 체) 아, 그러세요? 그거 참 경사스런 일입니다그려! 몰라뵈었습니다.
맹 진사 : (삼돌이에게) 인석아. 넌 게서 뭘 하는 게냐? 냉큼 손님 발씻을 물 떠다 대령않구?

〈후략〉

줄거리 보기

- 발단 : 맹 진사의 딸 갑분과 김 판서의 아들 미언의 혼인을 약속하고, 미언은 우물가에서 갑분이의 몸종인 이쁜이의 고운 마음씨에 호감을 느낌.
- 전개 : 권세에 대한 욕심으로 딸의 혼사를 진행하려던 맹 진사는 인간됨을 중시하는 맹효원과 다투게 되고, 신랑 될 미언이가 절름발이라는 소문을 듣고 당황함.
- 절정 : 결국 맹 진사는 갑분이 대신 이쁜이를 시집보내기로 함.
- 하강 : 혼례 날, 미언은 매우 늠름한 모습으로 나타남.
- 대단원 : 결국 미언이와 이쁜이가 결혼하게 됨.

만/점/포/인/트

1. 특징

① 민담 '뱀신랑 설화'를 재구성
② 희곡 '맹 진사 댁 경사'를 뮤지컬 극본으로 재구성
③ 한자성어나 속담 등을 사용

2. 갈등 양상

맹 진사		맹효원
권세, 재물 등을 중요하게 생각함.	↔	사람됨을 중요하게 생각함.

3. 등장인물의 성격

① 맹 진사 : 가문과 재물을 중요하게 생각함, 허영심이 강함, 경솔함.
② 맹효원 : 재물보다 사람됨을 중요하게 여김.
③ 맹 노인 : 집안의 어른이지만 의식이 혼탁함. 관객들의 웃음을 유발하는 해학적인 인물
④ 박 참봉 : 주인에게 복종함, 강자에게 약하고 약자에게 강한 인물

4. 사용된 속담들

① 경주 돌이면 다 옥돌이라더냐? ➜ 이름이나 배경만 가지고는 판단할 수 없다.
② 뺨을 맞아도 금가락지 낀 손으로 맞으랬다. ➜ 봉변을 당해도 지위가 높고 덕망 있는 사람에게 당하는 것이 낫다.
③ 사촌이 논을 사면 배가 아프다. ➜ 남이 잘됨을 시기함.
④ 어물전 망신은 꼴뚜기가 시킨다. ➜ 못난 것일수록 그와 같이 있는 동료를 망신시킨다.
⑤ 화무십일홍이라 백년 세도 없더라. ➜ 재물과 권세는 오래갈 수 없다.

5. 글 속에 나타난 사회 모습

남성 중심의 사회, 가부장적 사회, 매관매직 성행, 자식의 혼인을 부모가 결정함.

바로바로 체크

(1) 이 글에서 권세, 재물 등을 중요하게 생각하는 인물은?

(2) 글 속에 나타난 사회 모습으로 적절하지 않은 것은?
❶ 남성 중심의 사회
❷ 가부장적 사회
❸ 매관매직 성행
❹ 여성의 지위 상승

정답 (1) 맹 진사
(2) ❹

기/출/문/제 Check! 정답 및 해설 9p

32 위와 같은 글에 대한 설명으로 적절하지 않은 것은?

① 시간과 공간의 제약을 받는다.
② 무대에서 상연하는 것을 전제로 한다.
③ 사건은 서술자의 눈을 통해 전개된다.
④ 대사와 지시문을 통해 인물의 성격을 드러낸다.

33 윗글의 중심 사건으로 적절한 것은?

① 족보를 고치는 일
② 벼슬을 사고파는 일
③ 높은 벼슬에 오르는 일
④ 미언을 족보에 올리는 일

34 박 참봉에 대한 설명으로 적절한 것은?

① 맹 진사의 앞날을 걱정한다.
② 맹 진사의 가문을 부러워한다.
③ 맹 진사의 말에 비위를 맞춘다.
④ 맹 진사의 희생을 안타까워한다.

PART II

적중 예상 문제

정답 및 해설 11p

[01~03] 다음 글을 읽고 물음에 답하시오.

(가) "이놈아! 너 왜 남의 닭을 때려 죽이니?"

"그럼 어때?"

하고, 일어나다가,

"뭐 이 자식아! 누 집 닭인데?"

하고, 복장을 떼미는 바람에 다시 벌렁 자빠졌다. 그리고 나서 가만히 생각을 하니 분하기도 하고 무안도스럽고, 또 한편 일을 저질렀으니, 인젠 땅이 떨어지고 집도 내쫓기고 해야 될는지 모른다. 나는 비슬비슬 일어나며 소맷자락으로 눈을 가리고는 얼김에 엉, 하고 울음을 놓았다. 그러나 점순이가 앞으로 다가와서,

"그럼 너 이담부턴 안 그럴 테냐?"

하고 물을 때에야 비로소 살 길을 찾은 듯싶었다. 나는 눈물을 우선 씻고 뭘 안 그러는지 명색도 모르건만,

"그래!"

하고 무턱대고 대답하였다.

"요담부터 또 그래 봐라, 내 자꾸 못 살게 굴 테니."

"그래 그래, 인젠 안 그럴 테야."

"닭 죽은 건 염려마라. 내 안 이를 테니."

-김유정, 「동백꽃」-

(나) "어쩌려고 저러는지? 200원짜리 초콜릿을 김 반장은 150원에 팔더라니깐요. 떼 온 값도 안 되게 막 팔아 넘긴대요. 이판사판이래요."

그러면 고흥댁은 정말 헷갈리기 시작하는 것이다. 아까까지만 해도 김포에서 적어도 30원은 싸게 샀다고 자부한 판인데 잠깐 사이에 형제에서는 50원이나 싸게 팔고 있다니, 어느 쪽으로 가야 이익일지 계산하기가 썩 어렵잖은가 말이다. 그러잖아도 지난번에 형제 슈퍼에서 산 비누를 물리고 그 즉시로 김포 슈퍼에서 싼값으로 비누를 샀다고 해서 동네 여자들 구설수에 올라 있는 고흥댁이었다.

〈중략〉

"아이구, 아줌마도……. 손해는 무슨 손해요? 김포에서 받은 것도 200원어치 곱절은 됐을 텐데, 안 그래요?"

말을 듣고 보니 맞는 소리였다. 눈치를 잘 보아서 김 반장한테로 갔으면 더 이익은 봤을망정 손해는 아니었으니까…….

"그나저나 ㉠ ________________ 는 옛말은 다 틀린 말여. 고래들이 싸우는 통에 우리 같은 새우들이 먹잘 게 좀 많은가 말여."

-양귀자, 「원미동 사람들」-

01 (가)에서 해학성을 느끼게 하는 요소가 <u>아닌</u> 것은?

① 어수룩한 '나'의 행동
② 비속어의 사용
③ 적극적인 애정표현을 하는 점순이와 소극적인 '나'의 태도
④ '나'의 생김새

02 ㉠에 들어갈 속담으로 알맞은 것은?

① 부뚜막에 소금도 넣어야 짜다.
② 고래 싸움에 새우 등 터진다.
③ 구슬이 서말이라도 꿰어야 보배다.
④ 가는 말이 고와야 오는 말이 곱다.

03 **(가), (나)와 같은 글을 감상하는 방법으로 올바른 것은?**

① 함축적인 시어의 의미를 파악하며 감상한다.
② 제시된 정보들을 요약하며 읽는다.
③ 사건에 따른 갈등 유형을 파악하며 읽는다.
④ 글쓴이의 주장과 근거를 찾아가며 읽는다.

[04~07] 다음 글을 읽고 물음에 답하시오.

(가) "아아, 쌍권총을 든 사나이, 아아, 오늘밤의 활동사진은 쌍권총을 든 사나이, 많이 구경 오이소! 많이많이 구경 오이소!"

그리고 메가폰을 입에서 뗀 그 희한한 사람의 시선이 동길이의 시선과 마주쳤다.

순간 동길이의 가슴이 철렁 내려앉고 말았다. 뒤통수를 야물게 한 대 얻어맞은 것 같았다. 그리고 눈물이 핑 돌았다. 어처구니가 없었다. 그 희한한 사람이 바로 아버지였던 것이다.

아버지는 동길이와 눈이 마주치자 약간 멋쩍은 듯했다. 그러고는 얼른 시선을 돌려버리는 것이었다. 동길이는 코끝이 메워 오며 뿌옇게 눈앞이 흐려져 갔다.

아이들은 더욱 신명이 나서 떠들어댄다.

"아아, 오늘 밤에는 쌍권총입니다."

"아아, 쌍권총을 든 사나이 재미가 있습니다."

이런 소리에 섞여 분명히,

"동길아! 느그 아부지다. 느그 아부지 참 멋쟁이다."

하는 소리가 동길이의 귓전을 때렸다.

-하근찬, 「흰 종이 수염」-

(나) ⓐ 그때 마침, 공이 또한 달빛을 구경하다가, 길동이 서성거리는 것을 보고 즉시 불러 물었다.

"너는 무슨 홍이 있어서 밤이 깊도록 잠을 자지 않느냐?"

길동이 공경하는 자세로 대답하였다.

"소인이 마침 달빛을 즐기는 중입니다. 그런데, 만물이 생겨날 때부터 오직 사람이 귀한 존재인 줄 아옵니다. 그러나 소인에게는 귀함이 없사오니 어찌 사람이라 하겠습니까?"

공은 그 말의 뜻을 짐작은 했지만, 일부러 책망하며 말하였다.

"너 그게 무슨 말이냐?"

길동이 절하고 말씀드리기를

"소인이 평생 서러워하는 바는, 소인이 대감의 정기를 받아 당당한 남자로 태어났고, 또 낳아서 길러 주신 어버이의 은혜를 입었음에도 불구하고 아버지를 '아버지'라 못하옵고 형을 '형'이라 못 하오니, 어찌 사람이라 하겠습니까?"

하고, 눈물을 흘리며 적삼을 적셨다.

공이 이 말을 다 듣고 비록 불쌍하다는 생각은 들었으나 그 마음을 위로하면 방자해질까 염려되어 크게 꾸짖어 말했다.

"재상 집안에 천한 종의 몸에서 태어난 자식이 너뿐이 아닌데, 네가 어찌 이다지도 방자하냐? 앞으로 이런 말을 하면 내 눈앞에 나타나지도 못하게 하겠다."

이렇게 꾸짖으니, 길동은 감히 한 마디도 더 하지 못하고 다만 땅에 엎드려 눈물을 흘릴 뿐이었다. 공이 물러가라고 하자, 그제서야 길동은 침소로 돌아와 슬퍼해 마지않았다. 길동이 본래 재주가 뛰어나고 도량이 크고 넓은지라 마음을 가라앉히지 못해 밤이면 잠을 이루지 못하곤 하였다.

-허균, 「홍길동전」-

04 (가)의 시대적 배경에 대한 설명으로 올바른 것은?

① 우리 민족이 일제에 의해 탄압받던 시기이다.
② 산업화・도시화가 진행되던 1970년대이다.
③ 신분제가 동요하던 조선 후기이다.
④ 6・25 전쟁 직후이다.

05 (나)에서 길동이 갈등하는 근본적 원인은?

① 부모에게 효를 못하는 마음
② 남녀차별
③ 신분제로 인한 적서 차별
④ 아버지와의 불화

06 (나)의 ⓐ에 나타난 고전 소설의 특징으로 올바른 것은?

① 인물의 삶을 일대기적 구성으로 보여준다.
② 사건이 우연적으로 일어난다.
③ 비현실적인 사건이 전개된다.
④ 평면적인 인물이 등장한다.

07 (가)와 (나)의 갈래상 특징으로 올바른 것은?

① (가)는 연극을 위한 대본이고, (나)는 소설이다.
② (가)는 개화기 이후에 쓰여진 소설이고, (나)는 개화기 이전에 쓰여진 소설이다.
③ (가)와 (나) 모두 고전 소설이다.
④ (가)는 운율을 느낄 수 있지만, (나)는 운율을 느낄 수 없다.

[08~13] 다음 글을 읽고 물음에 답하시오.

(가) ⓐ <u>측량 기사와 조수들</u>, 등장한다.

측량 기사 : 어떻습니까, 우리 실력이? 양쪽으로 정확하게 나눠 놓은 측량 솜씨에 놀라셨을 겁니다. (조수들을 칭찬한다.) 자네들, 참 잘 했어. 아주 능숙한 솜씨야!
조수들 : 고맙습니다, 칭찬해 주셔서.
조수 1 : 사실은 우린 이런 일을 여러 번 했거든요.
조수 2 : 측량을 한 다음엔 땅을 빼앗았죠. 아주 교묘한 방법으로요.
측량 기사 : 쉿, 입조심해!
조수들 : 네, 알겠습니다.
측량 기사 : (먼저, 형에게 다가가서 묻는다.) 측량을 끝냈으니 다음엔 무슨 일을 할까요?
형 : 그걸 왜 나에게 묻죠?
측량 기사 : 우리가 일을 정확히 하기 위해서죠. 처음 약속대로 말뚝과 밧줄을 치워 드릴까요?
형 : 아니, 그냥 둬요.

측량 기사 : (동생에게 넘어가서 묻는다.) 어떻게 할까요? 당신 형님은 말뚝과 밧줄을 그냥 두라는데요?

아우 : 밧줄은 약해요. 더 튼튼한 건 없어요?

측량 기사 : 더 튼튼한 거라면…….

-이강백, 「들판에서」-

(나) S# 63 운동장(낮)

아직 오후 햇살이 따가운 운동장. 어이없는 표정으로 트랙을 내려다보고 서 있는 정욱. 죽은 듯 바닥에 쓰러져 있는 초원. 정욱이 겁먹은 표정으로 다가가 발로 툭툭 쳐 보니 숨은 아직 붙어 있는 듯하다.

초원 : (헉헉 숨을 몰아쉬며) 이제 한 바퀴 남았다.

정욱 : 뭐?

초원 : (일어서며) 한 바퀴.

벌떡 일어서서 다시 비틀비틀 뛰기 시작하는 초원.

정욱 : 저 미친 놈이. (트랙으로 빠르게 걸어간다.) 야! 야! 그만 뛰어. 스톱!

정욱의 말이 들리지 않는 듯 헐떡거리며 계속 뛰는 초원.

정욱 : (초원 옆으로 와서) 그만 뛰라니까!

초원 : 한 바퀴 남았다.

정욱 : (기막힌) 하, 100바퀴를 채우겠다고? (멀어져 가는 초원을 보며) 저거 진짜 로봇이네? 그래 마저 돌아라. 100바퀴 꽉꽉 채워.

정욱, 멈춰 서서 팔짱을 끼고 초원이를 바라본다.

정욱 : (시계를 보며) 세 시간 반…….

트랙을 돌아 정욱 쪽으로 달려오는 초원. 지친 기색이 역력하지만 억지로 뛰는 것 같지 않다. ㉠ <u>얼굴엔 약간의 미소마저 흐르고, 이를 바라보는 정욱의 표정 진지해진다.</u>

드디어 마지막 바퀴를 마저 채우는 초원. 땅바닥에 앉아 숨을 몰아쉬고 있는 초원에게 다가가는 정욱.

-정윤철 · 송예진 · 윤진호, 「말아톤」-

(다) 새침하게 흐린 품이 눈이 올 듯하더니, 눈은 아니 오고 얼다가 만 비가 추적추적 내리었다. 이날이야말로 동소문 안에서 인력거꾼 노릇을 하는 김 첨지에게는 오래간만에도 닥친 운수 좋은 날이었다. 문 안에(거기도 문 밖은 아니지만) 들어간답시는 앞집 마나님을 전찻길까지 모셔다 드린 것을 비롯하여 행여나 손님이 있을까 하고 정류장에서 어정어정하며 내리는 사람 하나하나에게 거의 비는 듯한 눈길을 보내고 있다가, 마침내 교원인 듯한 양복장이를 동광학교(東光學校)까지 태워다 주기로 되었다.

-현진건, 「운수 좋은 날」-

08 (가)와 (나)에 대한 설명으로 알맞지 <u>않은</u> 것은?

① (가)의 구성요소는 막과 장이다.

② (나)는 시간적 배경, 공간적 배경의 제약이 심하다.

③ (가)는 연극을 위한 대본, (나)는 영화나 드라마를 위한 대본이다.

④ (나)에는 촬영을 위한 특수 용어가 사용된다.

09 (가)의 ⓐ가 의미하는 바로 알맞은 것은?

① 형을 지지하는 인물
② 형과 아우의 화해를 돕는 인물
③ 우리 민족
④ 외부 세력

10 (가)에 대한 설명으로 올바르지 않은 것은?

① 배경이나 등장인물 수의 제약이 심하다.
② 연극을 위한 대본이다.
③ 막과 장으로 구성되어 있다.
④ 서술자가 작품 내부에 존재한다.

11 (가)와 (나)를 구분할 수 있는 용어는?

① 해설 ② 대사
③ S# ④ 지시문

12 (나)의 밑줄 친 ㉠의 의미로 알맞은 것은?

① 정욱은 초원이를 한심하게 느낀다.
② 정욱은 초원에게서 마라톤 완주 가능성을 느낀다.
③ 정욱과 초원이의 갈등이 시작된다.
④ 정욱이는 초원이에게 마라톤을 포기시키려 한다.

13 (다)의 제목인 '운수 좋은 날'에 대한 설명으로 올바른 것은?

① 작품의 결말을 희극적으로 만들어 준다.
② 돈을 많이 벌어서 기분이 좋았던 날을 비유한 표현이다.
③ 실제로는 아내가 죽은 가장 운수 나쁜 날로, 반어적 표현을 사용해 비극적 상황을 극대화시키는 제목이다.
④ 시대적 배경을 알려주는 제목이다.

[14~15] 다음 글을 읽고 물음에 답하시오.

(가) 하루는 일곱 벗이 모여 바느질의 공을 의논하였다. 척 부인이 긴 허리를 재며 말했다.

"여러 벗은 들어라. 가는 명주, 굵은 명주, 흰 모시, 가는 베와 푸른 비단, 붉은 비단, 녹색 비단, 자주 비단, 붉은 헝겊을 모두 내어서 펼쳐 놓고 남녀의 옷을 마련할 때를 생각해 보아라. 길고 짧음과 넓고 좁음과 솜씨와 모양을 내가 아니면 어찌 이루어 내겠느냐? 그러므로 옷 만드는 공은 내가 으뜸이 될 것이다."

교두 각시가 두 다리를 빨리 놀려 내달아서 말했다.

"척 부인아, 그대가 아무리 마련을 잘한들 베어 내지 않으면 모양이 제대로 되겠느냐? 내 공과 내 덕이니, 너만의 공이라고 자랑하지 마라."

-작자 미상, 「규중칠우쟁론기」-

(나) "당신이 내 말을 믿지 못하겠으면 당신의 열 손가락을 깨물어 보십시오. 엄지손가락만이 아프고 그 나머지는 아프지 않습니까? 한 몸에 붙어 있는 큰 지절과 작은 부분이 골고루 피와 고기가 있으니, 그 아픔은 같은 것이 아니겠습니까? 하물며, 각기 기운과 숨을 받은 자로서 어찌 저놈은 죽음을 싫어하고 이놈은 좋아할 턱이 있겠습니까? 당신은 물러가서 눈 감고 고요히 생각해 보십시오, 그리하여 달팽이의 뿔을 쇠뿔과 같이 보고, 메추리를 대붕과 동일시하도록 해보십시오. 연후에 나는 당신과 함께 ⓐ 도를 이야기하겠습니다."

-이규보, 「슬견설」-

(다) 청춘! 이는 듣기만 하여도 가슴이 설레는 말이다. 청춘! 너의 두 손을 가슴에 대고, 물방아 같은 심장의 고동을 들어 보라. 청춘의 피는 끓는다. 끓는 피에 뛰노는 심장은 거선의 기관같이 힘 있다. 이것이다. 인류의 역사를 꾸며 내려온 동력은 바로 이것이다. 이성은 투명하되 얼음과 같으며, 지혜는 날카로우나 갑 속에 든 칼이다. 청춘의 끓는 피가 아니더면 인간이 얼마나 쓸쓸하랴? 얼음에 싸인 만물은 죽음이 있을 뿐이다.

-민태원, 「청춘예찬」-

14 (가)와 같은 글의 특징으로 알맞지 않은 것은?

① 시기적으로 개화기 이후에 창작된 글이다.
② 교훈적이며 풍자적인 내용이 많다.
③ '예화 + 의견'의 2단 구성으로 이루어진다.
④ 비유적이고 우의적인 표현이 많다.

15 (나)의 ⓐ에 해당하는 내용으로 알맞지 않은 것은?

① 크기에 상관 없이 모든 생명은 소중하다.
② 사물을 선입견이나 편견에서 벗어나 바라보자.
③ 사물의 본질을 올바로 파악하자.
④ 사물의 가치는 크기에 따라 다르다.

[16~18] 다음 글을 읽고 물음에 답하시오.

"동길아! 느그 아부지다. ⓐ 느그 아부지 참 멋쟁이다."
하는 소리가 동길이의 귓전을 때렸다. 용돌이란 놈의 목소리에 틀림없었다.
동길이는 온몸의 피가 얼굴로 치솟는 듯했다. 주먹으로 아무렇게나 눈물을 뿌리쳤다. 뿌옇던 눈앞이 확 트이며 얼른 눈에 들어온 것은 소리를 지른 용돌이 아닌 창식이란 놈이었다. 요놈이 나무꼬챙이를 가지고 아버지의 수염을 곧장 건드리면서,
"진짜 앙이다야. 종이로 만든 기다, 종이로."
하고 켈켈 웃어쌓는 것이 아닌가.
동길이는 가슴속에 불이 확 붙는 것 같았다. 순간 동길이의 눈은 매섭게 빛났다. 이미 물불을 가릴 계제가 아니었다.
살쾡이처럼 내달을 따름이었다.
"으악!"
비명 소리와 함께 길바닥에 나가떨어진 것은 물론 창식이었다. 개구리처럼 뻗었다. 그러나 동길이는 그 위에 덮쳐서 사정없이 마구 깔고 문댔다.
"아이크, 아야야야……. 캥!"
창식이의 얼굴은 떡이 되는 판이었다.
아이들은 덩달아서 와아와아 소리를 지르며 떠들어댔다.

동길이 아버지는 두 눈이 휘둥그래지며 손에서 메가폰을 떨어뜨렸다. 어찌된 영문인지 알 수가 없었다.

창식이는 이제 소리도 지르지 못하고 윽! 윽! 넘어가고 있었다.

"와 이카노? 와 이카노? 와 이캐?"

동길이 아버지는 후닥닥 광고판을 벗겨 던졌다. 그리고 하나 남은 손을 대고 내저으며 어쩔 줄을 몰라 했다. 턱에 붙였던 수염이, 실밥이 떨어져서 흰 종이 수염이 가슴 앞에 매달려 너풀너풀 춤을 춘다.

"이누무 자식이 미쳤나, 와 이카노, 와 이캐 잉?"

-하근찬, 「흰 종이 수염」-

16 ⓐ에 대한 내용으로 바르지 않은 것은?

① 반어적인 표현이다.
② 동길이의 아버지를 조롱하는 표현이다.
③ 동길이의 아버지에 대한 존경심이 드러나는 표현이다.
④ 동길이의 분노를 불러일으키는 대사이다.

17 이 글의 시대적 배경을 알 수 있는 단어가 아닌 것은?

① 사친회비 ② 징용
③ 책보 ④ 취직

18 이 부분에 주로 드러난 갈등의 양상과 같은 것은?

① 자신의 행동이 올바른 행동인지 아닌지 갈등하는 수남
② 학교에 가지 않겠다는 동길이와 학교에 가라고 하는 아버지
③ 신분 제도로 인해 입신양명의 꿈을 이룰 수 없는 길동
④ 태풍으로 인해 벼농사를 모두 망치게 된 농부

[19~21] 다음 글을 읽고 물음에 답하시오.

우리 동네는 변두리였으므로 얼마 전까지도 모두 그날그날 벌어먹고 사는 사람들이 많아 연탄 배달도 일거리가 그리 많지 않았다. 기껏해야 구멍가게에서 두서너 장을 사서는 새끼줄에 대롱대롱 매달고 가는 게 고작이었다. 그랬는데 이삼 년 전부터 아직도 많은 빈터에 집터가 다져지고, 하나둘 문화 주택이 들어서더니 이제는 제법 그럴듯한 동네 꼴이 잡혀 갔다. 원래부터 있던 허름한 집들과 새로 생긴 집들과는 골목 하나를 경계로 하여 금을 긋듯 나누어져 있었는데, 먼 데서 보면 제법 그럴싸한 동네로 보였다. 일단 들어와 보면 지저분한 헌 동네가 이웃에 널려 있지만, 그냥 먼발치로만 보면 2층 슬래브 집들에 가려 닥지닥지 붙은 판잣집 등속이 보이지 않았으므로 서울의 변두리에 흔한 여느 신흥 부락으로만 보였다.

새 동네(우리는 우리가 그전부터 살던 동네를 구 동네, 문화 주택들이 차지하고 들어선 동네를 새 동네라 불렀다.)가 생기면서 좋아한 것은 비단 아버지만은 아니었다. 구동네에 두 곳 있던 구멍가게 주인들도 은근히 무언가를 기대하는 눈치였다. 그 전까지는 가게의 물건들이 뽀얗게 먼지를 쓰고 있었고, 두 홉짜리 소주병만 육실하게 많았는데 그 병들 사이

에 차츰 환타니 미린다니 하는 음료수병들이며 퍼머스트 아이스크림도 섞이고, 할머니의 주름살처럼 주름이 쫘쫘 가 말라비틀어진 사과 사이에 귤 상자도 끼이게 되었다. 그전에는 볼 수 없었던 우유 배달부가 아침마다 골목을 드나들고, 갖가지 신문 배달부가 조석으로 골목 안을 누비고 다녔다. 전에는 얼씬도 않던 슈샤인 보이가 새벽이면 "구두 닦으……." 하면서 외치고 다녔다. 전에는 저 아래 큰 한길가 근처에 차를 대 놓고, 올 테면 오고 말 테면 말라는 식으로 버티던 청소부들이 골목 안까지 차를 들이대고 쓰레기를 퍼 갔다.

-최일남, 「노새 두 마리」-

19 이 소설에 드러난 시대적 상황으로 적절한 것은?

① 1920년대 일제 강점기 우리 민족의 아픔을 보여 준다.

② 도시화·근대화로 인해 많은 것이 변해가고 그 속에서 적응하지 못한 채 힘들게 살아가던 빈민층이 있던 시대이다.

③ 6·25 전쟁으로 인해 민족이 고통받던 시대이다.

④ 1970년대 사회가 급속도로 발전하며 모두가 살기 좋아지던 도시의 모습이다.

20 이 소설을 창작한 작가의 의도는?

① 사회의 변화에 빠르게 대처해야 함을 알려주기 위해

② 산업화·근대화된 시대에 적응하지 못하는 도시 빈민들의 모습을 보여주기 위해

③ 노새로는 이 시대를 살아갈 수 없음을 알려주기 위해

④ 빈민들을 돕기 위해 우리가 노력을 해야 함을 주장하기 위해

21 이 글의 제목인 '노새 두 마리'의 의미는?

① 근대화된 도시에 적응하지 못하고 고달픈 삶을 살아가는 아버지와 진짜 노새

② 집을 나간 노새와, 동물원에 있는 얼룩말

③ 노새를 닮은 아버지와 그 아들인 나

④ 우리 가족에게 필요한 노새의 수

[22~24] 다음 글을 읽고 물음에 답하시오.

개천 둑에 이르렀다. 외나무다리가 놓여 있는 그 시냇물이다.

〈중략〉

진수는 지팡이와 ⓐ <u>고등어</u>를 각각 한 손에 쥐고, 아버지의 등어리로 가서 슬그머니 업혔다. 만도는 팔뚝을 뒤로 돌려서 아들의 하나뿐인 다리를 꼭 안았다. 그리고,

"팔로 내 목을 감아야 될 끼다."

했다. 진수는 무척 황송한 듯 한쪽 눈을 찍 감으면서 고등어와 지팡이를 든 두 팔로 아버지의 굵은 목줄기를 부둥켜안았다. 만도는 아랫배에 힘을 주며 끙! 하고 일어났다. 아랫도리가 약간 후들거렸으나 걸어갈 만은 했다. 외나무다리 위로 조심조심 발을 내디디며 만도는 속으로, '이제 새파랗게 젊은 놈이 벌써 이게 무슨 꼴이고. 세상을 잘못 만나서 진수 니 신세도 참 똥이다, 똥.' 이런 소리를 주워섬겼고, 아버지의 등에 업힌 진수는 곧장 미안스러운 얼굴을 하며, '나꺼정 이렇게 되다니 아부지도 참 복도 더럽게 없지. 차라리 내가 죽어 버렸더라면 나았을 낀데…….' 하고 중얼거렸다.

㉠<u>만도는 아직 술기가 약간 있었으나, 용케 몸을 가누며, 아들을 업고 외나무다리를 조심조심 건너가는 것이었다.</u> 눈앞에 우뚝 솟은 용머리재가 이 광경을 가만히 내려다보고 있었다.

-하근찬, 「수난이대」-

22 **등장인물들의 사투리와 비속어가 주는 효과로 알맞은 것은?**

① 등장인물의 성격이 괴팍함을 알 수 있다.
② 작품의 사실성, 현장감을 높일 수 있다.
③ 등장인물들의 신분을 알 수 있다.
④ 시대적 배경을 알 수 있다.

23 **ⓐ에 대한 설명으로 올바른 것은?**

① 만도가 좋아하는 음식이다.
② 진수에 대한 만도의 사랑이 담긴 소재이다.
③ 진수가 먹고 싶다고 했던 음식이다.
④ 만도와 진수가 겪게 될 고난과 시련을 상징하는 소재이다.

24 **㉠을 통해 작가가 나타내고자 하는 것은?**

① 공간적 배경이 시골임.
② 아들에 대한 아버지의 사랑
③ 팔보다 다리가 더 중요함.
④ 힘을 합쳐 시련과 고난을 극복할 수 있음.

[25~26] 다음 글을 읽고 물음에 답하시오.

그러면 고흥댁은 정말 헷갈리기 시작하는 것이다. 아까까지만 해도 김포에서 적어도 30원은 싸게 샀다고 자부한 판인데 잠깐 사이에 형제에서는 50원이나 싸게 팔고 있다니, 어느 쪽으로 가야 이익일지 계산하기가 썩 어렵잖은가 말이다. 그러잖아도 지난번에 형제 슈퍼에서 산 비누를 물리고 그 즉시로 김포 슈퍼에서 싼 값으로 비누를 샀다고 해서 동네 여자들 구설수에 올라 있는 고흥댁이었다. 한마디로 너무 노골적이라는 비난이었는데 그깟 몇십 원 때문에 당장 산 물건을 되물리는 법이 어디 있느냐는 거였다. 이쪽 저쪽을 다니더라도 좀 눈치껏 하지 않고 너무 표나게 굴었던 까닭이었다.

〈중략〉

원래가 목이 좋지 않아 어느 장사든 길게 가 본 적이 없는 싱싱 청과물은 문을 연 지 한 달 만에 셔터를 내리고야 말았다. 만두집, 돼지갈비 전문, 오락실 따위의 장사를 벌였던 이전의 주인들도 두세 달을 채우지 못했으니까 그다지 이상할 것도 없는 일이었다. 다만 몇 푼이라도 가게 치장에 돈이 든 것이 아니고, 미처 팔지 못한 과일이나 부식은 식구들이 먹어 치우면 될 것이니 다른 사람들에 비해 큰 손해는 없을 것이라고 여자들은 수군거렸다. 동맹자들이 결국은 목적을 달성한 사실에 대해 한편으로는 놀라기도 하면서 혹은 언짢게 생각하기도 하면서…….

특히 시내 엄마가 싱싱 청과물의 폐업을 가장 가슴 아파했다.

"오죽하면 여기까지 와서 장사를 벌였을라구. 이 동네가 어디 장사해서 돈 벌 곳이 되나? 그깟 것 같이 좀 먹고 살면 어때서. 너무 잔인해."

"문 닫은 걸 보니 안되긴 좀 안됐어. 그래도 어쩌겠나? 다들 먹고 살아 보려고 아옹다옹하는 것이니……."

원래 대범한 편인 지물포 여자가 다소나마 그들을 감싸 주었다.

-양귀자, 「원미동 사람들」-

25 **이 소설에서 작가가 궁극적으로 말하고자 하는 바는?**

① 고된 삶 속에서 살아남는 방법
② 고향을 버리고 도시로 모여드는 사람들에 대한 비판
③ 물질에 집착하는 현대인에 대한 풍자
④ 이웃 간의 갈등과, 공존의 원리

26 **이와 같은 글을 감상하는 방법으로 적절하지 <u>않은</u> 것은?**

① 등장인물의 갈등 유형을 파악한다.
② 인물의 말, 행동을 통해 인물의 심리를 파악한다.
③ 말에서 느껴지는 리듬감에 유의하며 읽는다.
④ 배경이 되는 사회적 상황을 고려하며 읽는다.

[27~28] 다음 글을 읽고 물음에 답하시오.

(가) 하루 이틀의 일이 아니었다. 위층 주인이 바뀐 이래 한 달 전부터 나는 그 정체 모를 소리에 밤낮없이 시달려 왔다. 진공 청소기 소리인가? 운동 기구를 들여놓았나? 가내 공장을 차렸나? 식구들마다 온갖 추측을 해 보았으나 도시 알 수 없는 일이었다.

"도깨비가 사나 봐요. 롤러 스케이트를 타는 도깨비."

아들녀석이 머리에 뿔을 만들어 보이며 처음에는 히히덕거렸으나, 자정 넘도록 들려오는 그 소리에 나중에는 짜증을 내기 시작했다. 좀체 남의 험구를 하지 않는 남편도

"한 지붕 아래 함께 못 살 사람들이군."

하는 말로 공동 생활의 기본적인 수칙을 모르는 이웃을 나무랐다.

일주일을 참다가 나는 인터폰을 들었다. 인터폰으로 직접 위층을 부르거나 면대하지 않고 경비원을 통해 이쪽 의사를 전달하는 간접적인 방법을 택하는 것은 나로서는 자신의 품위와 상대방에 대한 예절을 지키기 위해서였던 것이다. 나는 자주 경비실에 전화를 걸어, 한밤중에 조심성 없이 화장실 물을 내리는 옆집이나 때없이 두들겨 대는 피아노 소리, 자정 넘어까지 조명등 쳐들고 비디오 찍어 가며 고래고래 악을 써 삼동(三冬)에 잠을 깨우는 함진아비의 행태 따위가 얼마나 교양 없고 몰상식한 짓인가, 소음 공해와 공동 생활의 수칙에 대해 주의를 줄 것을 선의의 피해자들을 대변해서 말하곤 했었다.

-오정희, 「소음 공해」-

(나) 딱히 놀이기구가 없던 그때, 친구들은 대부분 술래잡기, 사방치기, 공기놀이, 고무줄놀이 등을 하고 놀았지만 나는 공기놀이 외에는 어떤 놀이에도 참여할 수 없었다. 하지만 골목 안 친구들은 나를 위해 꼭 뭔가 역할을 만들어 주었다. 고무줄놀이나 달리기를 하면 내게 심판을 시키거나 신발주머니와 책가방을 맡겼다. 그뿐인가,

술래잡기를 할 때는 한곳에 앉아 있어야 하는 내가 답답해할까 봐 어디에 숨을지 미리 말해 주고 숨는 친구도 있었다.

우리 집은 골목에서 중앙이 아니라 모퉁이 쪽이었는데 내가 앉아 있는 계단 앞이 친구들의 놀이 무대였다. 놀이에 참여하지 못해도 난 전혀 소외감이나 박탈감을 느끼지 않았다. 아니, 지금 생각하면 아마도 내가 소외감을 느낄까 봐 친구들이 배려해 준 것이었다.

그 골목길에서의 일이다. 초등학교 1학년 때였던 것 같다. 하루는 우리 반이 좀 일찍 끝나서

혼자 집 앞에 앉아 있었다. 그런데 그때 마침 골목을 지나던 깨엿 장수가 있었다. 그 아저씨는 가위만 쩔렁이며, 목발을 옆에 두고 대문 앞에 앉아 있는 나를 흘낏 보고는 그냥 지나쳐 갔다. 그러더니 리어카를 두고 다시 돌아와 내게 깨엿 두 개를 내밀었다. 순간 아저씨와 내 눈이 마주쳤다. 아저씨는 아무 말도 하지 않고 아주 잠깐 미소를 지어 보이며 말했다.

"괜찮아."

무엇이 괜찮다는 건지 모른다. 돈 없이 깨엿을 공짜로 받아도 괜찮다는 것인지, 아니면 목발을 짚고 살아도 괜찮다는 말인지……. 하지만 그건 중요하지 않다. 중요한 건 내가 그날 마음을 정했다는 것이다. 이 세상은 그런대로 살 만한 곳이라고, 좋은 사람이 있고, 선의와 사랑이 있고, '괜찮아'라는 말처럼 용서와 너그러움이 있는 곳이라고 믿기 시작했다는 것이다.

-장영희, 「괜찮아」-

27 (가)를 통해 알 수 있는 '나'의 성격으로 알맞은 것은?

① 이기적인 사람이다.
② 가족을 누구보다 소중히 여긴다.
③ 품위와 예절을 중요하게 생각한다.
④ 경제적으로 풍요로운 인물이다.

28 (가)와 (나)의 차이점으로 알맞은 것은?

① (가)는 서술자가 있고 (나)는 서술자가 없다.
② (가)는 드라마를 위한 대본이고 (나)는 연극을 위한 대본이다.
③ (가)는 사실적이고, (나)는 허구적이다.
④ (가)는 허구적인 글이고, (나)는 체험을 적은 글이다.

[29~32] 다음 글을 읽고 물음에 답하시오.

(가) 그렇잖아도 저희는 마름이고 우리는 그 손에서 배재를 얻어 땅을 부치므로 일상 굽신거린다. 우리가 이 마을에 처음 들어와 집이 없어서 곤란으로 지낼 제, 집터를 빌리고 그 위에 집을 또 짓도록 마련해 준 것도 점순네의 호의였다. 그리고 우리 어머니 아버지도 농사 때 양식이 딸리면 점순네한테 가서 부지런히 꾸어다 먹으면서, 인품 그런 집은 다시 없으리라고 침이 마르도록 칭찬하곤 하는 것이다. 그러면서도 열일곱씩이나 된 것들이 수군수군하고 붙어다니면 동네의 소문이 사납다고 주의를 시켜 준 것도 또 어머니였다. 왜냐하면, 내가 점순이하고 일을 저질렀다가는 점순네가 노할 것이고 그러면 우리는 땅도 떨어지고, 집도 내쫓기고 하지 않으면 안 되는 까닭이었다.

〈중략〉

그러나 점순이의 침해는 이것뿐이 아니다. 사람들이 없으면 틈틈이 제 집 수탉을 몰고 와서 우리 수탉과 쌈을 붙여 놓는다. 제 집 수탉은 썩 험상궂게 생기고, 쌈이라면 홰를 치는고로 으레이 이길 것을 알기 때문이다. 그래서 툭하면 우리 수탉이 면두며 눈깔이 피로 흐드르하게 되도록 해 놓는다. 어떤 때에는 우리 수탉이 나오지를 않으니까 요놈의 계집애가 모이를 쥐고 와서 꾀어 내다가 쌈을 붙인다. 이렇게 되면 나도 다른 배차를 차리지 않을 수 없었다. 하루는 우리 수탉을 붙들어 가지고 넌지시 장독께로 갔다. 쌈닭에게 고추장을 먹이면, 병든 황소가 살모사를 먹고 용을 쓰는 것처럼 기운이 뻗친다 한다. 장독에서 고추장 한 접시를 떠서 닭 주둥이께로 들여밀고 먹여 보았다. 닭도 고추장에 맛을 들였는지 거스르지 않고 거진 반 접시 턱이나 곧잘 먹는다. 그리고 먹고 금시는 용을 못 쓸 터이므로, 얼마쯤 기운이 들도록 홰 속에다 가두어 두었다.

-김유정, 「동백꽃」-

(나) 소녀가 산을 향해 달려갔다. 이번은 소년이 뒤따라 달리지 않았다. 그러고도 곧 소녀보다 더 많은 꽃을 꺾었다.

"이게 들국화, 이게 싸리꽃, 이게 도라지꽃……."

"도라지꽃이 이렇게 예쁜 줄은 몰랐네. ㉠ 난 보랏빛이 좋아!…… 그런데, 이 양산같이 생긴 노란 꽃이 뭐지?"

"마타리꽃."

〈중략〉

참, 먹장구름 한 장이 머리 위에 와 있다. 갑자기 사면이 소란스러워진 것 같다. 바람이 우수수 소리를 내며 지나간다. 삽시간에 주위가 보랏빛으로 변했다.

산을 내려오는데, 떡갈나무 잎에서 빗방울 듣는 소리가 난다. 굵은 빗방울이었다. 목덜미가 선뜻 선뜻했다. 그러자, 대번에 눈앞을 가로막는 빗줄기. 비안개 속에 원두막이 보였다. 그리로 가 비를 그을 수밖에. 그러나, 원두막은 기둥이 기울고 지붕도 갈래갈래 찢어져 있었다. 그런대로 비가 덜 새는 곳을 가려 소녀를 들어서게 했다.

〈중략〉

"윤 초시 댁도 말이 아니야. 그 많던 전답을 다 팔아 버리고, 대대로 살아오던 집마저 남의 손에 넘기더니, 또 악상까지 당하는 걸 보면……."

〈중략〉

"글쎄 말이지. 이번 앤 꽤 여러 날 앓는 걸 약두 변변히 못 써 봤다더군. 지금 같아선 윤 초시네 두 대가 끊긴 셈이지……. 그런데 참, 이번 계집애는 어린 것이 여간 잔망스럽지가 않아. 글쎄 죽기 전에 이런 말을 했다지 않아? 자기가 죽거든 자기 입던 옷을 꼭 그대로 입혀서 묻어 달라고……."

-황순원, 「소나기」-

29 (가)에 등장한 '나'의 성격으로 알맞은 것은?

① 어수룩함　　② 적극적임
③ 폭력적임　　④ 이기적임

30 (가)에서 해학성을 느끼게 하는 요소가 아닌 것은?

① 점순이의 마음을 모르는 '나'의 어수룩한 모습
② 애정 표현에 적극적인 점순이와 소극적인 '나'의 태도
③ 사투리와 비속어를 사용한 해학적 문체
④ 점순이의 생김새

31 (나)에서 ㉠이 하는 역할로 적절한 것은?

① 소녀에게 형제가 없음을 알 수 있다.
② 소녀가 서울에서 왔음을 알 수 있다.
③ 소녀의 취향을 알 수 있다.
④ 소녀의 죽음을 암시한다.

32 **(가), (나)의 서술자에 대한 설명으로 옳은 것은?**

① (가)는 주인공이 자신의 이야기를 서술한다.
② (나)는 등장인물인 '나'가 주인공과 다른 인물들을 관찰하여 서술한다.
③ (가)는 등장인물인 '나'가 주인공을 관찰하여 서술한다.
④ (나)는 작품 속 서술자가 등장인물의 모습을 객관적으로 관찰하여 서술한다.

[33~35] 다음 글을 읽고 물음에 답하시오.

(가) "응, 이 꽃! 저, 사랑 아저씨가 엄마 갖다 주라고 줘."
하고 불쑥 말했습니다. 그런 거짓말이 어디서 그렇게 툭 튀어나왔는지 나도 모르지요.
꽃을 들고 냄새를 맡고 있던 어머니는 내 말이 끝나기가 무섭게 무엇에 몹시 놀란 사람처럼 화닥닥하였습니다. 그리고는, 금시에 어머니 얼굴이 그 꽃보다 더 빨갛게 되었습니다. 그 꽃을 든 어머니 손가락이 파르르 떠는 것을 나는 보았습니다. 어머니는 무슨 무서운 것을 생각하는 듯이 방 안을 휘 한 번 둘러보시더니,
"옥희야, 그런 걸 받아 오문 안 돼."
하고 말하는 목소리는 몹시 떨렸습니다. 나는 꽃을 그렇게도 좋아하는 어머니가, 이 꽃을 받고 그처럼 성을 낼 줄은 참으로 뜻밖이었습니다. 어머니가 그렇게도 성을 내는 것을 보니까, 그 꽃을 내가 가져왔다고 그러지 않고, 아저씨가 주더라고 거짓말을 한 것이 참 잘 되었다고 나는 속으로 생각했습니다. ⓐ <u>어머니가 성을 내는 까닭을 나는 모르지만, 하여튼 성을 낼 바에는 내게 내는 것보다 아저씨에게 내는 것이 내게는 나았기 때문입니다</u>. 한참 있더니 어머니는 나를 방안으로 데리고 들어와서,
"옥희야, 너 이 꽃 얘기 아무보구두 하지 말아라, 응."

(나) "하늘에 계신 우리 아버지시여."
어머니는 고요히 기도를 시작하였습니다.
"이름을 거룩하게 하옵시며, 나라에 임하옵시며, 뜻이 하늘에서 이루어진 것처럼 땅에서도 이루어지이다. 오늘날 우리에게 일용할 양식을 주옵시고, 우리가 우리에게 죄 지은 자를 용서하여 준 것처럼 우리 죄를 사하여 주옵시고, 우리를 시험에 들지 말게 하옵시고…… 우리를 시험에 들지 말게 하옵시고…… 시험에 들지 말게…… 시험에 들지 말게……"
이렇게 어머니는 자꾸 되풀이하였습니다. 나도 지금은 막히지 않고 줄줄 외는 주기도문을 글쎄 어머니가 막히다니 참으로 우스운 일이었습니다.

-주요섭, 「사랑손님과 어머니」-

33 **ⓐ에 대한 설명으로 알맞지 <u>않은</u> 것은?**

① 어린아이 서술자의 한계로 등장인물의 심리를 정확히 서술하지 못한다.
② 인물의 심리를 제대로 파악하지 못해 독자에게 웃음을 유발한다.
③ '나'는 어머니가 성을 내는 진짜 이유를 알고 있다.
④ '나'는 아저씨가 꽃을 주었다고 거짓말 한 것이 다행이라고 생각한다.

34 (가)의 서술자에 대한 설명으로 알맞은 것은?

① 서술자가 등장인물의 행동을 객관적으로 관찰하고 있다.

② 등장인물의 심리까지 모두 제시하는 전지적 작가 시점이다.

③ 서술자가 주인공으로 자신의 이야기를 전달한다.

④ 어린아이 서술자로, 어른들의 사랑을 순수하게 승화시킨다.

35 (나)에 두드러지게 나타난 갈등 양상과 같은 것은?

① 환자를 돌봐야할지, 과거 시험을 보러 갈지 고민하는 허준

② 환자를 돌보자는 허준과, 과거 시험을 보러 가자고 재촉하는 우공보

③ 수리비를 내라고 하는 신사와, 수리비를 주지 않으려 하는 수남

④ 거스름돈을 내놓으라고 하는 수만이와, 거스름돈을 이미 돌려줬다고 하는 문기

[36~39] 다음 글을 읽고 물음에 답하시오.

(가) 그러나 우리 어린애들은 전혀 달랐다. 어른들 마음과는 아무 상관없이 누나와 나는 피란민들을 마냥 부러워하고 있었다. 세상의 저쪽 끝에서 와서 다른 저쪽 끝까지 가려는 사람들 같았다. 무거운 짐을 들고 불편한 몸을 이끌며 길을 떠나는 그들의 모습이 오히려 우리들 눈에는 새의 깃털만큼이나 가벼워 보였다. 그들처럼 마음 내키는 대로 세상을 여기저기 떠돌아다니지 않고 우리는 왜 마을에 붙박여 살아야 하는지 도무지 이해할 수가 없었다. 그래서 우리도 피란을 떠나자고 아버지한테 조르기로 작정했다.

〈중략〉

이런 곡절 끝에 명선이는 우리 집에서 살게 되었다. 마지막으로 마을에 남게 된 유일한 ⓐ 피란민이었다. 인민군한테 발뒤꿈치를 밟혀 가며 피란을 내려왔던 명선네 친척들은 역시 인민군보다 한 걸음 앞서 부랴사랴 우리 ⓑ 마을을 떠나면서 명선이를 버리고 갔다. 그래서 명선이는 피란민 일가가 묵다가 떠난 자리에서 ⓒ 동네 사람들에 의해 하나의 골치 아픈 ⓓ 뒤퉁거리로 발견되었다. 누나하고 내가 할머니를 따라 피란을 떠나던 바로 그 날 아침의 일이었다.

〈중략〉

"꽃 이름이 뭔지 아니?"

난생처음 보는 듯한, 해바라기를 축소해 놓은 모양의 동전만 한 들꽃이었다.

"쥐바라숭꽃……."

나는 간신히 대답했다. 시골에서 볼 수 있는 거라면 명선이는 내가 뭐든지 다 알고 있다고 믿는 눈치였다. 쥐바라숭이란 이 세상엔 없는 꽃 이름이었다. 엉겁결에 어떻게 그런 이름을 지어낼 수 있었는지 나 자신도 어리벙벙할 지경이었다.

"쥐바라숭꽃……, 이름처럼 정말 이쁜 꽃이구나. 참 앙증맞게두 생겼다."

또 한바탕 위험한 곡예 끝에 그 애는 기어코 그 쥐바라숭꽃을 꺾어 올려 손에 들고는 냄새를 맡아 보다가 손바닥 사이에 넣어 대궁을 비벼서 양산처럼 팽글팽글 돌리다가 끝내는 머리에 꽂는 것이었다. 다시 이쪽으로 건너오려는데, 이때 바람이 휙 불어 명선이의 치맛자락이 훌렁 들리면서 머리에서 꽃이 떨어졌다. 나는 해바라기 모양의 그 작고 노란 쥐바라숭꽃 한 송이가 바람에 날려, 싯누런 흙탕물이 도도히 흐르는 강심을 향해 바람개비처럼 맴돌며 떨어져 내리는 모양을 아찔한 현기증을 느끼며 지켜보고 있었다.

-윤흥길, 「기억 속의 들꽃」-

(나) ㉠ 새침하게 흐린 품이 눈이 올 듯하더니, 눈은 아니 오고 얼다가 만 비가 추적추적 내리었다. 이날이야말로 동소문 안에서 인력거꾼 노릇을 하는 김 첨지에게는 오래간만에도 닥친 운수 좋은 날이었다. 문 안에(거기도 문 밖은 아니지만) 들어간답시는 앞집 마나님을 전찻길까지 모셔다 드린 것을 비롯하여 행여나 손님이 있을까 하고 정류장에서 어정어정하며 내리는 사람 하나하나에게 거의 비는 듯한 눈길을 보내고 있다가, 마침내 교원인 듯한 양복장이를 동광학교(東光學校)까지 태워다 주기로 되었다.

〈중략〉

웃음소리들은 높아졌다. 그런 그 웃음소리들이 사라지기 전에 김 첨지는 훌쩍훌쩍 울기 시작하였다.

치삼은 어이없이 주정뱅이를 바라보며,

"금방 웃고 지랄을 하더니 우는 건 무슨 일인가?"

김 첨지는 연해 코를 들여마시며,

"우리 마누라가 죽었다네."

"뭐, 마누라가 죽다니, 언제"

"이놈아 언제는. 오늘이지."

"예끼 미친놈, 거짓말 말아."

"거짓말은 왜, 참말로 죽었어…… 참말로. 마누라 시체를 집에 뻐들쳐 놓고 내가 술을 먹다니, 내가 죽일 놈이야 죽일 놈이야."

하고 김 첨지는 엉엉 소리 내어 운다.

치삼은 흥이 조금 깨어지는 얼굴로,

"원 이사람아 참말을 하나, 거짓말을 하나. 그러면 집으로 가세, 가."

하고 우는 이의 팔을 잡아당기었다.

치삼의 끄는 손을 뿌리치더니 김 첨지는 눈물이 글썽글썽한 눈으로 싱그레 웃는다.

"죽기는 누가 죽어."

하고 득의 양양.

"죽기는 왜 죽어, 생떼같이 살아만 있단다. 그 오라질년이 밥을 죽이지. 인제 나한테 속았다."

하고 어린애 모양으로 손뼉을 치며 웃는다.

"이 사람이 정말 미쳤단 말인가. 나도 아주먼네가 앓는단 말은 들었었는데."

하고 치삼이도 어떤 불안을 느끼는 듯이 김첨지에게 또 돌아가라고 권하였다.

"안 죽었어, 안 죽었대도 그래."

김 첨지는 홧증을 내며 확신있게 소리를 질렀으되 그 소리엔 안 죽은 것을 믿으려고 애쓰는 가락이 있었다. 기어이 일 원어치를 채워서 곱빼기를 한 잔씩 더 먹고 나왔다.

궂은 비는 의연히 추적추적 내린다.

-현진건, 「운수 좋은 날」-

36 (가)에 대한 설명으로 적절하지 않은 것은?

① 주인공인 '나'가 자신의 이야기를 하고 있다.

② '나'는 마음 내키는 대로 떠돌아다니고 싶어서 피란을 가자고 아버지에게 조른다.

③ 명선이는 피란민이다.

④ '피란민'이라는 단어를 통해 전쟁이라는 시대적 배경을 알 수 있다.

37 밑줄 친 ⓐ~ⓓ 중 시대적 상황을 짐작할 수 있는 것은?

① ⓐ ② ⓑ
③ ⓒ ④ ⓓ

38 ㉠이 작품에서 하는 역할은?

① 김 첨지의 형편이 가난함을 알려준다.
② 작품에 음산하고 불길한 분위기를 형성한다.
③ 등장인물이 다른 인물과 갈등을 겪을 것임을 알려준다.
④ 시대적 배경을 알려준다.

39 (나)에 대한 설명으로 올바른 것은?

① 고전 소설이다.
② 1920년대 사회상이 반영되었다.
③ 역사적 사실을 있는 그대로 보여주고 있다.
④ 1970년대 소외된 도시 빈민층의 모습을 보여주고 있다.

[40~43] 다음 글을 읽고 물음에 답하시오.

(가) ㉠ <u>낮 동안 떼어서 세워 놓은 가게 판자 문이 요란한 소리를 내고 나자빠지는가 하면, 가게 함석 지붕은 얇은 헝겊처럼 곧 뒤집힐 듯이 펄럭대고, 골목 위 공중을 가로지른 전화줄에서는 온종일 귀신의 휘파람 같은 이상한 소리가 났다.</u>

낮에는 이 가게 골목에서 사고까지 났다. 전선을 도매하는 집 아크릴 간판이 다 마른 빨래처럼 훨훨 나는가 했더니, 곧장 땅으로 떨어지면서 때마침 지나가던 아가씨의 정수리를 들이받고 떨어졌다.

피가 아가씨의 분결 같은 볼을 타고 흘러 흰 스웨터에 선명한 붉은 반점을 줄줄이 그렸다. 피를 보자 다 큰 아가씨가 어린애처럼 앙앙 울어댔다.

가게마다에서 사람들이 뛰어나왔으나 아가씨를 부축해서 병원으로 달려간 것은 바람에 간판을 날린 전선 도매집 주인 아저씨였다.

사람들은 모두 치료비를 톡톡히 부담해야 할 그 아저씨를 동정했다.

〈중략〉

"아유, 오늘 더럽게 장사 안 된다."

××상회 주인은 니코틴이 새까맣게 달라붙은 이빨 안쪽을 드러내고 크게 하품을 한다. 돈을 빨리 안 주는 변명 같기도 하고, '인석아, 하루 종일 기다려 봐라, 누가 돈을 호락호락 내줄 줄 아니.' 하는 공갈 같기도 하다.

그러나 수남이는 들은 척도 안 하고 장승처럼 버티고 서 있다. 저런 수에 넘어가 호락호락 물러가면 주인 영감님에게 야단맞는 것도 맞는 거려니와, 앞으로 열 번도 넘게 헛걸음을 해야 수금을 끝마칠 수 있기 때문이다.

그것도 목돈이 아니라 오백 원, 천 원씩 푼돈을 녹여서 말이다.

이럴 때 수남이는 이 세상에 장사꾼처럼 징그러운 족속이 또 있을까 싶은 생각이 나서 한숨이 절로 난다. 그러면서도 자기도 어느 틈에 장사꾼다운 징그러운 수를 쓰고 만다.

"오늘 물건 대금은 꼭 결제해 주셔야 돼요. 은행 막을 돈이란 말예요."

수남이는 은행 막는다는 말의 정확한 뜻을 잘 모른다. 그 번들번들하고 위엄있는 은행이 뒤로 어디 큰 구멍이라도 뚫려 있단 소린지, 뚫려 있기로서니 왜 장사꾼이 막아야 하는지 잘 모르는 채로, 급하게 돈을 받아 내려는 장사꾼들이 으레 심각한 얼굴을 하고 그런 소리를 하길래 수남이도 그래 보는 것이다.

"짜아식, 알았어. 기다려 봐. 돈 들어오는 대로 줄게."

-박완서, 「자전거 도둑」-

(나) 길동이 점점 자라 여덟 살이 되자, 총명하기가 보통이 넘어 하나를 들으면 백 가지를 알 정도였다. 그래서 공은 길동을 더욱 귀여워하면서도 길동의 출생이 천하여, 길동이 '아버지'나 '형' 하고 부를 때마다 즉시 꾸짖어 그렇게 부르지 못하게 하였다. 길동은 열 살이 넘도록 감히 호부호형하지 못하고 종들로부터 천대받는 것을 뼈에 사무치도록 한탄하면서 마음 둘 바를 몰랐다.

어느 가을 9월 보름께가 되자, 달빛이 밝게 비치고 맑은 바람이 쓸쓸하게 불어 와 사람의 마음을 울적하게 하였다. 길동은 서당에서 글을 읽다가 문득 책상을 밀치고 탄식하기를,

"대장부가 세상에 나서 공맹을 본받지 못할 바에야, 차라리 병법이라도 익혀 대장인을 허리춤에 비스듬히 차고 동정서벌 하여 나라에 큰 공을 세우고 이름을 오래도록 빛내는 것이 장부의 통쾌한 일이 아니겠는가! 나는 어찌하여 이 한 몸 적막하여, 아버지와 형이 있는데도 아버지를 '아버지'라 부르지 못하고 형을 '형'이라고 부르지 못하니, 심장이 터질지라. 이 어찌 통탄할 일이 아니겠는가!"

하고, 뜰에 내려와 검술을 익히고 있었다.

〈중략〉

하루는 길동이 어머니의 침소에 가 울면서 아뢰었다.

"소자가 모친과 더불어 전생의 연분이 중하여 이번 세상에 모자가 되었으니, 그 은혜가 지극하옵니다. 그러나 소자의 팔자가 사나워서 천한 몸이 되었으니, 품은 한이 깊사옵니다. 장부가 세상에 살면서 남의 천대를 받는 것이 불가한지라 소자는 자연히 설움을 억제하지 못하여 어머니의 슬하를 떠나려 하오니, 엎드려 바라건대 모친께서는 소자를 염려하지 마시고 귀한 몸 잘 돌보십시오."

길동의 어머니가 듣고, 크게 놀라 말했다.

"재상가의 천한 출생이 너뿐이 아닌데, 어찌 마음을 좁게 먹어 어미의 간장을 태우느냐?"

-허균, 「홍길동전」-

40 (가), (나)에 대한 설명으로 바르지 <u>않은</u> 것은?

① (가)와 (나)는 허구적인 이야기이다.
② (나)는 개화기 이전에 창작된 소설이다.
③ (가)는 서술자가 등장인물의 심리까지 모두 묘사한다.
④ (나)는 특정 인물의 생애와 업적에 관한 사실을 기록한 글이다.

41 (가)의 ㉠이 글에서 하는 역할은?

① 곧 비가 올 것임을 알려준다.
② 불길한 사건이 일어날 것임을 알려준다.
③ 수남이가 주인 아저씨를 싫어하게 될 것임을 알려준다.
④ 서울의 바람에 대한 나쁜 인식을 주게 된다.

42 (가)에 대한 설명으로 바르지 않은 것은?

① 다친 아가씨보다 치료비를 낼 아저씨를 동정하는 사람들의 이해타산적인 모습이 드러난다.

② 수남이는 ×× 상회 주인에게 돈을 받기 위해 '은행 막을 돈'이라고 거짓말을 한다.

③ 수남이는 ×× 상회 주인에게 돈을 받아야 할지, 그냥 갈지 내적 갈등을 하고 있다.

④ 수남이는 돈을 가지고 있으면서도 주지 않는 장사꾼들에게 혐오감을 느끼고 있다.

43 (나)에서 알 수 있는 내용이 아닌 것은?

① 당시에는 입신양명을 중요하게 여겼다.

② 서자는 호부호형하지 못했다.

③ 모든 백성은 검술을 익혀야 했다.

④ 신분 제도가 있었다.

[44~45] 다음 글을 읽고 물음에 답하시오.

하루는 일곱 벗이 모여 바느질의 공을 의논하였다. 척 부인이 긴 허리를 재며 말했다.

"여러 벗은 들어라. 가는 명주, 굵은 명주, 흰 모시, 가는 베와 푸른 비단, 붉은 비단, 녹색 비단, 자주 비단, 붉은 헝겊을 모두 내어서 펼쳐 놓고, 남녀의 옷을 마련할 때를 생각해 보아라. 길고 짧음과 넓고 좁음과 솜씨와 모양을 내가 아니면 어찌 이루어 내겠느냐? 그러므로 옷 만드는 공은 내가 으뜸이 될 것이다."

교두 각시가 두 다리를 빨리 놀려 내달아서 말했다.

"척 부인아, 그대가 아무리 마련을 잘한들 베어 내지 않으면 모양이 되겠느냐? 내 공과 내 덕이니, 너만의 공이라고 자랑하지 마라."

〈중략〉

규중 부인이 말했다.

"일곱 벗의 공으로 의복을 다스리나 그 공은 사람의 쓰기에 달려 있다. 어찌 칠우의 공이라 하겠느냐?

〈중략〉

이윽고 척 부인이 탄식했다.

"매정한 것은 사람이오, 공 모르는 것은 여자로다! 의복 마를 때는 먼저 찾다가, 만들어 내면 자기공이라 한다. 게으른 종 잠 깨우는 막대는 내가 아니면 안 되는 줄 알고, 내 허리 부러지는 것도 모르는구나! 어찌 야속하고 노엽지 않겠는가!"

자던 여자가 문득 깨어서 일곱 벗에게 말했다.

"여러 벗은 내 허물을 그렇게까지 말하느냐?"

감투 할미가 머리를 조아리며 사과하였다.

"젊은 것들이 망령되어 생각이 없으니, 곧 옳지 못할 것입니다. 저희가 재주가 있으나, 공이 많음을 자랑 하다가 원망을 해 댔습니다. 마땅히 곤장을 칠 만합니다. 그러나 평소의 깊은 정과 저희의 조그만 공을 생각하여 용서하심이 옳을까 하나이다."

-작자 미상, 「규중칠우쟁론기」-

44 규중 칠우가 풍자하는 인간의 모습으로 바른 것은?

① 남의 도움만 바라는 사람

② 자신의 공만 내세우고 공치사하는 사람

③ 다른 사람은 생각하지 않고 이기적인 사람

④ 다른 사람을 위해 헌신하며 자신의 가족은 지키지 않는 사람

45 이 글에서 감투 할미의 태도로 알맞은 것은?

① 규중 칠우의 편에 서서 규중 부인에게 끝까지 항의한다.
② 처세술에 능하며 아첨으로 곤경에서 벗어나고자 한다.
③ 가장 나이가 많아 지혜롭다.
④ 규중 칠우가 믿고 따르는 인물이다.

[46~47] 다음 글을 읽고 물음에 답하시오.

처첩이 한 집안에서 다투면 반드시 누군가는 한 사람이 잘못했기 때문이라고 말할 것이다. 그러나 그 다툼은 아내나 첩이 잘못했기 때문에 일어난 것이 아니라, 남편의 사랑이 고르지 못하기 때문에 일어난 것이다. 형제가 한 울타리 안에서 다툰다면 반드시 누군가는 한 사람의 잘못 때문이라고 말할 것이다. 그러나 그 다툼 역시 한 사람이 잘못했기 때문에 일어난 것이 아니라, 재물이 넉넉하지 못해서 일어난 것이다.

나라의 붕당도 이와 다를 게 무엇인가? 처음에는 한 사람의 선하고 악한 것, 또는 한 가지 일의 중요하고 중요하지 않음에 대해서 마음으로 좋지 않게 생각하고 입으로 비방하는 데 지나지 않는다. 그러나 시간이 지남에 따라 여러 사람이 합세하여 조정 안에서 심하게 다투게 되고 조정 밖에서도 으르렁거리니 도대체 왜 그러한가?

이는 그 근본 원인이 이해관계에 있기 때문이다. 붕당의 근원을 따져보면 벼슬은 일정한 수로 제한되어 있는데 그 벼슬을 차지하려는 사람은 많기 때문이다. 이익은 하나인데 사람이 둘이면 당이 둘이 되고, 이익은 하나인데 사람이 넷이면 당이 넷이 되어 당쟁이 일어나는 것이 문제이다.

-이익, 「밥 한 그릇의 이치」-

46 이 글의 제목인 '밥 한 그릇'에 대한 의미가 <u>아닌</u> 것은?

① 원하는 사람은 많으나 한계가 있는 관직의 수
② 부족한 재물
③ 남편의 부족한 사랑
④ 관직에 오르려 하는 사람들의 수

47 이 글에 대한 설명으로 올바르지 <u>않은</u> 것은?

① 붕당 정치가 일어나게 된 이유에 대해 정보를 제공하는 글이다.
② 주제를 다른 현상에 빗대어 서술하고 있다.
③ 다툼의 사례를 구체적으로 제시하고 있다.
④ 문답 형식으로 사용하여 독자의 흥미를 유발하고 있다.

[48~52] 다음 글을 읽고 물음에 답하시오.

(가) 자전거를 타고 새벽에 여우치 마을을 떠나 옥정호수를 동쪽으로 돌아 나왔다. 호수의 아침 물안개가 산골짝마다 퍼져서 고단한 사람들의 마을을 이불처럼 덮어 주고 있었다. ㉠ <u>27번 국도를 따라 20여 킬로미터를 남쪽으로 달렸다</u>. 임실군 덕치면 회문리 덕치 마을 앞 정자나무 아래로 흐르는 섬진강은 아직은 강이라기보다는 큰 개울에 가까웠다. 산맥과 맞서지 못하는 어린 강은 노령산맥의 가파른 위엄을 멀리 피하면서 가장 유순한 굽이만을 골라서 이리저리 굽이쳤다. 멀리 돌아서, 마침내 멀리 가는 강은 길의 생리를 닮아 있었는데, 이 어린 강물 옆으로 이제는 거의 버려진 늙은 길이 강물과 함께 굽이치고 있었다.

㉡ 강은 인간의 것이 아니어서 흘러가면 돌아올 수 없지만, 길은 인간의 것이므로 마을에서 마을로 되돌아온다. 모든 길은 그 위를 오가는 사람이 주인이어서 이 강가 마을 사람들의 사랑과 결혼도 상류와 하류 사이의 물가 길을 오가며 이루어졌다. 자전거는 길을 따라서 강물을 바짝 끼고 달렸다. 겨울 섬진강은 적막하다. 돌길을 지나는 자전거의 덜커덕거리는 소리에 졸던 물새들이 놀라서 날아오른다. 겨울의 강은 흐름이 아니라 이음이었다. 강물은 속으로만 깊게 흘렀다. 가파른 산굽이를 여울져 흐르는 여름 강의 휘모리 장단이나 이윽고 하구에 이르러 아득한 산야를 느리게 휘돌아 나가는 늙은 강의 진양조 장단도 들리지 않았다. 산하는 본래가 인간이 연주할 수 없는 거대한 악기와도 같은 것인데, 겨울의 섬진강과 노령 산맥은 수런거리던 모든 리듬을 땅 속 깊이 감추고 있었다.

-김훈, 「섬진강 기행」-

(나) 어머니!

오늘 아침에 차입해 주신 고의적삼을 받고서야 제가 이곳에 와 있는 것을 집에서도 아신 줄 알았습니다. 잠시도 어머니의 곁을 떠나지 않던 막내둥이의 생사를 한 달 동안이나 아득히 아실 길 없으셨으니 그동안에 오죽이나 애를 태우셨겠습니까?

저는 이곳까지 굴러 오는 동안에 꿈에도 생각지 못하던 고생을 겪었지만, 그래도 몸 성히 배포 유하게 큰집에 와서 지냅니다. 쇠고랑을 차고 용수는 썼을망정 난생 처음으로 자동차에다가 보호 순사까지 앉히고 거들먹거리며 남산 밑에서 무학재 밑까지 내려 긁는 맛이란 바로 개선문으로 들어가는 듯 하였습니다.

-심훈, 「옥중에서 어머니께 올리는 글월」-

(다) "나라끼리 통상 조약을 체결한 후 그 나라 임금을 시해하라는 법이 어디 있더냐? 이놈아, 너희는 어찌하여 우리 국모를 시해하였느냐? 내가 죽으면 귀신이 되어서, 살면 몸으로, 네 임금을 죽이고 일본인을 씨도 없이 다 죽여 국가의 치욕(恥辱)을 씻으리라!"

통렬히 꾸짖는 서슬에 겁이 났던지 와타나베는 대청 뒤쪽으로 도망하여 숨고 말았다. 법정 안의 공기가 긴장되기 시작하였다. 누군가 김윤정에게 와서 말했다.

"사건이 중대하니 감리 영감께 말씀드려 직접 신문하시도록 해야겠습니다."

잠시 후 감리사 이재정이 들어와 윗자리에 앉았다. 법정 안에서 참관하던 관리와 근무자들이 위로부터 아무 분부가 없었는데도 찻물을 가져다 마시게 해 주었다. 나는 법정 맨 윗자리에 앉은 이재정에게 질문하였다.

"나는 일개 시골의 천민이지만 신하 된 백성의 의리로 국가가 수치를 당하고, 푸른 하늘 밝은 해 아래 내 그림자가 부끄러워서 왜인 한 명을 죽였소. 그러나 나는 아직 우리 동포가 왜인들의 왕을 죽여 복수하였단 말을 듣지 못하였소. 어찌 한갓 부귀영화와 국록(國祿)을 도적질하는 더러운 마음으로 임금을 섬기시오?"

이재정, 김윤정을 비롯한 수십 명의 참석 관리들이 내 말을 듣는 광경을 보니, 제각기 얼굴이 달아올라 홍당무빛을 띠고 있었다. 이재정이 마치 하소연하듯 내게 말했다.

"창수가 지금 하는 말을 들으니, 그 충의(忠義)와 용기(勇氣)를 흠모하는 반면 내 당황스럽고 부끄러운 마음도 비할 데 없소이다. 그러나 상부의 명령(命令)대로 신문하여 위에 보고하려는 것인즉, 사실이나 상세히 말씀하여 주시오."

-김구, 「백범일지」-

48 ㉠에 나타난 기행문의 요소는?

① 여정 ② 견문
③ 감상 ④ 주장

49 ㉡에 쓰인 서술 방식과 같은 것은?

① 시란 인간의 사상과 감정을 운율이 있는 언어로 압축해서 표현한 문학이다.
② 한국 사람은 쌀을 주식으로 하지만, 미국 사람은 밀을 주식으로 한다.
③ 신문에는 일간지, 주간지, 계간지, 월간지 등이 있다.
④ 시계는 시침, 분침, 초침, 태엽 장치 등으로 이루어진다.

50 (나) 글에서 글쓴이가 처한 상황을 알 수 있게 하는 단어가 <u>아닌</u> 것은?

① 차입 ② 큰집
③ 보호 순사 ④ 개선문

51 (가)에서 섬진강 주변 환경을 설명할 때 사용한 방법은?

① 정의 ② 분석
③ 묘사 ④ 분류

52 (다)를 통해 알 수 있는 '나'의 태도는?

① 자신이 한 행동에 대해 후회하고 있다.
② 자신의 행동에 대해 당당한 모습을 보이고 있다.
③ 자신으로 인해 다른 사람이 다치게 될까 염려하고 있다.
④ 자신이 한 행동으로 인해 죽게 될까 두려워하고 있다.

[53~54] 다음 글을 읽고 물음에 답하시오.

"무릇 피와 기운이 있는 것은 사람으로부터 소, 말, 돼지, 양, 곤충, 개미에 이르기까지 모두가 한결같이 살기를 원하고 죽기를 싫어하는 것입니다. 어찌 큰 놈만 죽기를 싫어하고, 작은 놈만 죽기를 좋아하겠습니까? 그런즉, 개와 이의 죽음은 같은 것입니다. 그래서 예를 들어서 큰놈과 작은 놈을 적절히 대조한 것이지, 당신을 놀리기 위해서 한 말은 아닙니다. 당신이 내 말을 믿지 못하겠으면 당신의 열 손가락을 깨물어 보십시오. 엄지손가락만이 아프고 그 나머지 손가락은 아프지 않습니까? 한 몸에 붙어 있는 큰 지절과 작은 부분이 골고루 피와 고기가 있으니, 그 아픔은 같은 것이 아니겠습니까? 하물며, 각기 기운과 숨을 받은 자로서 어찌 저 놈은 죽음을 싫어하고 이 놈은 좋아할 턱이 있겠습니까? 당신은 물러가서 눈 감고 고요히 생각해 보십시오. 그리하여 달팽이의 뿔을 쇠뿔과 같이 보고, 메추리를 대붕과 동일시하도록 해 보십시오. 연후에 나는 당신과 함께 도를 이야기하겠습니다."라고 했다.

－이규보, 「슬견설」－

53 윗글의 주제로 가장 적절한 것은?

① 큰 동물과 작은 동물의 차이가 있음을 인정하자.
② 편견과 선입관 없이 사물을 대하고, 모든 생명을 소중히 여기자.
③ 자연과 인간은 함께 공존해야 한다.
④ 지식인은 세상의 모든 것을 알고 있어야 한다.

54 윗글에서 대조하고 있는 것을 바르게 연결한 것은?

① 쇠뿔 - 달팽이의 뿔
② 개 - 쇠뿔
③ 달팽이의 뿔 - 나머지 손가락
④ 엄지손가락 - 쇠뿔

[55~57] 다음 글을 읽고 물음에 답하시오.

(가) "엄마, 정말 나 이젠 학교 안 갈래요."

김이 모락모락 오르는 보리밥 그릇을 무릎 앞에 놓고 먹을 생각도 않는 용이가 투정을 부렸습니다.

"야가 또 이런다. 지발 어미 속 그만 썩혀라. 3년이나 다닌 학교를 그만두면 어쩔래? 순이 봐라, 글 한 자도 모르제? 순인 기집애라서 그래도 괜찮지. 사내가 국민 학교도 졸업 못 하면 어떡할라고?"

순이는 뒷집 아이입니다. 작년에 학교에 입학했는데, 하도 아이들이 곰보딱지라고 놀려서 한달도 다니지 못하고 학교를 그만두었습니다. 가까이에서 보면 얼굴이 조금이 얽었습니다. 그래서 순이는 요즘 아침밥만 먹으면 책보바구니를 들고 혼자 들로 나갑니다. 냉이를 캐는 것입니다.

"나도 이젠 4학년 됐잖아요. 남의 책보퉁이만 메고 다니는거 부끄럽다니까요?"

(나) "꼬공 꼬공 푸르륵!"

그것은 온 산골의 가라앉은 공기를 뒤흔들어 놓고 하늘을 날아오르는, 정말 살아있는 목숨이 부르짖는 소리였습니다.

'야, 참 멋지다!'

날개를 쫙 펴고 꽁지를 쭉 뻗고 아침 햇빛에 눈부신 모습으로 산을 넘어가는 ㉠ 꿩을 쳐다보는 용이의 온몸에 갑자기 어떤 힘이 마구 솟구쳤습니다. 용이는 그 자리에서 한번 훌쩍 뛰어올라 보았습니다. 하늘에라도 날아오를 듯합니다. 용이는 발에 채이는 책보 하나를 집어 들었습니다. 그리고 그것을 하늘 위로 던졌습니다.

휭! 공중에서 몇바퀴 돌던 책보가 '퍽' 소리를 내면서 골짜기에 떨어졌을 때 용이는 두 번째 책보를 집어던졌습니다.

또 하나, 또 하나…… .

마지막에 던진 작대기는 건너편 벼랑의 소나무 가지를 철썩 치도록 멀리 떨어졌습니다.

'됐다!'

용이는 인제 하늘이 탁 트이고 가슴이 시원해져서, 저 건너 산을 보고 하하하 웃었습니다. 떠가는 구름을 따라 마구 날아갈 것 같았습니다.

'내가 정말 못난이였구나!'

'인제 다시는 그런 짓 안한다!'

(다) "자, 덤빌람 덤벼! 누구든지 오는 놈은 이 돌로 박살낼끼다!"

아이들이 입을 벌리고 어쩔 줄 모르고 서 있을 때, 뒤에서 한 아이가,

"난, 내 책보 가질러 갈란다."

하고 달려갔습니다. 그 소리에 다른 아이들도 모두 정신이 돌아온 것처럼,

"나도 간다."

"나도 간다."

하고 달려갔습니다.

"이놈 새끼, 두고 봐라."

맨 마지막에 내려가면서 성윤이가 말했습니다.

"오냐 임마, 얼마든지 봐준다."

용이 목소리는 한층 크고 자랑스러웠습니다.

아이들이 모두 '와아'하고 아까 올라온 길을 내려가는 뒷모습을 보면서 용이는 또 한 번 가슴을 확 펴고 하하하 웃었습니다.

"난 이젠 못난 놈 아니야!"

그리고는 다시 혼잣말로 중얼거렸습니다.

"내일 아침에는 순이를 데리고 오자. 순이를 놀리는 놈은 어떤 놈이고 용서 안할끼다."

용이는 돌아서서, 햇빛이 눈부신 내리 받이 길을 바라보았습니다. 인제는 단숨에 학교까지 뛰어갈 듯합니다.

하늘에는 하얀 구름 한 송이가 날고 있습니다. 용이는 훌쩍 한 번 뛰더니 마구 두 팔을 내저으면서 내리달렸습니다. 그것은 마치 한 마리의 꿩이 소리 치면서 날아오르는 모습과도 같았습니다.

–이오덕, 「꿩」–

55 (가)에서 용이가 학교에 가기 싫어하는 이유로 알맞은 것은?

① 아버지가 부끄러워서
② 선생님에게 매일 야단을 맞아서
③ 다른 아이들의 책보퉁이를 메고 다니는 것이 부끄러워서
④ 학교보다 집에서 있는 것이 더 좋아서

56 용이의 변화된 모습에서 얻을 수 있는 글의 주제로 알맞은 것은?

① 부당한 일에 당당하게 맞서는 용기
② 부당한 일에 폭력으로 맞서는 삶의 태도
③ 친구들과 도움을 주고받으며 살아가는 모습
④ 싸우지 않고 친구들과 사이좋게 지내는 모습

57 ㉠에 대한 설명으로 알맞지 <u>않은</u> 것은?

① 용이의 행동을 변하게 한 소재이다.
② 용이에게 자신감을 불러 일으키게 한 소재이다.
③ 어렵게 살아가는 용이의 가족에게 필요한 소재이다.
④ 부당한 일에서 벗어날 수 있게 되는 '자유'를 상징한 소재이다.

PART
III

비문학

01 설명문

02 논설문

03 건의문

이 단원에서는 독자를 이해시키기 위한 설명문과, 글쓴이의 주장을 펼치기 위한 논설문, 그리고 단체나 개인에게 건의하는 내용인 건의문이 제시된다. 각각의 특징을 살펴 글의 내용을 정리하도록 한다.

01 설명문

• 설명문의 개념과, 특성, 다양한 설명 방법을 파악하며 글을 읽고 내용을 정리할 수 있다.

1 설명문이란?

1. 설명문

어떤 대상에 대한 지식이나 정보를 독자들이 이해할 수 있도록 알기 쉽게 풀어서 쓴 글이다.

2. 설명문의 특징

① 평이성 : 쉽고 간결하게 설명한다.
② 체계성 : 일정한 순서를 정해 체계적으로 설명한다.
③ 사실성 : 정확한 지식이나 정보를 사실에 근거하여 전달한다.
④ 객관성 : 글쓴이의 주관적 의견 없이 사실을 객관적인 입장에서 쓴다.
⑤ 명료성 : 문장의 뜻이 분명하게 드러나도록 쓴다.
⑥ 실용성 : 어떤 사물 · 사실에 대한 지식이나 정보를 전달한다.

3. 설명문의 3단 구성

처음	화제 제시
	설명 대상이나 내용, 글을 쓰는 이유를 밝혀 독자의 관심을 끌고 글에 대하여 안내하는 구실을 함.
중간	내용의 구체적 전개
	처음 부분에서 간단히 소개한 내용에 대하여 구체적으로 설명하여 독자를 이해시키는 구실을 함.
끝	마무리
	중간 부분의 내용을 요약 · 정리하여 주제를 강조하는 구실을 함.

4. 설명문의 내용 전개 방법

① 시간을 고려하는 전개 방법

㉠ 인과 : 어떤 일에 대한 원인과 그에 따른 결과를 중심으로 글을 전개하는 방법

설명문의 구조

• 두괄식 : 중심 내용이 글의 앞부분에 있다.

• 미괄식 : 중심 내용이 글의 뒷부분에 있다.

• 양괄식 : 중심 내용이 글의 처음과 끝에 있다.

• 중괄식 : 중심 내용이 글의 가운데에 있다.

• 병렬식 : 중심 내용이 대등하게 나열되어 있다.

예 온실 효과로 인해 지구의 기온이 상승하면 남극과 북극의 빙하가 녹게 되어 해수면이 상승한다. 이러한 해수면의 상승이 기후 변화의 원인이 된다.

㉡ **과정** : 어떤 결과를 가져오게 하는 일련의 행동, 변화, 작용 등에 초점을 맞추어 글을 전개하는 방법

예 먼저 생강을 저며 놓고, 그것을 물에 넣어 매운 맛이 우러나도록 끓인 다음, 체에 밭쳐 건더기만 걸러 낸다. 이 생강물에 설탕을 넣고 끓인 다음에 식힌다.

㉢ **서사** : 시간의 흐름에 따른 사건의 전개나 사물의 변화, 인물의 행동 등을 중심으로 글을 전개하는 방법

예 철기는 기원전 4세기경에 사용되기 시작하여 기원전 1세기경에는 널리 보급되었다.

② 시간을 고려하지 않는 전개 방법

㉠ **정의** : 'A는 B이다'와 같이 사물의 의미를 밝히는 방법

예 시란 인간의 사상과 감정을 운율이 있는 언어로 압축해서 표현한 문학이다.

㉡ **예시** : 예를 들어 설명하는 방법

예 봄에 피는 꽃으로 민들레, 진달래, 개나리 등이 있다.

㉢ **대조** : 두 가지 대상의 차이점을 들어 설명하는 방법

예 한국 사람은 쌀을 주식으로 하지만, 미국 사람은 밀을 주식으로 한다.

㉣ **비교** : 두 가지 대상의 공통점을 들어 설명하는 방법

예 텔레비전과 라디오는 둘 다 대중 매체로서, 사람들에게 지식과 정보를 제공한다.

㉤ **분류** : 일정한 기준에 따라 사물을 종류별로 나누는 방법

예 신문에는 일간지, 주간지, 계간지, 월간지 등이 있다.

㉥ **분석** : 하나의 대상을 부분으로 쪼개 그 구성 요소를 설명하는 것

예 시계는 시침, 분침, 초침, 태엽 장치 등으로 이루어진다.

㉦ **묘사** : 대상의 형태, 색채, 감촉, 향기, 소리 등을 눈으로 보듯 생생하게 그려 내는 방법

예 사십에 가까운 노처녀인 그녀는, 주근깨 투성이 얼굴이 처녀다운 맛이란 약에 쓰려도 찾을 수 없을 뿐 아니라, 시들고 거칠고 마르고 누렇게 뜬 품이 굴비를 생각나게 한다.

우리는 왜 간지럼을 느낄까 _ 서동준

핵/심/정/리

- 갈래 : 설명문
- 성격 : 객관적, 설명적
- 제재 : 간지럼
- 주제 : 사람을 웃게 하는 간지럼의 특성과 연구 의의

엄마와 딸 사이에, 형제끼리, 그리고 사랑하는 사람끼리 서로 몸 여기저기를 손으로 간질이면 분위기가 화기애애해지곤 합니다. 그런데 좀 이상하지 않나요? 촉각이라는 자극만으로 사람이 웃는다는 사실 말입니다. 단순히 살살 만지기 때문에 웃는 것일까요? 그렇다면 왜 바람이 옆구리를 지나갈 때나, 벌레가 팔 위를 기어가고 있을 때는 웃음이 나지 않는 것일까요. 손으로 간질이는 것보다 훨씬 가벼운 자극인데 말이지요. 사실 사람을 웃게 하는 간지럼은 아주 오래된 수수께끼입니다. 그럼 지금부터 이 수수께끼를 살펴볼까요?

근질근질 가려움, 키득키득 간지럼

어떤 물체가 살에 닿아 가볍게 스치면 간지러운 느낌 때문에 가만히 있기 어렵지요. 이처럼 견디기 어렵게 간지러운 느낌은 두 가지로 나누어 볼 수 있습니다. 하나는 '외부 자극에 의한 가려움[Knismesis]'이고, 또 다른 하나는 이 글에서 주의 깊게 살펴볼 '웃음이 나는 간지럼[Gargalesis]'입니다. 이 둘은 어떻게 다를까요?

구분 – 간지러운 느낌을 두 가지로 나누어 설명함

'대조'의 설명방식을 사용할 것임

먼저 외부 자극에 의한 가려움을 살펴보겠습니다. 벌레가 팔 위를 누비는 상황을 생각하시면 됩니다. 굉장히 성가신 가려움이지요. 몸 전체의 피부에서 나타나는데 특징은 아주 약한 움직임으로 발생한다는 것입니다. 이것이 느껴지면 '벅벅' 긁거나 문지르고 싶어지지요.

가려움의 특징 ❶

가려움의 특징 ❷

가려움은 연구가 많이 진행됐습니다. 아토피 피부염, 두드러기 등 가려움과 관련된 피부 질환이 많고, 하나같이 견디기 어렵기 때문이지요. 과거에는 가려움을 통각의 일종으로 여겼습니다. 통각의 세기가 약하면 가려움이 발생한다고 생각해왔지요. 하지만 최근 통각이 약하다고 해서 가려움을 느끼는 것이 아니라 가려움을 느끼는 신경이 따로 있다는 사실이 드러났습니다.

가려움의 특징 ❸

가려움의 특징 ❹

이번에는 이 글에서 본격적으로 주목할 '웃음이 나는 간지럼'을 살펴보겠습니다. 이것은 신체의 특정 부위에서 잘 일어나며, 가려움보다는 더 강한 촉감 때문

간지럼의 특징 ❶

간지럼의 특징 ❷

에 생긴다는 특징이 있습니다. 간지럼도 가려움과 마찬가지로 이전에는 통각으로 여겼습니다. 1939년에 솜털로 고양이를 살살 간질이는 실험을 한 결과, 고양이의 통각과 관련된 신경들이 반응했고 이를 본 실험자가 간지럼이 통각과 관련이 있다고 주장했습니다. 그 뒤의 연구들도 간지럼은 통각과 관련이 있다는 사실을 뒷받침했지요.

간지럼의 특징 ❸

그런데 1990년, 이와 반대되는 연구 결과가 나왔습니다. 척수 손상으로 통증을 못 느끼는 환자들도 간지럼을 탄다는 것입니다. 간지럼의 원인이 통각만이 아니었던 것입니다. 간지럼의 원인은 다시 혼란에 빠지게 되었습니다. 현재는 촉각*과 통각의 혼합이 유력한 후보로 꼽히고 있으며, 압각*(壓覺)과 진동각*(振動覺) 등 여러 감각과의 연관성이 제시되고 있습니다.

간지럼의 특징 ❹

왜 간지럼을 타게 됐을까

왜 가려움을 느끼게 되었는지는 설명하기 쉽습니다. 가벼운 자극이라도 문지르거나 긁는 반응을 해야 곤충이나 기생충같이 몸에 해로운 것을 일차적으로 막을 수 있기 때문입니다. 하지만 간지럼은 다릅니다. 간지럼을 타지 않는다고 해서 살아가는 데 크게 불편한 점은 없어 보입니다.

인과 - 가려움을 느끼는 이유

진화적으로 간지럼을 타게 된 이유를 찾을 수 있을까요? 먼저 서로 간에 친밀해지는 작용을 한다는 해석이 있습니다. 가벼운 접촉을 통해서 부모 자식 사이에, 형제간에 유대감을 증진한다는 것이지요. 그런데 왜 하필 고통스러운 방법으로 유대감을 증진하는지는 의문으로 남습니다.

인과 - 간지럼을 느끼는 이유

그래서 두 번째로 등장한 해석이 방어 능력을 학습한다는 것입니다. 우리가 쉽게 간지럼을 타는 신체 부위는 사람의 약점이기도 합니다. 목, 겨드랑이, 옆구리 등이 바로 그런 부위이지요. 어릴 때부터 부모가 아이의 취약점을 가볍게 건드리면서 아이는 자연스럽게 자신의 신체 중 어디가 약한지를 알고, 방어하는 방법을 깨닫게 된다는 것입니다.

예시 - 쉽게 간지럼을 타는 신체 부위의 예

이 두 가지를 엮어서 설명하면 조금 자연스러워집니다. 한 심리학 교수는 "간지럼을 태우면서 서로 유대감을 끈끈하게 하는 동시에, 취약한 부분의 방어를 학습하게 하는 것"으로 간지럼의 진화를 설명했습니다.

촉각
물건이 피부에 닿아 느껴지는 감각으로 압각, 통각 따위이다.

압각
피부나 그 밖의 신체 일부가 눌렸을 때 생기는 감각

진동각
압각의 한 변형으로 진동 자극을 받아들이는 감각

예측 불가능한 간지럼

지금 실험을 하나 해 보지요. 자신의 손으로 자신이 가장 간지럼을 탈 만한 부위를 간질여 보세요. 겨드랑이 아래나 발바닥 등 어디든 좋습니다. 웃음이 나셨나요? 단순히 촉감이 있다는 느낌은 들었을 테지만 웃음은 나지 않았을 것입니다. 똑같이 간질이는 자극인데 왜 내가 할 때는 웃음이 나지 않을까요?

결론부터 말하자면, 내가 나를 간질이는 것은 예측할 수 있기 때문입니다. 어디를, 얼마나 세게, 얼마나 오랫동안 간질일지를 다 안다는 것이지요. 남이 나를 간질일 때는 이와 관련된 정확한 정보가 없습니다. 예측할 수가 없지요.

인과-내가 나를 간질일 때 웃음이 나지 않는 이유

대조-내가 나를 간질일 때와 남이 나를 간질일 때의 차이점

1998년에 영국에서 남이 나를 간질일 때와 내가 스스로 간질일 때의 뇌 반응을 비교해 보았습니다. 여기서 분명한 차이를 보이는 것은 소뇌였습니다. 소뇌는 어떤 감각의 결과를 예측하는 역할을 하는데, 내가 나를 간질일 때는 간질이는 위치나 세기 등을 이미 다 알고 있어 예측할 필요가 없기 때문에 소뇌의 반응도 적었습니다. 내가 나를 만질 때마다 간지럼을 탄다면 정말 피곤하지 않을까요?

남이라고 전부 간지럼을 타는 것은 또 아닙니다. 영국에서 로봇으로 간질이는 실험을 했는데, 이때 실험 참가자는 간지럼을 타지 않았습니다. 눈으로 본 로봇의 움직임을 예측할 수 있었기 때문입니다. 처음에는 움찔했을지 몰라도 사람처럼 세기나 위치가 계속해서 바뀌지는 않거든요. 그런데 예상 범위를 벗어나도록 속도나 범위에 변화를 계속 주면 그때에는 간지럼을 탔습니다.

인과-로봇으로 간질이는 실험시 간지럼을 타지 않은 이유

대조-간지럼 태우는 로봇의 움직임을 예측할 수 없을 때와 예측할 수 있을 때의 차이점

간지럼은 단순한 촉감도, 귀찮은 행동 중의 하나도 아닙니다. 이를 연구하는 것 또한 한낱 궁금증을 해결하는 데 그치는 것은 아니지요. 최근 들어 심리학과 신경 과학 분야에서 간지럼을 비롯해 사람의 행동과 관련된 연구가 점점 더 활발해지고 있습니다. 간지럼이 운동과 지각의 통합 과정을 밝혀낼 수 있는 좋은 사례이기 때문입니다.

간지럼 연구의 의의 ❶

'예측'과 '행동', '피드백'은 사람에게는 매우 자연스러운 행위입니다. 예를 들어 사람은 공을 목표 지점에 던질 때 감각으로 거리를 가늠하고 그만큼 던집니다. 만약 공이 목표 지점보다 멀리 갔다면 다시 던질 때 힘을 약하게 조절해서 던지지요. 그런데 간지럼은 예외적인 사례입니다. 아무리 예측하려 해도 예측을

벗어나기 때문에 간지럼이 나타나고, 피드백 과정을 거쳐도 또 다시 예측을 벗어날 수밖에 없습니다. 우리는 간지럼에서 '예측 불가능성'에 대처하는 법을 배울 수 있고, 이를 인공 지능에도 활용할 수 있습니다.

간지럼 연구의 의의 ❷

만/점/포/인/트

1. 가려움과 간지럼의 특성

외부 자극에 의한 가려움	웃음이 나는 간지럼
• 몸 전체의 피부에서 나타남. • 아주 약한 움직임으로 발생하여 긁거나 문지르고 싶어짐. • 과거에는 통각의 일종으로 여김.	• 신체 특정 부위에서 잘 일어남. • 가려움보다는 더 강한 촉감 때문에 생김. • 이전에는 통각으로 여김. • 현재는 간지럼의 원인으로 여러 감각과의 연관성이 제시되고 있음.

2. 사용된 설명 방법

구분	견디기 어렵게 간지러운 느낌은 두 가지로 나누어 볼 수 있습니다. 하나는 '외부 자극에 의한 가려움[Knismesis]'이고, 또 다른 하나는 이 글에서 주의 깊게 살펴볼 '웃음이 나는 간지럼[Gargalesis]'입니다.
인과	왜 가려움을 느끼게 되었는지는 설명하기 쉽습니다. 가벼운 자극이라도 문지르거나 긁는 반응을 해야 곤충이나 기생충같이 몸에 해로운 것을 일차적으로 막을 수 있기 때문입니다.
인과, 대조	결론부터 말하자면, 내가 나를 간질이는 것은 예측할 수 있기 때문입니다. 어디를, 얼마나 세게, 얼마나 오랫동안 간질일지를 다 안다는 것이지요. 남이 나를 간질일 때는 이와 관련된 정확한 정보가 없습니다. 예측할 수가 없지요.
대조	하나는 '외부 자극에 의한 가려움[Knismesis]'이고, 또 다른 하나는 이 글에서 주의 깊게 살펴볼 '웃음이 나는 간지럼[Gargalesis]'입니다. 이 둘은 어떻게 다를까요? 먼저 외부 자극에 의한 가려움을 살펴보겠습니다. 벌레가 팔 위를 누비는 상황을 생각하시면 됩니다. 〈중략〉 이번에는 이 글에서 본격적으로 주목할 '웃음이 나는 간지럼'을 살펴보겠습니다. 이것은 신체의 특정 부위에서 잘 일어나며, 가려움보다는 더 강한 촉감 때문에 생긴다는 특징이 있습니다.

소금 없인 못 살아 _ 장인용

핵/심/정/리

- 갈래 : 설명문
- 성격 : 분석적, 객관적
- 주제 : 소금은 우리 몸과 생활에 많은 영향을 미친다.

우리가 먹는 대부분의 음식뿐만 아니라, 사람의 몸속에도 소금이 들어 있다. 꼭 필요한 사람이 되라는 의미로 쓰이는 "소금 같은 사람이 되어라."(인용)라는 말이 있을 정도로 소금은 우리의 건강이나 식생활과 밀접한 관련을 맺고 있다. 이제부터, 조그마한 흰 알갱이에 불과한 소금이 우리의 몸과 생활에 어떤 영향을 미치는지 자세히 알아보도록 하자.(설명 대상 소개)

〈중략〉

소금은 생명을 유지하게 해 준다(❶)는 사실 이외에도 거부할 수 없는 매력을 지니고 있다. 만약 살기 위한 목적으로만 소금을 먹는 것이라면 한 사람당 1년에 1킬로그램의 소금이면 충분하다. 하지만 사람들은 실제로 그것의 몇 배가 넘는 소금을 소비한다. 이렇게 많은 소금을 사용하는 까닭은 소금이 지닌 짠맛의 매력 때문이다. 소금은 음식 본래의 맛과 어울려 맛을 향상시키는 작용을 한다(❷). 소금은 고기뿐만 아니라 곡식, 채소 등 다양한 재료와 어울리며 우리의 입맛을 돋운다. 그냥 먹으면 너무 짜고 쓰기까지 하지만 다른 맛과 적절히 어울리면 기가 막힌 맛을 내는 것이 바로 소금이다. 실제로 우리가 먹는 음식 가운데 차, 커피, 과일과 같은 몇몇 기호 식품을 빼고는 거의 모든 음식에 소금을 넣는다.

〈중략〉

떡을 만들 때에도 소금으로 밑간을 하게 마련이다. 아주 적은 양의 소금은 단맛을 더욱 돋보이게 한다. 이와 같이 짠맛은 단맛, 신맛, 매운맛과 잘 어울려 음식의 맛을 돋운다. 그러나 과해서 좋은 것은 없는 법이다. 소금도 마찬가지이다. 소금이 지닌 짠맛은 중독성이 강하기 때문에 건강을 위해 적절한 양을 섭취하는 현명한 노력도 필요한 것이다.

〈중략〉

소금은 우리 몸을 위해서, 또 맛이나 식량의 보존을 위해서 중요한 역할을 한다. 이뿐만 아니라 소금은 그 불순물까지도 요긴하게 사용된다(❸). 정제 과정을 거

❶~❸ : 소금의 역할

치지 않은 소금 중에 천일염은 바닷물을 햇볕과 바람에 증발시켜 만든 소금으로, 그 안에 마그네슘, 칼륨, 칼슘과 같은 미네랄이 많이 포함되어 있다. 이처럼 정제되지 않은 소금은 오히려 우리 몸에 미네랄을 공급해 줄 수 있기 때문에, 최근에는 천일염에 대한 관심이 매우 높아지고 있다.

천일염의 정의

〈중략〉

「지금까지 알아본 것처럼, 소금은 그 자체로도 우리의 생명을 유지하는 데 꼭 필요하고, 음식의 맛을 내기 위해서도 가장 기본이 되는 소중한 것이며, 그 부산물 역시 새로운 먹거리를 만들어 내어 우리 입맛을 즐겁게 한다.」 이처럼 소중한 존재가 바로 하얀 황금, 즉 소금인 것이다.

「 」: 글의 전체 내용을 요약·정리

만/점/포/인/트

- **사용된 표현 방법**
  ① 정의 : 소금과 천일염, 간수의 개념을 정확하게 알려 줌.
  ② 인용 : '소금 같은 사람이 되어라.'라는 말을 인용하여 독자의 흥미를 유발시킴. (제시문)
  ③ 분석 : 소금에 들어 있는 성분을 나트륨 이온과 염화 이온으로 나누어 설명함.
  ④ 대조 : 육식 동물과 초식 동물의 소금 섭취 방법의 차이를 설명함.
  ⑤ 예시 : 소금의 역할과 소금에 어울리는 여러 가지 음식을 제시함. (제시문)
  ⑥ 열거 : 소금과 어울리는 다양한 음식 재료와 소금의 역할을 나열해 설명함. (제시문)
  ⑦ 인과 : 소금의 역할과 소금을 이용한 음식 문화 형성 과정, 천일염에 대한 관심이 높아진 이유 등을 설명함.

바로바로 체크

(1) 이 글의 갈래로 올바른 것은?
❶ 논설문
❷ 기행문
❸ 편지글
❹ 설명문

(2) 육식 동물과 초식 동물의 소금 섭취 방법의 차이를 설명하기에 좋은 표현법은?
❶ 비교
❷ 대조
❸ 정의
❹ 유추

정답 (1) ❹
(2) ❷

지문이 촉각을 위해 존재한다고? _ 김형자

핵/심/정/리

- 갈래 : 설명문
- 성격 : 설명적, 객관적
- 주제 : 당연하게 생각했던 지문의 특성과 역할

"유일하게 지워지지 않는 서명은 사람의 지문이다."
인용

미국의 소설가 마크 트웨인이 한 말이다. 나이가 들면서 얼굴은 변해도 지문은 한번 생겨나면 바뀌지 않는다는 의미다. 「이 글에서는 이렇게 사람마다 고유하게 나타나는 지문의 특성은 무엇이고, 지문은 어떤 역할을 하는지에 대해 알아보자.」
「 」: 설명 대상 제시

〈중략〉

사람의 손가락과 손바닥, 발바닥 등에는 작은 산과 계곡 모양의 선들로 이루어진 무늬가 있다. 이러한 피부의 무늬는 무늬가 있는 위치에 따라 손가락에 있는 지문(指紋), 손바닥에 있는 장문(掌紋), 발바닥에 있는 족문(足紋) 등으로 나뉜다(분류). 이 중 ㉠ 지문은 손가락 안쪽 끝에 있는 피부의 무늬나 그것이 남긴 흔적을 말한다(정의).

지문은 태아가 4~6개월째에 접어들면서 만들어지는데, 그 형태는 대개 유전자에 의해 결정된다. 하지만 엄마 뱃속에서의 태아의 위치나 태아가 받는 압력 등도 지문의 모양이 만들어지는 데 영향을 준다. 그래서 유전자가 같은 일란성 쌍둥이조차 지문이 서로 다르다.

두 사람의 손가락에 있는 지문이 일치할 수 있는 확률은 억지로 계산해도 640억분의 1 정도라고 하니, 전 세계에서 지문이 같은 사람은 없다고 해도 과언이 아니다. 심지어 한 사람의 왼손과 오른손의 지문도 다르다. 지문의 이러한 특성 때문에 최근에는 범죄 수사나 신분 확인을 위한 보안 기술에 지문이 적극적으로 활용되고 있다.

〈중략〉

그러면 지문은 어떤 역할을 할까? 지문이 있는 동물들의 특성을 생각해 보면 이에 대한 단서를 얻을 수 있다. 대부분의 동물은 지문이 없지만 영장류는 지문을 가지고 있다. 대표적인 영장류인 침팬지, 오랑우탄, 고릴라(열거) 등은 지문이 있다. 영장류 외에 유대류에 속하는 코알라도 지문이 있다. 영장류와 코알라의 공통점은 사람처럼 손을 이용해 나무 등을 잡는다는 것이다. 그렇다면 지문이 손
비교
가락과 물체 표면의 마찰력을 높여 미끄럼을 방지함으로써 무언가를 더 단단히 붙잡도록 하는 역할을 하고 있다는 말이 된다. 예를 들어, 컵과 같은 표면이 미끄러운 물체를 잡을 때 지문이 물체를 놓치지 않도록 도와주는 것이다.
예시

〈중략〉

보통 사람들은 지문이 있으면 됐지 물건을 단단하게 붙들기 위해서면 어떻고, 촉각을 예민하게 하기 위해서면 어떠냐며 지문의 역할을 이해하는 일의 중요성에 의문을 가진다. 그러나 과학자들은 지문의 역할을 보다 정확히 이해하는 것이 의수(義手)나 로봇 손의 기능을 진짜 손의 수준으로 끌어올리는 데 도움이 된다고 말한다. 사람의 손처럼 물건을 만지고 잡으며 감각을 느끼게 하는 데 지문이 그만큼 중요한 열쇠라는 이야기이다.

지금까지 지문에 대해 알아보았다. 인류가 다른 동물보다 뛰어난 이유 중의 하나는 손을 섬세하게 사용할 수 있는 능력이 있기 때문이다. 그리고 사람의 손이 가진 특별한 기능을 이해하려면 지문의 역할도 빼놓을 수 없다. 지문에 대한 연구를 통해 손이 가진 섬세한 기능을 온전히 이해하기 위한 노력은 지금도 진행 중이다.

만/점/포/인/트

- **사용된 표현 방법**
  ① 인용 : "유일하게 지워지지 않는 서명은 사람의 지문이다."
  ② 분류 : 피부의 무늬는 무늬가 있는 위치에 따라 손가락에 있는 지문(指紋), 손바닥에 있는 장문(掌紋), 발바닥에 있는 족문(足紋) 등으로 나뉜다.
  ③ 정의 : 지문은 손가락 안쪽 끝에 있는 피부의 무늬나 그것이 남긴 흔적을 말한다.
  ④ 예시, 열거 : 대표적인 영장류인 침팬지, 오랑우탄, 고릴라 등은 지문이 있다.
  ⑤ 비교 : 영장류와 코알라의 공통점은 사람처럼 손을 이용해 나무 등을 잡는다는 것이다.
  ⑥ 대조 : 보통 사람들은 지문이 있으면 ~ 의문을 가진다. 그러나 과학자들은 ~ 도움이 된다고 말한다.

바로바로 체크

(1) 이 글의 주제는 '당연하게 생각했던 지문의 특성과 역할'이다. (O | X)

(2) 글쓴이는 지문의 종류를 손가락과 손바닥, 발바닥에 있는 지문 등으로 (　　)하였다.

인용/분류/정의/비교

정답 (1) O
(2) 분류

기/출/문/제 Check! 정답 및 해설 14p

01 윗글의 내용과 일치하지 않는 것은?

① 사람의 손바닥에는 선들로 이루어진 무늬가 있다.
② 지문은 신분 확인을 위한 보안 기술에 활용되고 있다.
③ 손의 기능을 이해하기 위한 지문 연구가 진행되고 있다.
④ 유전자가 같은 일란성 쌍둥이는 지문이 같은 경우가 많다.

02 ㉠에 사용된 설명 방법으로 적절한 것은?

① 정의　　② 예시
③ 비교　　④ 대조

천 년을 가는 한지의 비밀 _ 김형자

'한지'는 한국 고유의 종이를 이르는 말이다. 조하(종이), 조선종이, 창호지,
한지의 개념 – 정의
문종이, 참종이, 닥종이 등으로 불렸던 우리 종이가 한지로 불리기 시작한 것은 20세기 초・중반 서양 종이인 '양지'가 들어와 널리 알려지기 시작하면서부터였다.

〈중략〉

천 년 세월을 숨 쉬며 살아온 한지는 알고 보면 이 땅에 자라는 질 좋은 닥나무가 있었기에 가능한 것이었다. 한지는 질기고 수명이 오래간다는 것 외에도
한지의 우수성 ❶
보온성과 통풍성이 뛰어나다. 이런 한지의 우수성은 양지와 비교해 보면 금방
한지의 우수성 ❷
알 수 있다. 한지는 빛과 바람, 그리고 습기와 같은 자연 현상에 대한 친화력이
한지의 우수성 ❸
강해 창호지로 많이 쓰인다. 한지를 창호지로 쓰면 문을 닫아도 바람이 잘 통하고 습기를 잘 흡수해서 습도 조절의 역할까지 한다. 흔히 「한지를 '살아 있는 종이'라고 하는 이유도 여기에 있다. 반면, 양지는 바람이 잘 통하지 않고 습기에 대한 친화력도 한지에 비해 약하다. 한지가 살아 숨 쉬는 종이라면, 양지는 뻣뻣하게 굳어 있는 종이라고 할 것이다.」
「」: 한지와 양지의 차이점 – 대조

「한지는 주로 닥나무 껍질에서 뽑아낸 섬유를 원료로 하여 사람의 손으로 직접 만든다. 양지는 나무껍질에서 목질부(물과 양분의 이동통로로 식물체를 지탱해 주는 부분)를 가공해 만든 펄프를 원료로 하여 기계로 대량 생산한다.」 한지
「」: 한지와 양지의 재료・제조 방법의 차이점 – 대조
의 주원료인 닥나무는 섬유의 길이가 양지의 원료인 침엽수나 활엽수보다 훨씬 길기 때문에 질긴 종이를 만들 수 있다.

한지가 천 년의 수명을 가질 수 있는 또 다른 이유는 화학 반응에 잘 견디는 중성지라는 점이다. 신문지나 오래된 교과서가 누렇게 색깔이 변하는 이유는 종이의 원료가 산성이기 때문이다. 「양지는 산성지로서 고작 50~100년 정도만 지나도 누렇게 변하여 삭아 버린다. 그러나 한지는 중성지로서 세월이 가면 갈수록 결이 고와지고 수명이 오래간다.」
「」: 한지와 양지의 수명 – 대조

〈중략〉

핵/심/정/리
- 갈래 : 설명문
- 성격 : 객관적, 분석적, 대조적
- 제재 : 한지
- 주제 : 한지의 특성을 통해 알아본 한지의 우수성

임진왜란을 겪으며 한지 제작이 쇠퇴하기 시작했고, 근대에 들어 펄프를 원료로 한 종이가 대량으로 들어오면서 한지는 일상생활에서 점차 자취를 감추었다. 그러나 최근에는 펄프 종이와 비교할 수 없을 정도로 우수한 한지의 특질이 알려지면서 다시금 한지에 대한 관심이 높아지고 있다. 특히 잘 상하지 않고 질기며 오래 보존할 수 있어서 여러 분야에서 첨단 소재로 널리 이용될 가능성도 열려 있다.

바로바로 체크

(1) 한지의 특징으로 옳지 않은 것은?
❶ 닥나무 껍질에서 원료를 추출한다.
❷ 손으로 직접 만든다.
❸ 바람이 잘 통하지 않는다.
❹ 습기를 잘 흡수한다.

(2) 이 글은 한지와 양지의 차이점에 대해 (   )의 방식을 사용하여 설명했다.

정답 (1) ❸
(2) 대조

만/점/포/인/트

1. 사용된 설명 방식

① 정의 : 한지의 개념
② 대조 : 한지와 양지의 차이점에 대해 설명

2. 한지와 양지의 차이점

한지	양지
• 닥나무 껍질에서 원료 추출 • 손으로 직접 만듦. • 화학 반응에 잘 견딤. • 중성지 • 바람이 잘 통함. • 습기를 잘 흡수함. • 습도 조절의 역할을 함.	• 펄프가 원료임. • 기계로 대량 생산 • 화학 반응에 견디지 못함. • 산성지 • 바람이 잘 통하지 않음. • 습기에 약함.

읽기란 무엇인가 _ 최영환

왜 글을 읽는가

어떤 사람이 어느 유명한 등산가에게 "왜 산에 오릅니까?" 하고 물었다. 이에 그 등산가는 "산이 거기 있기에 오릅니다."라고 대답하였다고 한다. 이와 마찬가지로, 누가 "왜 글을 읽습니까?"라고 묻는다면, 아마 "글이 있기에 읽습니다."라고 대답할 수 있을 것이다. 사람들이 산에 오르는 이유는 물론 '산이 거기에 있기 때문'일 것이다. 그러나 정말 사람들이 산에 오르는 이유가 그것만은 아닐 것이다. 어떤 사람은 건강을 위해서, 어떤 사람은 성취감을 맛보기 위해서, 그리고 또 어떤 사람은 친구와의 즐거운 만남을 위해서 산에 오를 수도 있다. 마찬가지로, 사람들이 글을 읽는 이유도 꽤나 다양할 수 있다. 교양(敎養)을 쌓거나 인격(人格)을 수양하기 위해서❶ 글을 읽는 사람도 있겠고, 여가를 즐기기 위해서❷, 혹은 필요한 지식과 정보를 얻기 위해서❸ 글을 읽는 사람도 있을 수 있다.

❶~❸ : 글을 읽는 이유

이해란 무엇인가

글 읽기에서 가장 중요한 것은 글 내용의 이해이다. 여기서 글 내용은 글 속에 명시적으로 또는 암시적으로 담아 놓은 글쓴이의 생각이나 느낌을 말한다. 그러므로 글을 이해한다는 것은 곧 글쓴이가 글에 담아 놓은 생각과 느낌을 파악하는 것을 의미한다. 그런데 이해는 글쓴이의 생각과 느낌을 그대로 받아들이는 수준을 넘어서 훨씬 더 깊고 넓게 생각하고 느끼는 것(능동적인 읽기)까지 포함한다. 가령, 글 속에 언급된 내용을 바탕으로 그 내용을 더욱 깊고 넓게 추리하는 것❶이나, 글 내용에 대하여 비판적인 견해를 제시하는 것❷ 모두 글 이해에 해당한다. 더 나아가 글의 내용에서 자극을 받아 그 내용을 더욱 창의적으로 확장시키는 것❸도 글 이해라 할 수 있다. 종합하면, 「이해란 글 속에 제시된 내용을 파악하고, 이를 더욱 심화하고 확장하고 비판하는 생각의 과정이라고 말할 수 있다.」

❶~❸ : 능동적인 읽기의 방법

「 」: 이해의 의미

이해는 어디에서 오는가

우리는 글자를 읽을 수만 있으면 누구나 글을 이해할 수 있을 것이라고 생각

핵/심/정/리

- 갈래 : 설명문
- 성격 : 해설적, 논리적, 체계적
- 제재 : 읽기의 중요성과 그 방법
- 주제 : 글을 읽는 이유와 방법, 글을 이해한다는 것의 의미

하기 쉽다. 그러나 그렇지 않은 경우도 많다. 글자는 읽지만 낱말의 뜻을 몰라서, 또 낱말의 뜻은 알지만 그 낱말이 들어 있는 문장의 내용이 너무 어려워서 이해하지 못하는 경우도 있다. 낱말과 문장의 뜻은 다 알더라도 글의 전체적인 의미를 이해하지 못하는 경우도 있다. 아래의 글을 한번 읽어 보자.

> 절차는 간단하다. 먼저 항목들을 종류별로 구분하여 두세 묶음으로 나눈다. 양이 적다면 한 번에 해도 좋다. 중요한 것은 한 번에 너무 많은 양을 하지 말아야 한다는 점이다. 한 번에 많은 양을 하는 것보다는 차라리 조금씩 여러 번 나누어 하는 것이 낫다. 이 점은 얼핏 보기에 별로 중요한 것 같지 않으나, 일이 복잡하게 되면 그 이유를 알게 된다. 한 번의 실수로 대가를 크게 치러야 할 수도 있기 때문이다.

이 글에 나오는 낱말이나 문장은 결코 어렵지 않다. (㉠) 이 글을 읽은 대부분의 사람들은 이 글이 무엇을 말하는지 알지 못하였을 것이다. 이제 '세탁기'를 떠올리면서 위의 글을 다시 읽어 보자. 이번에는 의외로 글이 쉽게 이해될
'세탁기'라는 배경 지식을 활용했기 때문
것이다. 그리고 이 글에 나오는 '항목'이 '빨랫감'을 뜻하고, '일'이 '세탁'을 뜻한다는 것도 쉽게 알게 될 것이다.

그렇다면 '세탁기'라는 말을 듣고 나서야 비로소 위의 글을 쉽게 이해할 수 있었던 이유는 무엇일까? 그 까닭은 '세탁기'에 관한 우리의 배경 지식을 적극적으로 활용했기 때문이다. 즉, 아는 지식으로 모호한 표현들을 해석해 가며 읽었기 때문이다.

위의 설명에서 알 수 있듯, 글을 제대로 이해하기 위해서는 그 글의 내용과 관련되는 우리의 경험이나 배경 지식을 활용해야 한다. 다시 말해서, 이해는 글
글을 제대로 이해하기 위해 필요한 점
쓴이의 생각이나 느낌이 나의 생각이나 느낌과 만나 적절히 조화를 이룰 때에 비로소 이루어지는 것이다.

어떻게 읽을 것인가

읽기는 '글쓴이와 읽는 이의 생각과 느낌의 만남'이라는 말 속에서 우리는 '어떻게 읽을 것인가'에 대한 대답을 찾아볼 수 있다. 그 답은 바로 글쓴이의 생각을

파악하고, 동시에 읽는 이의 생각과 느낌을 적극적으로 활용하는 것이다. 이 말을 좀더 쉽게 풀어서 설명해 보자.

첫째로, 글을 잘 읽기 위해서는 글쓴이의 생각을 제대로 파악해야 한다. 이를
글을 잘 읽기 위한 방법 ❶
위해서 우선 글 내용을 정확히 파악해야 한다. 글 속에 담긴 중심 내용과 세부 내용을 구분하고, 이런 내용들이 어떻게 조직되어 있는지를 파악해야 하는 것이다. 다음으로, 글쓴이의 글쓰기 의도나 목적도 파악해야 한다.

[A] 몇 가지 예를 살펴보자. 의학이나 법률, 또는 과학 서적과 같이 정보성이 강한
예시
글은 글 속에 제시된 정보를 정확히 파악하고 해석하면서 읽는 것이 좋다. 설득
정보성이 강한 글을 읽는 방법
적 성격이 강한 광고문이나 주장하는 글은 그 속에 담긴 정보와 의도를 파악하고, 이를 비판적으로 받아들여야 한다. 그리고 정서적인 글은 그 안에 담긴 가치
설득적 성격이 강한 글을 읽는 방법
와 감동을 느끼며 읽으려고 노력해야 한다.
정서적인 글을 읽는 방법

둘째로, 글을 잘 읽기 위해서는 읽는 이 스스로 자기의 지식과 경험을 되돌아보고, 이를 능동적이고 적극적으로 활용해야 한다. 읽는 이는 글쓴이가 언급하
글을 잘 읽기 위한 방법 ❷
지 않고 남겨 둔 내용까지 추리하고 상상하며 읽어야 한다. 경우에 따라서는 자기 생각으로 글쓴이의 생각을 비판하고 대안도 제시할 수 있어야 한다.

배경 지식을 적극적으로 동원하는 것이 글 읽기에 도움이 된다는 것은 여러 가지 일상의 경험으로 충분히 확인할 수 있다. 배의 구조와 기능을 설명하는 글은 뱃사람에게는 쉽게 이해되지만, 다른 사람에게는 잘 이해되지 않을 것이다. 야구를 좋아하는 사람들은 야구 중계를 잘 이해하지만 야구에 관심이 없는 사람들은 그렇지 못하다. 또, 요리를 즐겨 하는 이들은 요리에 관한 글을 잘 이해하지만, 요리에 관심이 없거나 요리를 해 보지 않은 이들은 이해하는 데 어려움을 느낄 수도 있다. 이런 여러 예들은 모두 배경 지식이 글 내용 이해에 얼마나 중요하게 작용하는지를 잘 보여준다.

글 읽기는 글쓴이와 읽는 이의 정신적 만남이다. 이 만남을 효율적으로 하기 위해서 읽는 이는 글쓴이의 생각과 느낌을 파악할 수 있어야 하고, 또한 자기의 생각과 느낌을 적극적으로 활용할 수 있어야 한다. 이런 점에서 글 읽기는 상대를 알고 나를 아는 지피지기(知彼知己)이며, 더 나아가 이런 상황에서 최선의 전략을 선택하는 정신 작용이라고 말할 수 있다.

만/점/포/인/트

1. 왜 글을 읽는가

① 교양을 쌓기 위해서

② 인격수양을 위해서

③ 여가를 즐기기 위해서

④ 필요한 지식과 정보를 얻기 위해서

2. 이해란 무엇인가

① 글쓴이의 생각과 느낌 파악(내용 파악)

② 깊고 넓은 추리(심화)

③ 비판적인 견해 제시(비판)

④ 창의적 확장(확장)

3. 이해는 어디에서 오는가

① 글의 이해 : 글쓴이와 읽는 이의 생각이나 느낌이 조화를 이룸.

② 글 이해 방법 : 읽는 이의 배경 지식과 경험을 적극 활용

4. 어떻게 읽을 것인가

① 글쓴이의 생각, 내용을 정확히 파악 : 중심 내용과 세부 내용 구분, 내용 조직 방법 파악

② 글쓴이의 의도나 목적 파악 : 글의 성격에 따라 읽는 방법을 달리함.

③ 읽는 이의 배경 지식과 경험을 활용함.

④ 언급되지 않은 내용 추리 · 상상

⑤ 글쓴이의 생각 비판, 대안 제시

5. 글 읽기의 의의

① 글쓴이와 읽는 이의 정신적인 만남

② 글 읽기는 지피지기이다.

③ 최선의 전략을 선택하는 정신 작용이다.

바로바로 체크

(1) 글쓴이가 제시한 글을 읽는 이유가 아닌 것은?

❶ 교양을 쌓기 위해서
❷ 인격 수양을 위해서
❸ 여가를 즐기기 위해서
❹ 발표를 잘 하기 위해서

(2) 이 글에서 배경 지식과 관련된 세탁기의 글을 (　　)로 들었다.

정답 (1) ❹
(2) 예, 예시

기/출/문/제 Check!

정답 및 해설 14p

03 윗글을 읽는 방법으로 적절한 것은?

① 인물의 심리를 상상하며 읽는다.
② 지식이나 정보를 파악하며 읽는다.
③ 사건의 전개 과정을 예측하며 읽는다.
④ 주장과 근거의 타당성을 판단하며 읽는다.

04 윗글의 내용과 일치하지 <u>않는</u> 것은?

① 글을 쓴 의도나 목적을 파악하며 읽어야 한다.
② 글의 종류에 따라 읽는 방법을 달리해야 한다.
③ 글의 내용을 있는 그대로 받아들이며 읽어야 한다.
④ 글의 중심 내용과 세부 내용을 구분하며 읽어야 한다.

05 배경 지식을 활용한 글 읽기가 <u>아닌</u> 것은?

① 기행문을 읽으며 여행 경험을 떠올린다.
② 청소기의 사용 설명서를 읽으며 옷을 산 경험을 떠올린다.
③ 요리에 관한 글을 읽으며 음식을 만들었던 경험을 떠올린다.
④ 컴퓨터의 구조를 설명한 글을 읽으며 컴퓨터를 조립했던 경험을 떠올린다.

06 ㉠에 들어갈 접속어로 알맞은 것은?

① 따라서
② 그러나
③ 왜냐하면
④ 그러므로

07 위와 같은 글을 읽을 때 유의할 점으로 가장 적절한 것은?

① 감동적인 경험에 공감하며 읽는다.
② 갈등의 해결 과정을 파악하며 읽는다.
③ 시적 표현과 운율의 효과를 살려 읽는다.
④ 글의 목적과 중심 내용을 파악하며 읽는다.

08 윗글의 내용과 일치하지 않는 것은?

① 글쓴이의 생각을 제대로 파악하며 읽어야 한다.
② 어떤 경우에도 글쓴이의 생각을 비판해서는 안 된다.
③ 읽기는 글쓴이와 읽는 이의 생각과 느낌의 만남이다.
④ 글을 잘 읽기 위해서는 자신의 지식과 경험을 활용해야 한다.

09 [A]에 사용된 주된 내용 전개 방법은?

① 묘사 ② 서사
③ 예시 ④ 정의

음성 언어와 문자 언어 _ 김용석

우리는 하루 동안 말을 몇 마디나 할까? 이런 의문을 가져 본 적이 있는가.
질문을 통한 흥미 유발
글자는 몇자나 적으며 생활하는지, 또 얼마나 많은 이야기를 듣고 있는지, 우리가 하루 동안 말하고 듣고 읽고 쓰는 내용을 모두 정리해 보면 그 양은 실로 엄청날 것이다.

우리는 언어의 세계에서 생활하고 있다. 친구와 이야기를 하거나 책을 읽는 것뿐만 아니라, 간판을 보거나 노래를 부르는 것 모두 일종의 언어 활동이라고 할 수 있다. 우리가 의식하지 못할 뿐이지, 아침에 눈을 떠서 잠자리에 들 때까지 언어 속에 파묻혀서 생활하고 있는 셈이다.

언어 활동은 기본적으로 말하고 듣고 읽고 쓰는 네 가지로 분류된다. 이 중에
분류
서 말하기와 듣기는 '음성 언어'를 사용하는 언어 활동이고, 읽기와 쓰기는 '문자 언어'를 사용하는 언어 활동이다. 음성 언어와 문자 언어는 모두 언어로서 일정한 기능을 담당하지만, 소리와 문자라는 특성 때문에 여러 측면에서 차이를 보인다. 음성 언어와 문자 언어가 어떤 특성을 지니는지 알아보자.
설명 대상 제시

친구에게 주소를 물어 보아야 한다고 하자. 친구가 내 앞에 있다면 직접 물어볼 것이고, 친구가 자리를 비우면 메모를 남겨 물어 보게 될 것이다. 이렇게 우리는 상황에 따라서 음성 언어를 사용하기도 하고 문자 언어를 사용하기도 한다. 음성 언어와 문자 언어를 구분해서 사용하는 이유는 음성 언어와 문자 언어가 서로 다른 특성을 지니고 있기 때문이다.

음성 언어와 문자 언어의 특성을 이해하기 위해서는 일단 음성과 문자의 속성에 주목해야 한다. 「음성은 소리이기 때문에 청각에 의존해서 전달된다. 또한, 소리이기 때문에 기본적으로 말하고 듣는 그 순간 그 장소에만 존재하고 바로 사라진다. 반면 문자는 기록이기 때문에 시각에 의존하고, 오랜 기간 동안 보존이 가능하며, 그 기록을 가지고 다른 곳으로 이동할 수도 있다.」
「 」: 음성 언어와 문자 언어의 차이점 – 대조

「음성 언어는 소리의 속성 때문에 말하는 이와 듣는 이가 대면한 상태에서 사용된다. 그리고 말하는 이는 듣는 이를 마주 보고 있기 때문에 손짓이나 억양, 몸짓, 표정, 어조 등 부수적인 표현 방법을 활용하기도 하고, 듣는 이의 반응을

핵/심/정/리
- 갈래 : 설명문
- 성격 : 체계적, 해설적, 객관적
- 주제 : 음성 언어와 문자 언어의 특성을 알고 효과적인 언어생활을 하자.

참고하면서 강조하거나 반복해서 말하기도 한다. 또, 듣는 이가 즉시 이해하도록 비교적 쉬운 내용을 간단하게 말하기도 한다.」

「」: 음성 언어의 특징

이에 비해 「문자 언어는 상대방이 없는 상태에서 충분한 시간을 가지고 쓰게 된다. 문자 언어는 사전에 계획이 가능하며, 다 적은 후에도 계속해서 수정이 가능하다. 또, 길이의 제약이 없기 때문에 많은 내용을 적을 수 있으며, 음성 언어를 사용할 때보다 복잡한 내용을 논리적으로 전달할 수 있는 특성이 있다. 그리고 무엇보다도 영구적으로, 다른 지역에 사는 많은 이들에게 동일한 내용을 전달할 수 있는 특징이 있다. 문자 언어는 시간과 공간의 제약에서 자유로운 특성 때문에, 인류의 지식을 다음 세대에 전승하는 주요 수단이 되었다.」

대조

「」: 문자 언어의 특징

이상으로 음성 언어와 문자 언어의 특성을 여러 측면에서 살펴 보았다. 음성 언어와 문자 언어는 여러 가지 차이가 있지만, 우리는 이 중 어느 하나만 사용할 수는 없다.

음성 언어와 문자 언어는 상호 보완적*이므로 상황에 맞게 적절히 사용해야만 한다. 우리가 지속적인 관심을 가지고 효과적으로 언어를 사용할 때, 우리의 생활은 더욱 풍요로워질 것이다.

상호 보완적(相互補完的) 서로 부족한 것을 보충하여 완전하게 하는 것

만/점/포/인/트

1. 사용된 설명 방법

① 예시 : 언어 활동의 예(친구와 이야기하는 것, 책을 읽는 것, 노래를 부르는 것 등)

② 대조 : 음성 언어와 문자 언어의 차이점 설명

2. 음성 언어와 문자 언어의 특성

음성 언어	• 소리로 전달(청각에 의존) • 상대방과 대면한 상태에서 전달(일회성) • 비언어, 반언어적인 표현을 사용할 수 있음. • 듣는 이의 반응을 보며 반복이나 강조가 가능함. • 비교적 쉬운 내용을 요약할 때 좋음.
문자 언어	• 글자로 전달(시각에 의존) • 상대방이 없는 상태에서 충분한 시간을 가지고 준비 가능함. • 수정과 보존이 가능함. • 길이에 제약이 없음. • 시간과 공간의 제약에서 자유로움. • 많은 이에게 동일한 내용의 전달이 가능함. • 복잡한 내용을 논리적으로 전달 가능함.

바로바로 체크

(1) 음성 언어의 특징이 아닌 것은?
❶ 소리로 전달한다.
❷ 복잡한 내용을 논리적으로 전달할 수 있다.
❸ 듣는 이의 반응을 보며 반복이나 강조를 할 수 있다.
❹ 비교적 쉬운 내용을 요약할 때 좋다.

(2) 이 글은 음성 언어와 문자 언어의 차이점을 (　　)의 방식으로 설명하였다.

정답 (1) ❷
(2) 대조

지혜가 담긴 음식, 발효 식품 _ 진소영

핵/심/정/리

- 갈래 : 설명문
- 성격 : 예시적, 논리적, 설명적,
- 주제 : 우리나라 전통 발효 식품의 우수성

중국 신장의 요구르트, 스페인 랑하론의 하몬, 우리나라 구례 양동 마을의 된장. 이 음식들의 공통점은 무엇일까? (질문 제시 - 글의 화제를 제시함) 이것들은 모두 발효 식품으로, 세계의 장수 마을을 다룬 어느 방송에서 각 마을의 장수 비결로 꼽은 음식들이다.

발효 식품은 건강식품으로 널리 알려져 있다. 또한 다양한 발효 식품이 특유의 맛과 향으로 사람들의 입맛을 사로잡고 있다. 앞에서 소개한 요구르트, 하몬, 된장을 비롯하여 달콤하고 고소한 향으로 우리를 유혹하는 빵, 빵과 환상의 궁합을 자랑하는 치즈 등을 그 예로 들 수 있다. 이렇게 몸에도 좋고 맛도 좋은 식품을 만들어 내는 발효란 무엇일까? 그리고 발효 식품은 왜 건강에 좋을까? (질문을 통해 설명할 내용을 제시함) 먼저 발효의 개념을 알아보고, 우리나라의 전통 발효 식품을 중심으로 발효 식품의 우수성을 자세히 알아보자. (설명 대상 제시 - 발효 개념, 발효 식품의 우수성)

발효란 곰팡이나 효모와 같은 미생물이 탄수화물, 단백질 등을 분해하는 과정을 말한다. (정의 - 발효의 개념) 미생물이 유기물에 작용하여 물질의 성질을 바꾸어 놓는다는 점에서 발효는 부패와 비슷하다. (비교 - 발효과 부패의 공통점) 하지만 발효는 우리에게 유용한 물질을 만드는 반면에, 부패는 우리에게 해로운 물질을 만들어 낸다는 점에서 차이가 있다. (대조 - 발효과 부패의 차이점) 그래서 발효된 물질은 사람이 안전하게 먹을 수 있지만, 부패한 물질은 식중독을 일으킬 수 있어서 함부로 먹을 수 없다.

그렇다면, 발효를 거쳐 만들어지는 전통 음식에는 무엇이 있을까? 가장 대표적인 전통 음식으로 김치를 꼽을 수 있다. (예시 - 발효를 거쳐 만들어지는 전통 음식의 예(김치)) 김치는 채소를 오랫동안 저장해 놓고 먹기 위해 조상들이 생각해 낸 음식이다. 김치는 우리가 채소의 영양분을 계절에 상관없이 섭취할 수 있도록 해 주고, (김치의 우수성 ❶) 발효 과정에서 더해진 좋은 성분으로 우리의 건강을 지키는 데도 도움을 준다.

김치 발효의 주역은 젖산균이다. 채소를 묽은 농도의 소금에 절이면 효소 작용이 일어나면서 당분과 아미노산이 생기고, 이를 먹이로 삼아 여러 미생물이 성장하면서 발효가 시작된다. 이때 김치 발효에 가장 중요한 역할을 하는 젖산균도 함께 성장하고 증식한다. 젖산균은 포도당을 분해하면서 젖산을 만들어 낸다. 젖산은 약한 산성 물질이어서 유해균이 증식하는 것을 억제하고, 김치가 잘 (인과 - 김치를 오래 두고 먹을 수 있는 이유)

썩지 않게 한다. 그 덕분에 우리는 김치를 오래 두고 먹을 수 있다.

우리 김치가 우수한 것은 바로 이 젖산균과 젖산 때문이다. 젖산균과 젖산은 우리 몸안에서 소화를 촉진하고 노폐물이 잘 배설될 수 있도록 돕는다. 또한 유해균이 번식하거나 발암 물질이 생성되는 것을 억제하기도 한다. 그래서 젖산균과 젖산이 풍부한 김치는 변비 및 대장암, 당뇨병 등을 예방하는 데에 효과적이다.

김치의 우수성 ❷

김치의 우수성 ❸

김치의 우수성 ❹

맛있는 음식을 만들 때 빠질 수 없는 전통 양념인 간장과 된장도 발효 식품이다. 먼저 간장을 만드는 과정을 살펴보자. 콩을 푹 삶아서 찧은 다음, 덩어리로 만든다. 이 콩 덩어리가 바로 메주이다. 메주를 따뜻한 곳에 두어 발효하고 소금물에 담가 우려낸다. 그 국물을 떠내어 달이면 간장이 완성된다.

예시 - 발효를 거쳐 만들어지는 전통 음식의 예(간장, 된장)

과정 - 간장을 만드는 과정

메주가 소금물 속에서 발효될 때, 젖산균의 일종인 바실루스가 콩에 들어 있는 단백질을 분해하여 아미노산을 만들어 낸다. 그리고 아미노산은 소금물에 녹아들어 감칠맛을 더하고 영양소를 공급한다. 이처럼 간장은 음식을 더 맛있게 만들고 건강에도 좋기 때문에 우리 조상들은 장 담그는 일에 정성을 기울였다.

이제 된장을 만드는 과정을 살펴보자. 간장을 만들고 나면 메주가 남는다. 이 메주를 건져 내어 잘게 으깨고, 여기에 소금을 넣어서 잘 섞는다. 이를 장독에 넣어 1개월 이상 숙성시키면, 맛있는 된장이 완성된다.

과정 - 된장을 만드는 과정

된장은 필수 아미노산이 풍부해서, 아미노산이 적은 쌀밥을 주로 먹는 우리에게 꼭 필요한 식품이다. 또한 간 기능을 높이고, 피부병과 성인병을 예방하는 데에도 효과적이다. 이와 더불어 된장은 '암을 이기는 한국인의 음식' 중 하나로 꼽힐 정도로 항암 효과가 뛰어나다. 이는 메주가 발효되는 과정에서 항암 물질이 만들어지기 때문이다.

된장의 우수성 ❶

된장의 우수성 ❷

된장의 우수성 ❸

지금까지 우리의 전통 음식을 중심으로 발효 식품의 우수성을 알아보았다. 발효 식품은 오래 보관할 수 있고, 영양가가 풍부할 뿐만 아니라 그 재료와 미생물의 종류에 따라 독특한 맛과 향을 지녀서 우리 밥상을 풍성하게 해 준다. 이렇게 멋진 발효 식품을 물려준 조상님께 고마워하면서, 오늘 저녁밥으로 보글보글 끓인 된장찌개와 아삭아삭한 김치를 먹는 것은 어떨까? 앞으로 전통 발효 식품을 발전시킬 방법도 생각해 보면서 말이다.

발효 식품의 우수성 ❶

발효 식품의 우수성 ❷

발효 식품의 우수성 ❸

만/점/포/인/트

1. 사용된 설명 방법

예시	발효 식품이 무엇인지 설명하기 위해 '요구르트, 하몬, 된장, 치즈' 등을 예로 들었다.
정의	발효란 곰팡이나 효모와 같은 미생물이 탄수화물, 단백질 등을 분해하는 과정을 말한다.
비교	미생물이 유기물에 작용하여 물질의 성질을 바꾸어 놓는다는 점에서 발효는 부패와 비슷하다.
대조	하지만 발효는 우리에게 유용한 물질을 만드는 반면에, 부패는 우리에게 해로운 물질을 만들어 낸다는 점에서 차이가 있다. 그래서 발효된 물질은 사람이 안전하게 먹을 수 있지만, 부패한 물질은 식중독을 일으킬 수 있어서 함부로 먹을 수 없다.
과정	콩을 푹 삶아서 찧은 다음, 덩어리로 만든다. 이 콩 덩어리가 바로 메주이다. 메주를 따뜻한 곳에 두어 발효하고 소금물에 담가 우려낸다. 그 국물을 떠내어 달이면 간장이 완성된다.
인과	젖산은 약한 산성 물질이어서 유해균이 증식하는 것을 억제하고, 김치가 잘 썩지 않게 한다.

2. 김치, 된장, 간장의 우수성

김치	• 채소의 영양분을 계절에 상관없이 섭취할 수 있게 한다. • 소화를 촉진, 노폐물이 잘 배설되도록 도운다. • 유해균의 번식 및 발암 물질의 생성을 억제한다. • 변비, 대장암, 당뇨병 등을 예방하는 데에 효과적이다.
된장	• 필수 아미노산이 풍부하다. • 간 기능을 높인다. • 피부병, 성인병을 예방하는 데 효과적이다. • 항암 효과가 뛰어나다.
간장	• 오래 보관할 수 있다. • 영양가가 풍부하다. • 독특한 맛과 향을 지닌다.

표준어와 방언 _ 성낙수

까마득한 옛날부터 우리 조상은 고유의 언어를 사용했는데, 이 고유 언어를 일반적으로 한국어라고 하며 국민의 입장에서는 국어라고 한다. 한국어는 오랜 기간에 걸쳐 한민족이 사용하는 동안에 지역적으로 많은 차이를 나타내게 되었다. 이렇게 차이가 난 말을 방언 또는 사투리라고 한다. 방언에는 모든 지역이 공동으로 사용하는 말이 있는가 하면, 다른 지역 사람들은 전혀 알아들을 수 없는 것도 있다.

국어의 개념 – 정의

방언의 개념 – 정의

한 나라에서 사는 사람들끼리 방언 때문에 서로 의사소통이 안 된다거나 오해가 생긴다면 큰 문제가 아닐 수 없다. 그래서 「나라에서는 특정 시대, 특정 지역, 특정 계층에서 사용하는 말을 정하여 모든 국민이 배우고 쓸 수 있게 하는데, 이런 말을 표준어라고 한다.」

「 」: 표준어의 개념 – 정의

우리나라에서는 '표준어는 교양 있는 사람들이 두루 쓰는 현대 서울말로 정함을 원칙으로 한다.'고 규정하고 있다. 여기에서 '교양 있는 사람들'이라는 말은 계급적 조건을 나타내는 것으로서, '교양 없는 사람들'의 말은 표준어가 될 수 없음을 의미한다. '현대'라는 말은 시대적 조건을 나타낸다. 언어는 생명이 있어서 '생성, 발전, 소멸'의 단계를 거치는데, 이미 쓰이지 않게 된 말은 표준어가 될 수 없으며, 우리가 살고 있는 시대에 쓰이고 있는 말이 표준어가 된다. 예를 들어, '머귀나무, 오동나무' 중에서 현대에는 '머귀나무'는 쓰이지 않으므로 '오동나무'가 표준어이다.

표준어의 조건

'서울'은 지역적 조건을 나타내는데, 우리나라의 수도인 이곳은 문화, 경제, 정치, 교통의 중심지이기 때문에 여기에서 쓰이는 말이 전국 방언의 대표가 될 만하다고 인정한 것이다.

표준어는 맞춤법이나 표준 발음의 대상❶이 된다. 즉, '한글 맞춤법'은 '표준어를 소리대로 적되, 어법에 맞도록 함을 원칙으로 한다.'고 하였으며, '표준 발음법'은 '표준어의 실제 발음을 따르되, 국어의 전통성과 합리성을 고려하여 정함을 원칙으로 한다.'고 하였으니, 올바른 한글 표기와 표준 발음을 하기 위해서도 표준어를 꼭 알아야 함은 물론이다.

핵/심/정/리

- 갈래 : 설명문
- 성격 : 객관적, 해설적, 예시적
- 주제 : 표준어와 방언의 개념과 중요성(기능, 가치)

표준어는 나라에서 대표로 정한 말이기 때문에, 각급 학교의 교과서는 물론이고 신문이나 책에서 이것을 써야 하고, 방송에서도 바르게 사용해야 한다. 이와 같이 국가나 공공 기관에서는 공식적으로 사용해야 하므로, 표준어는 공용어❷이기도 하다. 그러나 어느 나라에서나 표준어가 곧 공용어는 아니다. 나라에 따라서는 다른 나라 말이나 여러 개의 언어로 공용어를 삼는 수도 있다. 전자는 자기 나라 말이 통일이 안 되어서, 부득이 다른 나라 말을 공용어로 하는 경우인데, 인도나 필리핀 등이 그러하다. 후자는 여러 민족이 함께 살므로 그들의 언어를 공용어로 인정해 주는 경우인데, 스위스 같은 나라가 이에 속한다. 공용어가 여럿이면, 그것을 쓰는 사람들 간에 위화감이 생길 수 있고, 하나의 언어가 다른 언어를 무력화시킬 수도 있는데, 우리나라는 민족이나 언어가 하나이니 다행이라 하겠다.

표준어를 정해서 쓰면, 모든 국민이 의사 소통이 원활하게 되어, 통합이 용이해진다.❸ 또, 표준어를 통하여 지식이나 정보를 얻을 수 있고,❹ 문화 생활도 누릴 수 있다.❺ 그리고 교육적인 면에서도 효율적❻이며, 국어 순화에도 기여할 수 있다.❼

❶~❼ : 표준어의 기능

표준어가 아닌 말은 모두 방언이라고 하는데, 「방언 중에서 지역적 요인에 의한 것을 지역 방언이라고 하고, 사회적 요인에 의한 것을 사회 방언 또는 계급 방언이라고 한다.」 그러나 좁은 의미에서의 방언은 지역 방언만을 의미한다. 지역 방언은 동일한 언어를 사용하는 사람들이 서로 다른 지역에서 살게 되면서 변이된 것이다. 그러므로 가까운 지역보다는 먼 지역과 방언 차이가 더 크며, 교통이 잘 발달하지 않는 지역이나, 옛날에 다른 나라에 속했던 지역 간에도 방언의 차이가 크게 나타난다.

「」: 방언의 종류 – 분류

우리나라의 지역 방언은 크게 나누는 방법과 작게 나누는 방법이 있다. 크게는 제주도 방언, 경상도 방언, 전라도 방언, 충청도 방언, 경기도 방언, 강원도 방언 등으로 나누며, 작게는 대구 방언, 목포 방언, 청주 방언, 수원 방언, 강릉 방언 등으로 나눈다. 그러나 인접한 지역 사이에서는 이처럼 분명하게 방언을 구분하기가 쉽지 않다.

사회 방언은 언어의 사회적 요인에 의한 변이가 나타난 것인데, 대체로 계층, 세대, 성별, 학력, 직업 등이 중요한 사회적 요인이다. 사회 방언의 예를 들면

예시

'물개'는 군인들이 '해군'을 의미하는 말로 쓰며, '낚다, 건지다'는 신문이나 방송에 종사하는 사람들이 '좋은 기사를 취재하다.'라는 의미로 사용한다.

방언은 비표준어이기는 하지만 국어에서 다음과 같이 중요한 가치를 지니고 있다. 우선, 표준어도 여러 방언 중에서 대표로 정해진 것이다. 따라서, 방언이 없으면 표준어의 제정이 무의미하다❶. 예를 들면, 무는 무수, 무시, 무우, 무와 같은 방언 중에서 표준어 규정에 따라서 표준어가 된 것이다.

다음으로, 방언은 실제로 언중들이 사용하는 국어이므로, 그 속에는 국어의 여러 가지 특성이 그대로 드러난다❷. 예를 들면, 구개음화, 전설 모음화와 같은 현상이 방언에서 두드러지게 나타나는데, 이는 한국인이 그만큼 말을 쉽게 하려는 현상을 보이고 있는 것이다.

또, 방언 속에는 옛말이 많이 남아 있어서 국어의 역사를 연구하는 데 큰 도움을 준다❸. 예를 들어, 옛말에서 쓰이던 어휘가 그대로 쓰이는가 하면, 불규칙 용언이 규칙 용언으로 나타나기도 하는데, 그 속에서 옛말의 모습을 찾아볼 수 있다.

아울러 방언은 특정한 지역이나 계층의 사람끼리 사용하므로, 그것을 사용하는 사람들 사이에 친근감을 느끼게 해 준다❹. 예를 들어, "혼저옵서예"라고 할 때에, 이 방언을 사용하는 사람들은 '어서 오십시오.'라는 뜻을 금방 알 수 있으며, "잘 가입시다."라고 할 때에 그 방언을 사용하는 사람들은 '안녕히 가십시오'라는 의미로 잘 알아듣는다.

이런 말들은 다른 지방 사람들은 이해하기 어렵지만, 같은 지방 사람들끼리 사용하면 그만큼 친근감을 느낄 수 있다.

끝으로, 방언 속에는 우리 민족의 정서와 사상이 들어 있어서 민족성과 전통, 풍습을 이해하는 데 도움을 준다❺. 즉, 신화, 전설, 민담, 민요, 수수께끼, 말놀이 등과 같은 풍부한 구비 문학이 방언으로 표현되어 있는데, 이들은 과거 우리 조상들의 삶의 모습을 실감나게 보여준다.

❶~❺ : 방언의 가치

〈후략〉

만/점/포/인/트

1. 표준어와 방언

표준어	정의	교양 있는 사람들이 두루 쓰는 현대 서울말
	기능	• 맞춤법이나 표준 발음의 대상이 됨. • 공용어로서의 기능 • 국민의 의사소통을 원활하게 함. • 통합이 용이해짐. • 지식이나 정보를 습득할 수 있게 함. • 교육을 효율적으로 할 수 있게 함. • 문화 생활을 누리게 함. • 국어 순화에 기여함.
방언	정의	표준어가 아닌 말
	종류	지역 방언, 사회 방언
	가치	• 방언이 없으면 표준어의 제정이 무의미함. • 국어의 여러 가지 특성이 드러남. • 옛말이 많이 남아 있어 국어의 역사를 연구하는 데 도움이 됨. • 같은 방언을 사용하는 사람끼리 친근감을 느끼게 함. • 민족성과 전통 풍습을 이해하는 데 도움을 줌.

2. 설명 방식

① 정의 : 표준어와 방언의 개념을 정리함.
② 분류 : 방언의 종류를 지역 방언과 사회 방언으로 나눔.
③ 예시 : 구체적인 사례를 들어 설명함.

바로바로 체크

(1) 이 글의 주제는 방언을 쓰지 말고 표준어를 쓰자는 것이다. (○ | ×)

(2) 표준어가 아닌 말을 무엇이라 부르는가?

정답 (1) ×
(2) 방언

02 논설문

• 논설문의 개념과 특성, 주장을 제시하는 다양한 방법을 이해하고, 글쓴이의 주장과 근거의 타당성을 파악하여 글을 읽을 수 있다.

1 논설문이란?

1. 논설문

독자를 설득하기 위하여 자신의 주장을 이론적 체계를 세워 논리적으로 쓴 글이다.

2. 논설문의 특징

① 독창성 : 글쓴이의 주장이 독창적이어야 한다.
② 타당성 : 주장에 대한 의견이나 근거, 이유가 타당해야 한다.
③ 명확성 : 문장이 간결하고 명료하며 표현이 명확해야 한다.
④ 주관적 : 글쓴이의 생각과 주장이 뚜렷하게 드러나 있어야 한다.
⑤ 논리성 : 논지 전개가 이치에 맞게 체계적이고 통일성이 있어야 한다.

3. 논설문의 3단 구성

서론	주장할 문제를 내세우고, 글을 쓰게 된 목적이나 동기를 밝힘.
본론	주장을 내세우고 타당한 근거를 들어 주장을 뒷받침하며, 필요한 경우에는 문제에 대한 해결 방안을 제시함.
결론	앞에서 주장한 내용을 요약하고 강조하며, 경우에 따라 앞으로의 전망, 독자에 대한 당부의 말을 덧붙임.

4. 논설문의 중심 내용을 파악하는 방법

서론에 제기된 문제를 검토 → 글쓴이의 집필 의도와 목적을 파악 → 각 문단의 핵심어, 요지, 성격, 구실을 파악 → 각 문단의 중심 내용을 정리하여 전체 내용을 이해

5. 주장하는 글을 읽는 방법

① 사실과 의견을 구분한다.
② 주장과 근거를 파악하여 주장의 타당성을 평가한다.
③ 집필 의도를 파악한다.
④ 지시어, 접속어에 유의하며 읽는다.

6. 주장과 근거의 타당성을 평가하기

① 주장에 대한 근거를 제시하고 있는가?
② 근거들이 주장과 관련성이 있는가?
③ 주장의 근거들이 받아들일 만한가?
④ 근거들이 주장을 뒷받침하기에 충분한가?

7. 논설문과 설명문의 비교

구분	논설문	설명문
정의	특정 문제에 대해 주장이나 의견을 논리적으로 펼치는 글	지식이나 정보를 전달하여 독자를 이해시키는 글
목적	설득, 증명	정보 전달
구성	서론 – 본론 – 결론	처음 – 중간 – 끝
성격	주관적, 의견 중심	객관적, 사실 중심
공통점	• 비문학적이고 실용적인 글 • 체계적, 논리적인 글 • 사전적이고 지시적인 의미 사용 • 명확한 단어를 사용한 간결한 문장의 글	

나의 소원 _ 김구

네 소원이 무엇이냐 하고 하느님이 내게 물으시면, 나는 서슴지 않고

"내 소원은 대한 독립이오."
❶

하고 대답할 것이다. 그 다음 소원은 무엇이냐 하면, 나는 또

"우리나라의 독립이오."
❷

라고 할 것이요, 또 그 다음 소원은 무엇이냐 하는 세 번째 물음에도, 나는 더욱 소리를 높여서

『"나의 소원은 우리나라 대한의 완전한 자주독립이오."』
❸ 「 」: 중심 문장(주제문)

하고 대답할 것이다.

❶→❷→❸ : 어구의 반복을 통해 의미를 점층적으로 강화하여 소원의 절실함을 드러냄(반복 · 점층 · 열거 · 문답법)

➥ 우리나라의 완전한 자주독립을 소망함

독립이 없는 백성으로 칠십 평생을 설움과 부끄러움과 애태움으로 살아온 나에게는 세상에서 가장 좋은 것이, 완전하게 자주독립한 나라의 백성으로 살아보다가 죽는 일이다. 「나는 일찍이 우리 독립 정부의 문지기가 되기를 원하였거니와, 그것은 우리나라가 독립국만 되면 나는 그 나라의 가장 미천한 자가 되어도 좋다는 뜻이다. 왜 그런고 하면, 독립한 제 나라의 빈천이 남의 밑에 사는 부귀보다 기쁘고 영광스럽고 희망이 많기 때문이다.」 「옛날, 일본에 갔던 박제
「 」: 독립에 대한 간절한 마음을 대조적 의미를 지닌 표현을 통해 제시함
상이 / "내 차라리 계림의 개돼지가 될지언정 왜왕의 신하로 부귀를 누리지 않겠다." / 한 것이 그의 진정이었던 것을 나는 안다.」
「 」: 대조를 통해 박제상의 절개를 강조함 – 글쓴이의 주장을 뒷받침하기 위한 예시

➥ 박제상의 예를 통해 독립의 소망을 강조함

우리 민족이 해야 할 최고의 임무는, 첫째로 남의 간섭도 아니 받고 남에게 의뢰도 아니하는, 완전한 자주독립의 나라를 세우는 일이다.

〈중략〉

둘째로, 이 지구상의 인류가 진정한 평화와 복락을 누릴 수 있는 사상을 키워 그것을 먼저 우리나라에 실현하는 것이다.

➥ 우리 민족의 임무

핵/심/정/리

- 갈래 : 논설문(연설문)
- 성격 : 설득적, 논리적
- 제재 : 우리나라의 자주독립, 이상 국가 건설
- 주제 : 우리는 완전한 자주독립의 나라를 세우고, 인류의 평화에 이바지해야 한다.
- 특징 : ❶ 반복법, 문답법, 점층법 등을 사용하여 글쓴이의 주장을 강조
  ❷ 예시와 대조의 방법으로 주장을 뒷받침
  ❸ 애국정신이 강하게 드러남.
  ❹ 광복 직후의 시대적 · 사회적 상황을 잘 보여 줌.

내가 원하는 우리 민족의 사업은 결코 세계를 무력으로 정복하거나 경제력으로 지배하려는 것이 아니다. 오직「사랑의 문화, 평화의 문화로 우리 스스로 잘 살고 인류 전체가 의좋고 즐겁게 살도록 하자는 것이다.」어느 민족도 일찍이 그러한 일을 한 적이 없었다고 하여 그것을 공상이라고 하지 말라. 일찍이 아무도 그런 일을 한 민족이 없었기 때문에 우리가 하자는 것이다. 이 큰일은 하늘이 우리를 위하여 남겨 놓으신 것임을 깨달을 때, 우리 민족은 비로소 제 길을 찾고 제 일을 알아 본 것이다. 나는 우리나라의 청년 남녀가 모두 과거의 조그맣고 좁다란 생각을 버리고, 우리 민족의 큰 사명에 눈을 떠서 제 마음을 닦고 제 힘을 기르는 것으로 낙을 삼기를 바란다. 젊은 사람들이 모두 이 정신을 가지고 이 방향으로 힘을 쏟는다면 앞으로 30년이 지나지 않아 우리 민족은 괄목상대하게 될 것이다.

「」: 우리 민족의 사업

선구적 자세, 개척 정신

소명 의식

이 글의 예상 독자

글쓴이의 당부

남의 학식이나 재주가 놀랄 만큼 부쩍 늚

➡ 우리 민족의 사명과 청년 남녀에게 보내는 당부

글의 구성

서론	나의 소원은 우리나라의 완전한 자주독립임.
본론	우리 민족의 천직은 완전한 자주독립과 인류의 평화에 이바지하는 것임.
결론	문화의 힘을 통해 인류 전체를 잘 살게 하는 나라를 만들어야 함을 당부

만/점/포/인/트

1. 이 글의 시대적 배경
   ① 광복 직후, 한반도가 미국과 소련에 의해 38선을 기준으로 남과 북으로 나뉨.
   ② 남한 내의 정치 세력이 좌・우로 나뉘어 혼란스러운 시기
   ③ 한 민족이 남과 북으로 갈라져 각각의 단독 정부를 수립하려 함.

2. 글쓴이가 생각하는 우리 민족의 임무와 사업

우리 민족의 임무	• 완전한 자주독립의 나라를 세움. – 우리 민족의 생활 보장 및 정신력 발휘를 통해 빛나는 문화를 세우기 위해 • 평화와 복락을 누릴 수 있는 사상을 실현함. – 인류 평화에 이바지하기 위해
우리 민족의 사업	• 사랑과 평화의 문화로 우리 스스로 잘 사는 것 • 인류 전체가 의좋고 즐겁게 살도록 하는 것

3. 이 글에 사용된 표현 방법

반복법	네 소원이 무엇이냐	내용의 강조
문답법	소원이 무엇이냐 묻고, 그에 대답하는 부분	독자의 관심을 유도하고 신선함을 줌.
점층법	대한 독립 ➜ 우리나라의 독립 ➜ 대한의 완전한 자주독립	내용을 강조하고, 감정을 고조시킴.
대조	• 독립한 제 나라의 빈천 ↔ 남의 밑에 사는 부귀 • 계림의 개돼지 ↔ 왜왕의 신하	글쓴이의 자주적 태도 강조
예시	박제상의 일화	독립에 대한 간절한 소망을 강조

바로바로 체크

(1) 이 글은 서론 – (　　) – 결론으로 구성되어 있다.

(2) 이 글의 주제는 우리나라의 완전한 자주독립으로 나라를 세우고 인류의 평화에 이바지해야 한다는 것이다. (O | X)

정답 (1) 본론
(2) O

아프리카 고릴라는 핸드폰을 미워해 _ 박경화

핵/심/정/리

- 갈래 : 논설문
- 성격 : 논리적, 설득적, 예시적
- 제재 : 아프리카 고릴라와 핸드폰
- 주제 : 핸드폰을 오랫동안 소중하게 사용하여 환경을 보호하자.
- 특징 : ❶ 예시를 통해 문제의 심각성을 알림
  ❷ 수치를 제시해서 내용의 신뢰성을 높임

콜탄을 정련하면 나오는 금속 분말 '탄탈룸(Tantalum)'은 고온에 잘 견디는 성질이 있다. 이 성질 때문에 탄탈룸이 핸드폰과 노트북, 제트 엔진 등의 원료로 널리 쓰이게 되면서 콜탄은 귀하신 몸이 되었다. 전 세계 첨단 제품 시장에서 탄탈룸의 수요가 갑자기 늘어나자, 불과 몇 달 만에 1kg당 2만 5,000원이던 콜탄 가격이 50만 원으로 폭등(暴騰)하는 일이 벌어지기도 했다.

(정련: 광석에 들어 있는 금속을 뽑아내어 정제하는 일 / 핸드폰과 노트북, 제트 엔진 등의 원료로 널리 쓰이게 되면서: 콜탄이 귀한 대접을 받는 이유)

➡ 콜탄 가격이 폭등한 이유

〈중략〉

그런데 이로 인해 여러 가지 부작용이 생겨나고 있다. 우선 콜탄 광산에서 일하는 인부들이 혹사(酷使)당하고 있다. 이들에게 주어지는 장비는 삽 한 자루뿐이다. 그밖에 사고를 예방할 아무런 장비도 갖추어져 있지 않다. 2001년에 갱도 붕괴 사고로 인부 100여 명이 사망했다. 그런데도 콜탄 값이 수십 배나 뛰는 것을 목격한 농부들은 농사짓던 땅을 버리고 돈벌이를 하기 위해 광산으로 모여들고 있다. 그러나 아무리 뼈 빠지게 일해도 그들에게 돌아가는 몫은 쥐꼬리만 한 일당뿐이다. 힘 있는 중개상들이 막대한 이윤을 고스란히 가로채고 있기 때문이다.

(콜탄 광산에서 일하는 인부들이 혹사당하고 있다: 콜탄 주요 생산국의 문제 ❶ / 인부 100여 명이 사망: 인권 문제의 심각성)

➡ 콜탄 광산에서 혹사당하는 인부들

값비싸게 팔리는 콜탄은 콩고민주공화국 동부의 세계 문화유산인 '카후지-비에가(Kahuzi-Biega) 국립 공원'도 파괴하고 있다. 광부들은 에코나무의 껍질을 벗기고 줄기에 홈통을 만든 뒤, 이것을 이용하여 진흙에서 콜탄을 골라내고 있다. 두 개의 휴화산으로 둘러싸여 장관을 이루었던 공원의 숲은 이 작업으로 인해 황폐해졌다.

(공원의 숲은 이 작업으로 인해 황폐해졌다: 콜탄 주요 생산국의 문제 ❷)

➡ 콜탄으로 인해 황폐해진 '카후지-비에가 국립 공원'

〈중략〉

해발 2,000~2,500미터에 살고 있던 고릴라의 수도 점점 줄어들었다. 1996년에 28마리 정도가 살고 있었는데, 2001년에는 절반밖에 남지 않았다. 그나마 얼

(고릴라의 수도 점점 줄어들었다: 콜탄 주요 생산국의 문제 ❸)

마 남지 않은 고릴라들은 사람을 피해 이리저리 도망 다니는 처량한 신세가 되었다. 「돈을 버는 데만 기를 쓰고 달려드는 탐욕스러운 사람들은 콜탄 광산의 광부들이 어떤 대접을 받고 있고, 국립 공원이 얼마나 파괴되었으며, 고릴라들이 어떻게 죽어가고 있는지에 대해서는 아무런 관심도 기울이지 않고 있다.」

「 」: 글쓴이의 비판적 태도가 드러남

➡ 멸종 위기에 처한 고릴라

〈중략〉

카메라 기능과 MP3 기능이 욕심나서 우리가 최신형 핸드폰을 기웃거리는 동안, 「아프리카에서는 고릴라가 보금자리를 잃고 멸종」 되고 있다. 그리고 순박한 원주민들은 혹사당하며 살고 있다. 우리가 핸드폰을 오랫동안 소중하게 쓰는 일은, 단지 통신비를 아끼고 물자를 절약하는 차원❶에서 그치는 것이 아니다. 지구 반대편의 소중한 생명들을 보호하는 거룩한 일❷이다. 나아가 지구촌에 진정한 평화가 찾아오게 만드는 위대한 일❸이기도 하다.

「 」: 환경 문제

핸드폰을 오랫동안 소중하게 쓰는 일은: 글쓴이의 주장(주제)

❶~❸: 핸드폰을 소중하게 쓰는 일의 의미

➡ 핸드폰을 소중하게 쓰는 일의 의미

글의 구성

서론	콜탄이 핸드폰, 노트북, 제트 엔진 등의 첨단 제품의 원료로 쓰이면서 콜탄의 가격이 급등함.
본론	콜탄 가격이 급등하면서 일어나게 된 여러 가지 문제점
결론	핸드폰을 소중하게 사용하는 것의 의미

만/점/포/인/트

1. 글의 제목이 지니는 의미

첨단 제품의 원료로 사용되는 콜탄을 얻는 과정에서 인권 문제 야기, 생태 환경 파괴, 고릴라들이 멸종 위기에 처하게 되는 문제가 발생했기 때문에 글쓴이는 아프리카 고릴라가 핸드폰을 미워한다고 표현하고 있다.

2. 글쓴이의 주장

콜탄의 주요 생산국에서 콜탄 광산 인부들의 인권 문제, 환경 파괴 문제, 야생 동물의 생존이 위협받는 환경 문제가 생겨남. → 문제 상황

⬇

콜탄이 첨단 제품의 원료로 사용되면서 수요가 늘고 가격이 폭등함. → 문제 상황의 원인

⬇

글쓴이의 주장	환경을 보호하고 지구촌 평화를 지키기 위해 핸드폰을 오랫동안 소중하게 사용하자.

바로바로 체크

(1) 윗글은 서론 – (　　) – 결론으로 구성된다.

(2) 글에 사용된 수치는 내용의 신뢰성을 높인다. (O | ×)

(3) 글쓴이는 환경을 보호하고 지구촌 평화를 지키기 위해 핸드폰을 자주 바꾸자고 한다. (O | ×)

정답 (1) 본론
(2) O
(3) ×

현대 사회와 과학 _ 김영식

그러나 이렇게 과학이 사회에서 점점 중요한 위치를 차지해오는 동안 과학의 내용은 점점 전문화되고 어려워져왔다. (과학이 일반 지식인들에게 유리된 이유 ❶) 특히, 복잡한 수식이 도입된 과학 분야들은 일반 지식인들로서는 전혀 이해할 수 없을 정도로 전문화되었고, 많은 과학자들까지도 자기 분야 이외의 다른 분야의 과학도 내용을 이해할 수가 없게 되었다. 결국, 사회에서 과학이 가지는 중요성은 높아지면서, 그러한 사회를 이끌어 갈 일반 지식인이 과학의 내용을 이해하는 것은 거의 불가능해졌다.

이것은 퍽 우려할 일이다. 즉, 위에서 본 현대 사회의 중요한 문제들에 접해서 많은 선택과 결정을 내려야 할 사람들이, 이들 문제의 바탕이 되는 과학의 내용을 이해하기는커녕 접근하기조차 힘들 정도로 과학이 일반 지식인들로부터 유리된 것은 커다란 문제이다.

더구나 이런 실정이 쉽게 해결되기가 힘든 뚜렷한 이유, 즉 과학의 내용 자체가 가지는 어려움은 계속 존재하거나 심해질 것이기 때문에 문제는 더욱 심각하다. 그러나 이러한 과학의 유리 상태를 심화시키는 데에 과학 내용의 어려움보다 더 크게 작용하는 것은 과학에 관해 널리 퍼져 있는 잘못된 생각이다. (과학이 일반 지식인들에게 유리된 이유 ❷) 흔히들 현대 사회의 많은 문제들이 과학의 책임인 것으로 생각한다. 즉, 과학이 인간의 윤리나 가치 같은 것은 무시한 채 맹목적으로 발전해서 많은 문제들 – 예를 들어, (예시) 무기 개발, 전쟁 유발, 환경오염, 인간의 기계화, 생명의 존귀성 위협을 야기시키면서도 이에 대해서 아무런 책임을 지지 않고 있다는 생각이 그것이다.

〈중략〉

과학이 가치 중립적이라는 말은 크게 보아서 다음 두 가지의 의미를 지니고 있다. 첫째는 자연 현상을 기술하는 데에 있어서 얻게 되는 과학의 법칙이나 이론으로부터 개인적 취향이나 가치관에 따라 결론을 취사선택할 수 없다는 점이고, (과학의 가치 중립성 ❶) 둘째는 과학으로부터 얻은 결론, 즉 과학 지식이 그 자체로서 가치에 관한 판단이나 결정을 내려주지 못한다는 점이다. (과학의 가치 중립성 ❷) 사람에 따라서는 이 중에서 첫째는 수긍하면서 둘째에 대해서는 반론을 제기하기도 한다. 예를 들어, 그들은 인간

핵심정리

- 갈래 : 논설문
- 성격 : 논리적, 설득적, 체계적, 비판적
- 주제 : 현대 사회의 문제들에 대처해 나가기 위해서 지식인들이 과학에 대해 관심을 가지고 이해하려는 노력을 해야 한다.

의 질병 중에서 어떤 것이 유전한다는 유전학의 지식이 유전성 질병이 있는 사람은 아기를 낳지 못하게 해야 한다는 결론을 내린다고 생각한다. 즉, 과학적

과학에 관한 잘못된 생각

지식이 인간의 문제에 관하여 결정을 내려준다고 생각한다. 그러나 더 주의 깊게 살펴보면 이것이 착각이라는 것은 분명하다. 앞의 유전학적 지식이 말해주는 것은 단순히 어떤 질병이 유전한다는 것일 뿐, 그런 질병을 가진 사람이 아기를 낳지 않는 것이 옳은가 혹은 역시 같은 질병을 가진 아기라도 낳아서 가정생활을 하는 것이 좋은가에 대한 결정은 내려 주지 않는다. 이 결정은 전적으로 인간이, 그런 질병을 가진 사람 자신이나 때로는 사회가 내리는 것이지 과학이 내려주는 것은 아니다.

〈중략〉

한편, 앞에서 말한 유전성 질병과 불치 환자의 두 예는 과학이 어떤 면에서 가치와 유관할 수 있으며, 인간 사회의 문제의 결정에 어떻게 기여할 수 있는가를 잘 보여 준다. 유전학에 관한 지식은 유전성 질병을 가진 사람에게 어떤 결정을 내려주지는 못하지만, 그가 결정을 내리는 것을 도와준다. 즉, 구체적으로 어

과학 지식의 역할

떤 증상이 유전할 것이며, 그 확률이 어느 정도인가 하는 데에 관한 지식을 유전학 지식이 제공해 준다. 이러한 지식을 가지게 되면 그의 결정은 그만큼 정확해지고 안전한 것이 될 것이기 때문이다.

불치 환자의 예에서도 마찬가지이다. 환자나 가족은 의사로부터 과연 전혀 치

예증

료의 가망이 없는가, 안락사의 과정이 얼마나 걸릴 것인가, 다른 치료법의 경우에는 얼마만큼 생명을 연장시킬 수 있는가, 통증의 정도가 구체적으로 어떤가

과학적 지식

등에 대해 구체적인 과학 지식을 얻게 되며, 이런 지식을 바탕으로 하여 결정을 내리게 된다. 이 두 예에서 보는 바와 같이 과학 지식이 없을 경우에 결정을 내

인간의 역할

리기가 얼마나 힘들고, 그렇게 내리는 결정이 얼마나 위험할 것인가는 쉽게 알 수 있다.

위의 두 가지 예는, 현대 사회의 여러 문제들에 대처해서 과학이 할 수 있는 역할을 잘 보여 준다. 흔히 보는 것처럼, 앞에서 예로 든 현대 사회의 여러 문제는 과학이 야기시킨 문제이며, 따라서 과학의 책임이라고 과학을 탓하기만 할

수는 없다. 우선, 과학 지식의 처음 형성 단계에 그것이 나중에 어떻게 응용되고 어떤 문제를 일으킬 것인가를 예측해서 그런 문제를 미리 방지해 줄 것을 기대하기는 불가능하고 또 그런 문제들이 무조건 과학을 탓한다고 해서 물러서 줄 리도 없기 때문이다. 과학의 가치 중립성은 이런 문제들에 대한 결정을 과학이 내려주지는 못한다는 것을 이야기해 준다. 결국 현대 사회의 여러 문제에 대처해서 결정을 내리는 책임은 인간, 그 중에서도 지식인들에게 주어져 있다.

지식인들의 역할과 책임

그러나 과학의 가치 중립성이 이런 결정을 내리는 데에 과학이 전혀 무관함을 의미하는 것은 아니다. 과학의 지식이 이런 결정을 내리는 일을 돕기 때문이다. 따라서, 현대 사회의 지식인들이 현대 사회의 여러 문제들에 대처해 나가려면 과학 지식의 습득이 절대적으로 필요해졌다. 물론, 이에는 어려움이 따르지만, 일반 지식인에게 요구되는 것은 과학을 직접 연구해서 지식을 얻어 내는 것이 아니라, 일단 얻은 지식을 이해하는 것이며, 이것은 과학의 고도(高度)의 전문화에도 불구하고 어느 정도 가능하다. 중요한 것은 과학의 위상이 더할 나위 없이 높아진 현대 사회를 사는 지식인들이 그러한 「과학을 어렵다고 무턱대고 싫어하거나 피하려고 하는 무책임한 태도를 버리고 이를 이해하려고 노력해야 한다는 점이다.」

「 」: 글쓴이의 주장

물론 이에는 어려움이 따르지만, 일반 지식인에게 요구되는 것은 과학을 직접 연구해서 지식을 얻어내는 것이 아니라, 일단 얻어진 지식을 이해하는 것이며, 이것은 과학이 고도로 전문화된 사회를 사는 지식인들이 그러한 과학을 이해하려고 노력해야 한다는 점이다. 오늘날 많은 지식인들이 문학이나 미술, 음악 등에는 관심을 가지고 이해하려 노력하면서도 과학에 관한 무지는 당연한 것으로 생각하고 있다. 심한 경우에는 시나 음악에 관한 무지와 무관심은 수치스러워 하고 감추려고 하면서, 과학 지식에 대한 무지를 은근히 내세우기까지 하는 것을 볼 수 있다. 이는 반드시 버려야 할 태도이다.

만/점/포/인/트

1. 문제 제기

과학이 내용이 전문화되고 어려워지면서 일반 지식인이 과학의 내용을 이해하는 것이 불가능해지게 되었다.

2. 현대 지식인들이 과학을 외면하는 이유

① 과학의 내용이 전문화되고 어려워졌기 때문에

② 과학에 대한 잘못된 생각 : 현대 사회의 많은 문제들은 과학의 책임이다.

3. 과학의 '가치 중립성'

① 과학 법칙이나 이론으로부터 개인적 취향이나 가치관에 따라 결론을 취사선택할 수 없다.

② 과학으로부터 얻은 과학 지식이 그 자체로서 가치에 관한 판단이나 결정을 내려주지 못한다.

바로바로 체크

(1) 과학 법칙이나 이론으로부터 개인적 취향이나 가치관에 따라 결론을 선택할 수 있다. (O | X)

(2) 과학으로부터 얻은 과학 지식이 그 자체로서 가치에 관한 판단이나 결정을 내려준다. (O | X)

정답 (1) X
(2) X

눈으로 씹는 껌 텔레비전 _ 김규

1. 세 사람의 부모
소제목을 통해 각 부분의 중심 내용을 암시해 줌

요즈음 어린이에게는 세 사람의 부모가 있다고 한다. 아버지와 어머니, 그리고 텔레비전이라고 부르는 양어머니이다. 어린이는 세상에 태어나는 순간부터 분만실이나 병실에 설치된 텔레비전과 대면하게 되며, 어머니의 품에 안겨서도 눈은 명멸하는 텔레비전의 화면을 바라보고, 친어머니의 얼굴보다 더 강한 자극을 받게 된다. 이유기가 지나면서 텔레비전이라는 양어머니의 비중은 점점 더 커진다. 아이가 유치원에 갈 무렵부터는 놀 때나 밥 먹을 때는 물론, 공부할 때까지도 텔레비전이 켜 있지 않으면 섭섭하게 느끼기도 하며, 중학교를 마친 때에는 교실에서 보낸 시간보다 텔레비전과 더불어 보낸 시간이 더 많은 경우도 드물지 않다. 외로움이나 슬픔 같은 것도 텔레비전을 보면서 달래며, 텔레비전이 제공하는 엄청난 양의 정보를 그대로 받아들여 제법 세상사에 능통한 어른이 된 착각에 사로잡히기도 한다. 이른바 열두 살의 성인이 되는 것이다. 이렇게 자라다 보면, 일하는 시간과 잠자는 시간을 빼고는 가장 많은 시간을 텔레비전과 더불어 보내기도 한다.

(양어머니: 텔레비전을 비유한 말)
(열두 살의 성인: 은유법 - 나이는 어리지만, 텔레비전에서 제공하는 정보를 받아들여 성인처럼 아는 것이 많다고 착각하는 어린 아이들을 비유함)

400만 년이라는 장구한 세월 동안 지구를 지배해 온 인류가 불과 50여 년 동안에 텔레비전 없이는 생활하기가 어렵게 되어 버린 상황은 참으로 놀라운 일이다. 외계인이 이 지구를 관찰한다면, 밤마다 60억의 인간이 사는 이 지구에서 벌어지는 똑같은 광경 — 10억 이상의 인간이 똑같이 생긴 상자 앞에 앉아 넋을 잃고 바라보고 있는 괴상한 광경 — 을 보고, 그것은 근래에 와서 나타난 괴이한 일이라고 생각할 것이다.

문제는 외계인이 어떻게 생각하느냐가 아니라, 우리 자신이 이러한 변화를 별다른 비판 없이 자연스럽게 받아들이고 점점 그 속에 깊이 빠져 들어간다는 데 있다. 특히, 텔레비전 시대에 태어난 이른바 텔레비전 세대인 새 인류는, 텔레비전이라는 눈으로 씹는 껌❶을 버리지 못하며, 전파를 통해 들어오는 마약❷을 주는 대로 받아먹게 되어, 급기야는 텔레비전이 이끄는 대로 따라다니는 불쌍한 포로의 신세가 되기도 한다.

(❶~❷ : 텔레비전을 비유한 말)
(불쌍한 포로: 텔레비전에 중독된 시청자를 비유한 말)

핵/심/정/리

- 갈래 : 논설문
- 성격 : 논리적, 설득적, 비판적
- 제재 : 텔레비전의 역기능
- 주제 : 텔레비전 시청의 자율 규제가 필요하다.

2. 제2의 신

텔레비전의 귀재라고 불리는 토이 슈월츠는 1980년대에 들어서면서 텔레비전을 마침내 '제2의 신'이라고 불렀다. 신은 전지전능하며, 우리 곁에 항상 같이

텔레비전을 비유한 말

있으며, 창조력과 파괴력을 동시에 지니고 있다는데, 이러한 신의 속성을 텔레

신과 텔레비전의 공통점

비전은 빠짐없이 갖추고 있다는 것이다. 다만, 제2의 신은 과학이 만들어 낸 신이며, 전 인류가 이 제단 앞에 향불을 피운다는 점이 다를 뿐이라고 지적했다.

신과 다른 텔레비전의 특징

수백만, 수천만, 아니 수억의 인간이 텔레비전 시청이라는 똑같은 의식을 통해서 사랑과 죽음의 신비성을 느끼며, 인생의 환희와 슬픔을 나눈다. 그 어떤 신도 이렇게 많은 신도를 매혹시키지는 못했으며, 앞으로도 불가능할 것이다.

이러한 견해는 매체를 연구하는 전문가나 일부 학자의 세계에서만 존재한다. 대부분의 사람은 텔레비전을 심심풀이의 수단이요, 별다른 뜻이 없는 제2의 관심사로 보고 있다. 그리고 우리 모두가 보고 즐기는데 무엇이 나쁘냐고 반문한다. 그러나 텔레비전 매체의 가장 큰 특성은 어디에나 존재하고 있으며, 그 영향력은 직접적으로 혹은 간접적으로 우리 모두에게 빠짐없이 작용하고 있다는 점이다. 문제를 회피하는 것은 자기 기만이며, 문제의 심각성을 깨닫지 못하는 것은 무지의 소치이다.

우리나라도 천만 세대가 넘는 가정에 텔레비전이 한 대씩 이미 보급되어 있으며, 2대 이상 소유한 가정도 흔하다. 아시아에서 일본 다음으로 텔레비전 왕국이 된 우리나라의 시청 현상에 나타나는 두드러진 특징은, 일부 선진국의 경우와 유사하다. 즉, 한편으로는 텔레비전에 대해 비판 의식이 비교적 높은 식자층이 텔레비전 문화를 천시하거나 기피하는 현상을 보이고 있고, 다른 한편으로는 많은

텔레비전을 대하는 식자층과 일반 대중의 태도 차이 – 대조

일반 대중이 수동적, 무비판적으로 텔레비전 문화를 수용하는 추세를 보이고 있어 극단적인 대조 현상을 나타내고 있다. 그러나 텔레비전이라는 무례한 손님이 안방

텔레비전을 비유한 말 – 텔레비전에 대한 부정적인 글쓴이의 태도를 예측

한구석을 차지하여 무슨 소리를 내든 무제한 관용을 베풀며 무분별하게 수용하는 시청자가 압도적으로 많다.

또, 텔레비전 안의 세계는 실제 환경이 아닌 유사 환경이지만, 우리는 실제와 유사를 식별할 능력을 잃어 가고 있다. 텔레비전과 더불어 살아가는 사람들은

브라운관 속에 비치는 것이 세상사의 전부라고 생각하여, 자기의 직접적인 체험이 잘못된 것은 아닌가 하고 의심한다. 화면에 나타난 사람은 정치가이든 사기꾼이든, 인생이라는 드라마 속의 스타로 받아들여지고 있다. 텔레비전 세계의 내막을 폭로한 '네트워크'라는 영화에는 이런 대사가 나온다. "당신은 브라운관 속이 현실이며, 당신의 생활은 허위라고 생각하고 있다. 우리 모두가 미쳐 버린 것이다."

선진 사회에서는 알코올 중독이나 마약 중독 못지않게 텔레비전에 중독된 증상이 만연되어 가고 있으며, 그것은 비판 의식이나 선택 능력이 부족한 계층이나 어린이에게 특히 심하다.

3. 습관을 깨뜨려라

몇 년 전 미국 디트로이트 시의 프리프레지는 텔레비전을 습관적으로 시청하는 가족이 일시적으로 시청을 중단했을 때에 나타나는 행동상의 변화를 조사한 일이 있다. 120세대에, 30일간 시청을 완전히 중지하고 그 여가 시간을 어떻게 보냈는가를 보고해 주면 500달러를 지불하겠다는 제의를 했다. 그 중에서 93세대는 어떤 대가로도 텔레비전을 멀리할 수 없다는 회신을 보내 왔으며, 나머지 27세대 중에서 5세대만이 과감하게 1개월간 텔레비전을 보지 않았다. 그 결과로 나타난 것은 다음과 같은 병적 증상이었다. 흡연, 음주, 심한 우울증, 신경 과민증, 인간관계의 악화, 의사소통의 단절 현상 등이었다. 그야말로 텔레비전이 없이는 살 수 없게 되어 버린 것이다.

연구 결과를 인용

태어날 때부터 텔레비전을 좋아하거나 싫어하는 아이는 없다. 다만, 좋아하도록 습관이 들 뿐이다. 이 사실은 부모가 텔레비전을 시청하는 태도나 시청하는 시간을 잘 선도하면 바람직한 방향으로 습관이 형성될 수도 있다는 점을 시사해 준다. 텔레비전을 많이 보는 아이들보다 적게 보는 아이들이 행실도 바르고, 지능도 높으며, 학업 성적도 좋다는 사실을 밝혀 낸 연구 결과도 있다. 부모의 시청 시간과 아이들의 시청 행위 사이에도 깊은 관계가 있다. 일반적으로, 텔레비전을 장시간 시청하는 가족일수록 가족 간의 대화나 가족끼리 하는 공동 행위가 적다. 결과적으로 텔레비전과 거리가 멀수록 좋은 가정이 된다는 말이다.

선진국에서는 전자 시대에 들어서면서 컴퓨터 증후군이니, 비디오 증후군이니 하여 예전에 없던 여러 가지 병적 증상이 나타나고 있는데, 그 중에서도 텔레비전 증후군이 가장 심각하다고 한다. 이 병을 극복하기 위해서는 방송국의 통제나 외부의 타율 규제보다 보는 사람 스스로의 자율 규제가 가장 효과적이며, 또 그럴 수밖에 없는 상황이 온 것이다.

텔레비전 증후군의 극복 방안

만/점/포/인/트

1. 텔레비전에 대한 글쓴이의 태도

부정적, 비판적

2. 텔레비전의 역기능

① 많은 시간을 텔레비전에게 빼앗기게 된다.

② 창조력과 파괴력을 동시에 지니고 있다.

③ 텔레비전 시청을 금하게 될 경우 여러 가지 병적 증상들이 나타난다.

3. 비유적인 표현들

양어머니	텔레비전
열두 살의 성인	텔레비전에서 제공하는 많은 정보를 그대로 받아들여 어른이 된 착각을 하게 되는 어린 시청자들
불쌍한 포로	텔레비전에 중독된 시청자
똑같이 생긴 상자	텔레비전
눈으로 씹는 껌, 전파를 통해 들어오는 마약	텔레비전의 중독성

4. 텔레비전 증후군의 극복 방안

보는 사람 스스로의 자율적인 규제가 필요하다.

5. 전개 방식

① 비유적인 표현을 사용함.

② 연구 사례를 인용하여 주장에 신뢰성을 줌.

바로바로 체크

(1) 텔레비전을 바라보는 글쓴이의 태도는?

❶ 긍정적
❷ 예찬적
❸ 부정적
❹ 향유적

(2) 이와 같은 글을 무엇이라 하는가?

❶ 논설문
❷ 설명문
❸ 기행문
❹ 시나리오

정답 (1) ❸
(2) ❶

우리의 친구, 텔레비전 _ 김기태

핵/심/정/리

- 갈래 : 논설문
- 성격 : 논리적, 설득적, 긍정적
- 제재 : 텔레비전의 순기능
- 주제 : 텔레비전은 인간 생활에 매우 유용한 매체이므로 잘 활용해야 한다.

텔레비전은 강력한 교육적 기능(텔레비전의 순기능 ❶)을 가지고 있다. 현대 사회에서 텔레비전은 가장 영향력 있는 사회 교육 교사로서의 역할을 한다. 텔레비전을 통해 제공되는 수많은 유용한 내용의 메시지들은 시청자에게 올바른 삶을 살아가는 지표 역할을 할 수 있다. 바람직한 생활의 가치 규범을 가르쳐 줄 뿐 아니라 언어, 의상, 관습 등 모든 면에서 사회화의 기능을 담당하는 중요한 학습 수단으로 활용될 수 있다.

텔레비전은 대화 상대가 필요한 현대인에게 좋은 친구(텔레비전의 순기능 ❷)가 될 수 있다. 전통적인 의미에서의 참다운 친구를 잃은 현대인의 공허함을 메워 주는 역할을 할 수 있다는 말이다. 진정한 친구는 외로울 때에 동반자가 되어 주고, 슬플 때에 위로해 줄 수 있어야 하는데, 텔레비전은 이를 대신해 줄 수 있기 때문이다. 그래서 좋은 텔레비전 프로그램은 진정한 친구가 없는 현대 사회의 많은 청소년에게 따뜻한 친구 역할을 한다. 좋은 음악 프로그램을 들으면서 아름다운 꿈을 키우기도 하고, 감동적인 드라마나 다큐멘터리 프로그램을 통해 깊은 내면의 교감을 나누기도 한다.

텔레비전은 세상을 살아가는 데 필요한 정보를 얻는 창구(텔레비전의 순기능 ❸)이기도 하다. 신속하고 정확하게 정치, 경제, 사회, 문화 등 다양한 정보를 전달해 주는 중요한 기능을 수행한다. 우리는 텔레비전을 통해 세상을 살아가는 데 필요한 각종 소식을 접할 수 있다. 텔레비전 속의 수많은 정보는, 시청자들이 필요에 따라 올바로 취사선택할 경우, 중요한 지식과 지침을 제공하는 기능을 한다. 텔레비전을 '세계를 향한 창'이라고 부르는 이유도 바로 이런 정보 전달 기능 때문이다.

텔레비전은 직접 경험하기 어려운 다양한 사회적 관계를 경험하게 해 주고 일깨워 주는 좋은 인간관계의 장(텔레비전의 순기능 ❹)이다. 현대 사회는 다양한 사람들과 관계들이 얽혀 돌아가는 복잡성 때문에, 이에 대한 적절한 대비나 교육 없이는 올바른 사회생활을 기대할 수 없다. 그런데 텔레비전에 등장하는 여러 가지 인간형과 인간관계를 통해서 시청자는 올바른 사회관계의 방향과 실천 과제를 익힐 수 있다.

텔레비전은 올바른 정치적 판단을 할 수 있도록 도와주는 역할을 할 수도 있기 때문에 올바른 민주 시민으로서의 자질과 안목을 기르는 데 도움을 주기도 한다. 텔레비전의 순기능 ❺ 전자 민주주의라는 말이 나올 만큼 오늘날의 정치는 텔레비전을 비롯한 각종 대중 매체를 이용하여 이루어진다. 따라서, 방송 특히 텔레비전을 잘 활용할 경우에 참다운 민주주의를 실현할 수 있게 된다. 각종 선거 때마다 방송을 통해 입후보자의 면면을 미리 알려 준다든지 갖가지 정치적 화제들에 대한 정보와 국회의원들의 활동 상황을 제공하기도 한다.

텔레비전은 복잡한 일상 속에서 정신적, 육체적으로 고통을 받는 현대인이 휴식을 취할 수 있도록 도와주는 오락 수단이다. 텔레비전의 순기능 ❻ 소득 수준이 높아지고 생활 여건이 향상되면서 점차 전통적인 의미에서의 노동 개념과 휴식, 또는 놀이 개념이 바뀌고 있다. 즉, 어떻게든 많은 일을 해서 소득을 높여야 한다는 절대적 노동 가치의 개념이 실질적인 삶의 질을 따지는 진실한 행복을 찾는 형태로 바뀌면서, '노는 것'이 죄악이 아니고 오히려 잘 노는 게 필요하다는 새로운 인식이 대두하였다. 이런 놀이나 휴식에 대한 좀더 적극적이고 능동적인 인식의 토대 위에서 방송의 오락 기능은 다른 어떤 역할에 비해서도 중요한 기능으로 받아들여진다. 쇼, 코미디, 드라마, 스포츠 등 텔레비전의 주요 장르들이 사실은 모두 오락 프로그램이라는 사실이 이를 잘 말해 준다.

이 밖에도 텔레비전은 여러 형태의 경제 활성화와 문화 창출 및 전승, 그리고 여론 조성 등 다양한 기능을 수행하고 있다. 이를 잘 활용할 때, 얼마든지 문명의 이기로 쓸 수 있는 매체라는 사실에 우리는 주목해야 한다.

만/점/포/인/트

1. 텔레비전에 대한 글쓴이의 입장

긍정적

2. 텔레비전의 순기능

① 교육적 기능을 가지고 있음.
② 현대인에게 좋은 친구가 됨.
③ 세상을 살아가는 데 필요한 정보를 얻는 창구임.
④ 좋은 인간관계의 장
⑤ 올바른 민주 시민으로서의 자질과 안목을 길러줌.
⑥ 오락의 수단

3. 텔레비전을 비유한 표현들

사회 교육 교사, 정보를 얻는 창구, 세계를 향한 창, 인간관계의 장, 오락 수단

바로바로 체크

(1) 텔레비전에 대한 글쓴이의 입장은?
❶ 부정적
❷ 긍정적
❸ 비판적
❹ 반어적

(2) 텔레비전을 나타내는 표현이 아닌 것은?
❶ 정보를 얻는 창구
❷ 사회 교육 교사
❸ 바보상자
❹ 인간관계의 장

정답 (1) ❷
(2) ❸

신문과 진실 _송건호

언론에 있어 '진실'이란, 첫째, 사물을 부분만 보지 말고 전체를 보아야 한다(진실 보도를 위한 언론인의 자질 ❶)는 것을 뜻한다. '진실'이 알려지는 것을 두려워하는 사람들은 신문이 사건이나 문제의 전모를 밝히는 것을 저지하기 위해 자기들에게 유리한 부분만을 과장하여 선전하기도 하고, 불리한 면은 은폐하여 알리지 않으려고 한다. 이와 같이, 부정확한 보도는 일방적이며 편파적이다.(부정확한 보도의 특징)

〈중략〉

둘째, 언론에 있어 '진실한 보도와 논평'을 하기 위해서는 사물을 역사적으로 관찰할 줄 아는 안목이 있어야 한다.(진실 보도를 위한 언론인의 자질 ❷) 어떠한 사물을 옳게 보도하거나 논평할 수 있으려면, 그 사물의 의미 또는 가치를 올바르게 평가할 수 있어야 한다. 사물의 가치는 역사의 발전에 따라 달라진다. 오늘에 인정받았던 가치가 내일에 부정되기도 하고, 오늘에 부정된 가치가 내일에는 새롭게 평가받기도 한다.

〈중략〉

셋째, 사물을 볼 때에는 어느 면이 더 중요하고(사건의 근거) 어느 면이 덜 중요한지(사건의 조건)를 똑똑히 식별할 줄 알아야 한다. 존재는 다원적이라고 했다. 교통 사고가 났을 때, 가장 중요한 점은 사고의 원인이 무엇인가이다. 버스가 전복했을 때에 차체가 얼마나 파손됐느냐는 그리 큰 문제가 아니다. 사건이 발생했을 때에 가장 중요한 면이 사건의 근거가 되고, 그렇지 않은 면이 사건의 조건이 된다. 따라서, 사물을 옳게 이해하려면 사물의 어떤 측면이 근거가 되고, 또 어떤 측면이 조건이 되는가를 예리하게 식별할 줄 알아야 한다. 근거와 조건을 어떻게 정하느냐에 따라 그 사건에 대한 이해가 크게 달라진다.

보도 기사에는 '리드(lead)'라는 것이 있다. 그 보도의 가장 중요한 부분을 '리드'로 하여 기사를 작성한다. 그런데 기사의 어느 부분을 '리드'로 잡느냐에 따라 기사가 독자에 미치는 영향이 크게 달라진다. 사물의 어느 면이 중요한가는 관심도에 따라 다르며, 관심도는 이해관계에 따라 달라진다. 특히, 외신을 다루어

핵/심/정/리

- 갈래 : 논설문
- 성격 : 설득적, 논리적
- 제재 : 신문의 진실 보도
- 주제 : 진실한 보도를 위한 언론인의 자세

보면, 같은 사건인데도 입장에 따라, 즉 기자의 국적에 따라 '리드'가 제각기 다른데, 이는 곧 사건을 보는 눈에 묘한 차이가 있음을 말해 주는 것이다. 「베트남의 최후를 보도했던 각국의 신문을 보면 이것을 더욱 분명히 느낄 수 있다. 반공 진영의 나라와 공산 국가의 신문 사이에 베트남 사태를 보는 눈이 다른 것은 말할 것도 없고, 같은 반공 진영의 나라에서도 보도에 역점을 두는 측면이 나라마다 달랐다.」

「」: 같은 사건을 두고 리드가 달랐던 예 – 예시

사실을 정확하게 보도하려면 기사를 객관적으로 써야 한다는 말이 있다. 조금도 주관을 섞지 않고 있는 그대로 기사를 써야만 정확한 보도가 된다는 것이다. 그러나 '객관적'이라는 표현은 주의해서 이해할 필요가 있다. 왜냐하면, 정확하고 올바른 보도일수록 객관적이기보다 오히려 훌륭한 의미에서 주관적이기 때문이다. 사태를 정확하게 알리는 보도일수록 주관적이 되어야 한다는 이론은, 좀더 깊이 생각해 보면 조금도 모순이 아니라는 것을 깨닫게 된다.

윤봉길 의사가 1932년, 중국 상하이에서 일본 시라카와 대장 등을 폭사시킨 사건을 예를 들어 보자. 만약, 정확한 보도라는 것이 주관이 전혀 개입되지 않고 거울처럼 보이는 그대로를 보도하는 것을 의미한다면, 윤 의사는 일본군의 엄숙한 대식전을 피바다로 물들인 엄청난 사건의 '테러리스트'일 수밖에 없을 것이다. 신문은 마땅히 윤 의사를 규탄하는 보도를 하지 않을 수 없게 될 것이다. 그러나 이러한 보도가 사건을 정확히 알리는 보도가 될 수 없다는 것은 분명하다. 윤 의사의 장거는 우선 역사적으로 이해하지 않으면 안 된다. 일본이 한국을 식민지로 삼고 있으며, 식민지 제도라는 것이 인류 역사상 배격, 규탄되어야 할 역사적 유제라는 판단이 앞서야 한다. 또, 윤 의사의 장거 당시 우리 삼천만 동포가 착취와 탄압 아래에서 얼마나 신음하고 있었느냐를 윤 의사의 행위와 관련시켜 보아야 한다. 사건을 전체적, 역사적 근거와 조건을 식별하는 입장에서 보지 않으면 안 된다.(진실한 보도와 논평을 위한 방법) 이러한 판단이 서야만 이 사건의 핵심이 어디에 있는가를 비로소 파악할 수 있다. 윤 의사의 폭탄 투척을 정확히 이해하기 위해서는 이 사건에 이 같은 수많은 사실이 횡적으로 종적으로 얽혀 있다는 점을 우선 알아야 한다. 한 사건을 정확히 보도하는 데 만약 이와 같은 풍부한 지식이 필요하다면, 어떤 의미에서는 주관적 보도라고 하지 않을 수 없다. 정확한 보도를 하기 위해서는 고도의 사회 과학적 소양과 문학적, 철학적 소양이 필요하다. 미국이
정확한 보도를 위한 조건들
낳은 세계적인 올솝 형제가 "훌륭하고 정확한 보도는 본래 가장 주관적인 것이
인용
다."라고 한 것도 이러한 점을 지적해 말한 것으로 보아야 할 것이다. 윤 의사의 의거와 같은 극단적인 예를 든 것이 적절치 못하다고 할는지 모르나, 「정확한 보도가 필요하다고 생각되는 사실일수록, 오히려 고도의 주관적 보도를 통해 진실의 전달이 가능하다는 것을 깨달아야 한다.」
「 」: 글쓴이의 주장

신문이 진실을 보도해야 한다는 것은 새삼스러운 설명이 필요 없는 당연한 이야기이다. 정확한 보도를 하기 위해서는 문제를 전체적으로 보아야 하고, 역사
❶
적으로 새로운 가치의 편에서 봐야 하며, 무엇이 근거이고, 무엇이 조건인가를
❷ ❸
명확히 해야 한다고 했다.
❶~❸ : 정확한 보도를 위한 준칙

그런데 이러한 준칙을 강조하는 것은 기자들의 기사 작성 기술이 미숙하기 때문이 아니라, 이해관계에 따라 특정 보도의 내용이 달라지기 때문이다. 자신들에게 유리하도록 기사가 보도되게 하려는 외부 세력이 있으므로 진실 보도는 일
진실 보도가 수난을 받는 이유
반적으로 수난의 길을 걷게 마련이다. 양심적이고자 하는 언론인이 때로 형극의 길과 고독의 길을 걸어야 하는 이유가 여기에 있다.

신문은 스스로 자신들의 임무가 '사실 보도'라고 말한다. 그 임무를 다하기 위해 신문은 자신들의 이해관계에 따라 진실을 왜곡하려는 권력과 이익 집단, 그 구속과 억압의 논리로부터 자유로워야 한다.
진실 보도를 위한 언론인의 자세

만/점/포/인/트

1. 진실을 보도하기 위한 조건
   ① 사물을 전체적으로 보아야 한다.
   ② 사물을 역사적으로 관찰하는 안목이 있어야 한다.
   ③ 사물의 중요한 점과 덜 중요한 점을 식별할 줄 알아야 한다.

2. **진실 보도가 어려운 이유**
   자신들에게 유리하도록 보도하려는 외부 세력이 있기 때문

3. **진실 보도를 위해 필요한 언론인의 자세**
   진실을 왜곡하려는 권력과 이익 집단, 그 구속과 억압의 논리로부터 자유로워야 한다.

바로바로 체크

(1) 진실을 보도하기 위한 조건이 아닌 것은?
❶ 사물을 전체적으로 보아야 한다.
❷ 자신에게 유리한지 보아야 한다.
❸ 역사적으로 관찰하는 안목이 필요하다.
❹ 중요함의 정도를 식별할 줄 알아야 한다.

(2) 진실 보도가 어려운 이유는 자신들에게 유리하도록 보도하려는 (　　) 세력 때문이다.

정답 (1) ❷
(2) 외부

03 건의문

• 건의문의 목적과 특성 등을 이해하고, 요구 사항과 근거를 판단하며 글을 읽을 수 있다.

1 건의문이란?

1. 건의문

① 뜻 : 집단이나 개인에게 어떤 문제에 대해 개선하거나 해결할 것을 요구하는 글이다.

② 목적 : 상대방을 설득하여 문제를 해결하거나 요구를 수용하도록 하기 위한 것이다.

2. 건의문의 특성

① 건의하는 대상, 즉 독자가 정해져 있다.

② 문제 상황과 요구 사항이 분명하게 드러난다.

③ 문제의 해결이나 개선이라는 목적이 분명하게 드러난다.

④ 독자가 누구인지에 따라 설득 전략을 달리한다.

3. 건의문을 읽는 방법

① 문제 상황과 요구 사항(해결 방안)을 파악하며 읽는다.

② 제시된 주장과 근거를 평가 기준에 따라 판단하며 읽는다.

◎ **평가 기준**

- 공익성(주장하는 내용이 공동체의 이익을 위한 것인가)
- 공정성(주장하는 내용이 모두에게 공평한 것인가)
- 합리성(주장하는 내용과 근거가 이치에 맞는가)
- 실현 가능성(문제 해결 방안이 실현 가능한가)

4. 건의문의 형식과 구성 요소

① 처음 : 받는 사람, 인사말, 건의자 소개, 건의문을 쓴 이유

② 중간 : 문제 상황이나 요구 사항 제시, 해결 방안 제시

③ 끝 : 인사말, 결과에 대한 긍정적 기대 제시, 서명, 날짜

훈민정음을 바라보는 두 시각 _ 최만리, 세종

핵심정리

최만리의 반대 상소
- 갈래 : 논설문(상소문)
- 성격 : 설득적, 비판적, 논리적
- 주제 : 훈민정음 창제 및 반포를 반대함

최만리의 반대 상소에 대한 조정의 입장
- 갈래 : 논설문(상소문에 대한 반박문)
- 성격 : 설득적, 비판적, 논리적
- 주제 : 훈민정음 창제 및 반포의 정당성

최만리의 반대 상소

감히 말씀드리고자 합니다.

우선, 우리는 예로부터 중국의 제도를 본받아 실행해 왔습니다. 그런데 그와 아무 관련이 없는 새 글자를 만든 것은 학문에도, 정치에도 아무 유익함이 없을 줄 압니다.❶ 더구나 글자 제정은 의견을 두루 청취하면서 시간을 두고 가부를 논해야 마땅한데도 너무 성급하게 결정했습니다. 혹시라도 중국 측에서 시비를 걸어올까 두렵습니다.❷ 주변국들이 제 글자를 가지고 있다고 하나, 그들은 모두 오랑캐입니다.❸ 더구나 이미 우리는 이두라는 문자를 가지고 있습니다.❹ 이두는 반드시 한자를 익혀야 쓸 수 있기 때문에 오히려 학문에 도움이 됩니다. 만약 관리들이 쉽게 언문만 익히게 된다면, 결국에는 한자를 아는 이가 없어질 것입니다. 지금 할 일이 태산같이 많은데 어찌하여 급하지도 않은 언문을 익히는 일에 부담을 주시는지 이해할 수 없습니다.

언문이 비록 유익하다고 할지라도 한낱 기예에 불과합니다. 학업에 정진하고 정신을 연마해야 할 어린 왕자들과 유생들이 시간을 허비해 기예 익히기에만 몰두한다면 이는 크나큰 손실입니다.❺ 감히 고하오니 부디 헤아려 주시옵소서.

❶~❺ : 훈민정음 창제 및 반포의 반대 근거

최만리의 반대 상소에 대한 조정의 입장

최근 최만리 등 일부 사대부들이 우리글 훈민정음에 대해 반대하는 내용의 상소를 올린 것은 조정의 본뜻을 이해하지 못한 처사로 심히 유감스러운 일이다.

우선, 그들은 앞으로 관리들이 훈민정음 때문에 학문을 소홀히 할 것이라고 하는데, 이는 전혀 이치에 맞지 않는 말이다. 한자에 대한 표준음이 정해져 있지 않아 백성들이 여러모로 불편해하는❶ 엄연한 사실을 그들은 애써 외면하고 있다. '牧丹'을 두고 어떤 이는 '목단'으로 어떤 이는 '모란'으로 발음한다, 이러니 똑같이 한문을 공부하고도 서로 뜻이 통하지 않는 결과가 생긴다.

또 그들은 훈민정음만 가지고 관리를 뽑으면 아무도 성리학을 공부하지 않을 것이라고 하는데, 이는 사실을 왜곡한 것이다. 시험 과목에 훈민정음을 추가한다는 것이지 훈민정음만으로 관리를 뽑는다고 한 적이 없다. ❷ 그리고 장차 한자를 아는 사람이 적어지면 사회 기강이 무너진다고 주장하는데, 이것은 지나친 생각이다. 지금까지 우리 사회에서 한자는 배우기가 너무 어려워 극히 일부 사람들만 사용해 왔고, 나머지 대부분의 사람들은 글자를 모르고 살아왔다. ❸

끝으로, 훈민정음 창제는 유교 정신의 실천과 사회 질서 확립에 어긋나는 것이 아님을 ❹ 밝혀 두는 바이다.

❶~❹ : 훈민정음 창제 및 반포의 반대 상소에 대한 반박

만/점/포/인/트

1. 최만리의 주장

훈민정음 창제와 반포를 반대한다.

2. 최만리의 근거

- 학문과 정치에 유익함이 없다.
- 중국 측에서 시비를 걸어올까 두렵다.
- 글자를 가지고 있는 주변국은 모두 오랑캐이다.
- 우리는 이두라는 문자를 가지고 있다.
- 기예에 불과한 언문을 익히느라 유생들이 시간을 허비하는 것은 국가적 손실이다.

3. 조정의 주장

훈민정음 창제와 반포는 정당하다.

4. 조정의 근거

- 한자에 대한 표준음이 정해져 있지 않아 백성들이 불편하다.
- 시험 과목에 훈민정음을 추가하는 것이지 훈민정음만으로 관리를 뽑는 것은 아니다.
- 한자는 배우기가 어려워서 극히 일부 사람들만 사용하고 있다.
- 훈민정음 창제는 유교 정신의 실천과 사회 질서 확립에 어긋나는 것이 아니다.

세상의 모든 어버이들께 _ 세번 컬리스-스즈키

핵/심/정/리

- 갈래 : 건의문(연설문)
- 성격 : 설득적, 논리적, 호소적
- 제재 : 빈곤 문제, 환경 문제
- 주제 : 지구 환경을 보호하는 일은 다음 세대를 위해 우리가 해야만 하는 일이고, 전쟁과 빈곤 문제에 대해 심각성을 깨달아야 한다.
- 특징 : ❶ 어른들의 언행불일치 모습을 비판하고, 아이들에게 가르친 것처럼 행동할 것을 촉구함.
  ❷ 독자의 감정에 호소함.
  ❸ 연설문의 성격을 잘 드러내는 정중한 말투를 사용함

저는 앞으로 올 모든 세대들을 위하여(연설 동기 ❶) 말하려고 여기에 섰습니다. 저는 그 울음소리가 들리지 않는 세계 전역의 굶주리는 아이들을 대신하여(연설 동기 ❷) 여기에 섰습니다. 저는 이제 어디로든 갈 데가 없게 된 이 행성 위에서 죽어 가고 있는 수많은 동물들을 위하여(연설 동기 ❸) 말하려고 여기 섰습니다. 우리는 이제 더 이상 말하지 않고 그냥 있을 수는 없게 되었습니다.(대책이 필요함을 강조)

➥ 연설을 하게 된 동기 제시

〈중략〉

저는 어린아이일 뿐이고, 해결책을 가지고 있지 않습니다. 그렇지만 저는 여러분들에게 해결책이 있는지 묻고 싶습니다. 여러분은 오존층의 구멍을 어떻게 수리할 것인지 모릅니다. 여러분은 연어를 죽은 강으로 다시 돌아오게 할 방법을 모릅니다. 여러분은 사라져 버린 동물을 되살려 놓는 방법을 모릅니다. 그리고 여러분은 지금은 사막이 된 곳에 숲을 푸르게 되살려 놓을 수도 없습니다. 여러분이 고칠 방법을 모른다면, 제발 그만 망가뜨리기 바랍니다!(글쓴이의 주장) 여러분은 각 나라의 정부 대표로, 기업가로서, 조직가로서, 기자나 정치가로서(각 나라에서 영향력이 있는 사람들(열거법)) 여기에 와 계신지 모릅니다. 「그렇지만 여러분은 그 이전에 어머니와 아버지, 형제와 자매, 아주머니와 아저씨들이며, 그리고 여러분은 모두 누군가의 자녀입니다.」

「 」: 사회적이거나 국제적인 문제를 가족의 관점에서 보게 함 ➜ 그 문제를 우리의 문제로 인식해서 자발적으로 참여하도록 유도

➥ 환경 파괴 방지를 호소

〈중략〉

이틀 전 여기 브라질에서 우리는 큰 충격을 받았습니다. 우리는 길거리에서 살고 있는 몇몇 아이들과 얼마 동안 시간을 보냈습니다. 그중 한 아이가 우리에게 이렇게 말했습니다. "내가 부자가 되었으면 좋겠다. 만약 내가 부자라면 나는 모든 거리의 아이들에게 음식과 옷과 약과 집, 그리고 사랑과 애정을 주겠다."

아무 것도 가진 것이 없는 거리의 아이가 기꺼이 나누겠다고 하는데, 모든 것을 다 가지고 있는 우리는 어째서 그토록 인색한가요?

➥ 나눔이 없는 인색함에 대한 비판

〈중략〉

학교에서, 유치원에서도, 여러분은 우리에게 「착한 사람이 되라고 가르칩니다. 여러분은 우리가 서로 싸우지 말고, 절약하고, 서로서로를 존중하고, 청결히 하고, 다른 생물들을 해치지 말고, 나누고, 탐욕스럽게 되어서는 안 된다」고 가르칩니다.

「 」: 어른들의 가르침

그러면서 어째서 여러분은 우리에게 하지 말라고 한, 바로 그러한 행동을 하십니까?

아이들에게 가르친 것을 어른들 스스로가 지키지 않고 있음을 비판

➥ 말뿐인 어른들의 교육에 대한 비판

〈중략〉

여러분, 어른들은 우리를 사랑한다고 말합니다. 저는 여러분에게 호소합니다. 제발 여러분의 행동과 여러분의 말이 일치하도록 해 주십시오. 들어주셔서 고맙습니다.

글쓴이가 바라는 점 – 언행일치(言行一致)

➥ 말과 일치하는 행동을 해 줄 것을 어른들에게 촉구

글의 구성

서론	자기소개, 연설 동기 및 연설의 목적 제시
본론	환경 문제, 빈곤 문제의 심각성 및 해결 방안
결론	아이들에게 한 말대로 행동하는 어른들의 태도 요구

만/점/포/인/트

- 글쓴이의 문제의식과 요구 사항

문제의식	환경 문제	• 오존층에 구멍이 생기고, 공기 속에 화학 물질이 들어 있음. • 물고기들이 암에 걸리고, 동식물이 사라지고 있음. • 강이 죽어 연어가 돌아오지 않고 숲이 사막으로 변함.
	빈곤 문제	• 가난한 사람들과 나누려 하지 않고 인색함. • 출신 지역에 따라 빈부 차이가 심함.
요구 사항		• 지구를 망가뜨리는 것을 그만두어야 함. • 전쟁에 쓰이는 돈을 빈곤 문제와 환경 문제를 해결하는 데 써야 함. • 행동과 말이 일치하는 어른들의 태도가 필요함.

바로바로 체크

(1) 글쓴이는 지구의 (   ) 문제와 빈곤 문제 해결을 위해 어른들이 노력해 줄 것을 건의하고 있다.

(2) 이 글은 건의문으로 (   ) 상황과 요구 사항이 드러나 있는 글이다.

정답 (1) 환경
(2) 문제

PART III

적중 예상 문제

정답 및 해설 15p

[01~13] 다음 글을 읽고 물음에 답하시오.

(가) 400만 년이라는 장구한 세월 동안 지구를 지배해 온 인류가 불과 50여 년 동안에 텔레비전 없이는 생활하기가 어렵게 되어 버린 상황은 참으로 놀라운 일이다. 외계인이 이 지구를 관찰한다면, 밤마다 60억의 인간이 사는 이 지구에서 벌어지는 똑같은 광경 —10억 이상의 인간이 ㉠ 똑같이 생긴 상자 앞에 앉아 넋을 잃고 바라보고 있는 괴상한 광경 — 을 보고, 그것은 근래에 와서 나타난 괴이한 일이라고 생각할 것이다.

문제는 외계인이 어떻게 생각하느냐가 아니라, 우리 자신이 이러한 변화를 별다른 비판 없이 자연스럽게 받아들이고 점점 그 속에 깊이 빠져 들어간다는 데 있다. 특히, 텔레비전 시대에 태어난 이른바 텔레비전 세대인 새 인류는, 텔레비전이라는 ㉡ 눈으로 씹는 껌을 버리지 못하며, 전파를 통해 들어오는 마약을 주는 대로 받아먹게 되어, 급기야는 ㉢ 텔레비전이 이끄는 대로 따라다니는 ㉣ 불쌍한 포로의 신세가 되기도 한다.

-김규, 「눈으로 씹는 껌, 텔레비전」-

(나) 그러나 과학의 가치 중립성이 이런 결정을 내리는 데에 과학이 전혀 무관함을 의미하는 것은 아니다. 과학의 지식이 이런 결정을 내리는 일을 돕기 때문이다. (㉤), 현대 사회의 지식인들이 현대 사회의 여러 문제들에 대처해 나가려면 과학 지식의 습득이 절대적으로 필요해졌다. 물론, 이에는 어려움이 따르지만, 일반 지식인에게 요구되는 것은 과학을 직접 연구해서 지식을 얻어 내는 것이 아니라, 일단 얻은 지식을 이해하는 것이며, 이것은 과학의 고도(高度)의 전문화에도 불구하고 어느 정도 가능하다. 중요한 것은 과학의 위상이 더할 나위 없이 높아진 현대 사회를 사는 지식인들이 그러한 과학을 어렵다고 무턱대고 싫어하거나 피하려고 하는 무책임한 태도를 버리고 이를 이해하려고 노력해야 한다는 점이다.

-김영식, 「현대 사회와 과학」-

01 **(가)와 같은 글을 읽는 방법으로 알맞은 것은?**

① 등장인물의 갈등 양상을 파악하며 읽는다.
② 글쓴이의 주장과 근거의 타당성을 파악하며 읽는다.
③ 제시된 정보의 사실성을 파악하며 읽는다.
④ 사용된 단어들의 함축적인 의미를 파악하며 읽는다.

02 **(가)의 내용과 일치하는 것은?**

① 텔레비전은 약 50년 전부터 보기 시작했다.
② 외계인과 연락을 한다.
③ 400만 년 전에도 텔레비전은 있었다.
④ 사람들이 마약에 중독되었다.

03 (가)의 밑줄 친 '장구'와 같은 의미로 쓰인 문장은?

① 장구와 소고는 우리나라 전통 악기이다.
② 우리 학교는 장구한 역사와 전통을 가지고 있다.
③ 침입해 온 오랑캐를 장구했다.
④ 등산 장구를 완벽하게 준비했다.

04 (가)의 글쓴이가 독자에게 하고 싶은 말은?

① 텔레비전의 많은 채널을 보자.
② 텔레비전을 주기적으로 바꾸자.
③ 텔레비전에 의존하지 않고 적당히 보자.
④ 텔레비전은 많이 볼수록 좋다.

05 (가)의 글쓴이가 텔레비전을 껌에 비유했는데 그 의미로 적절한 것은?

① 의미 없이 씹고 뱉어 버리는 존재
② 다양한 맛을 내는 존재
③ 풍선을 불 수 있는 존재
④ 졸음을 떨칠 수 있는 존재

06 (가)의 ㉠~㉣ 중, 의미하는 것이 <u>다른</u> 것은?

① ㉠ ② ㉡
③ ㉢ ④ ㉣

07 (가)에서 글쓴이가 텔레비전을 바라보는 시각으로 알맞은 것은?

① 예찬적 ② 긍정적
③ 부정적 ④ 신뢰함

08 (가), (나)를 읽는 방법으로 올바른 것은?

① 제시된 정보의 사실성을 파악한다.
② 글쓴이가 주장하는 내용과 근거를 파악한다.
③ 등장인물의 심리 상태를 파악하며 읽는다.
④ 글에서 리듬감을 주는 요소를 파악하며 읽는다.

09 (나)에서 글쓴이가 궁극적으로 말하고자 하는 것은?

① 지식인들이 과학에 대해 관심을 가지고 이해하려는 노력이 필요하다.
② 과학 지식에 대해서 무지해도 괜찮다.
③ 많은 학문 중 과학이 가장 중요하다.
④ 오늘날 지식인들의 태도는 잘못되었다.

10 ㉤에 들어갈 알맞은 연결사는?

① 예를 들어
② 그러나
③ 반면
④ 따라서

11 (나)의 내용과 일치하는 것은?

① 현대 사회에서는 과학 지식의 습득이 중요하다.
② 과학은 과학자만의 것이다.
③ 과학은 점점 중요성이 떨어지는 학문이다.
④ 과학은 가치 함축적이다.

12 (나)의 글쓴이는 일반 지식인에게 어떤 자세를 요구하고 있나?

① 과학에 대해 심오하게 탐구하고 연구한다.
② 얻은 지식을 이해하는 수준을 요구한다.
③ 실험을 하고 그 결과를 바탕으로 전문 지식을 연구할 것을 요구한다.
④ 과학에 대한 것은 과학자의 것으로 간주할 것을 요구한다.

13 (가), (나)와 같은 글의 종류를 무엇이라 하는가?

① 기행문
② 논설문
③ 수필
④ 일기

[14~22] 다음 글을 읽고 물음에 답하시오.

(가) 한지는 질기고 수명이 오래간다는 것 외에도 보온성과 통풍성이 뛰어나다. 이런 한지의 우수성은 양지와 비교해 보면 금방 알 수 있다. 한지는 빛과 바람, 그리고 습기와 같은 자연 현상에 대한 친화력이 강해 창호지로 많이 쓰인다. 한지를 창호지로 쓰면 문을 닫아도 바람이 잘 통하고 습기를 잘 흡수해서 습도 조절의 역할까지 한다. 흔히 한지를 '살아 있는 종이'라고 하는 이유도 여기에 있다. 반면, 양지는 바람이 잘 통하지 않고 습기에 대한 친화력도 한지에 비해 약하다. 한지가 살아 숨쉬는 종이라면, 양지는 뻣뻣하게 굳어 있는 종이라고 할 것이다

–김형자, 「천 년을 가는 한지의 비밀」–

(나) 까마득한 옛날부터 우리 조상은 고유의 언어를 사용했는데, 이 고유 언어를 일반적으로 한국어라고 하며 국민의 입장에서는 국어라고 한다. 한국어는 오랜 기간에 걸쳐 한민족이 사용하는 동안에 지역적으로 많은 차이를 나타내게 되었다. 이렇게 차이가 난 말을 방언 또는 사투리라고 한다. 방언에는 모든 지역이 공동으로 사용하는 말이 있는가 하면, 다른 지역 사람들은 전혀 알아들을 수 없는 것도 있다.

한 나라에서 사는 사람들끼리 방언 때문에 서로 의사소통이 안 된다거나 오해가 생긴다면 큰 문제가 아닐 수 없다. 그래서 나라에서는 특정 시대, 특정 지역, 특정 계층에서 사용하는 말을 정하여 모든 국민이 배우고 쓸 수 있게 하는데, 이런 말을 표준어라고 한다.

–성낙수, 「표준어와 방언」–

14 (가)에서 내용을 전개하기 위해 사용된 설명 방식은?

① 정의 ② 분류
③ 대조 ④ 예시

15 (가)를 통해 알 수 있는 한지의 특징으로 알맞지 않은 것은?

① 바람이 잘 통한다.
② 자연 현상에 대한 친화력이 강하다.
③ 가격이 비싸다.
④ 살아 있는 종이이다.

16 (가)의 글쓴이는 한지와 양지를 차이점을 중점으로 설명했다. 차이점을 중심으로 서술하는 방법은?

① 나열 ② 분석
③ 대조 ④ 비교

17 (가)의 글쓴이가 한지를 '살아 있는 종이'라고 한 이유로 적절하지 않은 것은?

① 뻣뻣하게 굳어 있는 종이이다.
② 빛과 바람에 친화적이다.
③ 보온성과 통풍성이 뛰어나다.
④ 습도 조절 역할을 한다.

18 지역적으로 차이가 나는 한국어를 무엇이라고 부르는가?

① 외래어
② 한자
③ 표준어
④ 사투리

19 (가), (나) 같은 글의 특징으로 알맞지 않은 것은?

① 객관적인 글이다.
② 정보 전달을 목적으로 하는 글이다.
③ 간결하고 명확한 용어를 사용하도록 한다.
④ 문제 해결을 위한, 독자가 정해진 글이다.

20 (나)에서 내용을 전개하기 위해 사용된 설명 방식은?

① 정의 ② 분류
③ 대조 ④ 예시

21 (가)를 통해 알 수 있는 '한지의 우수성'이 아닌 것은?

① 질기고 수명이 오래간다.
② 보온성과 통풍성이 뛰어나다.
③ 기계로 대량 생산할 수 있다.
④ 습도 조절의 역할을 한다.

22 (나)에 나타나는 한국어의 특징이 아닌 것은?

① 오래전부터 고유의 언어를 사용했다.
② 지역적으로 많은 차이가 난다.
③ 방언 또는 사투리가 존재한다.
④ 외국에서 빌려온 말을 변형한 것이다.

[23~25] 다음 글을 읽고 물음에 답하시오.

표준어를 정해서 쓰면, 모든 국민이 의사소통이 원활하게 되어, 통합이 용이해진다. 또, 표준어를 통하여 지식이나 정보를 얻을 수 있고, 문화생활도 누릴 수 있다. 그리고 교육적인 면에서도 효율적이며, 국어 순화에도 기여할 수 있다.

표준어가 아닌 말은 모두 방언이라고 하는데, ⓐ 방언 중에서 지역적 요인에 의한 것을 지역 방언이라고 하고, 사회적 요인에 의한 것을 사회 방언 또는 계급 방언이라고 한다. 그러나 좁은 의미에서의 방언은 지역 방언만을 의미한다. 지역 방언은 동일한 언어를 사용하는 사람들이 서로 다른 지역에서 살게 되면서 변이된 것이다. 그러므로 가까운 지역보다는 먼 지역과 방언 차이가 더 크며, 교통이 잘 발달하지 않는 지역이나, 옛날에 다른 나라에 속했던 지역 간에도 방언의 차이가 크게 나타난다.

23 윗글에 나타난 표준어의 가치가 아닌 것은?

① 국민의 의사소통이 원활해진다.
② 지식이나 정보를 용이하게 얻을 수 있다.
③ 타 지역 사람들은 알아들을 수 없는 비밀스러운 말을 할 수 있다.
④ 국어 순화에 기여한다.

24 윗글의 ⓐ에 사용된 설명 방식은?

① 정의　② 분석
③ 분류　④ 대조

25 글쓴이가 생각하는 표준어의 장점이 아닌 것은?

① 원활한 의사소통
② 국민의 통합
③ 국어 순화에 기여
④ 지역 간 위화감 조성

[26~28] 다음 글을 읽고 물음에 답하시오.

중국 신장의 요구르트, 스페인 랑하론의 하몬, 우리나라 구례 양동 마을의 된장. 이 음식들의 공통점은 무엇일까? 이것들은 모두 발표 식품으로, 세계의 장수 마을을 다룬 어느 방송에서 각 마을의 장수 비결로 꼽은 음식들이다.

발효 식품은 건강식품으로 널리 알려져 있다. 또한 다양한 발효 식품이 특유의 맛과 향으로 사람들의 입맛을 사로잡고 있다. 앞에서 소개한 요구르트, 하몬, 된장을 비롯하여 달콤하고 고소한 향으로 우리를 유혹하는 빵, 빵과 환상의 궁합을 자랑하는 치즈 등을 그 예로 들 수 있다. 이렇게 몸에도 좋고 맛도 좋은 식품을 만들어 내는 발효란 무엇일까? 그리고 발효 식품은 왜 건강에 좋을까? 먼저 발효의 개념을 알아보고, 우리나라의 전통 발효 식품을 중심으로 발효 식품의 우수성을 자세히 알아보자.

발효란 곰팡이나 효모와 같은 미생물이 탄수화물, 단백질 등을 분해하는 과정을 말한다. 미생물이

유기물이 작용하여 물질의 성질을 바꾸어 놓는다는 점에서 발효는 부패와 비슷하다. 하지만 ㉠ 발효는 우리에게 유용한 물질을 만드는 반면에, 부패는 우리에게 해로운 물질을 만들어 낸다는 점에서 차이가 있다. 그래서 발효된 물질은 사람이 안전하게 먹을 수 있지만, 부패한 물질은 식중독을 일으킬 수 있어서 함부로 먹을 수 없다.

그렇다면, 발효를 거쳐 만들어지는 전통 음식에는 무엇이 있을까? 가장 대표적인 전통 음식으로 김치를 꼽을 수 있다. 김치는 채소를 오랫동안 저장해 놓고 먹기 위해 조상들이 생각해 낸 음식이다. 김치는 우리가 채소의 영양분을 계절에 상관없이 섭취할 수 있도록 해 주고, 발효 과정에서 더해진 좋은 성분으로 우리의 건강을 지키는 데도 도움을 준다.

김치 발효의 주역은 젖산균이다. 채소를 묽은 농도의 소금에 절이면 효소 작용이 일어나면서 당분과 아미노산이 생기고, 이를 먹이로 삼아 여러 미생물이 성장하면서 발효가 시작된다. 이때 김치 발효에 가장 중요한 역할을 하는 젖산균도 함께 성장하고 증식한다. 젖산균은 포도당을 분해하면서 젖산을 만들어 낸다. 젖산은 약한 산성 물질이어서 유해균이 증식하는 것을 억제하고, 김치가 잘 썩지 않게 한다. 그 덕분에 우리는 김치를 오래 두고 먹을 수 있다.

우리 김치가 우수한 것은 바로 이 젖산균과 젖산 때문이다. 젖산균과 젖산은 우리 몸안에서 소화를 촉진하고 노폐물이 잘 배설될 수 있도록 돕는다. 또한 유해균이 번식하거나 발암 물질이 생성되는 것을 억제하기도 한다. 그래서 젖산균과 젖산이 풍부한 김치는 변비 및 대장암, 당뇨병 등을 예방하는 데에 효과적이다.

-진소영, 「지혜가 담긴 음식, 발효 식품」-

26 글쓴이가 이 글을 쓴 목적으로 알맞은 것은?

① 발효 식품 섭취의 위험성을 알리기 위해
② 발효 식품의 우수성을 설명하기 위해
③ 발표 식품을 먹은 뒤의 사례를 보고하기 위해
④ 발효 식품에 대한 부정적 측면을 제시하기 위해

27 ㉠과 같은 설명 방법을 사용한 것은?

① 거문고는 줄이 6개인데 반해, 가야금은 12개이다.
② 시계는 태엽, 초침, 분침, 시침으로 구성되어 있다.
③ 오늘 아침에 늦잠을 자서 학교에 지각을 했다.
④ 착시란 시각적인 착각, 곧 대상이 실제와 다르게 보이는 것을 뜻한다.

28 다음 중 '김치의 우수성'으로 볼 수 없는 것은?

① 채소의 영양분을 계절에 상관없이 섭취할 수 있게 한다.
② 발암 물질이 생성되게 한다.
③ 소화를 촉진하고 노폐물이 잘 배설될 수 있게 한다.
④ 변비나 대장암 등을 예방하는 데 효과가 있다.

[29~37] 다음 글을 읽고 물음에 답하시오.

(가) **왜 글을 읽는가**

어떤 사람이 어느 유명한 등산가에게 "왜 산에 오릅니까?" 하고 물었다. 이에 그 등산가는 "산이 거기 있기에 오릅니다."라고 대답하였다고 한다. 이와 마찬가지로, 누가 "왜 글을 읽습니까?"라고 묻는다면, 아마 "글이 있기에 읽습니다."라고 대답할 수 있을 것이다. 사람들이 산에 오르는 이유는 물론 '산이 거기에 있기 때문'일 것이다. 그러나 정말 사람들이 산에 오르는 이유가 그것만은 아닐 것이다. 어떤 사람은 건강을 위해서, 어떤 사람은 성취감을 맛보기 위해서, 그리고 또 어떤 사람은 친구와의 즐거운 만남을 위해서 산에 오를 수도 있다. 마찬가지로, 사람들이 글을 읽는 이유도 꽤나 다양할 수 있다. 교양(教養)을 쌓거나 인격(人格)을 수양하기 위해서 글을 읽는 사람도 있겠고, 여가를 즐기기 위해서, 혹은 필요한 지식과 정보를 얻기 위해서 글을 읽는 사람도 있을 수 있다.

-최영환, 「읽기란 무엇인가」-

(나) 우리는 언어의 세계에서 생활하고 있다. 친구와 이야기를 하거나 책을 읽는 것뿐만 아니라, 간판을 보거나 노래를 부르는 것 모두 일종의 언어 활동이라고 할 수 있다. 우리가 의식하지 못할 뿐이지, 아침에 눈을 떠서 잠자리에 들 때까지 언어 속에 파묻혀서 생활하고 있는 셈이다.

언어 활동은 기본적으로 말하고 듣고 읽고 쓰는 네 가지로 분류된다. 이 중에서 말하기와 듣기는 '음성 언어'를 사용하는 언어 활동이고, 읽기와 쓰기는 '문자 언어'를 사용하는 언어 활동이다. ㉠ <u>음성 언어와 문자 언어는 모두 언어로서 일정한 기능을 담당하지만, 소리와 문자라는 특성 때문에 여러 측면에서 차이를 보인다.</u> ㉡ <u>음성 언어와 문자 언어가 어떤 특성을 지니는지 알아보자.</u>

-김영석, 「음성 언어와 문자 언어」-

29 (가)에 사용된 설명 방식이 올바르게 연결된 것은?

① 글을 읽는 이유 - 분류
② 등산을 하는 이유 - 분석
③ 글을 읽는 것 - 정의
④ 글을 읽는 이유 - 열거

30 (나)의 ㉠에 사용된 설명 방식은?

① 예시　② 정의
③ 분류　④ 대조

31 (가)에 따른 글을 읽는 이유로 보기 <u>어려운</u> 것은?

① 다양한 마음의 정서와 감동을 느끼기 위해서
② 지루한 일상을 탈출하기 위해서
③ 새로운 지식을 얻기 위해서
④ 과학의 발전과 경제 성장에 도움을 주기 위해서

32 (가)를 바탕으로 적극적인 읽기를 실천한 사례로 적절하지 <u>않은</u> 것은?

① 내용을 파악하지 못하면서 책을 많이 읽는다.
② 여유를 즐기며 좋아하는 책을 읽는다.
③ 무슨 책을 읽을지 스스로 선택한다.
④ 책의 내용과 나의 경험을 연관시키며 읽는다.

33 (나)의 ㉡과 같은 구성 단계에서 다루어지는 내용이 아닌 것은?

① 설명 대상 소개
② 독자의 호기심 유발
③ 설명할 이유나 동기, 대상 소개
④ 세부적인 내용을 구체적으로 제시

34 (나)에서 제시한 언어 활동을 분류하는 네 가지 기준이 아닌 것은?

① 말하기 ② 듣기
③ 따라하기 ④ 쓰기

35 이와 같은 글을 읽는 방법으로 알맞지 않은 것은?

① 글의 짜임과 전개 방법을 파악하며 읽는다.
② 제시된 정보가 사실인지 파악하며 읽는다.
③ 등장인물의 심리에 공감하며 읽는다.
④ 각 문단의 중심 내용을 파악하며 읽는다.

36 글의 종류에 따른 읽기 방법으로 알맞지 않은 것은?

① 시 – 시어의 함축적 의미를 생각하며 읽는다.
② 소설 – 작품 속의 장면과 인물들을 상상하며 읽는다.
③ 논설문 – 주장을 뒷받침할 근거를 파악하며 읽는다.
④ 설명문 – 글쓴이의 주장을 정리하며 읽는다.

37 설명문과 논설문에 대한 설명으로 알맞지 않은 것은?

① 논설문은 독자를 설득하기 위한 글이다.
② 설명문은 평이한 단어로 써야 한다.
③ 논설문은 장면의 분위기를 파악하며 읽어야 한다.
④ 설명문은 지식이나 정보를 전달하기 위한 글이다.

[38~40] 다음 글을 읽고 물음에 답하시오.

> 텔레비전은 직접 경험하기 어려운 다양한 사회적 관계를 경험하게 해 주고 일깨워 주는 좋은 인간관계의 장이다. 현대 사회는 다양한 사람들과 관계들이 얽혀 돌아가는 복잡성 때문에, 이에 대한 적절한 대비나 교육 없이는 올바른 사회생활을 기대할 수 없다. 그런데 텔레비전에 등장하는 여러 가지 인간형과 인간관계를 통해서 시청자는 올바른 사회관계의 방향과 실천 과제를 익힐 수 있다.
>
> 텔레비전은 올바른 정치적 판단을 할 수 있도록 도와주는 역할을 할 수도 있기 때문에 올바른 민주 시민으로서의 자질과 안목을 기르는 데 도움을 주기도 한다. 전자 민주주의라는 말이 나올 만큼 오늘날의 정치는 텔레비전을 비롯한 각종 대중 매체를 이용하여 이루어진다. (㉠) 방송 특히 텔레비전을 잘 활용할 경우에 참다운 민주주의를 실현할 수 있게 된다. 각종 선거 때마다 방송을 통해 입후보자의 면면을 미리 알려 준다든지 갖가지 정치적 화제들에 대한 정보와 국회의원들의 활동 상황을 제공하기도 한다.
>
> –김기태, 「우리의 친구, 텔레비전」–

38 윗글에서 텔레비전을 대하는 글쓴이의 태도는?

① 반어적　② 긍정적
③ 비판적　④ 풍자적

39 윗글의 글쓴이가 생각하는 텔레비전의 특징이 아닌 것은?

① 다양한 사회적 관계를 경험하게 해준다.
② 올바른 정치적 판단을 할 수 있도록 도와준다.
③ 참다운 민주주의의 실현을 할 수 있다.
④ 부정선거를 할 수 있게 해준다.

40 윗글의 ㉠에 들어갈 알맞은 연결사는?

① 그러나
② 따라서
③ 만약
④ 한편

[41~42] 다음 글을 읽고 물음에 답하시오.

안녕하세요? 저는 ○○ 중학교에 다니는 정상화라고 합니다. 얼마 전 학교 앞에서 등굣길에 차와 부딪힐 뻔한 적이 있습니다. 이 문제를 해결해 주실 수 있는 분이 시장님이라는 생각이 들어 시장님께 말씀드립니다.

우선, 우리 학교 근처 불법 주차 차량에 대한 조치를 취해 주시기 바랍니다. 학교 정문 앞 인도가 안 그래도 좁은데 차들이 인도까지 올라와 있으니 학생들은 당연히 위험한 차도로 다닐 수밖에 없습니다.

그리고 인도와 차도 사이에 안전봉과 도로에 과속 방지턱을 설치해 주셨으면 좋겠습니다. 지난번 친구 학교 앞에 가 보니 예쁜 안전봉과 과속 방지턱이 설치되어 있어서 참으로 부러웠습니다.

시장님, 제 얘기를 끝까지 들어주셔서 고맙습니다. 시장님은 이 문제를 충분히 해결해 주실 능력이 있는 분 같습니다. 고맙습니다.

201×년 ×월 ×일
○○ 중학교 정상화 올림

41 건의문의 특성으로 알맞지 않은 것은?

① 건의하는 대상, 즉 독자가 정해져 있다.
② 문제 상황과 요구 사항이 분명하게 드러난다.
③ 어려운 표현을 많이 사용한다.
④ 독자가 누구인지에 따라 설득 전략을 달리한다.

42 건의문을 평가하는 기준이 아닌 것은?

① 합리성　② 공정성
③ 공익성　④ 평가자의 주관

[43~46] 다음 글을 읽고 물음에 답하시오.

신문이 진실을 보도해야 한다는 것은 새삼스러운 설명이 필요 없는 당연한 이야기이다. 정확한 보도를 하기 위해서는 문제를 전체적으로 보아야 하고, 역사적으로 새로운 가치의 편에서 봐야 하며, 무엇이 근거이고, 무엇이 조건인가를 명확히 해야 한다고 했다.

그런데 이러한 준칙을 강조하는 것은 기자들의 기사 작성 기술이 미숙하기 때문이 아니라, 이해관계에 따라 특정 보도의 내용이 달라지기 때문이다. 자신들에게 유리하도록 기사가 보도되게 하려는 외부 세력이 있으므로 진실 보도는 일반적으로 수난의 길을 걷게 마련이다. 양심적이고자 하는 언론인이 때로 형극의 길과 고독의 길을 걸어야 하는 이유가 여기에 있다.

신문은 스스로 자신들의 임무가 '사실 보도'라고 말한다. 그 임무를 다하기 위해 신문은 자신들의 이해관계에 따라 진실을 왜곡하려는 권력과 이익 집단, 그 구속과 억압의 논리로부터 자유로워야 한다.

－송건호, 「신문과 진실」－

43 이 글을 통해 글쓴이가 강조하는 것은?

① 신문의 종류와 구성
② 신문과 뉴스의 차이점
③ 진실 보도를 위해 필요한 언론인의 자세
④ 신문 작성 방법

44 이러한 종류의 글을 무엇이라 하는가?

① 소설
② 논설문
③ 시나리오
④ 운문

45 윗글의 글쓴이가 제시한 진실 보도가 어려운 이유로 보기 <u>어려운</u> 것은?

① 다양한 이해관계
② 외부 세력
③ 권력 집단
④ 기자의 미숙함

46 윗글을 읽는 방법으로 가장 적절한 것은?

① 언어의 함축된 의미를 파악하며 읽는다.
② 등장인물들 간의 갈등에 초점을 맞추어 읽는다.
③ 주장과 근거의 타당성을 파악하며 읽는다.
④ 시간, 공간의 이동에 따라 읽는다.

[47~48] 다음 글을 읽고 물음에 답하시오.

근질근질 가려움, 키득키득 간지럼

어떤 물체가 살에 닿아 가볍게 스치면 간지러운 느낌 때문에 가만히 있기 어렵지요. 이처럼 견디기 어렵게 간지러운 느낌은 두 가지로 나누어 볼 수 있습니다. 하나는 '외부 자극에 의한 가려움[Knismesis]'이고, 또 다른 하나는 이 글에서 주의 깊게 살펴볼 '웃음이 나는 간지럼[Gargalesis]'입니다. 이 둘은 어떻게 다를까요?

먼저 외부 자극에 의한 가려움을 살펴보겠습니다. 벌레가 팔 위를 누비는 상황을 생각하시면 됩니다. 굉장히 성가신 가려움이지요. 몸 전체의 피부에서 나타나는데 특징은 아주 약한 움직임으로 발생한다는 것입니다. 이것이 느껴지면 '벅벅' 긁거나 문지르고 싶어지지요.

가려움은 연구가 많이 진행됐습니다. 아토피 피부염, 두드러기 등 가려움과 관련된 피부 질환이 많고, 하나같이 견디기 어렵기 때문이지요. 과거에는 가려움을 통각의 일종으로 여겼습니다. 통각의 세기가 약하면 가려움이 발생한다고 생각해왔지요. 하지만 최근 통각이 약하다고 해서 가려움을 느끼는 것이 아니라 가려움을 느끼는 신경이 따로 있다는 사실이 드러났습니다.

이번에는 이 글에서 본격적으로 주목할 ㉠ '웃음이 나는 간지럼'을 살펴보겠습니다. 이것은 신체의 특정 부위에서 잘 일어나며, 가려움보다는 더 강한 촉감 때문에 생긴다는 특징이 있습니다. 간지럼도 가려움과 마찬가지로 이전에는 통각으로 여겼습니다. 1939년에 솜털로 고양이를 살살 간질이는 실험을 한 결과, 고양이의 통각과 관련된 신경들이 반응했고 이를 본 실험자가 간지럼이 통각과 관련이 있다고 주장했습니다. 그 뒤의 연구들도 간지럼은 통각과 관련이 있다는 사실을 뒷받침했지요.

그런데 1990년, 이와 반대되는 연구 결과가 나왔습니다. 척수 손상으로 통증을 못 느끼는 환자들도 간지럼을 탄다는 것입니다. 간지럼의 원인이 통각만이 아니었던 것입니다. 간지럼의 원인은 다시 혼란에 빠지게 되었습니다. 현재는 촉각과 통각의 혼합이 유력한 후보로 꼽히고 있으며, 압각(壓覺)과 진동각(振動覺)등 여러 감각과의 연관성이 제시되고 있습니다.

-서동준, 「우리는 왜 간지럼을 느낄까」-

47 **㉠에 대한 설명으로 적절한 것이 아닌 것은?**

① 신체의 특정 부위에서 잘 일어난다.
② 가려움보다는 더 강한 촉감 때문에 생긴다
③ 이전에는 통각으로 여겼다.
④ 외부 자극에 의한 가려움과 동일하다.

48 **이 글에 대한 설명으로 적절하지 않은 것은?**

① 간지럼을 느끼게 된 이유를 진화적으로 살펴보고 있다.
② 웃음이 나는 간지럼의 원인과 특성에 대해 설명하는 글이다.
③ 간지럼이 인간에게 미치는 부정적인 측면에 대해 제시하고 있다.
④ 간지러운 느낌을 몇 개로 나누어 독자에게 설명하고 있다.

[49~52] 다음 글을 읽고 물음에 답하시오.

콜탄을 정련하면 나오는 금속 분말 '탄탈륨(Tantalum)'은 고온에 잘 견디는 성질이 있다. 이 성질 때문에 탄탈륨이 핸드폰과 노트북, 제트 엔진 등의 원료로 널리 쓰이게 되면서 콜탄은 귀하신 몸이 되었다. 전 세계 첨단 제품 시장에서 탄탈륨의 수요가 갑자기 늘어나자, 불과 몇 달 만에 1kg당 2만 5,000원이던 콜탄 가격이 50만 원으로 폭등(暴騰)하는 일이 벌어지기도 했다.

〈중략〉

그런데 이로 인해 여러 가지 부작용이 생겨나고 있다. 우선 콜탄 광산에서 일하는 인부들이 혹사(酷使)당하고 있다. 이들에게 주어지는 장비는 삽 한 자루뿐이다. 그밖에 사고를 예방할 아무런 장비도 갖추어져 있지 않다. 2001년에 갱도 붕괴 사고로 인부 100여 명이 사망했다. 그런데도 콜탄 값이 수십 배나 뛰는 것을 목격한 농부들은 농사짓던 땅을 버리고 돈벌이를 하기 위해 광산으로 모여들고 있다. 그러나 아무리 뼈 빠지게 일해도 그들에게 돌아가는 몫은 쥐꼬리만 한 일당뿐이다. 힘 있는 중개상들이 막대한 이윤을 고스란히 가로채고 있기 때문이다.

〈중략〉

해발 2,000~2,500미터에 살고 있던 고릴라의 수도 점점 줄어들었다. 1996년에 28마리 정도가 살고 있었는데, 2001년에는 절반밖에 남지 않았다. 그나마 얼마 남지 않은 고릴라들은 사람을 피해 이리저리 도망 다니는 처량한 신세가 되었다. 돈을 버는 데만 기를 쓰고 달려드는 탐욕스러운 사람들은 콜탄 광산의 광부들이 어떤 대접을 받고 있고, 국립공원이 얼마나 파괴되었으며, 고릴라들이 어떻게 죽어가고 있는지에 대해서는 아무런 관심도 기울이지 않고 있다.

〈중략〉

카메라 기능과 MP3 기능이 욕심나서 우리가 최신형 핸드폰을 기웃거리는 동안, 아프리카에 서는 고릴라가 보금자리를 잃고 멸종되고 있다.그리고 순박한 원주민들은 혹사당하며 살고 있다. 우리가 핸드폰을 오랫동안 소중하게 쓰는 일은, 단지 통신비를 아끼고 물자를 절약하는 차원에서 그치는 것이 아니다. 지구 반대편의 소중한 생명들을 보호하는 거룩한 일이다. 나아가 지구촌에 진정한 평화가 찾아오게 만드는 위대한 일이기도 하다.

-박경화, 「아프리카 고릴라는 핸드폰을 미워해」-

49 윗글의 성격으로 옳지 <u>않은</u> 것은?

① 설득적　　② 예시적
③ 논리적　　④ 예찬적

50 윗글의 특징으로 옳지 <u>않은</u> 것은?

① 구체적인 예를 들었다.
② 구체적인 수치를 자료로 제시했다.
③ 문제의 심각성을 알려준다.
④ 시간의 순서가 드러난다.

51 '아프리카 고릴라가 핸드폰을 미워한다'는 표현이 함축하는 의미는 무엇인가?

① 핸드폰 소음 때문에 고릴라들이 괴로워한다.
② 핸드폰의 전자파 때문에 고릴라가 병에 걸린다.
③ 핸드폰 만드는 데 사용되는 원료를 얻는 과정에서 환경이 파괴된다.
④ 고릴라가 핸드폰의 원료를 직접 얻으러 간다.

52 윗글에 담긴 글쓴이의 태도로 가장 알맞은 것은?

① 비판적　　② 긍정적
③ 방관적　　④ 소극적

[53~55] 다음 글을 읽고 물음에 답하시오.

우리가 먹는 대부분의 음식뿐만 아니라, 사람의 몸속에도 소금이 들어 있다. 꼭 필요한 사람이 되라는 의미로 쓰이는 ㉠<u>"소금 같은 사람이 되어라."라는 말이 있을 정도로</u> 소금은 우리의 건강이나 식생활과 밀접한 관련을 맺고 있다. 이제부터, 조그마한 흰 알갱이에 불과한 소금이 우리의 몸과 생활에 어떤 영향을 미치는지 자세히 알아보도록 하자.

소금은 생명을 유지하게 해 준다는 사실 이외에도 거부할 수 없는 매력을 지니고 있다. 만약 살기 위한 목적으로만 소금을 먹는 것이라면 한 사람당 1년에 1킬로그램의 소금이면 충분하다. 하지만 사람들은 실제로 그것의 몇 배가 넘는 소금을 소비한다. 이렇게 많은 소금을 사용하는 까닭은 소금이 지닌 짠맛의 매력 때문이다.

소금은 음식 본래의 맛과 어울려 맛을 향상시키는 작용을 한다. 소금은 고기뿐만 아니라 곡식, 채소 등 다양한 재료와 어울리며 우리의 입맛을 돋운다. 그냥 먹으면 너무 짜고 쓰기까지 하지만 다른 맛과 적절히 어울리면 기가 막힌 맛을 내는 것이 바로 소금이다. 실제로 우리가 먹는 음식 가운데 차, 커피, 과일과 같은 몇몇 기호 식품을 빼고는 거의 모든 음식에 소금을 넣는다.

–장인용, 「소금 없인 못 살아」–

53 이와 같은 글의 종류를 무엇이라 하는가?

① 소설 ② 설명문
③ 기행문 ④ 건의문

54 글쓴이가 소금을 바라보는 태도로 옳은 것은?

① 부정적 ② 비관적
③ 긍정적 ④ 소극적

55 ㉠에 사용된 표현 방법은 무엇인가?

① 정의 ② 인용
③ 대조 ④ 분석

EBS 교육방송교재

중졸 검정고시 국어

PART

IV

듣기, 말하기, 쓰기

이 단원에서는 의사소통의 방법 중 듣기·말하기의 개념과 방법을 이해하도록 한다. 또한 상대방과 공감하며 대화하는 방법을 학습하여 실생활에서 원활한 의사소통을 할 수 있게 한다. 그리고 글을 쓰는 방법과, 유의점을 파악하여 자신이 목적하는 글을 쓸 수 있게 한다.

01 듣기, 말하기

• 다양한 듣기·말하기의 종류를 파악하고, 상대방과 공감하는 대화 방법을 익혀 원활한 의사소통을 할 수 있다.

1 듣기와 말하기의 특성

1. 듣기

다른 사람의 말을 정리하여 자신의 것으로 이해하는 활동을 말한다.

2. 말하기

자신의 생각을 정리하여 말로 표현하는 활동이다.

3. 듣기와 말하기의 특성

① 소리로 생각과 감정을 전하는 음성 언어를 통해 이루어진다.
② 문제를 해결하는 과정이다.
③ 말하는 이와 듣는 이의 협동을 통해 이루어진다.
④ 여러 가지 상황을 고려해야 한다.

2 듣기와 말하기의 다양한 활동

1. 건의하기

① 개념 : 공공의 목적을 위하여 개인이나 단체가 의견을 내놓고 설득하는 말하기이다.
② 건의할 때 고려할 점
㉠ 듣는 이의 나이, 성별, 관심사, 직업, 상황 등을 고려하여 말한다.
㉡ 격식과 예의를 갖춰 말한다.
㉢ 건의 대상에 따라 설득 전략을 달리하여 말한다.

바로바로 체크

• 자신의 생각을 정리하여 말로 표현하는 활동을 무엇이라 하는가?
❶ 듣기
❷ 읽기
❸ 말하기
❹ 쓰기

정답 ❸

2. 조언하기

① 조언이 필요한 상황

㉠ 친구 사이의 문제, 진로 문제, 이성 친구 문제 등 일상생활 속 갈등이 생길 때

㉡ 무엇인가를 선택해야 하거나 결정을 내려야 하는 상황

② 조언을 하는 사람이 고려할 점

㉠ 듣는 이의 입장을 고려하여 말한다.

㉡ 어설픈 충고, 교훈적인 말, 감정적인 말 등은 하지 않는다.

㉢ 상대방의 상황에 맞게 조언을 해야 한다.

③ 조언을 듣는 사람이 고려할 점

㉠ 조언을 해 주는 사람의 이야기를 진지하게 받아들인다.

㉡ 조언하는 사람을 신뢰해야 한다.

3. 보조 자료 활용하여 말하기

① 보조 자료 : 약도나 지도, 사진이나 그림, 녹음 자료, 녹화 자료 등 말하고자 하는 내용에 도움이 될 수 있는 자료

② 효과

㉠ 전달하려는 내용을 쉽고 정확하게 이해시킬 수 있다.

㉡ 듣는 이에게 흥미를 불러 일으킨다.

③ 유의 사항

㉠ 보조 자료는 말하고자 하는 주제와 관련 있는 내용이어야 한다.

㉡ 말하기의 상황을 고려하여 적합한 보조 자료를 선택해야 한다.

㉢ 보조 자료를 사용하기 전에 미리 계획을 해야 한다.

4. 토론

① 개념 : 어떤 문제에 대해 찬반의 의견이 분명한 사람들이 타당한 근거를 바탕으로 자기주장을 논리적으로 펼치는 말하기이다.

② 토론 용어

논제	토론의 주제
쟁점	찬성 측의 입장과 반대 측의 입장이 나뉘는 부분
논거	주장을 뒷받침하는 근거

바로바로 체크

• 찬성이나 반대에서 입장에서 자기 주장을 펼쳐 문제 해결을 하는 말하기를 (　　　)이라고 한다.

정답 토론

③ 토론 참여자의 역할

사회자	• 논제를 제시하고, 토론의 시작과 끝을 알린다. • 토론자의 발언 내용을 요약하여 정리한다. • 토론자에게 발언 기회를 부여한다.
토론자	• 논제에 대해 찬성과 반대 입장을 정해 자신의 입장을 밝힌다. • 주장을 뒷받침할 다양한 근거를 마련한다.
청중	토론 과정과 결과를 평가한다.

④ 토론할 때 유의점

㉠ 사전에 철저한 준비를 한다.

㉡ 토론의 주제에 대해 올바로 이해하고 토론에 임한다.

㉢ 상대방에 대한 인신공격이나 감정적인 비판은 하지 않는다.

㉣ 상대방의 생각을 존중한다.

5. 토의

① 개념 : 집단적인 의사 결정 과정으로 어떤 문제에 대하여 협력하여 의사를 결정하고 문제를 풀어 가는 말하기이다.

② 토론과 토의의 구분

㉠ 토론 : 찬성이나 반대의 입장에서 자기주장을 논리적으로 펼치는 말하기

예 자율 학습 폐지 여부, 학생들의 두발 자율화 여부

㉡ 토의 : 협력하여 의사를 결정하며 문제를 풀어 가는 말하기

예 봉사활동의 활성화 방법, 음식물 쓰레기를 줄이는 방법

6. 협상하기

① 개념 : 개인이나 집단 간에 존재하는 의견 차이나 갈등을 해소하기 위해 집단의 대표나 당사자가 의견의 차이를 조정하고 만족스러운 대안을 찾는 의사 결정 과정이다.

② 협상의 목적 : 양보와 설득을 통해 실현 가능한 타협안을 찾는 것

3 공감적 대화하기

1. 공감적 대화

① 공감적 대화의 개념 : 상대방의 감정을 깊이 있게 이해하고 상대방의 관점에서 문제를 바라보며 협력적으로 소통하기 위한 대화

② 공감적 대화의 효과 : 원만한 인간관계를 형성하고 유지할 수 있다. 대화 상대방과의 신뢰감과 유대감을 형성할 수 있다.

③ 공감하며 대화하기의 방법

관심 표현하기	• 상대방의 말에 집중하는 반응을 한다. 예 고개 끄덕이기, 눈을 맞추기 등 • 상대방의 말에 맞장구를 친다. 예 '그랬구나~', '그래?' 등 • 상대방이 이야기를 많이 할 수 있도록 격려한다.
재진술하기	상대방의 감정과 생각을 파악하고 자신의 말로 재진술한다. 예 '~해서 속상했겠구나' 등
자신의 경험 공유하기	공감을 형성할 수 있는 자신의 경험을 공유한다.

2. 적절한 대화의 방법

① 언어 예절을 지켜 말한다.

② 비속어나 차별적인 표현을 하지 않는다.

③ 대화 상황이나 목적에 따라 말하기의 방식을 달리한다.

④ 상대(연령, 친밀도, 사회적 지위 등)를 고려하여 말한다.

⑤ 공적인 상황에서는 높임말을 사용한다.

⑥ 상대방의 말하기 방식이 나와 다를 수 있음을 이해하며 대화한다.

3. 대화의 표현 방법

① 언어적 표현 : 언어로 생각을 표현하는 것, 음성

② 반언어적 표현 : 언어적 표현과 함께 이루어지는 음성적 효과
예 말의 속도, 억양, 목소리 크기 등

③ 비언어적 표현 : 음성 이외의 동작 언어
예 몸짓, 표정, 손짓 등

4 의사소통의 맥락

1. 의사소통의 맥락

① 상황 맥락

개념	담화가 이루어지는 구체적인 상황
구성 요소	• 청자와 화자 : 청자와 화자의 나이, 성별, 직업, 친밀도, 화제에 대한 관심의 정도, 배경 지식 등 • 시간과 공간 : 담화가 이루어지는 시간대와 지속되는 시간, 담화가 이루어지는 구체적인 장소, 공간의 크기 등 • 의도와 목적 : 정보 전달, 설득, 친교, 정서 표현 등

② 사회 · 문화적 맥락

개념	담화가 이루어지는 사회 · 문화적 배경과 관련된 맥락으로 공동체의 가치나 신념, 사고방식 등 역사적인 상황이나 사회적인 상황을 포함한다.	
구성 요소	지역	• 표준어 : 한 나라의 표준이 되는 말로 서울말에 해당 • 지역 방언 : 특정 지역에서 사용하는 말
	세대	• 어른 세대 : 공손하고 정중한 표현, 한자어를 많이 사용 • 젊은 세대 : 친근한 표현, 유행어, 외래어, 인터넷 용어를 많이 사용
	문화	• 문화 : 각 나라의 문화가 다르기 때문에 그 문화를 반영하는 속담이나 관용적 표현을 외국인은 이해하기 어려움.

기/출/문/제 Check!

정답 및 해설 19p

01 다음 상황에서 ㉠에 어울리는 '공감하며 말하기'로 가장 적절한 것은?

> 동생 : 누나 큰일 났어. 지갑을 잃어버렸어.
> 누나 : ______㉠______

① 너 정말 한심하구나.
② 잘한다. 지금까지 벌써 몇 번째니?
③ 많이 속상하겠다. 어디서 잃어버렸니?
④ 그럴 줄 알았어. 어쨌든 나하고는 상관없는 일이야.

02 다음 대화에서 삼촌이 고려했어야 할 점으로 가장 적절한 것은?

> 조카 : 삼촌, 자전이 뭐예요?
> 삼촌 : 음, 자전? 천체의 자전을 말하는 거니? 자전이란 천체가 그 내부를 지나는 축을 중심으로 회전하는 것을 말한단다.
> 조카 : 삼촌 말씀이 어려워서 이해가 잘 안 가요.

① 조카의 국적
② 조카의 성별
③ 조카의 가치관
④ 조카의 지식수준

03 협상의 목적으로 가장 적절한 것은?

① 어떤 행동의 선악을 판단하여 책임을 묻기 위해
② 특정 주제의 강연을 듣고 자유롭게 질문하기 위해
③ 개인적인 대화를 나누며 친분 관계를 형성하기 위해
④ 사안에 대한 참여자들의 이익 관계를 조정하기 위해

04 영수가 지민에게 말하는 의도로 적절한 것은?

> 영수 : 지민아, 창문 좀 닫아 주겠니?
> 지민 : 응, 알았어.

① 감사 ② 설명
③ 요청 ④ 위로

05 토론에서 사회자의 역할로 적절하지 않은 것은?

① 토론을 공정하고 원만하게 진행한다.
② 토론에 참여하여 자신의 주장을 내세운다.
③ 토론의 논제를 제시하고 토론 순서를 안내한다.
④ 토론자들의 발언을 요약하거나 보충 질문을 한다.

02 쓰기

• 글을 쓰는 순서와 방법을 익혀, 다양한 매체를 통해 통일성과 응집성이 있는 글을 쓸 수 있다.

1 글쓰기의 방법

1. 글쓰기의 뜻

구체적인 상황과 맥락 아래서 주제, 목적, 독자 등을 고려하면서 이루어지는 목표 지향적인 문제 해결 과정을 말한다.

2. 글을 정확하게 쓰기 위해 고려해야 할 사항

글의 예상 독자, 글의 목적, 글의 형식 등

3. 글쓰기의 단계

계획하기	• 글을 쓰는 목적을 구체화한다. • 독자의 나이, 성별, 관심사 등을 분석한다.

⬇

내용 생성하기	• 쓸 내용과 주제를 구체화한다. • 전문가에게 질문하거나 토론하는 등의 방법을 활용한다. • 소리 내며 생각 말하거나 조사나 관찰을 통해 자료를 수집한다.

⬇

내용 조직하기

• 관련 있는 것끼리 묶어서 조직하여 개요표를 작성한다.
• 불필요한 내용은 삭제하고 필요한 내용은 추가한다.

개요표의 예

제목	대중문화를 이끌 팬 클럽 문화
처음	팬 클럽 문화가 생겨난 원인
중간	• 팬 클럽 문화에 대한 부정적인 인식 – ㉠ <u>건전한 비판을 거부하고 경쟁 연예인에게 악성 댓글로 피해를 줌.</u> – ㉡ <u>기획사들이 팬 클럽을 상업적으로 이용함.</u> • 팬 클럽 문화의 긍정적인 모습 – ㉢ <u>세대 간에 갈등을 일으킴.</u> – ㉣ <u>사람들에게 다양한 대중문화를 소개함.</u> – 연예인과 함께 봉사 활동, 기부 문화를 확신함.
끝	팬 클럽 문화가 나아갈 길

→ ㉢은 "팬클럽 문화의 긍정적인 모습"이라는 소제목의 내용과 무관한 부정적인 내용이므로 삭제하는 것이 좋다.

표현하기	• 표현이 어색하거나 내용이 구체적이지 않더라도 생각나는 대로 써내려 간다. • 활용한 출처가 있으면 출처를 반드시 밝힌다.

⬇

고쳐쓰기	글을 다시 읽어 가면서 부적절하거나 부족한 부분을 고쳐 쓴다. '글 전체 ➔ 문단 ➔ 문장 ➔ 단어' 순으로 고쳐 쓴다.

2 통일성과 응집성

1. 통일성과 응집성의 개념

① 통일성

㉠ 글의 주제가 하나여서 그것에 초점을 두고 모든 내용이 조직되어야 한다는 원리로 글의 의미가 내용상 일관된 흐름으로 연결되는 관계를 가리킨다.

㉡ 통일성을 깨뜨리는 문장 찾기

> 텔레비전은 활용만 잘하면 인간 생활에 매우 유용한 매체이다. ⓐ 텔레비전은 대화 상대가 필요한 현대인에게 좋은 친구가 될 수 있다. ⓑ 텔레비전은 복잡한 일상 속에서 지친 현대인이 휴식을 취할 수 있도록 도와주는 오락 수단이 되기도 한다. ⓒ 텔레비전이라는 유사 환경에 중독되어 실제와 가상 현실을 식별하는 능력을 잃을 수도 있다. ⓓ 텔레비전은 세상을 살아가는 데 필요한 정보를 얻는 창구이기도 하다. 이와 같이 텔레비전은 인간에게 좋은 친구도 될 수 있고, 휴식을 취할 수 있게 해주며, 필요한 정보를 얻는 데 도움을 준다.

➔ 주제 문장은 "텔레비전은 활용만 잘하면 인간 생활에 매우 유용한 매체이다"이다. ⓐ, ⓑ, ⓓ는 텔레비전의 긍정적인 기능을 제시했고, ⓒ는 텔레비전의 부정적인 기능을 제시하고 있다. 따라서 ⓒ는 글의 통일성을 깨뜨리는 문장이다.

② 응집성 : 글의 내용이 조직될 때 내용 사이의 관계가 주제를 뒷받침하기 위해 긴밀하게 연결되어 있어야 한다는 원리로 글의 형식상 유기적으로 연결되는 관계를 가리킨다.

2. 통일성과 응집성을 높이는 방법

① 통일성을 높이는 방법

㉠ 세부 내용이 전체의 중심 내용과 부합하는지 고려한다.

㉡ 문단별로 하나의 중심 생각만 드러나도록 구성한다.

② 응집성을 높이는 방법 : 문장 사이, 문단 사이에 적절한 접속어나 지시어를 활용한다.

3. 응집성을 높이는 접속어와 지시어

① 접속어의 뜻 : 낱말이나 구절, 문장을 이어 주는 역할을 하는 말

② 접속어의 종류

관계	기능	예
순접	앞의 내용을 이어받아 연결시킴.	그리고, 그리하여
역접	앞의 내용과 상반되는 내용을 이어 줌.	그러나, 그렇지만, 하지만
첨가 · 보충	앞의 내용에 새로운 내용을 첨가 · 보충해 주는 관계	그리고, 더구나, 게다가,
전환 관계	앞 내용과 다른 새로운 내용을 서술하며 화제를 바꿀 때	그런데, 그러면, 한편
인과 관계	앞뒤의 문장이 원인과 결과의 의미로 연결되는 관계	그래서, 따라서, 왜냐하면
대등 · 병렬 관계	앞뒤 내용을 같은 자격으로 나열하면서 이어 주는 관계	그리고, 또는, 혹은

③ 지시어의 뜻 : 앞에 제시된 사물이나 사실을 대신 가리키는 말

④ 지시어의 종류

'이'가 들어가는 지시어	말하는 이 가까이 있는 것을 가리킬 때 예 이, 이것, 이렇게, 여기 등
'그'가 들어가는 지시어	듣는 이 가까이에 있는 것을 가리킬 때 예 그, 그것, 그렇게, 거기 등
'저'가 들어가는 지시어	말하는 이와 듣는 이 모두에게 멀리 떨어져 있는 것을 가리킬 때 예 저, 저것, 저렇게, 저기 등

3 다양한 글쓰기

1. 다양한 종류의 글쓰기

설명문	어떤 대상에 대해 글쓴이가 알고 있는 지식이나 정보를 전달하여 이해시키는 글
기사문	육하원칙에 의해 보고 들은 사실이나 정보를 객관적으로 전달하는 글
보고문	어떤 주제에 대하여 조사하거나 연구한 결과를 정리하여 정보를 보고할 목적으로 쓴 글
안내문	어떤 내용을 소개하여 알려주는 글
계약서	계약이 성립했음을 증명하기 위해 작성하는 글
논설문	설득을 목적으로 하는 글로, 주장과 근거가 드러나는 글
건의문	어떤 문제에 대한 개인이나 집단의 요구 사항이나 문제 해결 방안을 제시된 글
자서전	글쓴이 자신의 삶의 과정을 성찰하여 기록한 글

2. 글쓰기 윤리

① 활용한 자료가 있을 때는 출처를 반드시 밝힌다.

② 다른 사람이 생산한 자료나 정보는 올바르게 인용한다.

③ 연구 결과는 과장, 왜곡하지 않는다.

④ 인터넷 등에 허위 내용이나 악성 댓글을 쓰지 않는다.

4 글쓰기 매체

1. 매체의 개념과 필요성

① 개념 : 책, 신문, 컴퓨터, 인터넷, TV 등 생각이나 느낌을 전달하고 공유하는 수단

② 필요성 : 많은 사람들에게 정보를 신속하게 전달할 수 있음

2. 매체별 특성

문자 메시지	• 의사소통이 신속하게 이루어짐. • 상대방을 배려하여 간결하게 작성해야 함.
온라인 대화	• 여러 사람이 모여 다양한 주제로 동시에 대화할 수 있음. • 의견 교환이 신속하게 이루어짐. • 올바른 표현을 사용해야 함.
전자 우편	• 글의 길이에 제한이 없음. • 한 번에 같은 내용을 여러 사람에게 보낼 수 있음. • 받은 내용을 다른 사람에게 쉽게 전달할 수 있음. • 상대방의 전자 우편 주소를 정확하게 입력해야 함. • 사진, 동영상, 음악 등을 첨부할 수 있음.
블로그	• 자신의 관심사에 따라 자유롭게 일기, 기사 등을 올리는 웹사이트 • 개인적인 공간이며 공개된 공간임. • 글이 빠르게 퍼지기 때문에 충분히 검토하여 글을 올려야 함. • 게시물의 저작권이 글쓴이에게 있음. • 게시물을 옮길 때는 글쓴이의 허락을 구해야 함.
인터넷 게시판 댓글	• 인터넷에 게시된 글에 대해 짧게 답하는 글 • 하나의 글에 여러 사람이 댓글을 달 수 있음. • 글쓴이와 댓글을 쓴 다른 사람들과 의견을 공유하며 소통 가능함. • 은어나 비속어를 사용하지 않아야 함.
누리 소통망 (SNS)	• 멀리 떨어져 있는 사람들과 실시간으로 소통할 수 있음. • 자신의 신상 정보와 사생활이 노출될 수 있음.

기/출/문/제 Check!

정답 및 해설 19p

[06~07] 다음 글을 읽고 물음에 답하시오.

㉠	우리 지역의 향토 음식인 '비빔밥'에 대해 알아보기 위해
㉡	비빔밥의 의미, 유래, 재료, 만드는 방법
㉢	2016년 ○○월 ○○일~○○월 ○○일
㉣	- 도서관에서 '비빔밥'과 관련된 책을 찾아봄 - 인터넷을 검색하여 관련 내용을 조사함 - 비빔밥 만드는 방법을 동영상으로 시청함

06 윗글은 보고서 작성을 위한 메모의 일부이다. ㉠~㉣에 들어갈 내용으로 적절하지 않은 것은?

① ㉠ 조사 목적
② ㉡ 조사 동기
③ ㉢ 조사 기간
④ ㉣ 조사 방법

07 보고서를 쓸 때 지켜야 할 쓰기 윤리로 바른 것은?

① 조사한 자료를 과장하여 써도 된다.
② 활용한 자료의 출처를 명확히 밝혀야 한다.
③ 독자의 관심을 끌기 위해 사실을 왜곡해도 된다.
④ 인터넷에서 검색한 내용을 모두 그대로 베껴 써도 된다.

08 ㉠을 하기 위해 찾은 자료로 가장 적절한 것은?

> **청소년 인터넷 중독에 관한 보고**
>
> 우리나라는 세계가 인정하는 정보 통신 강국이다. 그 명성에 걸맞게 최첨단 기능을 갖춘 각종 정보 통신 기기가 연일 쏟아져 나오고 있다. 특히 우리나라의 인터넷 보급률과 이용률은 세계 제일이라 할 수 있다. 하지만 인터넷의 이용에 따른 부작용 역시 큰 것이 사실이다. 먼저 ㉠ 성인과 청소년의 인터넷 중독률을 비교하고 분석해 보자.

① 유치원생 인터넷 중독률이 나타난 그래프
② 인터넷 예방 및 치료 프로그램 안내 그림
③ 청소년의 흡연 및 학교 폭력 금지 포스터
④ 성인과 청소년의 인터넷 중독률을 제시한 도표

[09~10] 다음 글을 읽고 물음에 답하시오.

> **칭찬 댓글 달기 캠페인을 제안합니다.** 작성자 은영
>
> 좋아요 · 댓글 달기 · 공유하기 공유 169개
>
> 요즘 인터넷에서는 상대방을 비난하거나 비하하는 악성 댓글이 문제가 되고 있습니다. 그래서 ㉠ 우리 모임에서는 악성 댓글을 줄이기 위해 칭찬 댓글을 작성하는 캠페인을 진행하려고 합니다. ㉡ 서로의 좋은 점을 찾아주는 칭찬이 많아지면 악성 댓글도 사라지지 않을까요? ㉢ 그렇지만 너무 많은 칭찬은 자제해야 합니다. ㉣ 우리 모임의 게시판에 서로를 칭찬하는 댓글을 남겨 주세요.
>
> 댓글 4개
>
> 유정 길거리의 쓰레기를 스스로 줍는 은석님을 칭찬합니다.
> 승진 넌 뭐니? 잘난 척하지 말고 너나 잘해.
> 순남 저는 일주일에 한 시간씩 홀로 사는 어르신을 위해 봉사하는 정란님을 칭찬합니다.
> 정란 칭찬 감사합니다. 저는 이 캠페인을 제안하신 은영님이 훌륭하다고 생각합니다.

09 ㉠~㉣ 중, 글 전체의 내용을 고려할 때 삭제해야 할 부분으로 가장 적절한 것은?

① ㉠ ② ㉡
③ ㉢ ④ ㉣

10 윗글에서 캠페인의 취지에 어울리지 않는 댓글을 작성한 사람은?

① 유정 ② 승진
③ 순남 ④ 정란

11 ㉠에 해당하는 내용으로 적절하지 않은 것은?

향토 음식 보고서 쓰기 계획
• 목적 : 대표적인 향토 음식에 대해 조사한다. • 기간 : 20○○년 ○○월○○일 ~ 20○○년 ○○월○○일 • 조사 내용 : 음식의 종류와 특징, 음식의 유래, 조리 과정 • ㉠ 조사 방법 및 주의할 점

① 책을 찾아 음식의 유래를 인용하고 출처를 밝힌다.
② 직접 요리를 해 보고 조리 과정을 사실 그대로 쓴다.
③ 지역 요리 연구가와 인터뷰한 내용을 과장 없이 쓴다.
④ 인터넷에서 음식 사진을 검색하여 출처 없이 사용한다.

PART IV

적중 예상 문제

정답 및 해설 20p

01 다음 대화의 의미를 파악할 수 <u>없는</u> 이유로 적절한 것은?

> 수미 : 우리 같이 쓸까?
> 규원 : 좀 좁지 않을까?
> 수미 : 그렇긴 한데, 어쩔 수 없잖아.

① 비유적인 표현을 사용했기 때문이다.
② 상황 맥락을 알 수 없기 때문이다.
③ 비속어를 사용했기 때문이다.
④ 유행어를 사용했기 때문이다.

02 다음 중 비언어와 반언어가 바르게 연결되지 <u>않은</u> 것은?

① 비언어 - 표정
② 반언어 - 어조
③ 반언어 - 옷차림
④ 비언어 - 손짓

03 상황에 맞게 말하기 위해 고려할 것으로 알맞지 <u>않은</u> 것은?

① 화제
② 듣는 이의 상황
③ 말하는 상황
④ 말하는 이의 관심사

04 다음 중 '면담하기'에 대한 설명으로 옳은 것은?

① 공공의 목적을 달성하기 위해 개인이나 단체가 의견을 제시하여 설득하는 말하기이다.
② 자신이 알고 있는 것에 대해 알지 못하는 대상에게 정보를 전달하는 말하기이다.
③ 일정한 목적을 위해 특정 인물을 만나 질문을 하고 응답을 받는 말하기이다.
④ 개인적인 감정과 정서를 표현하는 말하기이다.

05 듣기의 태도가 바르지 <u>않은</u> 학생은?

① 수미 : 말하는 내용에 주의를 기울이며 들었다.
② 규원 : 중요한 내용은 메모하며 들었다.
③ 형준 : 옆 사람과 이야기하며 들었다.
④ 철민 : 적절한 반응을 보이며 들었다.

06 토론을 할 때 유의할 점이 <u>아닌</u> 것은?

① 토론하기 전에 철저하게 준비를 한다.
② 내 의견이 관철될 때까지 주장을 반복한다.
③ 상대방의 생각을 존중하며 토론한다.
④ 상대방에 대한 인신공격은 하지 않는다.

07 글을 쓸 때 고려할 사항이 아닌 것은?

① 예상 독자　　　② 글쓴이의 직업
③ 글의 목적　　　④ 글의 형식

08 보조 자료를 활용하여 말할 때 유의할 사항이 아닌 것은?

① 보조 자료는 주제와 관련 있는 내용이어야 한다.
② 말하는 상황을 고려하여 보조 자료를 선택해야 한다.
③ 보조 자료를 사용하기 전에 미리 계획을 해야 한다.
④ 보조 자료는 무조건 많은 것이 좋다.

09 좋은 주제의 조건이 아닌 것은?

① 글쓴이가 경험했거나 잘 알고 있는 것
② 읽는 사람이 공감할 수 있는 것
③ 구체적인 범위의 주제
④ 사람들의 관심을 끌 수 있는 자극적인 것

10 다음 중 토의의 주제로 적절한 것은?

① 학생들의 교복 자율화
② 체험 학습 장소 결정하기
③ 교내에서 휴대폰 사용에 대한 찬반
④ 교내 매점 설치에 대한 학생들의 찬반

11 다음에서 학생의 건의 내용은?

> 저는 중학교 2학년입니다. 다양한 책을 읽고 책 읽기의 재미를 알아갈 수 있는 청소년 시기에 다양한 책을 접할 수 있는 도서관이 많으면 좋겠습니다. 현재 우리 구에 있는 도서관이 두 곳이 있으나 모두 일반 도서관이고, 청소년을 대상으로 한 도서관은 없는 실정입니다. 청소년을 위한 도서관 건립을 해주셨으면 좋겠습니다.

① 많은 책을 구비해주세요.
② 청소년 도서관을 건립해주세요.
③ 도서관 운영 시간을 늘려 주세요.
④ 도서관에 청소년 공간을 새로 만들어 주세요.

12 ㉠과 같이 말한 의도로 가장 적절한 것은?

> 규원 : '우리 학교 학생들이 선호하는 급식 반찬'에 한 글을 쓰기 위해 설문 조사를 했는데, 글로만 적으니 이해가 어려운 것 같아. ㉠ <u>어떤 방법으로 써야 이해하기 쉬울까?</u>
> 태윤 : 시각 자료를 사용하면 이해가 쉬울 거야.

① 명령하기 위해
② 위로하기 위해
③ 문제 해결을 위해
④ 타인을 소개하기 위해

13 보고서를 작성할 때 지켜야 할 쓰기 윤리로 적절하지 <u>않은</u> 것은?

① 인용한 자료는 반드시 출처를 밝힌다.
② 조사 결과는 과장하지 않고 사실에 근거하여 쓴다.
③ 다른 사람의 연구 결과를 제시할 때는 결과를 수정하여 쓴다.
④ 확인되지 않은 사실은 보고서에 제시하지 않는다.

14 다음 상황에 나타난 의사소통의 목적으로 가장 적절한 것은?

> 형준 : 안녕 ? 나는 형준이라고 해. 너도 7반이지? 친하게 지내면 좋겠다.
> 주영 : 안녕 ? 만나서 반가워. 나는 주영이라고 해. 우리 친하게 지내자.

① 위로　　② 친교
③ 명령　　④ 초대

15 ㉠을 하기 위해 찾은 자료로 가장 적절한 것은?

> 이렇게 몸에도 좋고 맛도 좋은 식품을 만들어 내는 발효란 무엇일까? 그리고 발효 식품은 왜 건강에 좋을까? 먼저 발효의 개념을 알아 보고, ㉠ <u>우리나라의 전통 발효 식품을 중심으로 발효 식품의 우수성을 자세히 알아보자.</u>

① 발효 식품의 유해성에 대한 자료
② 발효 식품의 섭취 비율 분석 자료
③ 우리나라 전통 발효 식품의 예와, 우수성에 대한 논문
④ 발효 식품에 대한 포스터

16 ㉠에 들어간 '공감하며 말하기'로 가장 적절한 것은?

> 여 : 어제 밤 새워 만든 자료를 집에 놓고 와서, 수행 평가 점수가 0점이야. 너무 속상해.
> 남 : ㉠ ______________________

① 왜 그렇게 준비물을 잘 챙기지 못하는 거야?
② 난 100점 받았는데.
③ 넌 정말 한심하다.
④ 정말 속상하겠다. 선생님께 다시 부탁드려 봤어?

17 다음에 해당하는 말하기의 유형은?

> 공공의 목적을 위하여 개인이나 단체가 의견을 내놓고 설득하는 말하기

① 강연하기 ② 소개하기
③ 건의하기 ④ 토론하기

18 의사소통을 할 때 파악해야 할 맥락이 아닌 것은?

① 대화하는 화자와 청자의 연령
② 담화가 이루어지는 시간대와 구체적인 장소
③ 대화의 의도와 목적
④ 청자의 옷차림

19 ㉠에 해당하는 글의 종류로 가장 적절한 것은?

> 저는 독자들이 텔레비전에 대해 가지고 있는 부정적인 측면에 대해 다시 생각하고, ㉠ 긍정적인 측면에 대해 알 수 있게 하기 위해 이 글을 썼습니다.

① 건의문 ② 설명문
③ 자서전 ④ 계약서

20 다음에 제시된 특성을 가진 매체는 무엇인가?

> • 글의 길이에 제한이 없음.
> • 한 번에 같은 내용을 여러 사람에게 보낼 수 있음.
> • 받은 내용을 다른 사람에게 쉽게 전달할 수 있음.
> • 상대방의 전자 우편 주소를 정확하게 입력해야 함.
> • 사진, 동영상, 음악 등을 첨부할 수 있음.

① 블로그 ② 문자 메시지
③ 전자 우편 ④ 휴대전화

memo

EBS 교육방송교재

중졸 검정고시 국어

PART V

문법

01 언어의 특성

02 음운의 변동

03 단어와 형태소, 품사

04 사동·능동 표현, 높임 표현, 시제 표현

05 문장 성분, 문장의 확장

06 다양한 어휘, 다양한 표현

07 어문 규범

08 한글의 창제 원리

이 단원에서는 우리가 사용하는 말과 글을 작은 단위로 나눠 분석하고, 올바르게 글을 쓰고 읽는 방법을 어문 규정을 통해 배워보도록 한다. 또한 우리글인 한글의 창제 원리와 우수성에 대해 알아보도록 한다.

01 언어의 특성

• 언어가 가지고 있는 특성을 파악할 수 있다.

1 언어의 특성

1. 언어의 특성

① 기호성 : 언어는 전달하고자 하는 '내용'을 일정한 '형식'으로 나타내는 기호 체계이다.

예 손은 '사람의 팔목 끝에 달린 부분'이라는 의미가 '손'이라는 문자와 [손]이라는 소리로 결합되어 있는 단어이다.

② 자의성 : 언어의 기호(형식)와 의미(내용)의 결합은 필연적인 관련성이 없다.

예 • 한국어 → [나무]
• 영어 → [트리]
• 독일어 → [바움]

③ 창조성 : 인간은 이미 배웠거나 알고 있는 말을 바탕으로 상황에 따라 무한하게 많은 새말을 만들어 낸다.

예 "엄마", "맘마"라는 말을 사용할 줄 알면, "엄마, 맘마 주세요." 등의 문장도 만들어 사용할 수 있다.

④ 법칙성 : 인간이 사용하는 언어에는 일정한 법칙 즉, 문법이 있다.

예 빵이 맛있는 있다.(×), 맛있는 빵이 있다.(○)

⑤ 사회성 : 언어는 그 언어를 사용하는 사람들 사이의 약속이므로, 개인이 마음대로 바꾸어 쓸 수 없다.

예 어떤 사람이 '장미꽃'을 '하늬꽃'이라고 바꿔 부르면 의사소통이 되지 않는다.

⑥ 역사성 : 언어는 시간의 흐름에 따라 음운이나 어휘 등의 측면에서 생성, 발전, 소멸 등의 변화가 나타난다.

예 • 형태의 변화 : 나모 → 나무
• 의미의 변화 : 어리다 ┬ **과거의 의미** – 어리석다.
└ **현재의 의미** – 나이가 어리다.

바로바로 체크

• '어리다'의 의미가 과거에는 '어리석다'였지만 현재는 '나이가 어림'을 뜻한다. 이러한 변화는 언어의 (   ) 때문이다.

정답 역사성

기/출/문/제 Check!

정답 및 해설 21p

01 다음 설명에 해당하는 언어의 특성은?

> 언어는 대상을 가리키는 말소리와 대상 사이에 직접적인 연관이 없다. '하늘'이라는 대상을 우리말에서는 '하늘[하늘]'로 영어에서는 'sky[스카이]'로 표현하는 것처럼 각기 다른 말소리로 표현하는 것이 그 예이다.

① 규칙성　　② 자의성
③ 정확성　　④ 중의성

02 ㉠에 해당하는 언어의 특성으로 가장 적절한 것은?

> 언어는 그 언어를 사용하는 사회 구성원들 사이의 약속이므로 개인이 마음대로 바꾸어 쓸 수 없다. 만일 어떤 사람이 '지우개'를 '타타하'라고 부르겠다고 정하고, 사람들에게 "타타하 좀 빌려줘"라고 말한다면 어떻게 될까? 아무도 그 말을 이해하지 못할 것이고, '타타하'라는 말을 사용하는 사람은 다른 사람들과 의사소통하기가 어려울 것이다.

① 자의성　　② 사회성
③ 역사성　　④ 창조성

02 음운의 변동

• 우리말의 자음과 모음 체계를 알아보고, 다양한 음운 변동 현상을 통해 우리말을 정확하게 발음할 수 있다.

1 음절

1. 음절이란?

① 발음할 때 한 번에 낼 수 있는 소리의 단위

② 한 뭉치로 이루어진 소리의 단위

③ 모음은 음절 구성의 필수적인 성분으로, 음절은 반드시 모음을 포함한다.

④ 음절 첫머리 자음을 첫소리, 음절 가운데 모음을 가운뎃소리, 음절 끝의 자음을 끝소리라 한다.

⑤ 음절 첫소리에 오는 'ㅇ'은 소릿값이 없으며 음운으로 인정하지 않는다.

⑥ 음절 끝소리에 오는 'ㅇ'은 소릿값이 있으므로 하나의 음운으로 인정한다.

2. 음절의 구성 방식

모음	아, 어, 이
자음 + 모음	기, 보, 나
모음 + 자음	양, 옹, 악
자음 + 모음 + 자음	감, 봄, 잠

2 음운

1. 음운이란?

① 뜻 : 말의 뜻을 구별해 주는 소리의 최소 단위이다.

② 종류 : 모음, 자음, 소리의 길이

분절 음운	모음 (21개)	• 공기의 흐름이 막히거나 장애를 받지 않고 만들어지는 소리 • 홀로 소리 날 수 있으므로 '홀소리'라고도 함.
	자음 (19개)	• 목청을 통과한 공기의 흐름이 혀로 막히거나 통로가 좁아지는 장애를 받으며 만들어지는 소리 • 홀로 소리 날 수 없고 모음에 닿아서 소리 나기 때문에 '닿소리'라고도 함.
비분절 음운	소리의 길이	소리의 길이에 따라서 뜻이 구별되기도 함.

2. 자음 체계

① 자음 : 소리를 낼 때 공기의 흐름이 목, 혀, 입술, 입천장 등의 발음 기관에서 장애를 받고 나오는 소리

② 자음 분류 기준

㉠ 자음이 소리 나는 위치

입술소리	두 입술이 맞닿아서 나는 소리	ㅁ, ㅂ, ㅃ, ㅍ
잇몸소리	혀끝이 잇몸에 닿아서 나는 소리	ㄴ, ㄷ, ㄸ, ㅌ, ㅅ, ㅆ, ㄹ
센입천장소리	혓바닥과 입천장의 딱딱한 부분에서 나는 소리	ㅈ, ㅉ, ㅊ
여린입천장소리	혓바닥과 입천장의 무른 부분 사이에서 나는 소리	ㄱ, ㄲ, ㅋ, ㅇ
목청소리	목청 사이에서 나는 소리	ㅎ

㉡ 소리 내는 방법

울림소리	발음할 때 목청이 떨려 울리는 소리	
	콧소리 (비음)	입안의 통로를 막고 코로 공기를 내보내면서 내는 콧소리(ㄴ, ㅁ, ㅇ)
	흐름소리 (유음)	혀끝을 잇몸에 가볍게 대었다가 떼거나, 혀끝을 윗잇몸에 댄 채 공기를 그 양 옆으로 흘려보내면서 내는 소리(ㄹ)
안울림소리	발음할 때 목청의 울림이 일어나지 않는 소리(ㄴ, ㅁ, ㅇ, ㄹ)을 제외한 모든 자음	

바로바로 체크

• 다음 중 입술소리가 아닌 것은?

ㅁ, ㅂ, ㅇ, ㅍ

정답 ㅇ(여린입천장소리)

ⓒ 소리의 세기

예사소리	발음의 긴장도가 낮아 약하게 나오는 소리	ㅂ, ㄷ, ㄱ, ㅅ, ㅈ
된소리	발음 기관의 근육을 긴장시키거나 목소리가 나오는 통로를 좁혀 내는 소리	ㅃ, ㄸ, ㄲ, ㅆ, ㅉ
거센소리	공기를 세게 내뿜어 거세게 나오는 소리	ㅍ, ㅌ, ㅋ, ㅊ

ⓔ 자음의 분류표

소리 내는 방법 \ 소리 내는 자리		입술소리	잇몸소리	센입천장소리	여린입천장소리	목청소리
안울림소리	예사소리	ㅂ	ㄷ, ㅅ	ㅈ	ㄱ	ㅎ
	된소리	ㅃ	ㄸ, ㅆ	ㅉ	ㄲ	
	거센소리	ㅍ	ㅌ	ㅊ	ㅋ	•
울림소리	콧소리	ㅁ	ㄴ	•	ㅇ	•
	흐름소리	•	ㄹ	•	•	•

3. 모음 체계

① 모음 : 소리를 낼 때 공기의 흐름이 발음 기관에서 장애를 받지 않고 순조롭게 나오는 소리

② 모음의 종류

ⓐ 단모음 : 발음할 때 입술이나 혀가 고정된 채 소리가 나는 모음

ⓑ 이중 모음 : 발음할 때 입술이나 혀의 위치가 바뀌면서 발음되는 모음

단모음	ㅏ, ㅐ, ㅓ, ㅔ, ㅗ, ㅚ, ㅜ, ㅟ, ㅡ, ㅣ (10개)
이중모음	ㅑ, ㅒ, ㅕ, ㅖ, ㅘ, ㅙ, ㅛ, ㅝ, ㅞ, ㅠ, ㅢ (11개)

③ 단모음 분류 기준

ⓐ 혀의 앞뒤 위치

전설 모음	혀가 앞쪽에 있을 때 소리 나는 모음	ㅣ, ㅟ, ㅔ, ㅚ, ㅐ
후설 모음	혀가 뒤쪽에 있을 때 소리 나는 모음	ㅡ, ㅜ, ㅓ, ㅗ, ㅏ

바로바로 체크

• 다음 자음을 사전에 실리는 순서대로 나열하시오.

ㅅ, ㅎ, ㅉ, ㅁ, ㄲ, ㄹ, ㅇ

정답 ㄲ, ㄹ, ㅁ, ㅅ, ㅇ, ㅉ, ㅎ

㉡ 혀의 높낮이

고모음	혀의 위치가 높은 모음	ㅣ, ㅟ, ㅡ, ㅜ
중모음	혀의 위치가 중간인 모음	ㅔ, ㅚ, ㅓ, ㅗ
저모음	혀의 위치가 낮은 모음	ㅐ, ㅏ

㉢ 발음할 때 입술 모양

평순 모음	입술이 평평한 상태에서 소리 나는 모음	ㅏ, ㅐ, ㅓ, ㅔ, ㅡ, ㅣ
원순 모음	입술을 둥글게 오므린 상태에서 소리 나는 모음	ㅗ, ㅚ, ㅜ, ㅟ

㉣ 단모음의 분류표

구분	**전설 모음**		**후설 모음**	
	평순 모음	**원순 모음**	**평순 모음**	**원순 모음**
고모음	ㅣ	ㅟ	ㅡ	ㅜ
중모음	ㅔ	ㅚ	ㅓ	ㅗ
저모음	ㅐ	·	ㅏ	·

3 음운의 변동

1. 교체

한 음운이 수적인 변화 없이 다른 음운으로 바뀌는 현상

① 음절의 끝소리 규칙

자음이 음절 끝에 올 때 소리가 ㄱ, ㄴ, ㄷ, ㄹ, ㅁ, ㅂ, ㅇ 7개로만 발음되는 현상

홑받침	**발음**	**홑받침 발음의 예**
ㄱ, ㄲ, ㅋ	ㄱ	박 [박], 밖 [박], 부엌 [부억]
ㄴ	ㄴ	난 [난]
ㄷ, ㅌ, ㅅ, ㅆ, ㅈ, ㅊ, ㅎ	ㄷ	낟, 낱, 낫, 났, 낮, 낯 [낟]
ㄹ	ㄹ	물 [물]
ㅁ	ㅁ	몸 [몸]
ㅂ, ㅍ	ㅂ	입, 잎 [입]
ㅇ	ㅇ	상 [상]

알아두세요!

음절의 끝소리 규칙 중 홑받침이 대표음으로 발음되는 경우는 한 음운이 다른 음운으로 교체되는 현상이다. 그러나 음절의 끝소리 규칙에서 겹받침의 경우는 두 개의 받침 중 하나로만 선택되어 발음되기 때문에 자음이 탈락되는 자음군 단순화(탈락)(이)라고 한다.

겹받침	발음	겹받침의 발음 (뒤의 자음이 발음되는 경우)의 예
ㄺ	ㄱ	흙 [흑], 맑지 [막찌]
ㄻ	ㅁ	삶 [삼], 앎 [암]
ㄿ	ㅂ	읊다 [읍따]

겹받침	발음	겹받침의 발음 (앞의 자음이 발음되는 경우)의 예
ㄳ	ㄱ	넋 [넉], 몫 [목], 삯 [삭]
ㄵ, ㄶ	ㄴ	앉고 [안꼬], 않다 [안타]
ㄽ, ㄾ, ㅀ	ㄹ	외곬 [외골], 핥고 [할꼬], 닳다 [달타]
ㅄ	ㅂ	값 [갑]
ㄼ	ㄹ	넓다 [널따], 여덟 [여덜]

② 된소리 되기

뜻	예
앞 음절의 예사소리 받침과 뒤 음절의 'ㄱ, ㄷ, ㅂ, ㅅ, ㅈ'이 만나면 뒤의 예사소리가 된소리인 'ㄲ, ㄸ, ㅃ, ㅆ, ㅉ'으로 발음되는 것	국밥 [국빱] 작다 [작따]

③ 동화

종류	뜻	예
비음화	비음이 아닌 음운이 비음 'ㄴ, ㅁ'을 만나 비음 'ㅇ, ㅁ, ㄴ'으로 바뀌어 소리나는 것	국물 [궁물]
유음화	유음이 아닌 'ㄴ'이 'ㄹ'의 앞이나 뒤에서 유음인 'ㄹ'로 바뀌어 소리 나는 것	신라 [실라]
구개음화	'ㄷ, ㅌ'이 형식 형태소 'ㅣ'를 만나 'ㅈ, ㅊ'으로 바뀌어 소리 나는 것	같이 [가치] 밭이 [바치]

2. 축약

두 음운이 합쳐져서 하나의 음운으로 줄어드는 현상

자음 축약 (거센소리 되기)	'ㄱ, ㄷ, ㅂ, ㅈ'이 'ㅎ'과 만나서 'ㅋ, ㅌ, ㅍ, ㅊ'이 되는 현상	축하 [추카], 잡히다 [자피다]
모음 축약	두 개의 모음이 하나의 이중 모음으로 줄어드는 것	그리- + -어서 → 그려서 되- + -어 → 돼

3. 탈락

두 음운이 만나 둘 중에 하나의 음운이 없어지는 현상

종류	뜻	예
'ㄹ' 탈락	실질 형태소의 끝소리 'ㄹ'이 'ㄴ, ㄷ, ㅅ, ㅈ'의 자음 앞에서 탈락하는 현상	아들 + -님 → 아드님
'ㅎ' 탈락	'ㅎ'받침으로 끝나는 용언의 어간이 모음으로 시작되는 어미를 만나면 'ㅎ'이 탈락하는 현상	좋은 [조은]
'ㅡ' 탈락	동사나 형용사의 어간 말 모음 'ㅡ'가 모음으로 시작하는 어미 앞에서 탈락하는 현상	담그- + -아 → 담가
동음 탈락	용언의 어간 끝소리가 'ㅏ'/'ㅓ'일 때, 어미 '아/어'를 만나 음운 하나가 탈락하는 현상	가- + -아서 → 가서

4. 첨가

없던 음운이 새로 더해지는 현상

종류	뜻	예
'ㄴ' 첨가	합성어나 파생어 등에서 뒷말이 모음 'ㅣ'나 반모음 'ㅣ'로 시작될 때, 두 단어의 사이에 'ㄴ'이 첨가되는 현상	맨- + 입 → 맨입 [맨닙]

기/출/문/제 Check! 정답 및 해설 21p

03 다음에서 설명하는 음운 변동에 해당하지 않는 것은?

> **표준 발음법**
> 제17항 받침 'ㄷ, ㅌ(ㄾ)'이 조사나 접미사의 모음 'ㅣ'와 결합되는 경우에는, [ㅈ, ㅊ]으로 바꾸어서 뒤 음절 첫소리로 옮겨 발음한다.

① 굳이 ② 같이
③ 해돋이 ④ 달맞이

04 다음에서 설명하는 음운 변동의 예로 적절한 것은?

> **표준 발음법**
> 제18항 받침 'ㄱ(ㄲ, ㅋ, ㄳ, ㄺ), ㄷ(ㅅ, ㅆ, ㅈ, ㅊ, ㅌ, ㅎ), ㅂ(ㅍ, ㄼ, ㄿ, ㅄ)'은 'ㄴ, ㅁ' 앞에서 [ㅇ, ㄴ, ㅁ]으로 발음한다.

① 좋다 ② 국밥
③ 먹는 ④ 미닫이

05 다음 설명을 참고할 때 음절의 끝소리가 다른 단어는?

> 우리말에서는 'ㄱ, ㄴ, ㄷ, ㄹ, ㅁ, ㅂ, ㅇ'의 7개 자음만 음절의 끝소리로 발음된다. 그 이외의 받침은 7개의 자음 중 하나로 바뀌어 발음되는데, 이를 '음절의 끝소리 규칙'이라고 한다.

① 낮 [낟] ② 빛 [빋] ③ 숲 [숩] ④ 옷 [온]

06 다음에서 설명하는 음운 변동이 나타나는 단어는?

> 제20항 'ㄴ'은 'ㄹ'의 앞이나 뒤에서 [ㄹ]로 발음한다.

① 신라 ② 부엌 ③ 굳이 ④ 국밥

03 단어와 형태소, 품사

• 형태소의 개념을 파악하여 단어가 형성되는 과정을 알아보고, 우리말의 9품사를 파악하여 우리가 사용하는 단어들의 품사를 구분할 수 있다.

1 단어와 형태소

1. 언어의 짜임

① 문장 : 생각이나 감정을 완결된 내용으로 표현하는 기본 단위

② 어절 : 문장을 끊어 읽거나 띄어 쓰는 단위

③ 단어

㉠ 문장에서 홀로 쓰일 수 있는 가장 작은 말의 단위

㉡ 조사는 홀로 쓰일 수 없지만 쉽게 분리되는 성질이 있기 때문에 단어로 인정함.

④ 형태소 : 일정한 뜻을 가진 가장 작은 말의 단위

예 풋사과가 매우 시다.

문장	풋사과가 매우 시다. (1문장)
어절	풋사과가 / 매우 / 시다 (3어절)
단어	풋사과 / 가 / 매우 / 시다 (4단어)
형태소	풋- / 사과 / 가 / 매우 / 시- / 다 (6형태소)

2. 단어

문장에서 홀로 쓰일 수 있는 가장 작은 단위
(단, 조사는 홀로 쓰일 수 없지만 단어로 인정함.)

문장	단어 분석
아직 봄바람이 차다	아직 / 봄바람 / 이 / 차다 (4단어)
나는 김밥을 먹었다.	나 / 는 / 김밥 / 을 / 먹었다 (5단어)
영미는 학생이다.	영미 / 는 / 학생 / 이다 (4단어)

3. 형태소

뜻을 가진 가장 작은 말의 단위

문장	형태소 분석
아직 봄바람이 차다	아직 / 봄 / 바람 / 이 / 차- / 다 (6형태소)
나는 김밥을 먹었다.	나 / 는 / 김 / 밥 / 을 / 먹- / -었- / -다 (8형태소)
꽃이 매우 예쁘다.	꽃 / 이 / 매우 / 예쁘- / -다 (5형태소)

4. 형태소의 종류

① 실질 의미 유무에 따른 분류

실질 형태소	실질적인 의미를 가진 형태소 예 나는 책을 읽는다. → "나", "책", "읽-"
형식 형태소	형식적인 의미를 가진 형태소 예 나는 책을 읽는다. → "는", "을", "-는", "-다"

② 자립성 유무에 따른 분류

자립 형태소	혼자서도 사용할 수 있는 형태소 예 나는 책을 읽는다. → "나", "책"
의존 형태소	혼자서 사용할 수 없는 형태소 예 나는 책을 읽는다. → "는", "을", "는", "다"

5. 형태소와 단어의 관계

① 홀로 쓰일 수 있는 형태소는 단어가 된다.
예 책을 들고 학교에 가자. → "책", "학교"

② 조사는 홀로 쓰일 수 없는 형태소이지만 단어로 인정이 된다.
예 책을 들고 학교에 가자. → "을", "에"

③ 형태소 중 홀로 쓰일 수도 없고, 단어로 인정받지 못하는 것들은 서로 결합하여 단어가 된다.
예 책을 들고 학교에 가자. → "들-", "-고", "가-", "-자"

2 낱말 형성법

1. 어근과 접사

① 어근과 접사의 뜻

어근	단어를 형성할 때 실질적인 의미를 나타내는 부분 예 '덧신'의 '신'
접사	단어를 형성할 때 어근에 붙어 그 뜻을 제한하는 부분 예 '덧신'의 '덧-', '톱질'의 '-질'

② 다양한 접사

접두사	햇-	그 해에 새로 난
	군-	쓸데없는
	덧-	거듭, 겹쳐
	치-	위로 향하게
	풋-	덜 익은, 미숙한
	헛-	보람 없는, 이유 없는
	개-	야생 상태의, 헛된
	설-	충분하지 못하게
	날-	익히지 않은
	맨-	다른 것이 없는
접미사	-개	사람 또는 간단한 도구
	-꾼	어떤 일을 전문적, 습관적으로 하는 사람
	-이	명사를 만드는 접미사
	-쟁이	그것이 나타내는 속성을 가진 사람
	-장이	그것과 관련된 기술을 가진 사람
	-꾸러기	그것이 심하거나 많은 사람
	-질	도구를 가지고 하는 일

2. 단어 형성법

① 단어가 만들어지는 방식을 알아야 하는 이유 : 단어의 의미를 더 명확하게 알 수 있다. 처음 보는 단어의 의미를 짐작하는 데에 도움이 된다.

② 단어가 만들어지는 방식

단일어		하나의 실질 형태소로 이루어진 단어 예 수박, 아버지
복합어	합성어	어근끼리 결합하여 이루어진 단어 예 책가방, 오가다
	파생어	어근과 접사가 결합하여 이루어진 단어 예 덧신, 풋사과

③ 합성어의 종류

㉠ 대등 합성어 : 어근이 대등하게 연결되는 합성어

예 손발, 남녀, 뛰놀다, 대여섯

㉡ 수식 합성어 : 한쪽의 어근이 다른 어근을 수식하는 합성어

예 책가방, 고무신, 물걸레

㉢ 융합 합성어 : 어근이 합쳐져 새로운 의미를 갖는 합성어

예 춘추(나이를 높여 이르는 말), 밤낮(하루 종일)

④ 파생어의 종류

㉠ 접두사가 붙는 파생어

예 햇나물, 개살구, 풋사랑

㉡ 접미사가 붙는 파생어

예 날개, 잠꾸러기, 겁쟁이

3 품사

1. 품사란?

문법적 성질이 비슷한 것끼리 분류해 놓은 단어의 무리

2. 단어를 분류하는 이유

① 단어를 문법적 성질에 따라 분류하면 단어의 쓰임을 더 잘 파악할 수 있다.

② 상황에 맞게 단어를 선택하여 올바른 언어생활을 하는 데 도움이 된다.

3. 단어의 분류 기준

① 의미 : 어떤 의미를 가지는가

② 기능 : 문장에서 어떤 역할을 하는가

③ 형태 : 문장에서 사용될 때, 그 형태가 변하는가 변하지 않는가

4. 품사 분류

형태	기능	의미
불변어	체언	명사
		대명사
		수사
	수식언	관형사
		부사
	독립언	감탄사
	관계언	조사
가변어	용언	동사
		형용사

5. 품사의 특징

① 체언

㉠ 체언 : 명사, 대명사, 수사

㉡ 체언의 특징

- 형태가 고정되어 바뀌지 않는다.
- 조사와 결합하여 쓰이거나 홀로 쓰인다.
- 문장에서 주로 주어, 목적어, 보어로 사용된다.

㉢ 체언 자세히 알아보기

<table>
<tr><td rowspan="5">명사</td><td colspan="4">어떤 대상이나 개념의 이름을 나타내는 단어</td></tr>
<tr><td rowspan="2">구체성</td><td>구체 명사</td><td>구체적인 대상의 이름을 나타내는 단어</td><td>자동차</td></tr>
<tr><td>추상 명사</td><td>추상적인 개념의 이름을 나타내는 단어</td><td>사랑, 평화</td></tr>
<tr><td rowspan="2">사용범위</td><td>보통 명사</td><td>일반적인 사물의 이름을 나타내는 단어</td><td>책, 창문</td></tr>
<tr><td>고유 명사</td><td>특정한 사람이나 사물의 이름을 나타내는 단어</td><td>이순신</td></tr>
<tr><td rowspan="3">대명사</td><td colspan="4">사람, 사물, 장소의 이름을 대신하여 가리키는 단어</td></tr>
<tr><td colspan="2">인칭 대명사</td><td>사람을 대신하여 가리키는 명사</td><td>나, 너, 우리</td></tr>
<tr><td colspan="2">지시 대명사</td><td>사물, 공간, 시간을 대신하여 가리키는 명사</td><td>이것, 여기, 언제</td></tr>
<tr><td rowspan="3">수사</td><td colspan="4">사물의 수량을 나타내거나 순서를 가리키는 단어</td></tr>
<tr><td colspan="2">양수사</td><td>사물의 양을 나타내는 단어</td><td>하나, 둘, 셋</td></tr>
<tr><td colspan="2">서수사</td><td>순서를 나타내는 단어</td><td>첫째, 둘째</td></tr>
</table>

② 독립언

㉠ 독립언 : 감탄사

㉡ 독립언 특징

- 형태가 변하지 않는다.
- 문장에서 다른 말과 직접적으로 관련을 맺지 않고, 독립적으로 쓰인다.
- 놀람, 부름, 느낌, 응답 등의 의미를 나타낸다.

③ 관계언

㉠ 관계언 : 조사

㉡ 관계언 특징

- 문장에 쓰인 다른 말과의 문법적 관계를 나타내거나 특별한 뜻을 더해준다.
- 문장에서 홀로 쓰일 수 없고 주로 체언 뒤에 붙어 사용된다.
- 형태가 변하지 않는다. (서술격 조사 '~이다' 제외)
- 독립적으로 쓰일 수 없지만 단어로 인정한다.

㉢ 관계언 자세히 알아보기

<table>
<tr><td rowspan="4">조사</td><td colspan="3">문장에서 다른 말과의 문법적 관계를 나타내는 말</td></tr>
<tr><td>격조사</td><td>문장에서 자신의 앞에 오는 체언에 일정한 자격을 가지도록 하는 단어</td><td>주격조사 : 이/가, 께서
목적격조사 : 을/를
보격조사 : 이/가
서술격조사 : 이다</td></tr>
<tr><td>접속조사</td><td>두 단어를 같은 자격으로 이어 주는 단어</td><td>와/과, 하고 등</td></tr>
<tr><td>보조사</td><td>앞말에 일정한 뜻을 더하는 단어</td><td>은/는, 도, 만, 부터 등</td></tr>
</table>

④ 용언

㉠ 용언 : 동사, 형용사

㉡ 용언의 특징

- 문장에서 사람이나 사물의 움직임, 상태, 성질 등을 나타낸다.
- 문장에서 쓰임에 따라 그 형태가 변한다. (활용한다)
- 문장에서 주로 서술어로 쓰인다.
- 활용을 하면 용언의 성격이 변해 문장에서 여러 가지 기능을 한다.

㉢ 용언의 활용

- 활용 : 용언의 모양이 다양한 형태로 변하는 것

 예 가다 → 가고, 가니, 가서

- 어간 : 활용할 때 모양이 변하지 않는 것

 예 가고, 가니, 가서 → '가-'는 어간이다.

- 어미 : 활용할 때 모양이 변하는 것

 예 가고, 가니, 가서 → '-고', -니, -서'는 어미이다.

㉣ 용언 자세히 알아보기

동사	사람이나 사물의 움직임을 나타내는 단어	가다, 달리다
형용사	사물의 상태나 성질을 나타내는 단어	예쁘다, 시원하다

⑤ 수식언

㉠ 수식언 : 관형사, 부사

㉡ 수식언의 특징

- 형태가 고정되어 변하지 않는다.
- 꾸밈을 받는 말 앞에 놓여 다른 단어를 꾸며 준다.
- 관형사는 조사와 결합할 수 없다. 단, 부사는 보조사와는 결합할 수 있다.

㉢ 수식언 자세히 알아보기

관형사	'어떤'의 의미를 가지고 뒤에 오는 체언을 꾸며 준다.		
	지시 관형사	어떤 대상을 가리키는 관형사	이, 그, 저
	성상 관형사	사물의 성질이나 상태를 꾸며 주는 관형사	새, 헌
	수 관형사	수량이나 순서를 나타내는 관형사	한, 두, 모든
부사	'어떻게'의 의미를 가지고 뒤에 오는 용언이나, 부사, 문장 전체를 꾸며 준다.		

기/출/문/제 Check!

정답 및 해설 21p

07 밑줄 친 단어와 품사가 같은 것은?

벚꽃이 매우 <u>예쁘다</u>.

① 산에는 봄나물이 <u>많다</u>.
② 나는 시장에서 봄나물을 <u>산다</u>.
③ 사람들은 산에서 봄나물을 <u>캔다</u>.
④ 동생은 봄나물을 맛있게 <u>먹는다</u>.

08 다음 설명에 해당하는 단어는?

'밤나무'는 '밤+나무', '밤송이'는 '밤+송이'로 구성되었다. 이처럼 '어근 + 어근'으로 구성된 단어를 '합성어'라고 한다.

① 개살구　　② 봄바람
③ 풋사랑　　④ 헛소문

09 다음 설명에 해당하는 단어는?

실질적인 뜻을 지닌 하나의 형태소로 이루어진 단어를 단일어라고 한다.

① 구름　　② 논밭
③ 구경꾼　　④ 풋사과

10 **다음 단어들의 공통점으로 적절한 것은?**

기쁘다	부드럽다	아름답다

① 사람이나 사물의 이름을 나타낸다.
② 사물의 수량이나 순서를 나타낸다.
③ 사람이나 사물의 움직임을 나타낸다.
④ 사람이나 사물의 상태나 성질을 나타낸다.

11 **다음 단어들의 공통점으로 적절한 것은?**

구름	나무	물

① 수량이나 순서를 나타낸다.
② 대상의 움직임을 나타낸다.
③ 대상의 상태나 성질을 나타낸다.
④ 사람이나 사물의 이름을 나타낸다.

04 사동·능동 표현, 높임 표현, 시제 표현

• 사동 표현과 능동 표현을 통해 드러내고자 하는 정확한 의미를 문장으로 표현할 수 있고, 높임 표현과 시제 표현을 익혀 올바른 문장을 사용할 수 있다.

1 주동 표현과 사동 표현

1. 주동 표현과 사동 표현

주동 표현	주어가 어떤 동작이나 행위를 직접 하는 것 예 아이가 옷을 입는다.
사동 표현	주어가 남에게 어떤 동작이나 행위를 하도록 시키는 것 예 어머니가 아이에게 옷을 입힌다.

2. 사동 표현을 만드는 방법

① 용언에 '-이-', '-히-', '-리-', '-기-', '-우-', '-구-', '-추-'를 붙여서 만든다.

예 읽다 → 읽히다, 날다 → 날리다, 낮다 → 낮추다

② 용언에 '-게 하다'를 붙여서 만든다.

예 오다 → 오게 하다, 넓다 → 넓게 하다

③ 일부 단어 뒤에 사동의 뜻을 더하는 '-시키다'를 붙여서 만든다.

예 거짓말하다 → 거짓말시키다

3. 사동 표현의 특성

① 남에게 동작을 하게 한 주체에 관심을 집중시킨다.

② 대상에게 시키는 행위를 강조한다.

예 • 순진한 철민이가 수미에게 속았어. – 철민이가 속은 상황을 강조
• 수미가 순진한 철민이를 속였어. – 철민이를 속인 수미의 책임을 강조

③ 행동의 원인을 강조한다.

예 형이 동생을 울렸다. – 동생이 우는 이유가 형 때문임을 강조

④ 어쩔 수 없이 그 행동을 했음을 드러낸다.

예 납치범이 사람들을 차에 타게 했다. – 사람들이 자신의 의지로 차에 탄 것이 아님을 강조

바로바로 체크

• 사동 표현은 용언에 '-이-', '-히-', '-(　)-', '-(　)-', '-우-', '-구-', '-추-'를 넣어서 만든다.

정답 -리-, -기-

2 능동 표현과 피동 표현

1. 능동 표현과 피동 표현

능동 표현	주어가 어떤 동작이나 행위를 제 힘으로 하는 표현 예 고양이가 쥐를 쫓는다.
피동 표현	주어가 남에게 어떤 동작이나 행위를 당하는 표현 예 쥐가 고양이에게 쫓긴다.

2. 피동 표현을 만드는 방법

① 용언에 '-이-', '-히-', '-리-', '-기-'를 붙여서 만든다.
 예 섞다 → 섞이다, 막다 → 막히다, 끊다 → 끊기다

② 용언에 '-어지다'를 붙여서 만든다.
 예 나누다 → 나누어지다, 이루다 → 이루어지다

③ 일부 단어 뒤에 피동의 뜻을 더하는 '-되다, -게 되다'를 붙여서 만든다.
 예 형성하다 → 형성되다, 사용하다 → 사용되다

3. 피동 표현의 특성

① 동작을 당한 주체에 초점을 둔다.

② 주체가 원하는 않는 동작을 당하게 됨을 강조한다.
 예 개가 도둑을 물었다. - 개의 책임 강조
 도둑이 개에 물렸다. - 도둑의 피해 강조

③ 행위의 주체를 감추거나 발언에 대한 책임을 회피하려는 의도로 사용한다.
 예 선생님 말씀이 잘 안 들렸다. - 자신의 잘못이 아닌 다른 원인으로 선생님 말씀을 못 들었다고 책임을 회피

④ 뉴스나 신문 등에서 내용을 객관적으로 보이게 하려는 의도로 사용한다.
 예 북한이 올봄 최악의 식량난을 겪을 것으로 보입니다.

바로바로 체크

- 사동 표현과 피동 표현을 구분하시오.
 ❶ 도둑이 개에게 물렸다.
 ❷ 누나가 동생을 울렸다.

정답 ❶ 피동 표현, ❷ 사동 표현

3 높임 표현

1. 높임 표현

① 주체 높임

㉠ 서술의 주체를 높이는 방법

㉡ 말하는 이보다 서술의 주체가 나이나 지위 등에서 상위자일 때 사용

㉢ 직접 높임과 간접 높임이 있다.

ⓐ **직접 높임** : 주체를 직접 높인다. 예 아버지께서 오신다.

ⓑ **간접 높임** : 주체와 관련된 대상을 통해 주체를 간접적으로 높인다. 예 선생님의 말씀이 있으시겠습니다.

주체 높임의 방법	예문
서술어에 선어말 어미 '-(으)시-'를 붙임.	아버지께서 책을 읽으신다.
주격 조사 '께서'를 사용	선생님께서 오신다.
특수한 어휘를 사용	• 할머니께서 진지를 잡수신다. • 선생님께서 댁에 계신다. • 아버지께서 낮잠을 주무신다.

② 상대 높임

㉠ 말하는 이가 듣는 이에 대하여 높이거나 낮추는 방법

㉡ 종결 어미로 실현된다.

구분		평서문	의문문	명령문	청유문	감탄문
격식체	하십시오체 (아주 높임)	갑니다	갑니까	가십시오	가시지요	·
	하오체 (예사 높임)	가오	가오	가시오, 가구려	갑시다	가는구려
	하게체 (예사 낮춤)	가네, 감세	가는가, 가나	가게	가세	가는구먼
	해라체 (아주 낮춤)	간다	가냐, 가니	가(거)라, 가렴, 가려무나	가자	가는구나
비격식체	해요체 (두루 높임)	가요	가요	가(세)요	가(세)요	가(세)요
	해체 (두루 낮춤)	가	가	가	가	가

③ 객체 높임 : 서술어의 객체(목적어나 부사어가 지시하는 대상)를 높이는 방법

객체 높임의 방법	예문
특수한 어휘를 사용함. (모시다, 드리다, 뵙다, 여쭈다 등)	• 할머니께 가방을 드렸습니다. • 나는 선생님을 모시고 왔다.
부사어에 '께'를 사용함.	영희가 선생님께 책을 드렸다.

4 부정 표현

'안' 부정문	• 어떤 내용의 단순 부정이나 주어의 의지에 의한 부정 • '안, -지 아니하다'를 사용한다. • 청유형이나 명령형에는 쓸 수 없다. 예 철수는 밥을 안 먹었다. - 짧은 부정문 철수는 밥을 먹지 않았다. - 긴 부정문 예 철수야, 우리 밥을 안 먹자.(×)
'못' 부정문	• 주어의 능력 부족이나 외부 원인에 의한 부정 • '못, -지 못하다'를 사용한다. • 명령문, 청유문에 쓸 수 없다. 예 철수는 게임을 못 했다. - 짧은 부정문 철수는 게임을 하지 못했다. - 긴 부정문 예 철수야, 게임을 하지 못하자.(×)
'말다' 부정문	명령문, 청유문에 사용 예 철수야, 밥을 먹지 마라. - 명령문 철수야, 밥을 먹지 말자. - 청유문

5 시간 표현

1. 발화시와 사건시

① 시제 : 말하는 시간을 기준으로 사건이나 사실이 일어난 시간상 위치를 나타내는 시간 표현이다.

② 발화시와 사건시

㉠ 발화시 : 화자가 말을 하는 시점

㉡ 사건시 : 사건이 일어나는 시점

바로바로 체크

• 주어의 능력 부족이나 외부 원인에 의한 부정은 '안' 부정문이다. (O | X)

정답 ×

2. 시제 표현 방법

① 과거 시제 : 사건시가 발화시보다 앞선 시점

예 나는 어제 공원에 갔다.

과거 시제를 만드는 말들	예문
과거 시제 선어말 어미 '-았-, -었-'	책을 보았다. / 과자를 먹었다.
관형사형 어미 '-(으)ㄴ'이 동사와 결합	책을 본 순간 / 과자를 먹은 사람
회상 선어말 어미 '-더-'	책을 보더라. / 과자를 먹더라.
'-더-'와 '-(으)ㄴ'이 결합한 '-던'	책을 보던 곳이다.
시간을 나타내는 부사어	아까, 어제, 방금, 벌써, 그저께, 그때, 지난번에, 작년에, 예전에, 전에

② 현재 시제 : 사건시와 발화시가 같은 시점

예 나는 지금 공원에 간다.

현재 시제를 만드는 말들	예문
동사 + 현재 시제 선어말 어미 '-는-, -ㄴ-'	밥을 먹는다.
동사 + 관형사형 어미 '-는-'	밥을 먹는 사람
형용사나 서술격 조사의 기본형	건물이 높다. / 그것은 책이다.
형용사나 서술격 조사 + '-(으)ㄴ'	높은 빌딩이네. / 너의 선물인 그 가방.
시간을 나타내는 부사어	지금, 오늘, 이제, 이때, 현재, 올해, 요즈음

③ 미래 시제 : 발화시가 사건시보다 앞선 시점

예 나는 내일 공원에 갈 것이다.

미래 시제를 만드는 말들	예문
선어말 어미 '-겠-', '-(으)리-'	내일 오겠다. / 내일이면 늦으리.
관형사형 어미 '-(으)ㄹ'	앞으로 할 일이 많다.
'-(으)ㄹ'과 '것'이 결합한 '-(으)ㄹ 것'	성적이 오를 것이다.
시간을 나타내는 부사어	곧, 금방, 내일, 모레, 나중에, 후에, 때가 되면

바로바로 체크

• 화자가 말을 하는 시점은 (　　)이다.

정답 발화시

기/출/문/제 Check!

정답 및 해설 21p

12 다음 ㉠~㉣ 중 높임 표현이 바르지 않은 것은?

> 영호 : ㉠ 선생님께서 너 지금 상담실로 오시래.
> 민지 : 응? ㉡ 선생님께서 이리로 오신다고?
> 영호 : 그게 아니고, ㉢ 상담실에서 널 기다리고 계셔.
> 민지 : 아, ㉣ 지금 바로 가겠다고 말씀드려.

① ㉠　② ㉡
③ ㉢　④ ㉣

13 밑줄 친 부분의 예로 적절한 것은?

> 주어가 남에게 동작을 하도록 시키는 것을 사동이라 하고, 이를 나타내는 문장을 사동문이라고 한다.

① 물이 얼음이 되었다.
② 경찰이 도둑을 잡았다.
③ 누나가 동생에게 책을 읽혔다.
④ 나는 자전거를 타지 않았다.

14 높임법을 고려할 때 ㉠에 들어갈 적절한 말은?

> 민수 : 누나, 할머니가 오래.
> 누나 : 민수야, 그럴 땐 '＿＿＿㉠＿＿＿'라고 하는 거야.

① 누나, 할머니가 오시래.
② 누나, 할머니께서 오시래.
③ 누나, 할머니가 오라고 하셔.
④ 누나, 할머니께서 오라고 하셔.

15 **밑줄 친 부분의 예로 적절하지 않은 것은?**

> 주어가 다른 사람이나 대상에게 동작이나 행동을 하게 하는 것을 사동이라 하고, 이를 나타내는 문장을 사동문이라고 한다.

① 형이 팽이를 돌렸다.
② 엄마가 아기를 품에 안았다.
③ 나무꾼이 사슴을 나무 뒤에 숨겼다.
④ 언니가 동생에게 신발을 신게 했다.

16 **높임 표현이 적절하지 않은 것은?**

① 할아버지께서는 여행을 다녀오셨다.
② 어머니께서는 내게 심부름을 시키셨다.
③ 나는 아버지께 우편물을 가져다 드렸다.
④ 누나는 할머니를 데리고 공원에 가셨다.

05 문장 성분, 문장의 확장

• 문장의 성분을 이해하며 문장을 만들어보고, 홑문장을 겹문장으로 만들어 자신의 생각을 구체적으로 표현할 수 있다.

1 문장의 종류

1. 문장

① 뜻 : 우리의 생각이나 감정을 완결된 내용으로 표현하는 최소한의 언어 형식

② 문장의 종류

평서문	말하는 이가 듣는 이에게 하고 싶은 말을 단순하게 진술하는 문장
의문문	말하는 이가 듣는 이에게 질문하여 그에 대한 대답을 요구하는 문장
명령문	말하는 이가 듣는 이에게 어떤 행동을 하도록 강하게 요구하는 문장
청유문	말하는 이가 듣는 이에게 어떤 행동을 같이 할 것을 요청하는 문장
감탄문	말하는 이가 자신의 느낌을 표현하는 문장

2. 문장의 기본 구조

① 누가(무엇이) + 어찌하다. 예 민지가 웃었다.

② 누가(무엇이) + 어떠하다. 예 민지가 예쁘다.

③ 누가(무엇이) + 무엇이다. 예 민지가 동생이다.

3. 문장의 구조

① 주어부 : 풀이의 대상이 되는 말과 그것을 꾸며 주는 말

② 서술부 : 풀이하는 말과 그것을 꾸며 주는 말

빨간 장미꽃이 / 활짝 피었다.
(주어부) (서술부)

2 문장의 성분

1. 문장의 성분 : 주성분, 부속 성분, 독립 성분

① 주성분 : 문장을 이루는 데 꼭 필요한 성분

㉠ 주어 : 설명하고자 하는 대상이 되는 말

예 수미가 밥을 먹는다.

㉡ 목적어 : 서술어의 동작이나 행위의 대상이 되는 말

예 수미가 밥을 먹는다.

㉢ 서술어 : 대상을 설명하는 말

예 수미가 밥을 먹는다.

㉣ 보어 : 서술어 '되다/아니다'의 앞에서 서술어를 보충해 주는 말

예 수미가 선생님이 되었다.

② 부속 성분 : 문장에서 주성분을 꾸며 주는 성분

㉠ 관형어 : 체언 앞에서 이를 꾸며 주는 역할을 하는 말

예 친구가 새 옷을 입었다.

㉡ 부사어 : 주로 용언를 꾸며 주는 말

예 눈이 펑펑 온다.

③ 독립 성분 : 다른 성분들과 직접적인 관계를 맺지 않고 독립적으로 쓰이는 성분

독립어 : 부름, 감탄, 응답 등

예 아아, 드디어 개학이다.

바로바로 체크

• 문장을 이루는 데 꼭 필요한 주성분에는 주어, 목적어, 서술어, 보어가 있다. (O | X)

정답 O

3 문장의 확장

1. 홑문장과 겹문장

① 홑문장 : '주어 + 서술어'의 관계가 한 번만 이루어진 문장

예 • 장미꽃이 피었다.
• 어제 동생은 도서관에서 책을 읽었다.

② 겹문장 : 두 개 이상의 홑문장이 합쳐져서 이루어진 문장 → 주어와 서술어의 관계가 두 번 이상 나타난다.

예 • 나는 학교에 갔고, 동생은 도서관에 갔다.
• 나는 동생이 건강하기를 바란다.

2. 문장의 종류

① 문장의 종류

- 문장의 종류
  - 홑문장
  - 겹문장
    - 이어진문장
      - 대등하게 이어진 문장
      - 종속적으로 이어진 문장
    - 안은문장
      - 명사절을 안은 문장
      - 관형절을 안은 문장
      - 부사절을 안은 문장
      - 서술절을 안은 문장
      - 인용절을 안은 문장

② 이어진문장

㉠ 뜻 : 홑문장이 여러 개 이어진 문장. 다양한 연결 어미에 의해 형성되며, 이어진 방법에 따라 구분할 수 있다.

㉡ 대등하게 이어진 문장 : 앞절과 뒷절이 '나열, 대조, 선택' 등의 의미 관계를 가진다.

나열	-고, -(으)며
대조	-지만, -(으)나
선택	-거나, -든지

예 • 낮말은 새가 듣고, 밤말은 쥐가 듣는다.
• 몸은 비록 늙었지만 마음은 젊다.
• 밥을 먹든지 빵을 먹든지 해라.

바로바로 체크

• 다음 문장이 홑문장이면 '홑', 겹문장이면 '겹'이라 쓰시오.
❶ 오늘 나는 할머니 댁에 왔다.
❷ 그를 만나면 기분이 좋다.

정답 ❶ 홑, ❷ 겹

ⓒ 종속적으로 이어진 문장 : 앞절과 뒷절의 의미가 독립적이지 못하고 종속적인 관계(이유, 조건, 의도, 결과 등)를 가진다.

원인	–(어)서, –(으)니, –(으)므로
조건	–(으)면, –거든
목적, 의도	–(으)러, –(으)려고

예 • 거북선이 있어서 우리가 이겼다.
• 비가 많이 오면 풍년이 든다.

③ 안은문장과 안긴문장

㉠ 안은문장 : 한 홑문장이 다른 홑문장을 하나의 문장 성분처럼 안고 있는 겹문장을 말한다.

㉡ 안긴문장 : 안은문장에 하나의 문장 성분처럼 들어가 있는 홑문장으로 절이라고도 한다.

예 그가 합격했다. + 나는 (무엇을) 기다렸다.
→ 나는 그가 합격하기를 기다렸다.

명사절	주어와 목적어, 보어 등 명사의 기능을 하는 절(명사형 어미 '–(으)ㅁ, –기' 사용) 예 나는 비가 오기를 기다리고 있어. – 목적어 역할 내가 그를 놀렸음이 밝혀졌다. – 주어 역할
관형절	관형어의 기능을 하는 절(관형사형 어미 '–(으)ㄴ, –는' 사용) 예 나는 영우가 간 사실을 몰랐어. 예쁜 장미 한 송이가 피었다.
부사절	부사어의 기능을 하는 절(부사형 어미 '–이, –게' 사용) 예 위험은 경고도 없이 일어난다. 그 집은 벽이 아름답게 장식되어 있었다.
서술절	서술어의 기능을 하는 절 예 토끼는 앞발이 짧다. 철수는 키가 크다.
인용절	다른 사람의 말을 인용한 것이 절의 형식으로 안긴 것 예 순희는 "제가 가겠습니다."라고 했다. – 직접 인용 순희는 자기가 가겠다고 했다. – 간접 인용

바로바로 체크

• 문장의 종류는 홑문장과 ( )으로 나눌 수 있다.

정답 겹문장

기/출/문/제 Check!

정답 및 해설 21p

17 밑줄 친 문장 성분 중, 주성분이 아닌 것은?

① 어머나, 키가 많이 자랐구나.
② 우리 언니는 새 옷을 입었다.
③ 나는 도서관에서 책을 읽었다.
④ 작년 겨울에는 눈이 많이 내렸다.

18 주어와 서술어의 관계가 두 번 이상 나타난 것은?

① 꽃이 매우 예쁘다.
② 나는 중학생이 되었다.
③ 여름은 덥고 겨울은 춥다.
④ 학생들은 선생님을 좋아한다.

19 〈보기〉의 밑줄 친 부분과 문장 성분이 같은 것은?

> 언니가 꽃다발을 샀다.

① 동생이 식혜를 마신다.
② 소년은 어른이 되었다.
③ 우리는 식당으로 갔다.
④ 천둥 치는 소리가 들린다.

20 밑줄 친 부분의 공통된 문장 성분으로 적절한 것은?

> • 승호가 책을 샀다
> • 토끼는 거북이보다 빠르다.

① 주어 ② 보어
③ 목적어 ④ 서술어

21 **다음 설명을 참고할 때, 밑줄 친 부분 중 주성분이 아닌 것은?**

문장을 이루는 데 꼭 필요한 주어, 서술어, 목적어, 보어를 주성분이라고 한다.

① 강아지는 집에서 논다.
② 우리는 점심을 먹는다.
③ 친구가 소방관이 되었다.
④ 착한 사람이 복을 받는다.

22 **밑줄 친 부분의 예로 적절한 것은?**

안은문장은 홑문장을 하나의 문장 성분으로 포함하는 전체 문장을 말한다.

① 우리는 집에 도착했다.
② 오빠는 운동을 아주 잘한다.
③ 나는 친구가 오기를 기다렸다.
④ 그는 밥을 먹고, 그녀는 빵을 먹는다.

23 **밑줄 친 부분의 예로 적절한 것은?**

둘 이상의 홑문장이 연결 어미로 이어진 겹문장을 이어진 문장이라고 한다.

① 동생이 그림책을 본다.
② 비가 소리 없이 내린다.
③ 바람에 꽃잎이 떨어진다.
④ 산은 푸르고 하늘은 높다.

06 다양한 어휘, 다양한 표현

• 다양한 어휘들을 사용하여 자신이 나타내고자 하는 의미를 정확하게 전달할 수 있다.

1 동음이의어

1. 단의어

하나의 소리에 하나의 의미만이 결합되어 있는 단어이다.

예 땅, 칠판, 사과, 책 등

2. 동음이의어

소리는 같으나 의미가 서로 다른 경우를 동음이의 관계라고 하고, 동음이의 관계에 있는 낱말을 동음이의어라고 한다.

3. 동음이의어의 예

〈 배 〉

- 밥을 못 먹어 배가 홀쭉하다. (신체의 한 부분)
- 섬에 갈 때는 배를 타고 가야 한다. (선박)
- 과일 가게에서 산 배가 참 맛있다. (배나무의 과실)

2 다의어

1. 다의어

하나의 낱말이 두 가지 이상의 관련된 의미로 쓰이는 낱말을 다의어라고 하며, 중심 의미와 주변 의미로 나뉜다.

중심 의미	단어가 가진 여러 의미 중에서 기본적이고 핵심적인 의미
주변 의미	중심 의미에서 문맥에 따라 확장되어 달라진 의미

바로바로 체크

• 다의어란 소리는 같으나 의미가 서로 다른 경우의 낱말을 뜻한다. (O | X)

정답 X

2. 다의어의 예

〈손〉

- 화장실에 들어가 손을 씻고 오너라. (사람의 팔목 아랫부분) – 중심 의미
- 수확철엔 손이 모자란다. (노동력, 일꾼) – 주변 의미
- 그 책이 내 손에 들어왔다. (소유) – 주변 의미

3. 동음이의어와 다의어의 비교

① 공통점 : 하나의 소리에 여러 의미가 결합되어 있어서, 문맥이나 상황을 고려하여 의미를 파악해야 한다.

② 차이점 : 동음이의어는 의미상 서로 관계가 없기 때문에 사전에서 각기 다른 낱말로 처리하지만, 다의어는 의미상 관계가 있기 때문에 하나의 낱말로 처리한다.

3 중의적 표현

1. 뜻

하나의 문장이 두 가지 이상의 의미로 해석되는 것

2. 종류

① 어휘에 의한 중의적 표현

다의어에 의한 중의성	손이 크다.	• 신체의 일부인 손이 크다. • 씀씀이가 크다.
동음이의어에 의한 중의성	배가 크다.	• 배(과일의 한 종류)의 크기가 크다. • 배(운송 수단)의 크기가 크다.

② 문장 구조에 의한 중의적 표현

주체가 모호함	선생님이 보고 싶은 학생이 많다.	• 선생님이 보고 싶어 하는 학생이 많다. • 선생님을 보고 싶어 하는 학생이 많다.
수식의 범위가 모호함	눈이 큰 동생의 친구	• 동생이 눈이 크다. • 동생의 친구가 눈이 크다.

바로바로 체크

- 다의어는 중심 의미와 (　　) 의미로 나눌 수 있다.

정답 주변

부정어의 범위가 불명확함	손님이 다 오지 않았다.	• 손님이 모두 오지 않았다. • 손님들 중 일부만 왔다.
주어의 범위가 불명확함	나는 수미와 너를 기다린다.	• 나는 수미와 함께 너를 기다린다. • 나는 혼자서 수미와 너를 기다린다.
조사 '의'의 다양한 의미	영희의 사진	• 영희가 찍은 사진 • 영희가 찍힌 사진 • 영희 소유의 사진
비유적 표현에 의한 중의적 표현	선생님은 호랑이시다.	• 선생님은 호랑이처럼 생겼다. • 선생님이 맡은 역할은 호랑이다.

3. 중의적 표현의 장·단점

① 장점

㉠ 수수께끼나 재담 등에 활용하면 재미를 더한다.

㉡ 광고 문구 등에서 듣는 이의 관심을 집중시킨다.

㉢ 문학 작품에서 의미를 풍성하게 하고 상상력을 자극한다.

② 단점

㉠ 의도와 다르게 해석되면 오해를 불러일으킬 수 있다.

㉡ 원활한 의사소통에 방해가 된다.

4. 중의적 표현을 피하는 방법

① 조사를 붙인다.

예 손님이 다 오지 않았다. → 손님이 다 오지는 않았다.

② 어순을 바꾼다.

예 아름다운 고향의 하늘 → 고향의 아름다운 하늘

③ 자세하게 풀어서 쓴다.

예 할아버지의 그림 → 할아버지가 직접 그리신 그림

④ 반점을 사용한다.

예 아름다운 고향의 하늘 → 아름다운 고향의, 하늘

바로바로 체크

• 중의적 표현을 피하는 방법으로 옳지 않은 것은?

❶ 길고 장황하게 늘여 쓴다.
❷ 조사를 붙인다.
❸ 어순을 바꾼다.
❹ 반점을 사용한다.

정답 ❶

4 모호한 표현

1. 모호한 표현

의미하는 바가 명료하지 않아서 문장의 의미가 분명하지 않은 표현이다.

2. 모호한 표현의 원인

의미가 분명치 않아서	적당량의 설탕을 넣고 버무린다.
생각을 정확하게 드러내고 싶지 않을 때	그 책 어때? 글쎄, 그럭저럭…….
단어의 생략	그녀는 이상하다.

3. 모호한 표현의 장·단점

① 장점

㉠ 상대방의 기분이 상하지 않게 자연스러운 분위기를 조성한다.

㉡ 완곡하고 함축된 표현 효과를 얻을 수 있다.

② 단점

㉠ 정확한 의미 전달에 어려움이 있다.

㉡ 원활한 의사소통에 방해가 될 수 있다.

4. 모호한 표현을 피하는 방법

① 수나 양에 관계된 표현은 정확하게 표현한다.

예 소금은 적당히 넣고 → 소금은 1큰술 넣고

② 방향이나 위치는 구체적으로 나타낸다.

예 왼쪽으로 잠깐 가시면 → 왼쪽으로 10m 가시면

③ 감정이나 색깔 등은 자세하게 표현한다.

예 밝은 색이 좋아. → 노란색이나 파란색이 좋아.

바로바로 체크

(1) 모호한 표현은 하나의 문장이 두 가지 이상의 의미로 해석되는 표현이다. (○ | ×)

(2) 다음 중 모호한 표현이 아닌 것은?

❶ 물은 적당히 넣으세요.
❷ 어두운 색을 칠하세요.
❸ 아름다운 고향의 하늘
❹ 기분이 그냥 그렇다.

정답 (1) ×
(2) ❸

5 다양한 어휘

1. 어휘의 종류

① 고유어

개념	본래부터 우리말에 있었던 말이나 그것을 바탕으로 만들어진 말 예 강아지, 비빔밥 등
특징	• '순우리말'이라고도 한다. • 우리 민족의 정서를 잘 드러낸다. • 모양이나 소리를 나타내는 감각적인 표현이 많다. • 다른 외래어나 한자어로 바꾸어 쓰기 어렵다.

② 한자어

개념	한자를 바탕으로 만들어진 말 예 친구, 자동차 등
특징	• 고유어에 비해 분화된 의미를 지닌다. • 추상적인 개념이나 전문어의 개념을 나타내는 어휘가 많다. • 고유어를 보완하는 역할을 한다.

③ 외래어

개념	외국에서 들어와 우리말처럼 쓰이는 말 예 버스, 컴퓨터 등
특징	• 다른 나라의 문물이나 문화가 새롭게 들어오면서 그것들을 나타내는 말이 많다. • 대체할 수 있는 고유어나 한자어가 별로 없다. • 시대의 변화에 따라 외래어의 수가 늘어나고 있다. • 외국어와 달리 외래어는 우리말에 포함한다.

④ 유행어

개념	비교적 짧은 어느 한 시기에 여러 사람의 입에 오르내리며 널리 쓰이는 말 예 명퇴, 엄친아, 얼짱 등
특징	• 일정 기간 동안 쓰이다가 사라진다. • 당시의 사회상을 반영하는 경우가 많아 '시대의 거울'이라고도 한다. • 대부분 일정 기간 동안 쓰이다 사라지지만, 오랫동안 쓰이다가 일상적인 단어로 자리 잡기도 한다. • 대화의 분위기를 부드럽고 재미있게 만들어 사람들과 친근한 관계를 유지할 수 있다. • 비속어 유행어는 말하는 이의 품위를 떨어뜨리고, 무분별하게 사용하면 개성 없고, 가볍게 느껴질 수 있다.

⑤ 은어

개념	특정 계층이나 부류의 사람들이 다른 사람들은 잘 알아듣지 못하도록 자기네 구성원들끼리만 빈번하게 사용하는 말 예 꼰대, 고미, 장끼, 현질, 지지, 득템
특징	• 암호의 성격을 지니고 있어 외부에 알려지면 은어의 성격을 잃게 된다. • 집단의 이익, 비밀을 유지하는 데 도움이 되고, 구성원들이 동료 의식과 결속력을 갖게 한다. • 은어를 모르는 사람과는 의사소통이 어려워 소외감, 고립감을 준다. • 비속어 은어인 경우, 듣는 사람에게 불쾌감을 줄 수 있다.

⑥ 전문어

개념	특정 분야에서 전문적인 개념을 표현하기 위해 쓰이는 말 예 어레스트, 관상 동맥, 심전도, 엘이디(LED), 제곱근, 장치 드라이버
특징	• 의미가 정밀하여, 다의성이 적다. • 외래어나, 한자어, 외국어로 이루어진 말이 많다. • 특정 의미로 해당 분야에서 오랫동안 공식적으로 쓰인다. • 어떤 사실을 숨길 목적으로 전문어를 사용할 때 은어의 성격을 지닌다. • 복잡하고 어려운 생각을 간결하고 정확하게 전달할 수 있어, 해당 분야의 일을 효율적으로 처리할 수 있게 한다. • 외국어가 많아 일반인이 이해하기 어려운 용어가 많고, 의사소통에 지장을 줄 수 있다.

6 관용 표현

1. 관용 표현의 뜻

둘 이상의 낱말이 결합하여 일정한 의미로 굳어져 사람들에게 익숙하게 쓰이는 표현

예 목이 빠지게 기다리다. – 몹시 안타깝게 기다리다.

2. 관용 표현의 특징

① 하나의 낱말처럼 쓰이기 때문에 꾸며 주는 말이 붙기 어렵다.

② 관용어는 그 언어를 사용하는 사람들의 생활 방식을 반영하므로, 그 언어를 사용하는 사람이 아니면 이해하기 어렵다.
③ 시대의 흐름에 따라 그 의미나 형태가 변하기도 한다.
④ 관용어가 표현하고 있는 의미는 그 낱말의 원래 의미와는 관련이 없다.
⑤ 일반적인 표현보다 표현 효과가 강하다.

3. 관용 표현의 종류

속담	• 조상들의 삶에서 얻어진 교훈을 간결하게 나타낸 어구나 문장 • 교훈적이거나 풍자적인 내용을 비유적으로 표현 • 선조들의 생활 철학, 삶의 지혜가 담겨 있음. 예 가는 말이 고와야 오는 말이 곱다.
명언	• 이치에 맞고 훌륭하여 널리 알려진 말 • 누가 한 말인지 대부분 알려져 있음. 예 내 사전에 불가능이란 없다. - 나폴레옹
관용어	• 둘 이상의 단어가 결합하여 하나의 단어처럼 쓰이는 관습적인 어구 • 각 낱말이 원래 지니는 뜻과 전혀 다른 의미를 지님. • 유래담을 가지고 있는 경우가 있음. 예 손을 끊다(교제나 거래 따위를 중단하다), 발이 넓다(대인 관계가 넓다)

바로바로 체크

(1) 관용 표현의 종류로 옳지 않은 것은?
❶ 속담
❷ 명언
❸ 유머
❹ 관용어

(2) 다음 중 관용 표현이 사용되지 않은 것은?
❶ 그 친구는 진짜 발이 넓다.
❷ 그 기업과는 손을 끊기로 했다.
❸ 도둑이 도망가지 못하게 발을 꽁꽁 묶었다.
❹ 나는 목이 빠지게 그를 기다렸다.

정답 (1) ❸
(2) ❸

기/출/문/제 Check!

정답 및 해설 21p

24 중의적 표현이 들어 있는 문장은?

① 동생은 밥보다 빵을 더 좋아한다.
② 학생들이 선생님을 보고 싶어 한다.
③ 어머니는 형과 함께 나를 찾아다녔다.
④ 나는 아름다운 고향의 바다를 생각한다.

25 다음 ( )안에 공통으로 들어갈 말은?

> 청소년들이 흔히 쓰는 '왕따'라는 말은, 처음에는 몇몇 학생들 사이에 은밀하게 사용되던 ( )였다. 그러다가 '왕따' 현상이 사회적 문제가 되면서, 일반인들에게 널리 알려져 ( )로서의 성격을 상실하였다. '후배, 부하'를 뜻하는 '잔챙이', '잘리'도 처음에는 ( )였지만, 지금은 널리 알려져 ( )로서의 기능을 잃게 되었다.

① 은어 ② 외래어
③ 비속어 ④ 유행어

26 밑줄 친 부분이 관용어로 쓰이지 않은 것은?

① 바깥에 나갔다 오면 손을 씻으렴.
② 손자들이 재롱부리는 모습이 눈에 밟히네.
③ 문제 해결을 위해서 우리 모두 머리를 맞대자.
④ 폭설로 승객 6백여 명이 열차 안에서 발이 묶였다.

27 **방송인이 ㉠과 같이 말한 의도로 가장 적절한 것은?**

방송인: 시청자 여러분, 안녕하십니까?
오늘은 20년째 국밥집을 운영하는 사장님을 만나 보겠습니다. 사장님, 안녕하십니까?
사장님: 아이고, 마, 반갑습니데이. 여까지 웬일인교?
방송인: ㉠ <u>(말투를 바꾸며) 아따, 국밥이 맛있다고 소문나서 왔다 아입니꺼? 국밥 한 그릇 주이소.</u>

① 은어를 사용하여 비밀을 유지하고자 한다.
② 지역 방언을 사용하여 친근감을 주고자 한다.
③ 전문 용어를 사용하여 신뢰감을 주고자 한다.
④ 비속어를 사용하여 강렬한 인상을 주고자 한다.

07 어문 규범

• 한글 맞춤법과 표준어 규정을 익혀 올바른 글을 쓰고, 올바른 발음으로 글을 읽을 수 있다.

1 한글 맞춤법

1. 맞춤법

말을 글자로 적을 때 지켜야 할 약속을 의미한다.

2. 맞춤법 원칙

[제1항] 한글 맞춤법은 표준어를 소리대로 적되, 어법에 맞도록 함을 원칙으로 한다.

① 소리대로 적는다. : 표준어의 발음 형태대로 적는다.

예 짐군(×) → 짐꾼(○)

② 어법에 맞게 적는다. : 뜻을 파악하기 쉽게 형태소의 본래의 모양을 밝혀 적는다.

예 뜨거우니 시켜라.(×) → 뜨거우니 식혀라.(○)

2 표준어 규정

1. 표준어 사정 원칙

① [제1항] 표준어는 교양 있는 사람들이 두루 쓰는 현대 서울말로 정함을 원칙으로 한다.

2. 표준어 규정의 예

① '수컷'을 이르는 접두사에 대한 표기

수-	수컷을 이르는 접두사는 '수-'로 통일	수놈, 수개미, 수소 등
	'수-' 다음에 거센소리가 나타나면 거센소리를 밝혀 씀.	수캉아지, 수캐, 수컷, 수키와, 수탉, 수탕나귀, 수퇘지, 수평아리 등
숫-	발음상 사이시옷과 비슷한 소리가 있다고 판단되는 경우	숫양, 숫염소, 숫쥐 등

바로바로 체크

• 맞춤법이란 말을 글자로 적을 때 지켜야 할 약속이다. (○ | ×)

정답 ○

②'ㅣ' 모음 역행동화 : 뒤에 있는 'ㅣ' 모음이 앞에 있는 모음에 자신의 소리를 옮겨 놓는 현상으로, 이 현상이 일어난 단어는 표준어로 인정하지 않는다.

표준어	비표준어
잡히다	잽히다
아지랑이	아지랭이

단, 접미사 '-내기'와 '-쟁이'가 결합한 경우는 표준어로 인정한다.
예 신출내기, 멋쟁이 등

③'위'를 나타내는 말

윗-	위를 나타낼 때	윗사람, 윗니, 윗마을, 윗집
위-	거센소리나 된소리와 결합할 때	위쪽, 위층
웃-	아래위의 대립이 없는 몇몇 명사 앞에서	웃어른, 웃돈, 웃옷[겉옷]

④복수 표준어 : 한 가지 의미를 나타내는 형태 몇 가지가 널리 쓰이며 표준어 규정에 맞으면 그 모두를 표준어로 삼는다.
예 어저께 / 어제, 가엾다 / 가엽다

3 표준 발음법

1. 표준 발음의 필요성

① 자신의 생각을 정확하게 전달할 수 있다.
② 상대방과 원활하게 의사소통할 수 있다.

2. 표준 발음법

"ㅢ"의 발음	제5항 "ㅢ"는 이중 모음 [ㅢ]로 발음한다. 예 의사[의사], 의자[의자] 다만 3. 자음을 첫소리로 가지고 있는 음절의 "ㅢ"는 [ㅣ]로 발음한다. 예 늴리리[닐리리], 띄어쓰기[띠어쓰기], 유희[유히] 다만 4. 단어의 첫음절 이외의 "의"는 [ㅣ]로, 조사 '의'는 [ㅔ]로 발음함도 허용한다. 예 주의[주의/주이], 협의[혀븨/혀비], 우리의[우리의/우리에]

바로바로 체크

(1) 표준어는 교양 있는 사람들이 두루 쓰는 현대 (　　)말로 정함을 원칙으로 한다.

(2) 다음 중 표준어가 아닌 것을 고르시오.

숫염소, 수퇘지, 수평아리, 숫개미

정답 (1) 서울
(2) 숫개미

받침의 발음	제8항 받침소리로는 'ㄱ, ㄴ, ㄷ, ㄹ, ㅁ, ㅂ, ㅇ'의 7개 자음만 발음한다. 제9항 받침 'ㄲ, ㅋ', 'ㅅ, ㅆ, ㅈ, ㅊ, ㅌ', 'ㅍ'은 어말 또는 자음 앞에서 각각 대표음 [ㄱ, ㄷ, ㅂ]으로 발음한다. 예 밖[박], 부엌[부억], 있(다)[읻(따)], 낮[낟], 빛[빋], 잎[입]
받침이 모음과 만날 때의 발음	제13항 홑받침이나 쌍받침이 모음으로 시작된 조사나 어미, 접미사와 결합되는 경우에는, 제 음가대로 뒤 음절 첫소리로 옮겨 발음한다. 예 옷이[오시], 꽃을[꼬츨], 있어[이써], 앞으로[아프로], 앞이[아피] 제15항 받침 뒤에 모음 'ㅏ, ㅓ, ㅗ, ㅜ, ㅟ' 들로 시작되는 실질 형태소가 연결되는 경우에는, 대표음으로 바꾸어서 뒤 음절 첫소리로 옮겨 발음한다. 예 밭 아래[바다래], 꽃 위[꼬뒤], 잎 아래[이바래]
겹받침의 발음	제10항 겹받침 'ㄳ, ㄵ, ㄼ, ㄽ, ㄾ' 'ㅄ'은 어말 또는 자음 앞에서 각각 [ㄱ, ㄴ, ㄹ, ㅂ]으로 발음한다. 예 삯[삭], 앉다[안따], 여덟[여덜], 외곬[외골/웨골], 핥다[할따], 값[갑] 제11항 겹받침 'ㄺ, ㄻ, ㄿ'은 어말 또는 자음 앞에서 각각 [ㄱ, ㅁ, ㅂ]으로 발음한다. 예 흙[흑], 삶[삼], 읊다[읍따]
겹받침이 모음과 만날 때의 발음	제14항 겹받침이 모음으로 시작된 조사나 어미, 접미사와 결합되는 경우에는, 뒤엣 것만을 뒤 음절 첫소리로 옮겨 발음한다. (이 경우, 'ㅅ'은 된소리로 발음함) 예 값을[갑쓸], 닭이[달기], 앉아서[안자서], 넓이[널비]

자주 틀리는 표현들

안 않	• 아니 → 안 • 아니하 → 않	예 나는 그 길을 아니 걸었다 / 안 걸었다. 예 나는 밥을 먹지 아니하였다. / 먹지 않았다.
되(다) 돼	• 되- + -다 • 되- + -어	예 그가 선생님이 되다. 예 개학이 되어 / 돼 늦잠을 잘 수가 없다.
낫다 낳다	• 낫다 : 병이나 상처 따위가 고쳐지다. • 낳다 : 배 속의 아이, 새끼, 알을 몸 밖으로 내놓다.	예 병이 낫지 않아 힘들다. 예 닭이 알을 낳았다.
부치다 붙이다	• 부치다 : 편지나 물건 따위를 일정한 수단이나 방법을 써서 상대에게 보내다. • 붙이다 : 맞닿아 떨어지지 아니하게 하다.	예 소포를 부모님께 부치다. 예 봉투에 우표를 붙이고 우체통에 넣었다.

4 띄어쓰기와 문장 부호

1. 띄어쓰기

①각 단어는 띄어 쓴다. 예 배가 고프다.

②조사는 앞말에 붙여 쓴다. 예 꽃이, 꽃을

③의존 명사는 띄어 쓴다. 예 볼 것이 없다.

④단위를 나타내는 명사는 띄어 쓴다. 예 열두 개

⑤수를 적을 때에는 '만' 단위로 띄어 쓴다. 예 1억 2245만 2163

⑥두 말을 이어 주거나 열거할 때 쓰이는 말들은 띄어 쓴다.
예 국장 겸 과장

⑦보조 용언은 띄어 씀을 원칙으로 하되, 경우에 따라 붙여 씀도 허용한다. 예 도와 드리다(○) / 도와드리다(○)

⑧성과 이름, 성과 호 등은 붙여 쓰고, 이에 덧붙는 호칭어, 관직명 등은 띄어 쓴다. 예 김규원, 박수미 선생님

⑨성명 이외의 고유 명사는 단어별로 띄어 씀을 원칙으로 하되, 단위별로 띄어 쓸 수 있다.
예 한국 대학교 사범 대학(○) / 한국대학교 사범대학(○)

2. 문장 부호

느낌표(!)	감탄, 놀람, 부르짖음, 명령 등 강한 느낌을 나타낼 때 쓰인다.
물음표(?)	의심이나 물음을 나타낼 때 쓰인다.
쌍점(:)	종류를 들 때, 소표제 뒤에 간단한 설명이 붙을 때, 둘 이상을 대비할 때 등에 쓰인다.
작은따옴표(' ')	따온 말 가운데 다시 따온 말이 들어 있을 때, 마음 속으로 한 말이나 생각을 적을 때, 중요한 부분을 강조하기 위해 쓰인다.
반점(,)	문장 안에서 짧은 휴지를 나타내는 쉼표로, 같은 자격의 어구가 열거될 때, 짝을 지어 구별할 때, 끊어야 할 곳에 쓰인다.
큰따옴표(" ")	글 가운데서 직접 대화를 표시하거나 남의 말을 인용할 때 쓰인다.
온점(.)	평서문, 명령문, 청유문 등을 나타내는 문장의 끝에 쓰거나 아라비아 숫자만으로 연월일을 표시할 때 쓰인다.

바로바로 체크

(1) 다음 문장의 띄어쓰기를 바르게 고치시오.

> 나는 사과 열개를 할머니께 드렸다.

(2) 글 가운데서 직접 대화를 표시하거나 남의 말을 인용할 때 쓰는 부호는?
❶ 작은따옴표
❷ 큰따옴표
❸ 쌍점
❹ 온점

정답 (1) 나는 사과 열 개를 할머니께 드렸다.
(2) ❷

가운뎃점(·)	열거된 여러 단위가 대등하거나 밀접한 관계임을 나타낼 때 쓰인다.
줄임표(……)	할 말을 줄였을 때, 말이 없음을 나타낼 때 쓰인다.

5 남북한의 언어 차이

1. 남북한의 공통어

① 남한의 공통어 : 표준어(교양 있는 사람들이 두루 쓰는 현대 서울말)

② 북한의 공통어 : 문화어(북한의 공통어. 근로 인민이 사용하는 현대 평양말)

2. 남북한의 언어 차이

구분	남한(표준어)	북한(문화어)
두음 법칙	인정함. 예 여자, 노동	인정하지 않음. 예 녀자, 로동
자음 동화	인정함. 예 심리[심니]	인정하지 않음. 예 심리[심리]
억양	• 부드럽게 흐르는 억양 • 대체로 낮은 억양	• 강하고 드센 억양 • 높은 데서 낮은 데로 떨어짐.
어휘	외래어 사용	고유어를 많이 사용함.

3. 남북한 언어에 차이가 생긴 원인

① 남과 북이 분단된 이후 많은 세월이 흘렀기 때문

② 남한과 북한의 이념과 정치 체제, 언어 정책이 다르기 때문

③ 지역적인 방언의 차이

4. 남북한의 언어 차이의 극복 방안

① 남북한의 언어 차이를 서로 이해한다.

② 활발한 문화 교류로 언어적 이질감을 극복하고 서로의 언어에 대한 장·단점을 파악한다.

③ 남북한의 공동 사전을 편찬하여 활용한다.

④ 학술 교류 등을 개최하여 서로의 언어에 대한 연구를 활발히 한다.

기/출/문/제 Check!

정답 및 해설 21p

28 문장 부호의 의미가 바른 것은?

① , (반점) : 할 말을 줄일 때 사용함.
② ? (물음표) : 열거할 때에 사용함.
③ . (온점) : 의심이나 물음을 나타냄.
④ ! (느낌표) : 감탄이나 누구를 부를 때에 사용함.

29 다음 중 띄어쓰기가 잘못된 문장은?

① 지금 즉시 대답해!
② 그는 국민의 심부름꾼이다.
③ 나는 열살난 어린이입니다.
④ 청군 대 백군의 경기가 시작되었다.

08 한글의 창제 원리

- 한글의 창제 정신과 자모음 창제 원리, 한글의 우수성을 파악하여 우리말과 글에 대한 자긍심을 갖는다.

1. 한글 창제의 정신

창제 정신	창제 동기
자주 **정신**	우리나라 말이 중국과 달라서 한자와 통하지 않아 새로 글자를 만듦.
애민 **정신**	백성들이 자신의 뜻을 자유롭게 표현하지 못함을 불쌍하게 여겨 글자를 만듦.
실용 **정신**	모든 사람들이 쉽게 익혀서 날마다 편하게 쓰기를 바라는 마음에서 글자를 만듦.

2. 한글의 창제자와 창제시기

① 창제자 : 세종대왕

② 창제 시기 : 1443년 12월

③ 반포 시기 : 1446년 9월

3. '훈민정음'의 의미

글자 – '훈민정음'	• '백성을 가르치는 바른 소리'라는 의미로 오늘날 '한글'이라 부르는 글자의 원래 이름 • 가르칠 훈(訓), 백성 민(民), 바를 정(正), 소리 음(音) • 1443년 세종대왕이 창제한 우리나라의 글자
책 – '훈민정음'	• 훈민정음 창제의 동기, 훈민정음의 제자 원리와 용례가 설명된 책으로 '훈민정음 해례본'이라고도 함. • 한문으로 된 '훈민정음 해례본'에서 어제 서문과 예의 부분만 한글로 풀이하여 간행한 것을 '훈민정음 언해본'이라고 함. • 1446년 세종대왕의 명에 따라 8명의 신하들이 함께 만듦. • 국보 제70호, 1997년에 유네스코 세계기록유산으로 지정됨.

바로바로 체크

• '훈민정음'의 뜻을 쓰시오.

정답 백성을 가르치는 바른 소리

4. 자음자 제자 원리

① 상형 : 발음 기관의 모양을 본떠 기본 자음자를 만들었다.

② 가획 : 기본 자음자에 획을 더하여 소리의 거셈을 나타냈다.

③ 이체자 : 가획의 의미 없이 기본자와 모양을 달리 했다.

만들어진 원리	기본자	가획자	이체자
혀뿌리가 목구멍을 막는 모양(어금닛소리)	ㄱ	ㅋ	ㆁ
혀끝이 윗잇몸에 닿는 모양(혓소리)	ㄴ	ㄷ, ㅌ	ㄹ
입의 모양 (입술소리)	ㅁ	ㅂ, ㅍ	
이의 모양 (잇소리)	ㅅ	ㅈ, ㅊ	ㅿ
목구멍의 둥글게 생긴 모양(목구멍소리)	ㅇ	ㆆ, ㅎ	

5. 모음자 제자 원리

① 상형 : 하늘, 땅, 사람(天, 地, 人)의 형태를 본떠 기본 모음자를 만들었다.

② 초출자 : 세 가지 기본 모음자를 한 번 합하여 만들었다.

③ 재출자 : 초출자에 'ㆍ'를 합하여 만들었다.

<table>
<tr><th>만들어진 원리</th><th>기본자</th><th>초출자</th><th>재출자</th></tr>
<tr><td>하늘의 둥근 모습(天)</td><td>ㆍ</td><td rowspan="3">ㅗ
ㅏ
ㅜ
ㅓ</td><td rowspan="3">ㅛ
ㅑ
ㅠ
ㅕ</td></tr>
<tr><td>땅의 평평한 모습(地)</td><td>ㅡ</td></tr>
<tr><td>사람이 바로 선 모습(人)</td><td>ㅣ</td></tr>
</table>

6. 28자 이외의 글자를 만든 방법

① 병서 : 자음 글자를 옆으로 이어 한 글자를 만드는 방식이다.

각자 병서	• 같은 자음 두 글자를 가로로 나란히 쓰는 방법 • ㄲ, ㄸ, ㅃ, ㅆ, ㅉ
합용 병서	• 서로 다른 자음 두 글자를 가로로 나란히 쓰는 방법 • 현재는 'ㄺ, ㄻ, ㄼ, ㄵ, ㄶ' 등이 종성에 쓰임. • 15세기에는 초성에서도 'ㅺ, ㅼ, ㅽ / ㅳ, ㅄ, ㅶ / ㅴ, ㅵ' 등이 쓰임.

바로바로 체크

• 발음 기관의 모양을 본떠 만든 기본 자음 다섯 자를 쓰시오.

정답 ㄱ, ㄴ, ㅁ, ㅅ, ㅇ

② **연서** : 'ㅸ'처럼 자음 두 개를 위아래로 이어서 글자를 쓰는 방법이다.
③ **여러 모음을 합함** : 두세 모음자를 합하여 여러 글자를 만든다(ㅐ, ㅙ, ㅔ 등).

7. 한글의 우수성

① **독창성** : 한글은 발음 기관과 하늘·땅·사람의 모양을 본떠 만든 독창적인 글자이다.
② **과학성** : 말소리를 각각 자음과 모음으로 분석하여 과학적으로 글자를 만들어서 적은 수의 글자로 수많은 말소리를 나타낼 수 있다.
③ **체계성** : 같은 부류의 소리를 나타내는 글자들이 모양상으로 닮은 모습이다.

바로바로 체크

(1) 한글 창제 정신 중 '백성들이 자신의 뜻을 자유롭게 표현하지 못함을 불쌍히 여겨 글자를 만들었다'는 (　　　) 정신에 해당된다.

(2) 한글의 모음자는 (　　　, 　　　, 　　　)의 형태를 본떠 기본 모음자를 만들었다.

정답 (1) 애민
(2) 하늘, 땅, 사람

기/출/문/제 Check!

정답 및 해설 21p

30 **다음 글에서 알 수 있는 훈민정음의 창제 정신으로 가장 적절한 것은?**

> 우리나라 말이 중국과 달라 한자와는 서로 통하지 아니한다. 이런 까닭으로 글을 모르는 백성이 말하고자 하는 바가 있어도 마침내 제 뜻을 펴지 못하는 사람이 많다. 내가 이것을 가엾게 생각하여 새로 스물여덟 글자를 만드니, 모든 사람이 쉽게 익혀서 날마다 쓰는 데 편하게 하고자 할 따름이다.
>
> -『훈민정음 언해본』-

① 새 글자는 한자의 모양을 참고하여 만들어야 한다.
② 글자를 몰라도 백성들이 사는 데는 큰 문제가 없다.
③ 누구나 새 글자를 쉽게 익혀 편하게 사용해야 한다.
④ 새 글자를 만드는 것은 외국과 소통하기 위해서이다.

PART V

적중 예상 문제

정답 및 해설 24p

01 '자음 + 모음 + 자음'으로 이루어진 음절은?

① 구 ② 양
③ 방 ④ 오

02 다음 중 입술소리로만 연결된 것은?

① ㅅ, ㄷ ② ㅈ, ㅉ
③ ㄱ, ㅍ ④ ㅁ, ㅃ

03 다음 단어들의 공통적인 특성으로 알맞은 것은?

분필, 접시, 우유

① 사람이나 사물의 이름을 나타낸다.
② 사람이나 사물의 상태나 성질을 나타낸다.
③ 사람이나 사물의 동작을 나타낸다.
④ 사람, 사물, 장소의 이름을 대신하여 나타낸다.

04 다음 중 파생어가 아닌 것은?

① 욕심쟁이 ② 책가방
③ 길이 ④ 날고기

05 다음 단어들을 분류한 기준은?

여기, 셋, 펑펑 / 울다, 예쁘다

① 꾸밈을 받는 말과 꾸며주는 말
② 활용의 여부
③ 동작을 나타내는 말과 상태를 나타내는 말
④ 조사가 붙는 말과 붙지 않는 말

06 다음 중 홑문장이 아닌 것은?

① 강이 아주 깊다.
② 하늘이 매우 푸르다.
③ 나는 바다를 좋아한다.
④ 토끼는 귀가 크다.

07 남북한의 언어 차이가 생기는 원인으로 알맞지 않은 것은?

① 남한과 북한의 지역적 차이
② 남한과 북한의 언어 정책의 차이
③ 분단 이후 남한과 북한의 이념의 차이
④ 남한과 북한의 민족성 차이

08 남한과 북한의 언어 차이 중 알맞지 않은 것은?

① 남한의 공용어는 표준어, 북한의 공용어는 문화어이다.
② 남한은 낮은 억양으로 말하고, 북한은 높은 데서 낮은 데로 떨어지는 억양을 사용한다.
③ 남한은 두음 법칙을 인정하지 않고, 북한은 인정한다.
④ 남한은 외래어를 그대로 사용하고, 북한은 고유어로 순화하여 사용한다.

09 다음 중 문자 언어의 특성으로 알맞지 않은 것은?

① 수정이 가능하다.
② 문자를 이용하기 때문에 청각에 의존한다.
③ 복잡한 내용을 논리적으로 전달하기에 적합하다.
④ 사전에 계획이 가능하다.

10 다음 중 사동 표현이 쓰인 것은?

① 형이 동생을 울렸다.
② 도둑이 경찰에게 잡혔다.
③ 나는 엄마 품에 안겼다.
④ 오늘은 비가 올 것으로 예상됩니다.

11 다음 중 사동 표현에 대한 설명으로 알맞은 것은?

① 주어가 제 힘으로 어떤 동작이나 행위를 하는 것이다.
② 주어가 남의 행동에 의해 동작이나 행위를 당하는 표현이다.
③ 주어가 남에게 어떤 동작을 하도록 시키는 표현이다.
④ 능동 표현에 '-게 되다'를 붙인다.

12 다음 중 사동 표현에 대한 설명으로 알맞지 않은 것은?

① '쥐가 뱀에게 먹혔다'는 사동 표현이다.
② 주동 표현에 '-시키다'를 붙인다.
③ 대상에게 어떤 동작이나 행동을 시키는 주체에 초점을 맞춘 것이다.
④ 주어가 남에게 어떤 동작을 하도록 시킨 것이다.

13 다음 설명에 대한 예로 알맞은 것은?

> 자음과 자음이 만나면, 서로 영향을 주고받아 한쪽이나 양쪽 모두 비슷한 소리로 바뀌는 현상을 자음동화라 한다.

① 맏이 ② 밥물
③ 밭이 ④ 아드님

14 다음에서 설명하는 언어의 특성은?

> '어리다'는 과거에는 '어리석다'의 의미로 사용되었으나, 지금은 '나이가 어리다'의 의미로 사용되고 있다.

① 사회성 ② 기호성
③ 역사성 ④ 자의성

15 다음 중 시간의 흐름에 따라 내용을 조직하기에 알맞은 화제는?

① 시계의 모양
② 코끼리의 생김새
③ 아파트의 구조
④ 개구리의 성장 과정

16 보기에서 설명하는 음운의 변동은?

> 자음 'ㄱ, ㄷ, ㅂ, ㅈ'이 'ㅎ' 모음의 영향으로 각각 'ㅋ, ㅌ, ㅍ, ㅊ'으로 변하는 현상

① 잡히다 ② 굳이
③ 신라 ④ 바느질

17 다음 중, 모음의 분류가 바르게 연결되지 않은 것은?

① ㅣ - 평순 모음
② ㅚ - 원순 모음
③ ㅏ - 저모음
④ ㅗ - 고모음

18 다음 중 발음 할 때 혀의 위치가 바뀌면서 발음되는 모음은?

① ㅏ ② ㅣ
③ ㅚ ④ ㅠ

19 다음 중 울림소리에 해당하지 않는 것은?

① ㄴ ② ㅁ
③ ㄹ ④ ㅂ

20 다음 합성어 중 의미의 변화가 일어난 합성어는?

① 팔다리 ② 춘추
③ 손수건 ④ 따님

21 다음에 제시된 단어에서 밑줄 친 부분에 해당하는 것은?

> 덧신, 군말, 헛걸음

① 어근 ② 어미
③ 접사 ④ 용언

22 다음 중 접사의 위치가 다른 하나는?

① 풋사랑 ② 개꿈
③ 부끄럼쟁이 ④ 날고기

23 다음 합성어 중 한쪽 어근이 다른 어근을 수식하는 합성어는?

① 뛰놀다　② 대여섯
③ 물걸레　④ 춘추

24 다음 밑줄 친 부분의 문장 성분은?

- 옛 친구를 만나니 기분이 좋다.
- 나는 멋있는 군인이 되었다.

① 관형어　② 주어
③ 목적어　④ 보어

25 다음 중 발음이 잘못 표기된 것은?

① 부엌[부억]　② 잎[입]
③ 앎[암]　④ 읊다[을따]

26 다음 겹받침 발음 중 올바르게 표기된 것은?

① 넓죽하다[넙쭈카다]
② 넓둥글다[널뚱글다]
③ 넓적하다[널쩌카다]
④ 밟다[발따]

27 다음 밑줄 친 단어 중 '수량이나 순서'를 나타내는 말은?

① 하늘이 매우 푸르다.
② 그는 빨리 걷는다.
③ 저 산에는 호랑이가 많다.
④ 첫째도 건강, 둘째도 건강이다.

28 다음 단어들의 공통점으로 알맞은 것은?

펑펑, 매우, 드디어

① 사람이나 사물의 이름을 나타낸다.
② 사람이나 사물의 성질이나 상태를 나타낸다.
③ 수량이나 순서를 나타낸다.
④ 주로 용언을 수식한다.

29 다음 밑줄 친 말 중 명사를 대신하여 가리키는 단어는?

① 책 열 권을 샀다.
② 동생이 방으로 들어갔다.
③ 이제야 겨우 청소를 끝냈다.
④ 그것은 아빠의 책이다.

30 다음 중 대등하게 이어진 문장은?

① 비가 와서 소풍을 가지 못했다.
② 나는 그가 합격하기를 기다렸다.
③ 낮말은 새가 듣고, 밤말은 쥐가 듣는다.
④ 그가 꽃을 샀다.

31 동음이의어와 다의어에 대한 설명으로 바르지 않은 것은?

① 다의어는 중심 의미와 주변 의미로 나뉜다.
② 동음이의어는 의미상 서로 관련이 없다.
③ 다의어는 의미상 관계가 있다.
④ 동음이의어는 사전에서 하나의 낱말로 처리한다.

32 '유행어'에 대한 설명으로 바르지 않은 것은?

① 일정 기간 동안 쓰이다가 사라진다.
② 당시의 사회상을 반영하는 말이 많다.
③ 오랫동안 쓰이다가 일상적인 단어로 자리 잡기도 한다.
④ 집단의 이익을 유지하는 데 도움이 된다.

33 '눈'과 관련된 관용적 표현에 대한 설명으로 올바르지 않은 것은?

① 눈에 불을 켜다. - 너무 환한 곳에 있어서 눈이 아프다.
② 눈에 밟히다. - 잊혀지지 않고 눈에 떠오르다.
③ 눈에 흙이 들어가다. - 죽어 땅에 묻히다.
④ 눈 밖에 나다. - 신임을 잃고 미움을 받게 되다.

34 다음 중 중의적 표현에 해당하지 않는 것은?

① 배가 크다.
② 눈이 큰 누나의 친구
③ 나는 너와 철민이를 기다린다.
④ 소금을 적당히 넣으세요.

35 밑줄 친 부분이 바르게 쓰이지 않은 것은?

① 나는 밥을 먹지 <u>않았다.</u>
② 내가 숙제를 도와 <u>줄께.</u>
③ 그는 빠른 <u>걸음</u>으로 걸었다.
④ 벽에 그림을 <u>붙였다.</u>

36 다음 중 바르게 쓰인 문장은?

① 할머니께서 진지를 잡수신다.
② 그녀는 결코 웃었다.
③ 어제 들판에서 그림을 그린다.
④ 내일 눈이 오지 못했으면 좋겠다.

37 북한 언어에 대한 설명으로 옳지 않은 것은?

① 두음 법칙을 인정하지 않아 '로동', '녀자'로 발음한다.
② 자음 동화를 인정하지 않아 '심리'를 [심리]로 발음한다.
③ 외래어보다 순우리말을 사용하여 '도넛'을 '가락지 빵'이라고 한다.
④ 한자어를 많이 사용한다.

38 맞춤법에 맞는 표기는?

① 엄마가 설겆이를 하신다.
② 나는 친구들과 꼬츨 꺾었다.
③ 바느질은 항상 어렵다.
④ 놀란 가슴을 쓰러내렸다.

39 문장 부호와 의미가 바르게 연결되지 않은 것은?

① 물음표 (?) : 의심, 의문
② 줄표 (–) : 부연 설명
③ 온점 (.) : 평서문, 명령문, 청유문 등에 사용
④ 느낌표 (!) : 다른 사람의 말을 인용할 때

40 다음 중 문장의 호응이 바르게 연결된 것은?

① 그는 절대 비겁하다.
② 할머니께서 진지를 먹는다.
③ 나는 내일 공원에 갈 것이다.
④ 내일 눈이 오지 못했으면 좋겠다.

memo

EBS 교육방송교재

중졸 검정고시 국어

VI

2024년 기출문제

01 제1회 기출문제

02 제2회 기출문제

2024 제1회 국어

정답 및 해설 27p

01 다음 대화에서 '민재'의 말하기 의도로 가장 적절한 것은?

① 상대방의 잘못된 점을 지적하기
② 상대방의 감정에 공감하며 위로하기
③ 상대방의 좋은 점을 말하며 칭찬하기
④ 타당한 근거를 들어서 상대방을 설득하기

02 다음 면담의 질문 내용으로 적절하지 <u>않은</u> 것은?

> 면담 대상 : 커피 전문가
> 면담 목적 : 커피 전문가라는 직업에 대한 정보 얻기
> 질문 내용 : ____________________

① 커피 전문가의 전망은 어떠한가요?
② 커피 전문가가 하는 일은 무엇인가요?
③ 커피 전문가가 되려면 어떻게 해야 하나요?
④ 커피 전문가는 어떤 운동을 가장 좋아하나요?

03 다음 규정에 맞게 발음하지 <u>않은</u> 것은?

> ■ 표준 발음법 제14항 ■
> 겹받침이 모음으로 시작된 조사나 어미, 접미사와 결합되는 경우에는 뒤엣것만을 뒤 음절 첫소리로 옮겨 발음한다.(이 경우, 'ㅅ'은 된소리로 발음함.)

① 값이[갑씨] ② 넓은[널븐]
③ 읊어[을퍼] ④ 흙은[흐근]

04 다음에서 설명하는 모음이 들어 있는 단어는?

> 이중 모음이란 소리를 낼 때 입술의 모양이나 혀의 위치가 달라지는 모음을 말한다.

① 강진 ② 부산
③ 영월 ④ 전주

05 다음 단어의 공통된 특성으로 적절한 것은?

> 바다 사탕 엄마 연필

① 수량이나 순서를 나타낸다.
② 대상의 동작이나 작용을 나타낸다.
③ 사람이나 사물의 이름을 나타낸다.
④ 대상의 성질이나 상태를 나타낸다.

06 **다음을 참고할 때 밑줄 친 단어의 기본형으로 적절한 것은?**

> 국어사전에서 동사와 형용사를 찾을 때는 활용할 때 변하지 않는 부분인 어간에 '-다'를 붙인 기본형으로 찾아야 한다.
> **(예)** 달리니, 달리는, 달렸다 → 달리다

① 담장에 작은 참새가 앉았다. → 작다
② 여기에 서니 독도가 보인다. → 섰다
③ 도서관에는 많은 책이 있다. → 많았다
④ 여름에 먹는 냉면은 맛있다. → 먹는다

07 **밑줄 친 부분의 문장 성분이 ㉠과 같은 것은?**

> 내 동생은 ㉠ 연구원이 되었다.

① 바람이 세차게 분다.
② 봄꽃이 활짝 피었다.
③ 민서는 연예인이 아니다.
④ 아기가 아장아장 걷는다.

08 **밑줄 친 부분이 '한글 맞춤법'에 맞게 표기된 것은?**

① 편지에 우표를 부치지 않고 보냈다.
② 감기가 다 낳아서 병원에서 퇴원했다.
③ 이번 학교 축제에는 반드시 참여할 거야.
④ 나는 친구가 낸 수수께끼의 정답을 마쳤다.

09 **다음 개요에서 통일성에 어긋나는 부분은?**

제목	동물이 행복한 동물원은 없다.
서론	• 좁은 우리 안에 갇힌 동물을 본 경험 ………… ㉠
본론	• 동물원은 동물이 살기에 부적합한 환경임. ………… ㉡ – 동물원 돌고래들의 짧은 평균 수명 • 동물원에서 동물은 극심한 스트레스를 받음. ………… ㉢ – 스트레스로 인한 코끼리들의 이상 행동 • 동물원은 야생 동물을 보호하는 기능을 함. ………… ㉣ – 사육사들의 따뜻한 돌봄을 받는 반달가슴곰
결론	동물의 행복을 위해서 동물원을 없애야 함.

① ㉠　　② ㉡
③ ㉢　　④ ㉣

10 ㉠~㉣에 대한 고쳐쓰기 방안으로 적절하지 않은 것은?

> 수많은 생물들이 ㉠ 습지를 보금자리로 삼아 살고 있다. ㉡ 결코 습지가 사라진다면 이 곳에 사는 생물들도 사라질 것이다. 그런데 우리나라의 습지가 급속히 사라지고 있다. ㉢ 습지는 가뭄과 홍수를 예방해 주는 역할도 한다. 서해안 갯벌의 경우 간척 사업 등으로 인해 이미 갯벌의 1/3이 사라졌다. 우리가 습지를 보존하지 못하면 우리나라 습지에 사는 생물들을 ㉣ 영원이 다시 보지 못하게 될지도 모른다.

① ㉠: 조사의 쓰임을 고려하여 '습지의'로 바꾼다.
② ㉡: 문장의 호응이 맞지 않으므로 '만일'로 고친다.
③ ㉢: 글의 흐름에서 벗어난 내용이므로 삭제한다.
④ ㉣: 한글 맞춤법에 어긋나므로 '영원히'로 고친다.

[11~13] 다음 글을 읽고 물음에 답하시오.

| 앞부분 줄거리 | 숙모의 심부름을 간 문기는 고깃집에서 거스름돈보다 더 많은 돈을 받는다. 그 사실을 안 수만이는 돈을 쓰자고 문기를 유혹하여 사고 싶었던 물건들을 함께 산다. 그러나 양심의 가책을 느낀 문기는 남은 돈은 고깃집 마당에 던지고 샀던 물건들은 버린다. 하지만 수만이가 이것을 믿지 않고 문기에게 돈을 계속 요구하며 괴롭히자 문기는 숙모의 돈을 훔쳐서 수만이에게 준다. 이후 이웃집 점순이가 숙모의 돈을 훔쳤다는 죄를 뒤집어쓴다.

그날 밤이었다. 아랫방 들창 밑에 훌쩍훌쩍 우는 어린아이 울음소리가 났다. 아랫집 심부름하는 아이 점순이 음성이었다. 숙모가 직접 그 집에 가서 무슨 말을 한 것은 아니로되 자연 그 말이 한 입 걸러 두 입 걸러 그 집에까지 들어갔고, 그리고 그 집주인 여자는 점순이를 때려 쫓아낸 것이다. 먼저는 동네 아이들이 모여 지껄지껄하더니 차차 하나 가고 둘 가고 훌쩍훌쩍 우는 그 소리만 남는다. 방 안의 문기는 그 밤을 뜬눈으로 새웠다.

이튿날 아침이다. 문기는 밥을 두어 술 뜨다가는 고만둔다. 뭐 그 돈을 갚기 위한 그것이 아니다. 도무지 입맛이 나지 않았다. 학교엘 갔다. 첫 시간은 수신 시간[1], 그리고 공교로이[2] 제목이 '정직'이다. 선생님은 뒷짐을 지고 교단 위를 왔다 갔다 하며 거짓이라는 것이 얼마나 악한 것이고 정직이 얼마나 귀하고 중한 것인가를 누누이 말씀한다. 그럴 때마다 문기는 가슴이 뜨끔뜨끔해진다. 문기는 자기 한 사람에게만 들리기 위한 정직이요 수신 시간인 듯싶었다. 그만치 선생님은 제 속을 다 들여다보고 하는 말인 듯싶었다.

운동장에서 문기는 풀[3]이 없다. 사람 없는 교실 뒤 버드나무 옆 그런 데만 찾아다니며 고개를 숙이고 깊은 생각에 잠기거나 팔짱을 찌르고 왔다 갔다 하기도 한다. 그러다 누가 등을 치면 소스라쳐 깜짝깜짝 놀란다.

언제나 다름없이 하늘은 맑고 푸르건만 문기는 어쩐지 그 하늘조차 쳐다보기가 두려워졌다. 자기는 감히 떳떳한 얼굴로 그 하늘을 쳐다볼 만한 사람이 못 된다 싶었다.

언제나 다름없이 여러 아이들은 넓은 운동장에서 마음대로 뛰고 마음대로 지껄이고 마음대로 즐기건만 문기 한 사람만은 어둠과 같이 컴컴하고 무거운 마음에 잠겨 고개를 들지 못한다. 무엇보다도 문기는 전일처럼 맑은 하늘 아래서 아무 거리낌 없이 즐길 수 있는 마음이 갖고 싶다. 떳떳이 하늘을 쳐다볼 수 있는, 떳떳이 남을 대할 수 있는 마음이 갖고 싶었다.

– 현덕, 「하늘은 맑건만」 –

1) 수신 시간 : 일제 강점기의 도덕 시간
2) 공교로이 : 생각하지 않았거나 뜻하지 않게 우연히
3) 풀 : 세찬 기세나 활발한 기운

11 윗글의 서술자에 대한 설명으로 적절한 것은?

① 서술자인 '나'가 자신이 겪은 사건을 서술하고 있다.
② 서술자가 사건의 전개와 배경의 변화에 따라 바뀌고 있다.
③ 서술자가 사건과 등장인물의 심리를 직접적으로 설명하고 있다.
④ 서술자인 '나'가 주변 인물의 사건을 간접적으로 전달하고 있다.

12 윗글을 읽은 학생의 반응으로 가장 적절한 것은?

① 친구와의 약속을 지키려고 노력해야겠어.
② 정직하고 떳떳하게 사는 태도가 중요하지.
③ 성실하게 수업에 참여하는 자세가 필요해.
④ 하늘을 쳐다볼 수 있는 여유를 가져야겠어.

13 윗글에서 알 수 있는 내용으로 가장 적절한 것은?

① 문기는 자신의 행동이 정당하다고 생각했다.
② 점순이는 아랫집에서 심부름을 하며 살았다.
③ 선생님은 문기의 잘못을 이미 알고 '정직'을 주제로 수업했다.
④ 숙모는 직접 아랫집에 가서 주인 여자에게 점순이가 돈을 훔쳤다고 말했다.

[14~16] 다음 글을 읽고 물음에 답하시오.

눈을 가만 감으면 ㉠ <u>굽이 잦은 풀밭 길</u>이,
개울물 돌돌돌 길섶[1]으로 흘러가고,
백양 숲 사립을 가린 초집들도 보이구요.

송아지 몰고 오며 바라보던 진달래도
저녁노을처럼 산을 둘러 퍼질 것을,
어마씨[2] 그리운 솜씨에 향그러운 꽃지짐.

어질고 고운 그들 멧남새[3]도 캐어 오리.
집집 끼니마다 봄을 씹고 사는 마을.
감았던 그 눈을 뜨면 마음 도로 애젓하오[4].

– 김상옥, 「사향(思鄕)[5]」 –

1) 길섶 : 길의 가장자리. 흔히 풀이 나 있는 곳을 가리킨다.
2) 어마씨 : 어머니
3) 멧남새 : 산나물
4) 애젓하오 : 애틋하오. 섭섭하고 애가 타는 듯하오.
5) 사향(思鄕) : 고향을 생각함.

14 윗글에서 시적 화자가 떠올린 고향의 모습으로 적절하지 <u>않은</u> 것은?

① 고깃배가 나란히 들어선 항구
② 온 산을 둘러 피어 있는 진달래
③ 어머니의 맛있고 향긋한 꽃지짐
④ 산나물을 캐서 돌아오는 사람들

15 윗글에서 느낄 수 있는 시적 화자의 주된 정서는?

① 그리움　　② 두려움
③ 부러움　　④ 지겨움

16 ㉠과 같은 감각적 이미지가 쓰인 것은?

① 구수한 청국장 냄새
② 하늘에 울리는 종소리
③ 달콤한 사랑의 추억
④ 노랗게 물든 황금 들판

[17~19] 다음 글을 읽고 물음에 답하시오.

놀부는 더욱 화를 내며 나무란다.

"이놈아, 들어 보아라. 쌀이 아무리 많다고 해도 너를 주려고 섬[1]을 헐며, 벼가 많다고 하여 너 주려고 노적[2]을 헐며, 돈이 많이 있다 한들 너 주자고 돈꿰미를 헐며, 곡식 가루나 주고 싶어도 너 주자고 큰독에 가득한 걸 떠내며, 옷가지나 주려 한들 너 주자고 행랑채에 있는 아랫것들을 벗기며, 찬밥을 주려 한들 너 주자고 마루 아래 청삽사리를 굶기며, 술지게미나 주려 한들 새끼 낳은 돼지를 굶기며, 콩이나 한 섬 주려 한들 농사지을 황소가 네 필인데 너를 주고 소를 굶기겠느냐. 염치없고 생각없는 놈이로다."

"아무리 그렇더라도 죽는 동생 한 번만 살려 주십시오."

(중략)

흥부 아내의 말이 변하여 울음이 되니 흥부가 말없이 듣고 있다가 자리에서 일어섰다.

"여보 마누라, 울지 말아요. 내가 오늘 읍내를 나갔다 오리다."

"읍내는 무엇 하러요?"

"양식을 좀 꾸어서라도 얻어 와야 저 자식들을 먹이지."

"여보 영감, 그 모양에 곡식 먹고 도망한다고 안 줄 테니 가 보아야 소용없는 일입니다."

"가장이 나서는데 그게 무슨 소리! 어찌 될지는 가 봐야 아는 일이지 장 안에서 도포[3]나 꺼내 와요."

"아이고, 우리 집에 무슨 장이 있단 말이오?"

"어허, 닭장은 장이 아닌가? 가서 내 갓도 챙겨 나와요."

"갓은 또 어디에 있답니까?"

"뒤뜰 굴뚝 속에 가 봐요."

"세상에 갓을 어찌 굴뚝 속에 두었단 말입니까?"

"그런 게 아니라 지난번 국상[4] 뒤에 어느 친구한테 흰 갓 하나를 얻었는데 우리 형편에 칠해 쓸 수도 없고 연기에 그을려 쓰려고 굴뚝 속에 넣어 둔지 벌써 오래요."

[A]
흥부가 그렇게 저렇게 의관을 갖추는데 모양이 볼만 했다.

헌 망건을 꺼내 쓸 때 물렛줄로 줄을 삼고 박 조각으로 관자 달아서 상투를 매어 쓰고, 갓 테 떨어진 파립은 노끈을 총총 매어 갓끈 삼아 달아 쓰고, 다 떨어진 고의적삼 살점이 울긋불긋, 발바닥은 뻥 뚫리고 목만 남은 헌 버선에 짚 대님이 희한하다.

– 작자 미상, 「흥부전」 –

1) 섬 : 곡식 등을 담기 위하여 짚으로 엮어 만든 그릇
2) 노적 : 곡식 등을 한데에 수북이 쌓음.
3) 도포 : 예전에 통상예복으로 입던 남자의 겉옷. 소매가 넓고 등 뒤에는 딴 폭을 댄다.
4) 국상 : 국민 전체가 상중에 상복을 입던 왕실의 초상

17 '놀부'와 비슷한 성격의 인물로 가장 적절한 것은?

① 일회용품 줄이기를 실천하는 사람
② 돈은 많으면서 남을 전혀 돕지 않는 사람
③ 파도에 밀려서 온 쓰레기를 청소하는 사람
④ 혼자 사는 노인을 방문하여 말벗이 되어 주는 사람

18 '흥부'에 대한 설명으로 적절하지 않은 것은?

① 가족의 생계에 대해 전혀 관심이 없다.
② 자식을 먹이기 위해 읍내로 가려고 한다.
③ 아내의 판단과 충고를 받아들이지 않는다.
④ 양식을 빌리러 가기 어려울 정도로 행색이 초라하다.

19 [A]에 대한 설명으로 적절한 것은?

① 사건을 요약적으로 제시한다.
② 배경을 통해 사건을 암시한다.
③ 인물 사이의 갈등을 강조한다.
④ 인물의 모습을 해학적으로 표현한다.

[20~22] 다음 글을 읽고 물음에 답하시오.

㉠ 세금은 그것을 납부하는 방식에 따라 직접세와 간접세로 나눌 수 있다. 직접세는 세금을 내야 하는 의무가 있는 사람과 실제로 그 세금을 내야 하는 사람이 일치하는 세금으로 소득세, 법인세, 재산세, 상속세 등이 직접세에 해당한다.

조금 더 자세히 살펴보면, 직접세는 소득이나 재산에 따라 누진적으로 적용되는 경우가 많다. 즉 소득이 많은 사람은 세율이 높아 세금을 많이 내고 소득이 적은 사람은 세율이 낮아 세금을 적게 내는 식이다. 그렇기 때문에 직접세는 소득 격차를 줄이고 소득을 재분배하는 효과가 있다. (㉡) 직접세를 걷는 입장에서는 모든 사람의 소득이나 재산을 일일이 조사하여 그에 따라 세금을 거두어야 한다는 번거로움이 있다.

간접세는 세금을 내야 하는 의무가 있는 사람과 실제로 그 세금을 내는 사람이 다른 세금이다. 부가 가치세를 비롯하여 개별 소비세, 인지세 등이 간접세에 해당한다.

간접세는 소득이나 재산에 상관없이 모두에게 똑같이 적용된다. 예를 들어 음료수를 사 마실 때, 소득이 많은 사람이든 소득이 적은 사람이든 동일한 음료수를 산다면 모두 똑같은 세금을 내고 있는 셈이다. 그렇기 때문에 간접세를 걷는 입장에서는 편리하게 세금을 걷을 수 있다. 하지만 간접세는 같은 액수의 세금이라도 소득이 적은 사람에게는 소득에 비해 내야 할 세금의 비율이 높아지기 때문에 소득이 적은 사람일수록 세금에 대한 부담감이 커진다는 문제점이 있다.

－ 조준현, 「중학생인 나도 세금을 내고 있다고?」－

20 윗글의 내용과 일치하지 않는 것은?

① 직접세는 소득 격차 감소와 소득 재분배의 효과가 있다.
② 직접세는 간접세보다 세금을 걷는 입장에서 걷기 편하다.
③ 간접세는 소득이나 재산에 상관없이 모두에게 똑같이 적용된다.
④ 간접세는 소득이 적은 사람일수록 세금에 대한 부담이 크다.

21 ㉠과 같은 설명 방법이 사용된 것은?

① 김 교수는 "백색 소음이 집중력을 높인다."라고 말했다.
② 원통형 기둥은 위아래 지름이 일정한 기둥을 뜻한다.
③ 소설은 길이에 따라 단편, 중편, 장편 소설로 나눈다.
④ 젖산은 약한 산성이어서 유해균 증식을 억제할 수 있다.

22 ㉡에 들어갈 말로 적절한 것은?

① 그러나 ② 따라서
③ 그렇다면 ④ 왜냐하면

[23~25] 다음 글을 읽고 물음에 답하시오.

근래에는 아직 초등학교에도 입학하지 않은 어린아이들이 부모와 똑같은, 혹은 더 많은 양의 소금을 섭취하고 있다고 한다. 이는 대단히 ㉠ 심각한 문제이다. 아이들은 어른들보다 혈액량이 적어 똑같은 양의 소금을 섭취하더라도 혈액 속 염화 나트륨의 비율이 어른들보다 훨씬 높아지기 때문이다.

이뿐만 아니라 어릴 때부터 소금을 많이 먹으면 혀가 ㉡ 둔감해져 점점 더 짜고 자극적인 맛을 찾게 된다. 짠맛은 중추를 자극한다. 만약 계속해서 소금을 과하게 섭취한다면 아이들은 이런 쾌감을 유지하기 위해 배가 고프지 않더라도 음식을 계속 먹는 '음식 중독'에 걸릴 수 있다. 결국 폭식증이나 비만에 시달리게 되는 것이다.

문제는 여기서 그치지 않는다. 영국의 한 대학 연구팀에서 4세에서 18세까지 아동 및 청소년 1,688명을 일주일간 관찰한 결과, 짜게 먹는 아이일수록 음료를 많이 마신다는 사실을 ㉢ 발견했다. 소금이 체세포의 수분을 빼앗아 그만큼 갈증이 나기 때문이다. 그런데 대부분의 아이들은 갈증을 달래기 위해 건강에 좋은 음료가 아니라, 단맛이 강한 탄산음료를 찾는다. 탄산음료 속에 녹아 있는 탄수화물은 비만을 더욱 ㉣ 부추길 수 있다.

소금은 분명 맛있는 유혹이지만, 너무 많이 섭취하면 우리의 세포를 죽이고 건강을 위협한다. 건강을 생각한다면 지금이 라도 당장 소금 섭취를 줄여야 한다.

– 클라우스 오버바일, 「소금의 덫」 –

23 윗글을 읽는 방법으로 가장 적절한 것은?

① 주장과 근거를 파악한다.
② 상징적 의미를 추론한다.
③ 경험과 깨달음을 구분한다.
④ 갈등의 해결 과정을 분석한다.

24 윗글에서 글쓴이가 말하고자 하는 바로 가장 적절한 것은?

① 탄산음료는 갈증 해소에 도움이 된다.
② 건강을 위해 소금 섭취를 줄여야 한다.
③ 음식 중독은 사회적으로 심각한 문제이다.
④ 자녀를 위해 부모들이 직접 요리를 해야 한다.

25 ㉠~㉣의 사전적 의미로 적절하지 않은 것은?

① ㉠: 상태나 정도가 매우 깊고 중대하다.
② ㉡: 감정이나 감각이 무뎌지다.
③ ㉢: 아직 알려지지 않은 사실 따위를 찾아내다.
④ ㉣: 남의 의견을 판단 없이 믿고 따르다.

국어

정답 및 해설 30p

01 다음 대화에서 ㉠에 담긴 '민재'의 말하기 의도로 가장 적절한 것은?

민재 : 지후야, 내일 축구 경기 잊지 않았지?
지후 : 나는 첫 출전이라 팀에 방해가 되는 건 아닌지 걱정이야. 실수라도 하면 어쩌지?
민재 : ㉠ 지난번에 연습할 때 엄청 잘했잖아. 긴장하지 말고 평소 실력을 발휘하면 잘할 수 있을 거야!
지후 : 고마워, 내일 열심히 하자!

① 감사　② 격려
③ 사과　④ 양보

02 다음은 학생의 일기이다. 일기를 쓴 '나'가 보완해야 할 점으로 가장 적절한 것은?

○○의 일기

나는 오늘 국어 시간에 토론에 참여했다. 토론은 '급식 자율 배식'에 관한 주제로 진행되었다. 평소 말하기에는 자신이 있었기 때문에 별다른 준비를 하지 않았다. 하지만 막상 토론을 해 보니, 상대방의 주장에 반박할 타당한 근거가 떠오르지 않아 당황스러웠다. 우물쭈물하다가 토론이 끝나 버려 매우 아쉬웠다.

① 토론의 절차와 규칙을 준수한다.
② 상대방을 존중하는 언어를 사용한다.
③ 자신의 감정을 앞세워 상대방을 비판하지 않는다.
④ 상대방의 주장에 반박할 타당한 근거를 미리 마련한다.

03 다음과 관련 있는 언어의 특성으로 가장 적절한 것은?

'버스'를 '가방'으로, '사람'을 '토끼'로, '책상'을 '비행기'로 바꾸어 말한다면 다른 사람들이 잘 알아들을 수 없을 것이다.

① 언어는 시간의 흐름에 따라 끊임없이 변화한다.
② 언어의 의미와 말소리 사이에는 필연적인 관계가 없다.
③ 언어는 같은 언어를 사용하는 사람들 사이의 약속이다.
④ 언어를 사용하여 새로운 단어나 문장을 끊임없이 만들어 낼 수 있다.

04 밑줄 친 부분이 '한글 맞춤법'에 맞게 표기된 것은?

① <u>된장찌게</u> 가격이 너무 올랐어.
② 이따 수업 <u>맞히고</u> 도서관에 가자.
③ 오늘은 <u>웬지</u> 그림을 그리고 싶어.
④ 남은 짐들은 모두 집으로 <u>부쳤어</u>.

05 다음 설명에 해당하는 자음은?

'잇몸소리'는 혀끝과 윗잇몸이 닿아서 나는 소리이다.

① ㄱ　② ㅁ
③ ㅈ　④ ㅌ

06 다음 규정에 맞게 발음하지 않은 것은?

> ■ 표준 발음법 ■
>
> 【제11항】 겹받침 'ㄺ, ㄻ, ㄿ'은 어말 또는 자음 앞에서 각각 [ㄱ, ㅁ, ㅂ]으로 발음한다. 다만, 용언의 어간 말음 'ㄺ'은 'ㄱ' 앞에서 [ㄹ]로 발음한다.

① 굵고[굴ː꼬]　　② 맑게[막께]
③ 읊고[읍꼬]　　④ 젊지[점ː찌]

07 밑줄 친 단어의 품사가 ㉠과 같은 것은?

> 그곳의 경치는 ㉠ 아름답다.

① 밥이 정말 맛있다.
② 새로 산 신발이 나에게 작다.
③ 사진을 보니 옛 추억이 생각난다.
④ 학생들이 운동장에서 축구를 한다.

08 다음 설명에 해당하는 예로 적절하지 않은 것은?

> 주어와 서술어의 관계가 두 번 이상 나타나는 문장을 '겹문장'이라고 한다.

① 토끼가 들판에서 풀을 뜯는다.
② 바람이 불고 나무가 흔들린다.
③ 나는 겨울이 오기를 기다린다.
④ 비가 와서 우리는 소풍을 연기했다.

09 다음 개요의 ㉠에 들어갈 내용으로 가장 적절한 것은?

처음	웃음에 대한 사람들의 경험
중간	1. 웃음의 신체적 효과 가. 폐 기능을 개선할 수 있다. 나. 근육의 긴장을 풀 수 있다. 2. 웃음의 정신적 효과 가. 불안감을 해소할 수 있다. 나. 행복감과 편안함을 얻을 수 있다. 3. 웃음의 사회적 효과 가. [㉠] 나. 공동체의 분위기를 긍정적으로 만들 수 있다.
끝	웃음의 중요성

① 면역력을 강화할 수 있다.
② 스트레스를 해소할 수 있다.
③ 심장 건강을 증진할 수 있다.
④ 타인과의 유대감을 강화할 수 있다.

10 ㉠~㉣에 대한 고쳐쓰기 방안으로 적절하지 <u>않은</u> 것은?

> 지금까지 내가 겪은 많은 일 가운데 가장 기억에 남는 일은 축구부 활동을 ㉠ <u>했다</u>. 나는 초등학교 3학년 때 축구부 감독님께 ㉡ <u>발각되어서</u> 축구부에 들어갔다. ㉢ <u>이번 월드컵에서 우리나라 축구 대표 팀이 좋은 성과를 거두었다</u>. 그런데 초등학교 5학년 때 축구부가 해체되었고, 다시 축구를 하려면 전학을 가서 기숙사 생활을 해야 했다. ㉣ <u>왜냐하면</u> 나는 축구를 그만두게 되었다.

① ㉠ : 문장의 호응을 고려하여 '할 것이다'로 바꾼다.

② ㉡ : 문맥에 어울리지 않으므로 '발탁'으로 바꾼다.

③ ㉢ : 글의 흐름에서 벗어난 내용이므로 삭제한다.

④ ㉣ : 문장이 자연스럽게 연결되도록 '결국'으로 바꾼다.

[11~13] 다음 글을 읽고 물음에 답하시오.

> "아부지!"
>
> 부르는 소리가 들렸다. 만도는 깜짝 놀라며 얼른 뒤를 돌아보았다. 그 순간 만도의 두 눈은 무섭도록 크게 떠지고, 입은 딱 벌어졌다. 틀림없는 아들이었으나, 옛날과 같은 진수는 아니었다. 양쪽 겨드랑이에 지팡이를 끼고 서 있는데, 스쳐 가는 바람결에 한쪽 바짓가랑이가 펄럭거리는 것이 아닌가. 만도는 눈앞이 노래지는 것을 어쩌지 못했다. 한참 동안 그저 멍멍하기만 하다 코허리가 찡해지면서 두 눈에 뜨거운 것이 핑 도는 것이었다.
>
> "에라이, 이놈아!"
>
> 만도의 입술에서 모질게 튀어나온 첫마디였다. 떨리는 목소리였다. 고등어를 든 손이 불끈 주먹을 쥐고 있었다.
>
> "이기 무슨 꼴이고, 이기?"
>
> "아부지!"
>
> "이놈아, 이놈아……."
>
> 만도의 들창코가 크게 벌름거리다가 훌쩍 물코를 들이마셨다. 진수의 두 눈에서는 어느 결에 눈물이 꾀죄죄하게 흘러내리고 있었다. 만도는 모든 게 진수의 잘못이기나 한 듯 험한 얼굴로,
>
> "가자, 어서!"
>
> 무뚝뚝한 한마디를 던지고는 성큼성큼 앞장을 서 가는 것이었다.
>
> (중략)
>
> 개천 둑에 이르렀다. 외나무다리가 놓여 있는 그 시냇물이다. 진수는 슬그머니 걱정이 되었다. 물은 그렇게 깊은 것 같지 않지만, 밑바닥이 모래흙이어서 지팡이를 짚고 건너가기가 만만할 것 같지 않기 때문이다. 외나무다리 위로는 도저히 건너갈 재주가 없고……. 진수는 하는 수 없이 둑에 퍼지고 앉아서 바짓가랑이를 걷어 올리기 시작했다. 만도는 잠시 멀뚱히 서서 아들의 하는 양을 내려다보고 있다가,
>
> "진수야, 그만두고 자아, 업자."
>
> 하는 것이었다.

"업고 건너면 일이 다 되는 거 아니가. 자아, 이 거 받아라."

고등어 묶음을 진수 앞으로 민다.

"……."

진수는 퍽 난처해하면서, 못 이기는 듯이 그것을 받아 들었다. 만도는 등어리[1]를 아들 앞에 갖다 대고 하나밖에 없는 팔을 뒤로 버쩍 내밀며,

"자아, 어서!"

진수는 지팡이와 고등어를 각각 한 손에 쥐고, 아버지의 등어리로 가서 슬그머니 업혔다. 만도는 팔뚝을 뒤로 돌리면서 아들의 하나뿐인 다리를 꼭 안았다. 그리고,

"팔로 내 목을 감아야 될 끼다."

했다. 진수는 무척 황송한 듯 한쪽 눈을 찍 감으면서, 고등어와 지팡이를 든 두 팔로 아버지의 굵은 목줄기[2]를 부둥켜안았다. 만도는 아랫배에 힘을 주며, '끙!' 하고 일어났다. 아랫도리가 약간 후들거렸으나, 걸어갈 만은 했다. 외나무다리 위로 조심조심 발을 내디디며 만도는 속으로,

'이제 새파랗게 젊은 놈이 벌써 이게 무슨 꼴이고? 세상을 잘못 만나서 진수 니 신세도 참 똥이다, 똥!'

이런 소리를 주워섬겼고[3], 아버지의 등에 업힌 진수는 곧장 미안스러운 얼굴을 하며,

'나꺼정 이렇게 되다니 아부지도 참 복도 더럽게 없지. 차라리 내가 죽어 버렸더라면 나았을 낀데…….'

하고 중얼거렸다.

㉠<u>만도는 아직 술기가 약간 있었으나, 용케 몸을 가누며 아들을 업고 외나무다리를 조심조심 건너가는 것이었다.</u> 눈앞에 우뚝 솟은 용머리재가 이 광경을 가만히 내려다보고 있었다.

– 하근찬, 「수난이대」 –

1) 등어리 : '등'의 방언.
2) 목줄기 : '목덜미'의 방언.
3) 주워섬기다 : 들은 대로 본 대로 이러저러한 말을 아무렇게나 늘어놓다.

11 윗글에 나타난 인물들의 심리 상태로 적절하지 <u>않은</u> 것은?

① 만도는 처음에 진수의 모습을 보고 매우 놀란다.
② 진수는 만도가 자신을 업는 것에 대해 미안해한다.
③ 만도는 현재 진수의 상황에 대해 안타까워하고 있다.
④ 진수는 자신을 외면하는 만도에게 증오심을 느끼고 있다.

12 윗글에서 알 수 있는 내용으로 적절하지 <u>않은</u> 것은?

① 만도는 진수의 아버지이다.
② 진수는 외나무다리를 보고 난감해한다.
③ 진수는 지팡이를 내려놓고 만도의 등에 업혔다.
④ 만도는 한쪽 팔이 없고, 진수는 한쪽 다리가 없다.

13 윗글의 내용을 고려할 때, ㉠에 대한 설명으로 가장 적절한 것은?

① 만도와 진수의 대립 양상을 드러낸다.
② 현실을 회피하려는 만도의 심정을 강조한다.
③ 등장인물이 난관을 극복해 나가는 모습을 보여 준다.
④ 현재 상황에 대한 인물들의 냉소적인 태도를 암시한다.

[14~16] 다음 글을 읽고 물음에 답하시오.

먼 훗날 당신이 찾으시면
그때에 내 말이 '잊었노라'

당신이 속으로 나무라면
'무척 그리다가 잊었노라'

그래도 당신이 나무라면
'믿기지 않아서 잊었노라'

오늘도 어제도 아니 잊고
먼 훗날 그때에 '잊었노라'

– 김소월, 「먼 후일」 –

14 윗글에 대한 설명으로 가장 적절한 것은?

① 의인화한 소재들을 나열하고 있다.
② 시적 상황을 가정하여 표현하고 있다.
③ 의문문의 형식을 사용하여 표현하고 있다.
④ 화자의 감정을 자연물에 이입시키고 있다.

15 윗글에서 운율을 형성하는 요소로 적절하지 않은 것은?

① 각 행을 세 마디로 끊어 읽을 수 있다.
② 각 연을 동일한 글자로 시작하고 있다.
③ 동일한 시어를 반복적으로 사용하고 있다.
④ 유사한 문장 구조가 여러 번 나타나고 있다.

16 윗글에 나타난 화자의 주된 정서로 가장 적절한 것은?

① 임에 대한 그리움
② 이웃에 대한 연민
③ 이상향에 대한 동경
④ 자신에 대한 부끄러움

[17~19] 다음 글을 읽고 물음에 답하시오.

북곽 선생이 소스라치게 놀라 달아나는데, 혹 사람들이 ㉠ 자기를 알아볼까 겁을 먹고는 한 다리를 목에 걸어 귀신 춤을 추고 귀신 웃음소리를 내었다. 문을 박차고 달아나다가 그만 들판의 움 속에 빠졌는데, 그 안에는 똥이 그득 차 있었다. 겨우 버둥거리며 붙잡고 나와 머리를 내밀고 살펴보니 이번엔 범이 앞길을 막고 떡 버티고 서 있다. 범이 얼굴을 찌푸리며 구역질을 하고, 코를 가리고 머리를 돌리면서 한숨을 쉬며,

"㉡ 선비, 어이구. 지독한 냄새로다."

하였다. 북곽 선생은 머리를 조아리고 엉금엉금 기어서 앞으로 나가 세 번 절하고 꿇어앉아 머리를 들며,

"범 님의 덕이야말로 참으로 지극합니다. 군자들은 범의 빠른 변화를 본받고, 제왕은 범의 걸음걸이를 배우며, 사람의 자제들은 범의 효성을 본받고, 장수들은 범의 위엄을 취합니다. 범의 이름은 신령한 용과 함께 나란하여, 구름은 용을 따르고 바람은 범을 따릅니다. 인간 세상의 천한 사람이 감히 범 님의 영향 아래에 있습니다."

하니 범이 호통을 치며,

"가까이 오지도 마라. ㉢ 내 일찍이 들으매 선비 유 자는 아첨 유 자로 통한다더니 과연 그렇구나. 네가 평소에는 천하의 나쁜 이름이란 이름은 모두 끌어모아다가 함부로 우리 범에게 덮어씌우더니, 이제 사정이 급해지니까 면전에서 낯간지러운 아첨을 하는구나. 그래, 누가 네 말을 곧이듣겠느냐?"

(중략)

북곽 선생은 자리를 옮겨 엎드리고 엉거주춤 절을 두 번 하고는 머리를 거듭 조아리며,

"옛글에 이르기를, '비록 악한 사람이라도 목욕재계[1]하면 하느님도 섬길 수 있다.'라고 했으니, ㉣ 이 천한 신하, 감히 범 님의 다스림을 받고자 합니다."

하고는 숨을 죽이고 가만히 들어 보나, 오래도록 범의 분부가 없었다. 두렵기도 하고 황송하기도 하

여 손을 맞잡고 머리를 조아리며 우러러 살펴보니, 날이 밝았고 범은 이미 가 버렸다.

[A]
아침에 김을 매러 가는 농부가 있어서,
"북곽 선생께서 어찌하여 이른 아침부터 들판에 절을 하고 계십니까?"
하고 물으니 북곽 선생은,
"내가 『시경』[2]에 있는 말을 들었으니, '하늘이 높다 이르지만 감히 등을 굽히지 않을 수 없고 땅이 두텁다 이르지만 살금살금 걷지 않을 수 없네.' 하였다네."
라며 대꾸했다.

– 박지원, 「호질」 –

1) 목욕재계 : 부정(不淨)을 타지 않도록 깨끗이 목욕하고 몸가짐을 가다듬는 일.
2) 『시경』 : 오경(五經)의 하나. 중국 최고(最古)의 시집으로, 주나라 초부터 춘추 시대까지의 시 311편을 수록함.

17 윗글의 내용으로 적절하지 않은 것은?

① 북곽 선생은 귀신 춤을 추며 달아났다.
② 북곽 선생의 몸에서는 지독한 냄새가 풍겼다.
③ 범은 북곽 선생의 말을 곧이곧대로 받아들였다.
④ 범은 북곽 선생에게 인사도 없이 사라져 버렸다.

18 [A]에 드러난 '북곽 선생'의 태도로 가장 적절한 것은?

① 허세를 부리고 있다.
② 농부를 칭찬하고 있다.
③ 잘못을 자책하고 있다.
④ 범에게 고마워하고 있다.

19 ㉠~㉣ 중 가리키는 대상이 나머지와 다른 것은?

① ㉠ ② ㉡
③ ㉢ ④ ㉣

[20~22] 다음 글을 읽고 물음에 답하시오.

[A]
해양 쓰레기의 60에서 80퍼센트는 플라스틱이 차지하고 있다. 플라스틱 쓰레기는 바다를 떠다니다가 잘게 부서져 새와 바다거북, 돌고래와 같은 동물들에게 해를 끼치고 있다. (㉠) 흉물스럽게 버려진 플라스틱 쓰레기는 자연 경관을 해쳐 관광 산업에도 피해를 주며, 선박의 안전도 위협한다. 그뿐만 아니라, 사람의 눈에 잘 보이지 않는 미세 플라스틱은 물고기의 내장이나 싱싱한 굴 속에도 유입되어 우리의 식탁에 오른다. 결국은 우리의 건강까지 위협하는 것이다.

지질 시대에 만들어진 석유는 지구가 매우 오랜 기간에 걸쳐 만들어 낸 소중한 자원이다. 하지만 우리는 이 소중한 석유를 겨우 10분가량 사용할 플라스틱으로 만들었다가, 다시 수백 년 동안 분해되지 않는 쓰레기로 만들고 있다. 길바닥에 나뒹구는 쓰레기로, 바다를 떠다니는 해양 쓰레기로, 매립장에 가득 쌓인 쓰레기로 말이다. 지금까지 사람들이 만들어 낸 모든 플라스틱 쓰레기는 썩지 않고 이 지구 어딘가에 존재하고 있다. 그런데도 계속해서 플라스틱을 이렇게 편하게 쓰고 쉽게 버려도 될까? 손이 닿는 곳이면 어디에나 있는 플라스틱을 전혀 사용하지 않고 생활하기는 어렵겠지만, 줄일 수 있다면 줄여 보자. 특히 짧은 시간 사용하고 버리는 일회용 플라스틱 제품은 더더욱 선택하지 말자.

– 박경화, 「플라스틱은 전혀 분해되지 않았다」 –

20 윗글에서 알 수 있는 글쓴이의 핵심 주장으로 가장 적절한 것은?

① 일회용품을 많이 사용하자.
② 국내외의 해양 생물을 보호하자.
③ 플라스틱의 생산을 전면 금지하자.
④ 플라스틱 사용을 줄이려고 노력하자.

21 **다음은 윗글의 [A]를 정리한 내용이다. ㉮에 들어갈 수 없는 것은?**

> • **플라스틱 쓰레기로 인한 다양한 문제점**
> – 플라스틱 쓰레기는 [㉮]

① 쉽게 분해되어 토양을 오염시킨다.
② 자연 경관을 해쳐 관광 산업에 피해를 준다.
③ 바다거북, 돌고래와 같은 동물들에게 해를 끼친다.
④ 해산물에 유입되어 식탁에 올라 인간의 건강을 위협한다.

22 **㉠에 들어갈 말로 가장 적절한 것은?**

① 결코 ② 또한
③ 그렇지만 ④ 왜냐하면

[23~25] 다음 글을 읽고 물음에 답하시오.

> 소리를 들으면 모양이나 색깔을 보는 사람들이 있어요. 바로 공감각자들이지요. 공감각이란 어떤 하나의 감각이 다른 영역의 감각을 일으키는 것을 말해요.
>
> 영국 화가 데이비드 호크니의 그림 〈풍덩〉을 감상하면 공감각을 이해할 수 있습니다. 호크니는 수영장에서 다이빙할 때 들리는 '풍덩' 소리를 그림에 표현했거든요. 귀로 듣는 '풍덩' 소리를 어떻게 눈으로 보게 했을까요? 색채와 기법, 구도 등 여러 요소로 조화를 이루어 그것을 가능하게 했지요.
>
> 먼저 (㉠)을/를 살펴볼까요? 수영장의 파란색 물과 다이빙 보드의 노란색이 무척 선명하게 보이는군요. 유화 물감 대신 아크릴 물감을 사용했기 때문이지요. 아크릴 물감은 유화 물감보다 빨리 마르고 색채도 더 선명하고 강렬합니다.
>
> 다음은 기법입니다. 물보라가 ㉡ <u>일어나는</u> 부분만 붓으로 흰색을 거칠게 칠하고 다른 부분은 롤러를 사용해 파란색으로 매끈하게 칠했네요. 선명한 아크릴 물감, 거칠고 매끈한 붓질의 대비가 다이빙할 때의 '풍덩' 소리와 물보라를 강조하고 있지요.
>
> 끝으로 구도인데요. 캘리포니아의 집, 수영장의 수평선, 다이빙 보드의 대각선이 야자수 줄기의 수직선과 대비를 이루네요. 거실 유리창에는 맞은편 건물이 비치고요. 한낮의 눈부신 햇살과 무더위, 정적을 나타낸 것이지요.
>
> – 이명옥, 「그림에서 들려오는 소리」 –

23 **윗글에서 알 수 있는 데이비드 호크니의 그림 〈풍덩〉에 대한 설명으로 적절한 것은?**

① 파도가 치는 소리를 그림에 표현했다.
② 유화 물감을 사용하여 색을 선명하게 표현했다.
③ 롤러를 사용해 물보라를 노란색으로 매끈하게 칠했다.
④ 수영장의 수평선이 야자수 줄기의 수직선과 대비를 이룬다.

24 **㉠에 들어갈 단어로 적절한 것은?**

① 색채 ② 소리
③ 질감 ④ 향기

25 **밑줄 친 부분이 ㉡과 같은 의미로 쓰인 것은?**

① 나는 오늘 아침 일찍 <u>일어났다</u>.
② 물에 세제를 풀자 거품이 <u>일어났다</u>.
③ 민수가 외출하기 위해 자리에서 <u>일어났다</u>.
④ 그는 감기에 걸렸지만 금방 털고 <u>일어났다</u>.

EBS 교육방송교재

중졸 검정고시 국어

2025
중졸 검정고시

국어

정답 및 해설

정답 및 해설

PART Ⅰ 운문 문학

기출문제 Check! 본문 23~84p

01 ③	02 ②	03 ①	04 ①	05 ④
06 ④	07 ④	08 ④	09 ①	10 ②
11 ①	12 ②	13 ②	14 ①	15 ④
16 ④	17 ①	18 ②	19 ④	20 ①
21 ①	22 ④	23 ②	24 ①	25 ④
26 ①	27 ①	28 ①	29 ①	30 ④
31 ②	32 ③	33 ①	34 ①	35 ②
36 ③				

01 정답 ③
㉠은 반복법이 사용되었다.

오답 피하기
① 은유법, ② 직유법, ④ 의인법

02 정답 ②
'나는 나룻배 당신은 행인'이라는 구절 등이 반복되고 있다.

03 정답 ①
㉠은 '나를 향한 당신의 태도', ㉡, ㉢, ㉣은 '당신을 향한 나의 태도'이다.

04 정답 ①
'나는 나룻배'는 'A=B'의 형태로 원관념을 보조 관념에 은근히 빗대어 설명하는 은유법이 사용되었다. '내 마음은 호수요.'에도 은유법이 사용되었다.

05 정답 ④
④는 직유법이다.

오답 피하기
① 은유법, ② 대구법, ③ 반어법

06 정답 ④
④는 설의법에 대한 설명이다. 이 시에서는 설의법이 사용되지 않았다.

07 정답 ④
이 시의 화자가 동경하는 대상, 바라보고 싶은 대상은 '하늘'이다.

08 정답 ④
위 글은 시이다. ④ 시에 대한 설명이다.

오답 피하기
① 시나리오에 대한 설명이다.
② 설명문이나 기사문에 대한 내용이다.
③ 설명문의 특징이다.

09 정답 ①
화자는 배추를 사람처럼 대하며 대화를 나누고 있다.

10 정답 ②
㉮는 시각적인 심상이 사용되었다.

11 정답 ①
'사람 마음'도 배추벌레를 생각하며 배추를 꼭 동여매지 못하고 있고, '배추 마음'도 배추벌레에게 반 이상 먹히면서도 잎을 키우고 있다. 둘 다 상대방에 대한 배려의 마음을 가지고 있다.

12 정답 ②
㉠은 직유법이다.

오답 피하기
① 은유법, ③ 역설법, ④ 설의법

13 정답 ②
청각적 심상을 묻는 문제이다.

오답 피하기
① 시각적 심상, ③ 후각적 심상, ④ 촉각적 심상

14 정답 ①
㉠은 시각적 심상이다. ①은 청각적 심상이다.

오답 피하기
②, ③, ④는 시각적 심상이다.

15 정답 ④
화자는 텅 빈 집에서 엄마를 쓸쓸히 기다리고 있다.

16 정답 ④
'발소리 타박타박'은 청각적 심상이다.

오답 피하기
① 후각적 심상, ② 시각적 심상, ③ 촉각적 심상

17 정답 ①
이 시는 시장에 간 어머니를 기다리던 어린 시절의 쓸쓸함과 외로운 분위기가 드러나고 있다.

18 정답 ②
'함박눈, 편지, 새살'은 희망과 위로의 긍정적 의미이다.

19 정답 ④
이 시의 화자는 어려운 이들에게 희망과 위로를 주는 존재가 되고자 한다.

20 정답 ①
직유법은 원관념과 보조 관념을 '~인 듯, ~처럼' 등의 연결어로 비유하는 표현방법이다. 이 시에서 직유법은 사용되지 않았다.

21 정답 ①
'함박눈, 편지, 새살'은 희망과 위로가 되는 긍정적인 시어들이다. '진눈깨비'는 슬픔과 괴로움을 주는 부정적인 시어들이다.

22 정답 ④
④ 반복되는 시행은 나타나지 않는다.

오답 피하기
① '주저리주저리'라는 의태어가 사용되었다.
② 청포도가 익어가는 7월이라는 계절적 배경이 제시되었다.
③ 화자는 '손님(조국의 광복)'이 오기를 간절히 바라고 있다.

23 정답 ②
㉠ 하이얀 → 시각적 심상

오답 피하기
① 청각적 심상, ③ 후각적 심상, ④ 촉각적 심상

24 정답 ①
"흰 돛단배"에는 시각적 심상이 사용되었다. ①은 뚜렷한 심상이 드러나 있지 않다.

오답 피하기
②, ③, ④는 각각 시각적 심상이 사용되었다.

25 정답 ④
이 시는 화합과 평화에 대한 소망을 이야기하는 작품이다.

26 정답 ①

오답 피하기
②는 암울한 현실, ③은 강자와 약자가 공존하는 평화의 공간, ④는 밝은 곳을 의미한다.

27 정답 ①
㉠은 직유법이 사용되었다. ②, ③, ④ 직유법

오답 피하기
① 설의법

28 정답 ①
㉠은 손바닥으로 가릴 수 있을 만큼 작은 크기를 의미하지만 대조적으로 ㉡은 보고픈 마음이 그만큼 크다는 것을 의미한다.

29 정답 ①
이 시는 주로 시각적 심상이 나타난다.

30 정답 ④
'얼굴'과 '보고픈 마음'의 차이점을 나타내는 '대조'의 방법이 사용되었다.

오답 피하기

① '~처럼, ~인 듯, ~같이' 등의 말을 사용하여 원관념과 보조 관념을 직접 연결하여 빗대는 방법
② 같은 구절을 반복하는 방법
③ 대상의 일부분이나 속성을 들어 표현하고자 하는 대상 전체를 설명하는 방법

31 정답 ②

후렴구는 의미는 없고, 운율감을 살리기 위한 장치이다.

32 정답 ③

「하여가」는 "어떠하리"를 반복하고 있고, 「단심가」는 "죽고 죽어"를 반복하여 자신이 말하고자 하는 바를 강조하고 있다.

33 정답 ①

정몽주와 이성계의 관계와 시대적인 상황을 고려해 볼 때 ㉠은 임금을 뜻한다.

34 정답 ①

이 시는 연시조로 4음보의 운율을 형성하고 있다.

35 정답 ②

㉡은 뿌리 곧게 사시사철 푸른 잎을 지닌, 변하지 않는 존재이다.

36 정답 ③

이 시에서 '벗'은 '수, 석, 송, 죽, 월'이다.

적중 예상 문제

본문 86~99p

01 ④	02 ①	03 ④	04 ③	05 ④
06 ①	07 ④	08 ④	09 ④	10 ②
11 ③	12 ②	13 ④	14 ③	15 ③
16 ③	17 ③	18 ③	19 ③	20 ③
21 ②	22 ②	23 ④	24 ③	25 ④
26 ④	27 ④	28 ④	29 ③	30 ①
31 ④	32 ③	33 ②	34 ①	35 ②
36 ②	37 ④	38 ③	39 ③	40 ③
41 ①	42 ①	43 ②	44 ④	45 ②
46 ①	47 ①	48 ①	49 ①	50 ②
51 ①	52 ②	53 ①	54 ③	55 ②
56 ④	57 ④	58 ③	59 ③	60 ②
61 ④	62 ①	63 ①		

01 정답 ④

쓸쓸하고 외로운 분위기를 드러내는 단어들은 '찬밥, 금간 창 틈, 고요한 빗소리, 빈 방, 윗목'이다.

02 정답 ①

오답 피하기

② 촉각적 심상, ③ 청각적 심상, ④ 촉각적 심상

03 정답 ④

㉠은 직유법이다.

오답 피하기

① 은유법, ② 활유법, ③ 반복법

04 정답 ③

'가시리'의 주제는 '이별의 정한'이다.

05 정답 ④

(다)는 자연 친화적인 성격을 지닌 글로, 우울한 분위기는 나타나지 않는다.

오답 피하기

① '위 증즐가 대평성대'는 의미 없는 후렴구이다.

② 수석, 송죽, 달, 구름, 바람, 물, 꽃, 풀, 바위를 통해 자연물에 대한 친화적인 성격이 드러난다.
③ 초가집의 3칸을 나와 달과 청풍에게 맡긴다고 하며 자연을 상징하는 소재를 사용하고 있다.

06 정답 ①
'가시리'는 3음보이다.

오답 피하기
② 님을 보내고 그리워하는 마음을 여성적 어조로 나타내고 있다.
③ '위 증즐가 대평성대'를 후렴구로 사용하고 있다.
④ 분연체는 고려 가요의 형식적인 특성 중 하나로 연이 나누어져 있는 것을 말한다.

07 정답 ④
화자의 소망은 임이 돌아오는 것이다.

오답 피하기
① 의미 없는 후렴구이다.
② 임에 대한 원망을 나타내는 부분이다.
③ 화자가 바라는 바이기는 하지만 궁극적인 목적은 잡고 있는 게 아니라 내게로 돌아오는 것이다.

08 정답 ④
④는 소설을 읽을 때 태도이다.

09 정답 ④
'오우가'는 평시조가 2수 이상인 연시조이다.

10 정답 ②
두 작품 모두 자연을 벗으로 삼고 가까이 하는 자연 친화적인 태도를 보인다.

11 정답 ③
㉠은 시각적 심상이다.

오답 피하기
① 미각적 심상, ② 후각적 심상, ④ 촉각적 심상

12 정답 ②
'하늘을 우러르고 싶다'고 표현하면서 시적 화자의 이상향을 보여준다.

13 정답 ④
글자 수는 반복되지 않았다.

오답 피하기
① 돌담, 웃음, 샘물 등 울림소리를 통해 운율을 형성하고 있다.
② 대구법을 사용하고 있다.
③ '~같이, ~싶다' 등의 반복을 통해 운율을 형성하고 있다.

14 정답 ③
위 시는 상처받고 소외된 이웃에게 희망과 사랑을 주는 삶을 살고자 하는 소망을 주제로 담고 있다.

15 정답 ③
긍정적 시어 : 함박눈, 편지 / 부정적 시어 : 진눈깨비, 눈발, 바람

16 정답 ③
㉠은 시각적 심상이다.

오답 피하기
① 청각적 심상, ② 미각적 심상, ④ 촉각적 심상

17 정답 ③
'~자' 형태의 청유형 문장을 반복하여 운율을 형성하고 있다.

18 정답 ③
(다)는 형식이 정해진 정형시이다.

19 정답 ③
시는 운율이 있는 글이다.

오답 피하기
① 시나리오, ② 설명문, ④ 논설문

20 정답 ③
고양이의 입술을 통해 포근한 봄의 졸음을 떠올렸다. 봄의 우울함과는 거리가 멀다.

21 정답 ②
'금방울과 같이'는 시각적 심상이다.

22 정답 ②
'봉선화'의 정서는 그리움이다.

23 정답 ④
이 시의 화자는 누님과 고향집을 그리워하는 어른이다.

24 정답 ③
이 시는 봄눈이 내리는 모습이 겨울에 내리는 눈과는 달리 포근하고 부드러운 느낌을 주는 봄빛과 새끼 고양이의 눈에 빗대어 나타내고 있다.

25 정답 ④
이 시는 봄날에 내리는 포근하고 부드러운 느낌의 눈이 내리는 풍경을 그린 시이다.

26 정답 ④
이 시는 봄눈이 내리는 아름다운 풍경을 묘사한 시이다.

27 정답 ④
'당신'은 언제 올지 모르는 존재이고, 나룻배인 '나'는 '당신'을 하염없이 기다리는 존재이다.

28 정답 ④
'당신'은 시적 화자 '나'가 맹목적으로 사랑하는 존재로 친구와는 거리가 멀다.

29 정답 ③
운문은 시어나 시구 등의 반복으로 말의 리듬감을 느낄 수 있다.

30 정답 ①
㉠은 은유법이 사용된 부분이다.

오답 피하기
② '~처럼, ~인 듯, ~같이' 등의 말을 사용하여 원관념과 보조 관념을 직접 연결하여 빗대는 방법
③ 표현하고자 하는 내용을 속담이나 격언, 우화 등을 이용하여 표현하는 방법
④ 비슷한 문장 구조를 반복하는 방법

31 정답 ④
'나'는 '당신'에게 희생하고 인내하며 기다리고 있다.

32 정답 ③
'벚꽃'은 화려함, 변덕스러움, 피고 지는 모습을 의미하고, '푸른 솔'은 변화 없음, 수수함 등을 의미한다.

33 정답 ②
화자가 바라는 '손님'은 '조국의 광복'을 의미한다.

34 정답 ①
시의 화자는 '손님'을 기다리고 있다. '손님'은 '조국의 광복'을 뜻한다.

오답 피하기
② 풍요, 평화를 상징한다.
③ 조국의 광복에 대한 정성을 상징한다.
④ 우리 민족의 역사를 나타낸다.

35 정답 ②
소설과 구별되는 시의 가장 큰 특징은 운율, 말의 가락이다.

36 정답 ②
풍요, 평화를 상징하는 시어는 '청포도'이다.

오답 피하기
① 조국의 광복을 상징한다.
③ 광복에 대한 화자의 정성을 나타낸다.
④ 광복에 대한 염원을 표현한 소재이다.

37 정답 ④
'연탄'은 화자가 자신의 행동을 반성하게 만드는 매개체 역할을 한다.

38 정답 ③
문장의 끝부분에 '~네'라는 어미를 반복하여 운율을 형성하고 있다.

오답 피하기

① 고려 가요의 특징이다.
② ㄴ, ㅇ, ㄹ, ㅁ의 울림소리의 사용은 나타나지 않는다.
④ 도치법으로 운율을 형성하고 있지는 않다.

39 정답 ③

㉠은 문장의 어순을 바꾼 도치법이 사용되었다.

오답 피하기

① '~처럼, ~인 듯, ~같이' 등의 말을 사용하여 원관념과 보조 관념을 직접 연결하여 빗대는 방법
② 'A는 B이다'의 형식으로 원관념을 보조 관념에 빗대어 표현하는 방법
④ 비슷한 문장 구조를 반복하는 방법

40 정답 ③

③은 한반도, 우리나라를 상징하는 시어이다.

41 정답 ①

'미움의 쇠붙이들'은 군사적 대립을 뜻하는 시어이다.

오답 피하기

② 외부 세력을 뜻한다.
③ 외부 세력을 뜻한다.
④ 우리나라 국토를 뜻한다.

42 정답 ①

이 시의 화자는 통일의 주체가 우리 민족이며, 평화적인 방법으로 통일을 해야 한다고 생각한다.

오답 피하기

② 화자는 외세의 도움 없이 자주적인 통일을 하자고 말한다.
③ 우리 민족 모두가 자주적 통일을 위해 힘써야 한다고 말한다.
④ 화자는 통일에 대한 희망을 노래하고 있다.

43 정답 ②

㉠에 사용된 표현 방법은 직유법이다.

오답 피하기

① 은유법, ③ 반복법, ④ 의태법

44 정답 ④

'해'는 밝음, 광명 등을 뜻하는 시어이고, '달밤'은 고통, 절망을 뜻하는 시어이다.

45 정답 ②

ⓑ는 어둠의 이미지이고, ⓐ, ⓒ, ⓓ는 밝음의 이미지이다.

46 정답 ①

이 시는 대체로 4음보의 율격을 반복하고 있다.

오답 피하기

② '~ 좋아라' 등의 비슷한 구절을 반복하고 있다.
③ '해야 솟아라'라는 구절을 반복하고 있다.

47 정답 ①

이 시의 화자는 모든 대상이 평화롭게 화합하는 세상을 원하고 있다.

48 정답 ①

이 시의 화자는 서로에게 의미 있는 존재가 되고자 하는 소망을 간절하게 드러내고 있다.

49 정답 ①

이 시는 '꽃'을 통해서 서로의 존재를 인식하고 의미 있는 관계를 맺은 존재라는 것을 나타내고 있다.

50 정답 ②

'쩌엉"은 올바른 표기가 아니다. 하지만 시에서 정서를 표현하고 운율적 효과를 주기 위해 의도적으로 맞춤법이나 띄어쓰기에 어긋나는 표기를 사용한 것이다. 이를 시적 허용이라 한다.

51 정답 ①

화자는 자신이 한 말이 아니어도, 자신에게 한 말이 아니어도 모진 소리를 들으면 마음에 상처를 받는다고 말했다.

52 정답 ②

'별'은 순수, 순결을 의미하는 시어이다.

오답 피하기

① 심리적인 갈등을 일으키는 존재이다.
③ 일제 강점기를 상징하는 시어이다.

53 정답 ①

'나에게 주어진 길을 걸어가야겠다'는 구절에서 어려운 현실 속에서도 선구자적 길을 걷겠다는 의지를 엿볼 수 있다.

오답 피하기

② 현실의 부조리함에 맞서 싸우겠다는 의지를 보여주고 있다.
③ 자신의 상황은 부정적이나 긍정적인 모습으로 나아가겠다는 의지를 보여주고 있다.
④ 현재 상황에 만족하지 않고 본인이 할 수 있는 최선을 다 할 것이라는 모습을 보여주고 있다.

54 정답 ③

이 시는 '과거-미래-현재'의 시간적 구성으로 전개되고 있다.

55 정답 ②

'하늘'은 자아 성찰의 매개체이다.

오답 피하기

① 심리적인 갈등을 일으키는 존재이다.
③ 희망, 이상, 순결함을 나타내는 시어이다.

56 정답 ④

이 시의 화자는 여성적 어조를 드러내고 있다.

57 정답 ④

이 시에 나타나는 길은 숲과 마을로 향하는 희망이 있는 길로, 길에서 만나는 민들레, 까치, 아가씨, 바람 등으로 인해 매일 새로운 길이다.

58 정답 ③

이 시의 화자는 늘 새로운 마음으로 살아가려 하고 있다. 또한 길을 걸으며 만나는 다양한 존재를 통해 미래를 향해 나아가려 한다. 화자는 의지적인 태도를 보이고 있기에, 비관적이라는 표현은 알맞지 않은 표현이다.

59 정답 ③

이 시는 역설적인 표현을 통해 절망적인 상황에서도 희망과 사랑이 있다는 믿음을 강조하고 있다.

60 정답 ②

'봄길'은 만물이 소생하는 계절인 '봄'에서 느낄 수 있는 희망을 나타내는 시어이다.

61 정답 ④

㉠은 역설법이다.

① 직유법 · 의인법, ② 대구법, ③ 반어법

62 정답 ①

①은 비둘기가 자유롭게 나는 공간을 의미한다.

오답 피하기

②, ③, ④는 현대 문명의 횡포나 파괴된 자연 등의 부정적인 이미지이다.

63 정답 ①

'성북동 비둘기'는 산업화와 도시화로 밀려난 소외 계층과, 인간성을 상실한 현대인을 상징한다.

PART Ⅱ 산문 문학

기출문제 Check!

본문 111~284p

01 ①	02 ④	03 ④	04 ④	05 ②
06 ①	07 ①	08 ③	09 ③	10 ④
11 ②	12 ②	13 ④	14 ③	15 ③
16 ②	17 ③	18 ②	19 ②	20 ①
21 ③	22 ①	23 ①	24 ①	25 ④
26 ①	27 ③	28 ②	29 ②	30 ①
31 ④	32 ③	33 ①	34 ③	

01 정답 ①
이 글의 서술자는 작품 속에 등장하는 '나'이며 주인공인 명선이를 관찰하는 인물이다. 따라서 이 작품은 1인칭 관찰자 시점이다.

02 정답 ④
이 글은 소설이며, ④는 희곡, 시나리오에 대한 설명이다.

03 정답 ④
서술자는 마음 내키는 대로 떠돌아다니는 것이 부러운 철없는 아이이다.

04 정답 ④
이 소설은 1인칭 관찰자 시점으로 관찰자인 옥희의 서술로 진행된다.

05 정답 ②
서술자가 작품 속에 있는 것은 "1인칭 시점"이다.
이 글의 서술자는 작품 외부에 존재한다.

06 정답 ①
이 글은 작품 속의 '나'라는 주인공이 직접 서술하는 1인칭 주인공 시점이다.

07 정답 ①
① 이 글의 주인공은 모두 전쟁으로 다친 사람들이다.

오답 피하기
② 조선 후기 사회 모습에 대한 설명이다.
③ 1960년대의 사회 모습에 대한 설명이다.
④ 1970년대 이후 사회 모습에 대한 설명이다.

08 정답 ③
만도는 건강하게 돌아올 것이라 믿었던 진수의 한쪽 다리가 없어진 것을 보고 놀랐다.

09 정답 ③
이 작품은 3인칭 전지적 작가 시점이다.

10 정답 ④
이 소설에서 "외나무 다리"는 만도와 진수가 건너기 힘든 고난과 역경을 의미한다. 하지만 만도가 진수를 업고, 업힌 진수가 만도 대신 고등어를 손에 들고 힘을 합쳐 건너가면서 역경을 헤쳐 나가는 것을 보여 주는 소재이다.

11 정답 ②
표현의 효과를 높이기 위해 실제와 반대로 표현하는 것은 '반어적'이다.

12 정답 ②
'김 첨지'는 자신에게 닥칠 불행을 어느 정도 예감하고 있었기에 집과 가까워질수록 걸음이 무거워지고, 집과 멀어질수록 걸음이 가벼웠다. 그런 불안감을 떨치기 위해 바로 집으로 가지 않고 치삼과 술을 마셨다.

13 정답 ④
고흥댁은 자신이 산 물건이 다른 곳에서 더 싸게 판다는 것을 알고 다시 물리러 갈만큼 자신의 이익을 드러내놓고 추구하는 눈치 없는 인물이다.

14 정답 ③
인물 간의 대화를 중심으로 이야기가 전개되는 것은 시나리오의 설명이다.

15 정답 ③
'형의 일이 자기와 정녕 무관한 일이 아니란 생각이 들었다.'이라는 구절을 통해 자신이 한 행동이 도둑질이라는 생각에 괴로워하고 있다.

16 정답 ②
아버지의 겉모습을 그림 그리듯이 묘사하고 있다.

17 정답 ③
이 작품은 조선이 패배했던 병자호란을 배경으로 하고 있는 작품이다.

18 정답 ②
ⓐ, ⓒ, ⓓ는 박씨를 의미하고, ⓑ는 계화를 의미한다.

19 정답 ②
이 글은 적서 차별에 대한 비판 의식이 담긴 사회 소설이다.

20 정답 ①
길동의 갈등 원인은 출생이 천하여 호부호형을 하지 못한다는 것이다.

21 정답 ③
길동과 홍판서는 한 집에 살고 있었으며, 한 집에서 살 수 없는 부자가 있다고 해도 그것은 시대적 상황이라 볼 수 없다.

오답 피하기
① 적자와 서자가 사회적으로 차별받고 있었다.
② 신분 제도로 인해 양반과 종이 있었다.
④ "나라에 큰 공을 세우고 이름을 오래도록 빛내는 것이 장부의 통쾌한 일이 아니겠는가!"라는 구절을 통해 입신양명을 중요하게 여겼음을 알 수 있다.

22 정답 ①
방석을 깔아 준 것은 어머니의 행동이다.

23 정답 ①
글쓴이는 타인들의 배려로 세상은 따뜻한 곳이라는 생각을 하게 되었다.

24 정답 ①
이 글은 수필로 자신의 경험을 자유롭게 쓴 글이다.

오답 피하기
② 논설문에 대한 설명이다.
③ 설명문에 대한 설명이다.
④ 전기문에 대한 설명이다.

25 정답 ④
막내는 반과 선생님을 위해 야구 대회에서 최선을 다하려고 노력하고 있다.

26 정답 ①
'설'은 교훈적인 글이다.

27 정답 ③
'개'는 큰 것을 의미하는 단어로 '엄지손가락, 소, 말, 돼지, 양, 소뿔, 대붕' 등이 같은 의미이다.
'메추리'는 작은 것을 의미하는 단어로 '이, 나머지 손가락, 곤충, 개미, 달팽이의 뿔' 등이 같은 의미이다.

28 정답 ②
이 글은 희곡이다. ②는 시나리오에 대한 설명이다.

29 정답 ②
이 글은 무대 상연을 목적으로 하는 희곡이다.

30 정답 ①
날씨의 변화는 인물의 갈등양상이나, 분위기의 변화를 의미한다. 비가 그치고 햇빛이 비치는 것은 형제간의 갈등이 해소되고 화해할 것을 의미한다.

31 정답 ④
이 글은 시나리오다. ㄱ, ㄴ은 희곡의 특징이다.

32 정답 ③
희곡은 등장인물의 대사와 행동으로 전개되므로 서술자의 서술이 필요하지 않다. 서술자의 서술이 필요한 것은 소설이다.

33 정답 ①
맹 진사와 박 참봉이 족보를 고치는 모습을 보여 주고 있다.

34 정답 ③
박 참봉은 맹 진사의 말에 비위를 맞추며, 아첨을 하는 인물이다.

적중 예상 문제 본문 285~307p

01 ④	02 ②	03 ③	04 ④	05 ③
06 ②	07 ②	08 ②	09 ④	10 ④
11 ③	12 ②	13 ③	14 ①	15 ④
16 ③	17 ④	18 ②	19 ②	20 ②
21 ①	22 ②	23 ②	24 ④	25 ④
26 ③	27 ③	28 ④	29 ①	30 ④
31 ④	32 ①	33 ③	34 ④	35 ①
36 ①	37 ①	38 ②	39 ②	40 ④
41 ②	42 ③	43 ③	44 ②	45 ②
46 ④	47 ①	48 ①	49 ②	50 ④
51 ③	52 ②	53 ②	54 ①	55 ③
56 ①	57 ③			

01 정답 ④

이 작품은 먼저 애정을 표현하는 점순이의 적극적인 모습과 그런 점순이의 마음을 모르고 어수룩하게 행동하는 '나'의 모습에서 웃음을 유발한다. 또 사투리나 비속어 등의 사용도 작품의 해학성을 유발한다.

02 정답 ②

강한 자들끼리 싸우는 통에 상관 없는 약한 자가 중간에서 피해를 입게 된다는 뜻

오답 피하기

① 아무리 거창한 목표와 계획을 세운다 해도 실천하지 않으면 아무 소용이 없다는 뜻
③ 아무리 좋은 것이 많아도 그것을 쓸모 있게 다듬고 정리해야 가치가 있다는 뜻
④ 남에게 말이나 행동을 좋게 해야 자기에게도 좋은 반응이 돌아온다는 뜻

03 정답 ③

윗글들은 소설이다. 소설은 등장인물의 갈등이 드러난다.

오답 피하기

① 시에 대한 설명이다.
② 설명문에 대한 설명이다.
④ 논설문에 대한 설명이다.

04 정답 ④

이 소설은 6・25 전쟁 직후를 배경으로 하고 있다.

05 정답 ③

길동은 적서 차별로 인해 호부호형을 하지 못하고 있다.

06 정답 ②

ⓐ는 때마침 홍 판서가 지나가는 우연적인 상황이다.

07 정답 ②

(가)는 현대 소설, (나)는 고전 소설이다.

08 정답 ②

(나)는 시나리오로, 시간적 배경이나 공간적 배경의 제약이 없다.

09 정답 ④

ⓐ는 남과 북을 갈라놓은 외부 세력을 의미한다.

10 정답 ④

이 글은 희곡으로 서술자가 존재하지 않는다.

11 정답 ③

(가)는 희곡, (나)는 시나리오로, 시나리오의 장면 단위는 S#이다.

오답 피하기

① 희곡의 첫머리에 제시되는 내용으로 연극의 등장인물, 무대, 배경 등을 설명한 부분
② 인물 간에 주고받는 말
④ 등장인물의 표정, 동작 등을 지시하는 말

12 정답 ②

지친 기색이 역력하지만 억지로 뛰는 것 같지 않고 마라톤을 완주할 수 있을 거라 생각하는 부분이다.

13 정답 ③

소설의 제목을 '운수 좋은 날'로 설정하여 인물이 처한 상황의 비극성을 더욱 극대화시키고 있다.

14 정답 ①
고전 수필은 개화기 이전에 창작되었다.

15 정답 ④
사물의 크기와 상관없이 모든 생명은 소중하다고 하였다.

16 정답 ③
친구들이 동길이의 아버지를 놀리고 조롱하려는 의도의 반어적인 표현이며, 그 말로 인해 동길이가 친구들과 싸우게 된다.

17 정답 ④
이 글의 배경은 6·25 전쟁 직후이다. '취직'은 현재에도 사용되는 표현으로 당시의 시대적 배경을 드러내는 단어가 아니다.

18 정답 ②
이 부분은 동길이와 친구들 사이의 외적 갈등이 드러나 있다.

오답 피하기
① 내적 갈등, ③ 인물 – 사회, ④ 인물 – 자연

19 정답 ②
이 소설은 1970년대 산업화, 도시화 속에서 힘겹게 살아가는 빈민층의 이야기를 다루고 있다.

20 정답 ②
이 소설은 산업화·근대화된 도시 속에서 적응하지 못하는 빈민들의 모습을 보여 주려는 의도로 창작되었다.

21 정답 ①
노새와 아버지는 근대화된 도시에 적응하지 못하고 고달프게 살아가는 존재들이다.

22 정답 ②
사투리와 비속어는 작품의 사실성, 현장감을 높인다.

23 정답 ②
'고등어'는 아들을 향한 아버지의 애정이 담긴 소재이다.

24 정답 ④
합심하여 고난을 헤쳐 나가는 모습을 통해 우리 민족의 고난 극복의 의지를 보여 주고 있다.

25 정답 ④
이웃 간에 더불어 사는 삶에 대해 말하고 있다.

26 정답 ③
③은 시를 읽는 방법이다.

27 정답 ③
이 글의 주인공은 가족에게 최선을 다하며, 품위와 예절을 중요하게 여기는 인물이다.

28 정답 ④
(가)는 허구적인 글이고, (나)는 체험을 적은 글이다.

오답 피하기
① (가), (나) 모두 서술자가 있다.
② (가)는 소설, (나)는 수필이다.
③ (가)는 허구적, (나)는 사실적이다.

29 정답 ①
닭에게 고추장을 먹이면 싸움에서 이길 수 있을 것이라 믿은 어수룩한 성격이다.

30 정답 ④
비속어, 사투리, 일반적인 애정 표현과 반대되는 상황, 점순이의 마음을 모르는 '나'의 모습에서 해학성을 느낄 수 있다.

31 정답 ④
비극적인 결말, 소녀의 죽음을 암시하는 부분이다.

32 정답 ①
(가)는 1인칭 주인공 시점, (나)는 3인칭 작가 관찰자 시점이다.
(가)는 주인공이 자신의 이야기를 서술한다. → 1인칭 주인공 시점

오답 피하기

② (나)는 등장인물인 '나'가 주인공과 다른 인물들을 관찰하여 서술한다. → 1인칭 관찰자 시점

③ (가)는 등장인물인 '나'가 주인공을 관찰하여 서술한다. → 1인칭 관찰자 시점

33 정답 ③

이 글의 서술자인 옥희는 여섯 살이다. 어린아이 서술자를 통해 통속적인 어른들의 사랑 이야기를 순수하게 전달하고, 주인공인 어머니와 사랑손님의 심리와 상황을 제대로 이해하지 못하여 웃음을 유발하기도 한다.

34 정답 ④

이 글은 1인칭 관찰자 시점으로, 서술자는 어린아이인 옥희이다.

35 정답 ①

(나)는 어머니의 내적 갈등이 두드러지게 나타난다.

오답 피하기

②, ③, ④는 외적 갈등에 대한 내용이다.

36 정답 ①

이 글은 1인칭 관찰자 시점으로 '나'는 주인공을 관찰하는 인물이다.

37 정답 ①

전쟁이라는 시대적 상황을 알 수 있는 단어는 '피란민'이다.

38 정답 ②

배경을 통해 작품 전체의 분위기를 알려준다.

39 정답 ②

이 글은 1920년대를 배경으로 한 현대 소설이다.

오답 피하기

① 현대 소설이다.

③ 1920년대의 삶의 모습을 배경으로 한 허구적인 소설이다.

④ 이 소설의 배경은 1920년대이다.

40 정답 ④

④는 전기문에 대한 설명이다.

41 정답 ②

배경을 통해 작품의 분위기나 다음에 일어난 사건을 암시하기도 한다.

42 정답 ③

돈을 받으려는 수남이와 돈을 주지 않으려는 ×× 상회 주인의 외적 갈등이 나타난다.

43 정답 ③

모든 백성이 검술을 익혀야 한다는 내용은 제시되지 않았다.

44 정답 ②

규중 칠우의 모습은 서로 자신의 공만 내세우며 공치사를 일삼는 모습이다.

45 정답 ②

감투 할미는 자신의 행동을 바로 사과하며 곤경에서 벗어나고자 하는 인물이다.

46 정답 ④

'밥 한 그릇'은 한정되어 있는 관직이나, 한정된 남편의 사랑, 부족한 재물을 뜻한다.

47 정답 ①

이 글은 '수필'이다. ①은 설명문에 대한 내용이다.

48 정답 ①

여행의 경로인 여정이 드러나 있다.

49 정답 ②

㉡은 대조의 서술 방식을 사용하고 있다.

오답 피하기

① 정의, ③ 분류, ④ 분석

50 정답 ④
글쓴이는 현재 감옥에 있다.

51 정답 ③
어떤 대상을 그림 그리듯이 설명하는 것을 묘사라고 한다.

52 정답 ②
김구는 자신의 행동에 대해 당당한 모습을 보이고 있다.

53 정답 ②
모든 생명은 소중한 것이며 선입견 없이 대해야 한다고 말하고 있다.

54 정답 ①
쇠뿔은 큰 것, 달팽이의 뿔은 작은 것을 의미한다.

55 정답 ③
용이는 남의 책 보퉁이를 메고 다니며 들어주는 것이 부끄러워 학교에 가기 싫어한다.

56 정답 ①
이 글은 부당한 일에 당당하게 맞서는 용기에 대해 이야기하고 있다.

57 정답 ③
'꿩'은 용기, 자유, 생명력, 자신감을 의미하는 소재이다.

PART Ⅲ 비문학

기출문제 Check!

본문 320~328p

01 ④	02 ①	03 ②	04 ③	05 ②
06 ②	07 ④	08 ②	09 ③	

01 정답 ④
유전자가 같은 일란성 쌍둥이조차 지문이 서로 다르다.

02 정답 ①
"지문이란 ~이다"라고 지문의 의미를 설명하고 있다. "정의"의 설명 방법이다.

03 정답 ②
이 글은 지식이나 정보를 전달하는 설명문이다. 설명문은 글쓴이가 전달하고자 하는 지식이나 정보를 파악하며 읽는 것이 중요하다.

04 정답 ③
수동적인 읽기가 아닌, 글쓴이가 언급하지 않고 남겨 둔 내용은 추리하고 상상하며, 글쓴이의 생각을 비판하거나 대안을 제시할 수 있는 읽기를 해야 한다고 제시되어 있다.

05 정답 ②
청소기의 사용 설명서와 옷을 산 경험은 연관성이 없는 내용이다.

06 정답 ②
상반되는 내용을 이어주는 '그러나'가 들어가야 한다.

07 정답 ④
이 글은 지식이나 정보를 전달하는 설명문이다.

오답 피하기

① 수필, ② 소설, ③ 시

08 정답 ②
모든 글은 글쓴이의 생각을 비판하거나 대안을 제시할 수 있는 읽기를 해야 한다고 본문에 제시되어 있다.

09 정답 ③
다양한 글의 성격에 따라 읽는 방법의 예를 설명해주고 있는 "예시"의 설명 방법을 사용하고 있다.

적중 예상 문제

본문 369~381p

01 ②	02 ①	03 ②	04 ③	05 ①
06 ④	07 ③	08 ②	09 ①	10 ④
11 ①	12 ②	13 ②	14 ③	15 ③
16 ③	17 ①	18 ④	19 ④	20 ①
21 ③	22 ④	23 ③	24 ③	25 ④
26 ②	27 ①	28 ②	29 ④	30 ④
31 ④	32 ①	33 ④	34 ③	35 ③
36 ④	37 ③	38 ②	39 ④	40 ②
41 ③	42 ④	43 ③	44 ②	45 ④
46 ③	47 ④	48 ③	49 ④	50 ④
51 ③	52 ①	53 ②	54 ③	55 ②

01 정답 ②
논설문은 주장과 근거가 제시된 글로, 타당성을 파악하며 읽어야 한다.

오답 피하기
① 소설에 대한 설명이다.
③ 설명문에 대한 설명이다.
④ 시에 대한 설명이다.

02 정답 ①
텔레비전 없이 생활이 힘들어진 것이 불과 50여 년이라고 했으니 약 50년 전부터 보기 시작했다고 유추할 수 있다.

03 정답 ②
② 매우 길고 오래다.

오답 피하기
① 국악에서 쓰는 타악기의 하나
③ 말을 몰아서 쫓아가다.
④ 무엇을 꾸미는 데 쓰는 여러 가지 도구

04 정답 ③
글쓴이는 텔레비전에 중독되는 것에 대해 경각심을 갖자고 말하고 있으며, 절대 보지 말라는 극단적인 말은 하지 않는다.

05 정답 ①
'눈으로 씹는 껌'의 의미는 씹다가 뱉어 버리는 무의미한 존재를 뜻한다.

06 정답 ④
㉣은 텔레비전에 중독된 시청자를 비유한 표현이다.

07 정답 ③
글쓴이는 텔레비전을 부정적으로 보고 있다.

08 정답 ②
글쓴이의 주장이 담긴 논설문은 주장과 근거의 타당성을 파악하며 읽어야 한다.

09 정답 ①
현대 사회를 살아가는 다양한 분야의 사람들이 과학에 대해 관심을 가지고 이해해야 한다고 말하고 있다.

10 정답 ④
앞은 원인, 연결사 뒤는 결과를 나타내므로 '따라서'가 적절하다.

11 정답 ①
글쓴이는 현대 사회의 여러 문제들에 대처해 나가려면 과학 지식의 습득이 절대적으로 필요해졌다고 말하고 있다.

12 정답 ②
글쓴이는 일반 지식인에게 요구되는 것은 과학을 직접 연구해서 지식을 얻어 내는 것이 아니라, 일단 얻은 지식을 이해하는 것이며, 이것은 과학의 고도(高度)의 전문화에도 불구하고 어느 정도 가능하다고 말하고 있다.

13 정답 ②
(가)와 (나)는 모두 논설문이다.

14 정답 ③
한지와 양지의 차이점을 설명하는 대조를 사용하고 있다.

오답 피하기
① 대상 및 용어의 개념을 알기 쉽게 풀어 설명하는 방법
② 어떤 대상들을 일정한 기준에 따라서 나누거나 묶어서 설명하는 방법
④ 구체적이고 친근한 예를 들어 설명하는 방법

15 정답 ③
가격에 관한 내용은 윗글에서 확인할 수 없는 내용이다.

16 정답 ③
③ 두 가지 이상의 사물의 차이점을 중심으로 설명하는 방법

오답 피하기
① 같은 특성이 있는 것끼리 열거하는 방법
② 한 대상을 그것의 구성 요소로 쪼개어 설명하는 방법
④ 두 가지 이상의 사물의 공통점을 중심으로 설명하는 방법

17 정답 ①
글쓴이는 양지를 빳빳하게 굳어 있는 종이라고 말했다.

18 정답 ④
지역적인 특성으로 인해 차이가 나는 언어를 사투리(방언)라고 한다.

19 정답 ④
독자가 정해진, 문제 해결을 위한 글은 건의문이다.

20 정답 ①
표준어와 방언의 개념을 설명하기 위해 정의의 설명 방식을 사용하고 있다.

21 정답 ③
기계로 대량 생산할 수 있는 것은 양지이다.

22 정답 ④
한국어는 옛날부터 우리 민족들만 사용한 고유 언어이다.

23 정답 ③
타 지역 사람들이 알아들을 수 없도록 하기 위해서 표준어를 사용하는 것이 아니다.

24 정답 ③
방언을 종류에 따라 나누는 분류의 방식을 사용하고 있다.

오답 피하기
① 'A는 B이다'와 같이 사물의 의미를 밝히는 방법
② 대상을 이루고 있는 구성 요소별로 나누어 설명하는 방법
④ 대상의 차이점을 중심으로 성명하는 방법

25 정답 ④
④는 표준어의 장점과 무관하다.

26 정답 ②
이 글은 발효 식품의 뛰어난 점을 제시하는 설명문이다.

27 정답 ①
㉠은 발효와 부패의 차이점을 '대조'의 방법으로 설명하고 있다.
① – 대조, ② – 분석, ③ – 인과, ④ – 정의

28 정답 ②
김치는 채소의 영양분을 계절에 상관없이 섭취할 수 있게 하고, 소화를 촉진하고 노폐물이 잘 배설될 수 있게 도우며, 유해균이 번식하거나 발암 물질이 생성되는 것을 억제하며, 변비 및 대장암, 당뇨병 등을 예방하는 데 효과적이다.

29 정답 ④
글을 읽는 다양한 이유를 나열하는 열거의 방식을 사용하고 있다.

30 정답 ④
음성 언어와 문자 언어의 차이점에 대해 설명하는 대조의 방식을 사용하고 있다.

오답 피하기

① 구체적이고 친근한 예를 들어 설명하는 방법
② 대상의 공통점을 중심으로 설명하는 방법
③ 대상을 공통되는 성질에 따라 종류별로 나누어 설명하는 방법

31 정답 ④
과학의 발전과 경제 성장에 도움을 주기 위해서 글을 읽는다는 내용은 나오지 않는다.

32 정답 ①
적극적인 읽기가 내용을 모르면서 책을 읽는 것은 아니다.

33 정답 ④
④는 중간 부분에 해당하는 내용이다.

34 정답 ③
언어 활동은 말하기, 듣기, 읽기, 쓰기로 구분된다.

35 정답 ③
인물의 심리에 공감하며 읽는 것은 문학 작품이다.

36 정답 ④
글쓴이의 주장을 정리하며 읽는 글은 논설문이다.

37 정답 ③
장면의 분위기를 파악하며 읽는 것은 문학 작품이다.

38 정답 ②
글의 제목에서 텔레비전을 우리의 친구라고 하며 긍정적인 태도를 보이고 있다.

39 정답 ④
텔레비전은 교육적으로 도움을 주고, 친구의 역할, 오락, 정보를 얻는 창구, 인간관계의 장, 민주 시민으로서의 자질을 길러주는 순기능을 가지고 있다.

40 정답 ②
연결사 전과 후 모두 텔레비전의 긍정적인 측면에 대해 이야기하고 있으므로 연결사는 '따라서'가 적절하다.

41 정답 ③
건의문은 듣는 사람이 알아듣기 쉽고 전달하고자 하는 바를 정확하게 전달하기 위해서 어려운 표현을 많이 쓰지 않는다.

42 정답 ④
건의문을 평가하는 기준은 공익성, 공정성, 합리성, 실현 가능성이다. 평가자의 주관으로 바라보면 잘못된 평가를 할 수 있다.

43 정답 ③
이 글은 신문이 진실한 보도와 논평을 다뤄야 한다고 말하고 있다.

44 정답 ②
이 글은 설득적이고 논리적으로 구성된, 글쓴이의 주장과 근거가 있는 논설문이다.

45 정답 ④
글쓴이는 진실 보도가 어려운 이유를 이해관계에 따라 특정 보도의 내용이 달라지게 만들거나 자신들에게 유리하도록 기사가 보도되게 하려는 외부 세력으로 보았다.

46 정답 ③
이 글은 논설문이기 때문에 주장과 근거의 타당성을 파악하며 읽어야 한다.

오답 피하기

① 운문을 읽는 방법이다.
② 소설을 읽는 방법이다.
④ 기행문을 읽는 방법이다.

47 정답 ④
'웃음이 나는 간지럼'의 특징으로는 '신체의 특정 부위에서 일어나고, 가려움보다는 더 강한 촉감 때문에 생기

며, 이전에는 통각으로 여겼고, 현재는 간지럼의 원인으로 여러 감각과의 연관성이 제시되고 있음'이 본문에 제시되어 있다.

48 정답 ③

이 글은 간지럼을 타는 이유에 대해 알기 쉽게 설명한 설명문으로, 간지럼의 특성, 간지럼을 느끼게 된 이유, 간지럼이 운동과 지각의 통합 과정을 밝혀 낼 수 있는 사례이기 때문에 간지럼 연구가 활발해지고 있다고 간지럼 연구의 의의에 대해 제시하고 있다.

49 정답 ④

이 글은 훌륭한 것, 좋은 것, 아름다운 것을 존경하고 찬양하는 글이 아니다.

50 정답 ④

시간의 순서대로 글을 나열하고 있지 않다.

오답 피하기

① 광부의 이야기를 예로 들었다.
② 콜탄의 가격, 고릴라 수를 구체적으로 보여준다.
③ 광부들의 처지, 고릴라의 수를 말해주며 심각성을 알려준다.

51 정답 ③

콜탄을 얻는 과정에서 생기는 생태 환경 파괴로 고릴라가 멸종 위기에 처하게 되었다.

52 정답 ①

글쓴이는 콜탄 가격의 폭등으로 인해 발생하는 문제들에 대해 비판적인 태도로 경각심을 주고 있다.

53 정답 ②

이 글은 소금이라는 주제를 가지고 여러 가지 측면에서 설명하고 있는 설명문이다.

54 정답 ③

글쓴이는 소금의 순기능을 설명해주며 우리 몸과 생활에 많은 영향을 미친다고 설명하고 있다.

55 정답 ②

'소금 같은 사람이 되어라.'라는 말을 인용하여 독자의 흥미를 유발시킨다.

② 다른 사람의 말이나 글을 본문에 넣어 설명하는 방법이다.

오답 피하기

① 단어에 대한 사전적 의미를 설명하는 방법이다.
③ 두 가지 이상의 사물에 대한 차이점을 중심으로 설명하는 방법이다.
④ 그 대상을 이루고 있는 구성 요소로 나누어 설명하는 방법이다.

PART Ⅳ 듣기, 말하기, 쓰기

기출문제 Check! 본문 389~398p

01 ③	02 ④	03 ④	04 ③	05 ②
06 ②	07 ②	08 ④	09 ③	10 ②
11 ④				

01 정답 ③

공감하며 말하기란 상대방의 감정을 깊이 있게 이해하고 상대방의 관점에서 문제를 바라보며 협력적으로 소통하기 위한 대화이다. 동생의 감정을 이해하는 ③이 정답이다.

02 정답 ④

대화를 할 때는 상대방의 연령, 사회적 지위, 나와의 친밀도 등을 고려해야 한다. 이 대화에서는 조카의 연령이나 지식 수준을 고려하지 않고 삼촌이 설명했기 때문에 조카가 삼촌의 말을 이해하지 못하였다.

03 정답 ④

협상은 개인이나 집단 간에 존재하는 의견 차이나 갈등을 해소하기 위해 집단의 대표나 당사자가 의견의 차이를 조정하고 만족스러운 대안을 찾는 의사 결정 과정으로 양보와 설득을 통해 서로에게 이익이 되는 타협안을 찾는 것이다.

04 정답 ③

영수의 말은 표면적으로는 질문이지만, 의도는 창문을 닫아 달라 요청하는 내용이다.

05 정답 ②

사회자는 중립적인 입장으로 토론자들의 발언을 요약, 정리하는 역할을 한다. 자신의 주장을 내세우는 것은 토론자의 역할이다.

06 정답 ②

㉡에 해당되는 내용은 "조사 내용"이다.

07 정답 ②

오답 피하기

① 조사한 자료는 사실 그대로 제시한다.
③ 사실은 왜곡하지 않고, 사실에 근거하여 쓴다.
④ 검색한 내용은 사실 여부를 확인하고, 출처를 밝혀서 쓴다.

08 정답 ④

㉠은 성인과 청소년의 인터넷 중독률에 대해 말하고 있다. 어떤 현상에 대한 비율이나, 순위는 그래프나 도표로 제시하는 것이 좋다.

09 정답 ③

이 글의 주제는 "칭찬 댓글을 달자"이다.
㉢의 내용은 주제와 무관한 내용으로 삭제해야 한다.

10 정답 ②

승진은 "칭찬 댓글을 달자"라는 주제와 다르게, 상대방을 비난하는 댓글을 적었다.

11 정답 ④

보고서에 활용한 자료는 반드시 출처를 밝혀 사용해야 한다.

적중 예상 문제

본문 399~402p

01 ②	02 ③	03 ④	04 ③	05 ③
06 ②	07 ②	08 ④	09 ④	10 ②
11 ②	12 ③	13 ③	14 ②	15 ③
16 ④	17 ③	18 ④	19 ②	20 ③

01 정답 ②
수미와 규원이가 어떤 상황에서 말을 하는지 상황 맥락을 알 수 없기 때문에 '쓰자'고 하는 것이 어떤 대상을 가리키는 말인지 이해하기 어렵다.

02 정답 ③
옷차림은 비언어이다.

03 정답 ④
말을 할 때는 듣는이의 관심사를 고려해야 한다.

04 정답 ③
면담은 일정한 목적을 위해 특정 인물에게 질문하고 응답을 받는 말하기이다.

오답 피하기
① '건의하기'에 해당되는 내용이다.

05 정답 ③
들을 때는 상대의 말에 귀 기울이며 들어야 한다.

06 정답 ②
토론에서 자신의 주장이 채택되지 않더라도, 채택된 의견을 존중하고 따른다.

07 정답 ②
글을 쓸 때는 글쓴이보다 독자의 상황을 고려해야 한다.

08 정답 ④
무조건 많은 양의 자료보다는 주제와 관련 있는 자료를 준비해야 한다.

09 정답 ④
자극적인 주제는 좋은 주제라 할 수 없다.

10 정답 ②
토의에서는 협력하여 문제를 해결할 수 있는 주제를 선택해야 한다.

오답 피하기
①, ③, ④는 찬・반으로 나뉘어 토론하기에 적합한 주제들이다.

11 정답 ②
구에 있는 일반 도서관 외에 청소년을 대상으로 한 도서관 건립을 해달라는 건의문이다.

12 정답 ③
문제를 해결하기 위해 상대방에게 질문을 하였다.

13 정답 ③
다른 사람의 연구 결과를 제시할 때는 결과에 제시된 내용을 수정하지 않고 그대로 옮긴다.

14 정답 ②
형준이와 주영이의 대화는 서로 친하게 지내기 위한 목적의 대화이다.

15 정답 ③
우리나라 전통 발효 식품의 우수성을 제시한 보고서나 논문으로 발효 식품의 우수성을 파악할 수 있다.

16 정답 ④
공감하며 말하기란 다른 사람의 입장을 이해하고, 상대방의 관점에서 문제를 바라보며 협력적으로 소통하기 위한 대화이다.

17 정답 ③
제시한 내용은 건의하기에 관한 내용이다.

18 정답 ④
대화를 할 때 파악해야 할 상황 맥락은 청자와 화자의 나이, 성별, 직업 , 친밀도 , 배경지식 등이다. 청자의 옷차림은 대화를 할 때 고려할 사항이 아니다.

19 정답 ②
텔레비전의 긍정적인 측면에 대해 설명하는 설명문이 가장 적절하다.

20 정답 ③
제시된 특성들은 모두 전자 우편에 대한 특성들이다.

PART V 문법

기출문제 Check! 본문 407~456p

01 ②	02 ②	03 ④	04 ③	05 ③
06 ①	07 ①	08 ②	09 ①	10 ④
11 ④	12 ①	13 ③	14 ④	15 ②
16 ④	17 ①	18 ③	19 ①	20 ①
21 ①	22 ③	23 ④	24 ④	25 ①
26 ①	27 ②	28 ④	29 ③	30 ③

01 정답 ②
언어의 자의성이란 '언어의 기호와 의미의 결합은 필연적인 관련이 없는 임의적인 것'을 뜻한다.

02 정답 ②
② 사회성 – 언어는 그 언어를 사용하는 사람들 사이의 약속이므로 개인이 마음대로 바꾸어 쓸 수 없다.

오답 피하기
① 자의성 – 언어의 기호(형식)와 의미(내용)의 결합은 필연적인 관련성이 없다.
③ 역사성 - 언어는 시간의 흐름에 따라 생성, 발전, 소멸 등 변화가 나타난다.
④ 창조성 - 인간은 이미 배웠거나 알고 있는 말을 바탕으로 무한하게 많은 새말을 만들어 낸다.

03 정답 ④
제시된 음운 변동은 구개음화이다.
④ 달맞이 [달마지] – 연음

오답 피하기
① 굳이 [구지] – 구개음화
② 같이 [가치] – 구개음화
③ 해돋이 [해도지] – 구개음화

04 정답 ③
제시된 내용은 자음동화에 해당한다.
③ 먹는 [멍는] – 자음동화

오답 피하기

① 좋다 [조타] – 음운 축약
② 국밥 [국빱] – 된소리 되기
④ 미닫이 [미다지] – 구개음화

05 정답 ③

"ㄷ, ㅌ, ㅅ, ㅆ, ㅈ, ㅊ, ㅎ"은 대표음 "ㄷ"으로 발음되고, "ㅍ"은 대표음 "ㅂ"으로 발음된다.

06 정답 ①

제20항은 "자음동화"에 대한 설명이다.
① 신라 [실라] – 자음동화

오답 피하기

② 부엌 [부억] – 음절의 끝소리 규칙
③ 굳이 [구지] – 구개음화
④ 국밥 [국빱] – 된소리 되기

07 정답 ①

"예쁘다"는 상태나 성질을 나타내는 형용사이다.

오답 피하기

② 동사, ③ 동사, ④ 동사

08 정답 ②

② 봄(어근) + 바람(어근) : 합성어

오답 피하기

① 개–(접사) + 살구(어근) : 파생어
③ 풋–(접사) + 사랑(어근) : 파생어
④ 헛–(접사) + 소문(어근) : 파생어

09 정답 ①

① 구름 : 단일어

오답 피하기

② 논(어근) + 밭(어근) : 합성어
③ 구경(어근) + –꾼(접사) : 파생어
④ 풋–(접사) + 사과(어근) : 파생어

10 정답 ④

제시된 단어들은 형용사이다.

오답 피하기

① 명사, ② 수사, ③ 동사

11 정답 ④

제시된 단어들은 "명사"이다.

오답 피하기

① 수사, ② 동사, ③ 형용사

12 정답 ①

"선생님께서 너 지금 상담실로 오라고 하셔"가 올바른 높임 표현이다.

13 정답 ③

③ 사동문

오답 피하기

① 피동문, ② 능동문, ④ '안' 부정문

14 정답 ④

15 정답 ②

② 주동문

오답 피하기

① 사동문, ③ 사동문, ④ 사동문

16 정답 ④

누나는 할머니를 모시고 공원에 갔다.

17 정답 ①

주성분은 주어, 목적어, 보어, 서술어이다.
① 독립어

오답 피하기

② 목적어, ③ 주어, ④ 서술어

18 정답 ③

겹문장을 찾는 문제이다.
③ 주어 + 서술어 + 주어 + 서술어 (겹문장)

오답 피하기

① 주어 + 부사어 + 서술어 (홑문장)

② 주어 + 보어 + 서술어 (홑문장)
④ 주어 + 목적어 + 서술어 (홑문장)

19 정답 ①
밑줄 친 부분은 "목적어"이다.
① 목적어

오답 피하기
② 보어, ③ 부사어, ④ 주어

20 정답 ①
밑줄 친 부분은 서술어의 주체가 되는 주어이다.

21 정답 ①
①의 "집에서"는 부사어로, 부속 성분에 해당한다.

22 정답 ③
③ 나는 (친구가 오기)를 기다렸다 – 안은문장

오답 피하기
① 홑문장
② 홑문장
④ 그는 밥을 먹고 + 그녀는 빵을 먹는다. – 이어진문장

23 정답 ④
이어진문장은 둘 이상의 홑문장이 이어진 문장이다.
④는 "산은 푸르다 + 하늘은 높다"의 두 개의 문장으로 이어진 겹문장이다.

24 정답 ④
수식하는 범위로 인해 두 가지 의미로 해석될 수 있다.
나는 고향의 아름다운 바다를 생각한다. (아름다운 것은 바다) / 나는 아름다운 고향의, 바다를 생각한다. (아름다운 것은 고향)

25 정답 ①
① 은어 – 특정 계층이나 부류의 사람들이 다른 사람들은 잘 알아듣지 못하도록 자기네 구성원들끼리만 빈번하게 사용하는 말 예 꼰대, 현질, 장끼

오답 피하기
② 외래어 – 외국에서 들여온 말로 우리말처럼 사용되는 말 예 버스, 커피, 빵
③ 비속어 – 천하고 속된 표현 예 지랄한다.
④ 전문어 – 특정 분야에서 전문적인 개념을 표현하기 위해 쓰이는 말 예 어레스트, 관상동맥

26 정답 ①
①은 "손을 씻다"는 기본 의미로 사용되었다.

오답 피하기
② 눈에 밟히다. – 잊히지 않고 자꾸 눈에 떠오르다.
③ 머리를 맞대다. – 어떤 일을 결정하기 위해 서로 마주 대하다.
④ 발이 묶이다. – 교통수단이 두절되거나, 돈이 떨어져 몸을 움직이지 못할 형편이 되다.

27 정답 ②
㉠은 지역 방언을 사용하고 있다. 표준어를 사용해야 하는 방송이지만, 국밥집 사장님과 친근감을 표시하기 위하여 지역 방언을 사용하였다.

28 정답 ④

오답 피하기
① , (반점) : 같은 자격의 어구가 열거 될 때 사용함.
② ? (물음표) : 의심이나 물음을 나타낼 때 사용함.
③ . (온점) : 평서문, 명령문, 청유문 등을 나타내는 문장의 끝에 사용함.

29 정답 ③
나는 열 살 난 어린이입니다.

30 정답 ③
『훈민정음』의 대표적인 창제 정신은 "자주 정신, 애민 정신, 실용 정신"이다. 이 중 제시된 내용은 애민 정신과 실용 정신에 대한 내용으로 실용 정신에 대한 내용인 ③이 정답이다.

적중 예상 문제

본문 457~462p

01 ③	02 ④	03 ①	04 ②	05 ②
06 ④	07 ④	08 ③	09 ②	10 ①
11 ③	12 ①	13 ②	14 ③	15 ④
16 ①	17 ④	18 ④	19 ④	20 ②
21 ③	22 ③	23 ③	24 ①	25 ④
26 ①	27 ④	28 ④	29 ④	30 ③
31 ④	32 ④	33 ①	34 ④	35 ②
36 ①	37 ④	38 ③	39 ④	40 ③

01 정답 ③

③ 자음 + 모음 + 자음

오답 피하기

① 자음 + 모음
② 모음 + 자음
④ 모음

02 정답 ④

입술소리는 ㅁ, ㅂ, ㅍ, ㅃ이다.

03 정답 ①

제시된 단어는 사람이나 사물의 이름을 나타내는 명사이다.

오답 피하기

② 형용사, ③ 동사, ④ 대명사

04 정답 ②

② 책(어근) + 가방(어근) – 합성어

오답 피하기

① 욕심(어근) + -쟁이(접사) – 파생어
③ 길-(어근) + -이(접사) – 파생어
④ 날-(접사) + 고기(어근) – 파생어

05 정답 ②

여기, 셋, 펑펑은 각각 대명사, 수사, 부사로 활용하지 않는 단어이다. 울다, 예쁘다는 각각 동사, 형용사로 활용하는 단어이다.

06 정답 ④

④는 서술절을 안은 문장이다.

07 정답 ④

남북한의 언어는 지역적 차이, 언어 정책의 차이, 이념의 차이 등으로 달라지게 되었다.

08 정답 ③

남한은 두음 법칙을 인정하고, 북한은 인정하지 않는다.

09 정답 ②

문자를 이용하기 때문에 시각에 의존한다.

10 정답 ①

'울렸다'는 '울다'의 사동 표현이다.

오답 피하기

② 잡다 → 잡히다(피동 표현)
③ 안다 → 안기다(피동 표현)
④ 예상하다 → 예상되다(피동 표현)

11 정답 ③

③ 주어가 남에게 어떤 동작을 하도록 시키는 표현이다.
→ 사동 표현

오답 피하기

① 주어가 제 힘으로 어떤 동작이나 행위를 하는 것이다.
→ 주동 표현
② 주어가 남의 행동에 의해 동작이나 행위를 당하는 표현이다. → 피동 표현
④ 능동 표현에 '-게 되다'를 붙인다. → 피동 표현

12 정답 ①

①의 '먹히다'는 '먹다'의 피동 표현이다.

13 정답 ②

② 밥물 [밤물] – 자음동화

오답 피하기

① 맏이 [마지] – 구개음화

③ 밭이 [바치] - 구개음화
④ 아드님 - ㄹ 탈락

14 정답 ③

언어의 생성, 소멸, 성장과 관련되는 언어의 역사성에 대한 설명이다.

오답 피하기

① 사회성 - 언어는 그 언어를 사용하는 사람들 사이의 약속이므로, 개인이 마음대로 바꾸어 쓸 수 없다.
② 기호성 - 언어는 전달하고자 하는 '내용'을 일정한 '형식'으로 나타내는 기호 체계이다.
④ 자의성 - 언어의 기호(형식)와 의미(내용)의 결합은 필연적인 관련성이 없다.

15 정답 ④

서사의 방법을 활용하기에 좋은 화제는 '개구리의 성장 과정'이다.

오답 피하기

① 시계의 모양을 묘사하거나, 분석의 방법을 활용할 수 있다.
② 묘사의 방법을 활용할 수 있다.
③ 분석의 방법을 활용할 수 있다.

16 정답 ①

음운 축약 중 자음 축약에 대한 설명이다.
① 잡히다 [자피다] - 음운 축약(자음 축약)

오답 피하기

② 굳이 [구지] - 구개음화
③ 신라 [실라] - 자음동화
④ 바느질 - 음운 탈락(ㄹ 탈락)

17 정답 ④

'ㅛ'는 중모음이다.

18 정답 ④

이중모음을 찾는 문제이다.

오답 피하기

①, ②, ③은 단모음이다.

19 정답 ④

울림소리는 ㄴ, ㅁ, ㄹ, ㅇ이다.

20 정답 ②

'춘추'는 나이를 높여 이르는 말로 의미가 변한 융합 합성어이다.

21 정답 ③

'덧-, 군-, 헛-'은 어근의 앞에 붙어 의미를 제한하는 접사이다.

오답 피하기

① 단어를 형성할 때 실질적인 의미를 나타내는 부분
② 단어가 활용할 때 모양이 변하는 것
④ 문장에서 사람이나 사물의 움직임, 상태, 성질 등을 나타낸다.

22 정답 ③

③ 부끄럼(어근) + -쟁이(접사)

오답 피하기

① 풋-(접사) + 사랑(어근)
② 개-(접사) + 꿈(어근)
④ 날-(접사) + 고기(어근)

23 정답 ③

③ 종속 합성어

오답 피하기

①, ② 대등 합성어, ④ 융합 합성어

24 정답 ①

밑줄 친 문장 성분은 관형어이다.

25 정답 ④

④ 읊다 [읍따]

26 정답 ①

① 넓죽하다 [넙쭈카다]

오답 피하기

② 넓둥글다 [넙뚱글다]

③ 넓적하다 [넙쩌카다]
④ 밟다 [밥따]

27 정답 ④
수사에 대한 설명이다.

오답 피하기
① 명사, ② 동사, ③ 명사

28 정답 ④
부사에 대한 설명이다.

오답 피하기
① 명사, ② 형용사, ③ 수사

29 정답 ④
대명사에 대한 설명이다.

오답 피하기
① 의존 명사이다.
② 조사이다.
③ 부사이다.

30 정답 ③

오답 피하기
① 종속적으로 이어진 문장
② 명사절을 안은 문장
④ 홑문장

31 정답 ④
동음이의어는 의미상 관련이 없기 때문에 사전에서 각기 다른 낱말로 처리한다.

32 정답 ④
④는 은어에 대한 설명이다.

33 정답 ①
①은 '몹시 욕심을 내거나 관심을 기울이다'라는 의미이다.

34 정답 ④
④는 모호한 표현이다.

35 정답 ②
'줄게'가 바른 표현이다.

36 정답 ①

오답 피하기
② 그녀는 결코 웃지 않았다.
③ 어제 들판에서 그림을 그렸다.
④ 내일 눈이 오지 않았으면 좋겠다.

37 정답 ④
한자어를 많이 사용하는 것은 남한이다.

38 정답 ③

오답 피하기
① 설겆이 – 설거지
② 꼬츨 – 꽃을
④ 쓰러내렸다. – 쓸어내렸다.

39 정답 ④
④는 감탄이나 놀람 등을 나타날 때 사용한다.

40 정답 ③

오답 피하기
① 그는 절대 비겁하지 않다.
② 할머니께서 진지를 드신다.
④ 내일 눈이 오지 않았으면 좋겠다.

PART Ⅵ 2024년 기출문제

제1회 정답

본문 466~472p

01 ②	02 ④	03 ④	04 ③	05 ③
06 ①	07 ③	08 ③	09 ④	10 ①
11 ③	12 ②	13 ②	14 ①	15 ①
16 ④	17 ②	18 ①	19 ④	20 ②
21 ③	22 ①	23 ①	24 ②	25 ④

01 정답 ②

민재는 '노래 실력이 늘지 않아서 걱정'이라는 상대의 말에 '걱정이구나'에서 공감을, '많이 속상하겠다. 힘내'라는 위로를 하고 있다. 따라서 ② 상대의 감정에 공감하며 위로하기이다.

02 정답 ④

면담 대상인 커피 전문가에게 '직업에 대한 정보를 얻는 것'이 면담 목적이므로 질문 내용은 면담 목적에 맞아야 한다. ① 전망, ② 하는 일, ③ 되는 방법은 직업에 대한 정보이나 ④의 어떤 운동을 가장 좋아하는가는 직업에 대한 지식을 얻기 위한 질문이 아니다.

03 정답 ④

표준 발음법 제14항은 겹받침이 모음으로 시작하는 형식 형태소와 결합할 때 뒤의 받침이 뒤 음절 첫소리로 옮겨 발음되는 '연음법칙'에 대한 설명이다.

④ 흙은[흘근]

04 정답 ③

보기의 설명은 이중 모음이다. 단모음 10개(ㅣ, ㅟ, ㅔ, ㅚ, ㅐ, ㅡ, ㅜ, ㅓ, ㅗ, ㅏ)를 제외한 모음이 이중 모음이므로 답은 'ㅕ'와 'ㅝ' 이중 모음을 가지고 있는 ③ 영월이다.

05 정답 ③

'바다, 사탕, 엄마, 연필'이라는 단어의 공통된 특성은 사람이나 사물의 이름을 나타내는 품사인 명사이다.

오답 피하기

① 수량이나 순서를 나타내는 품사는 수사이다.

② 대상의 동작이나 작용을 나타내는 품사는 동사이다.

④ 대상의 성질이나 상태를 나타내는 품사는 형용사이다.

06 정답 ①

동사, 형용사의 활용할 때 변하지 않는 부분인 어간에 '-다'를 붙인 기본형을 찾는 문제이다.

① '작은'은 어간 '작-'에 '-다'를 붙인 '작다'가 단어의 기본형이다.

오답 피하기

② '서니' – 어간 '서-'에 '-다'를 붙인 '서다'

③ '많은' – 어간 '많-'에 '-다'를 붙인 '많다'

④ '먹는' – 어간 '먹-'에 '-다'를 붙인 '먹다'

07 정답 ③

밑줄 친 '연구원이'의 문장 성분은 '되었다' 앞에 있기 때문에 '되다, 아니다' 앞에 오는 보어이다.

③ '아니다' 앞에 놓인 '연예인이' 보어이다.

오답 피하기

① '분다'는 주어를 서술해주는 서술어이다.

② '활짝'은 '피었다'를 수식하는 부사어이다.

④ '아기가'는 문장에서 주체 역할을 하는 주어이다.

08 정답 ③

③ '꼭, 틀림없이'라는 뜻의 '반드시'가 쓰여 이번 학교 축제의 참여 의지를 보이는 문장이다.
'반드시'와 구별해서 써야 하는 단어인 '반듯이'는 '반듯하게, 비뚤어지지 않고 바르게'라는 뜻이다.

오답 피하기

① '부치다'는 '편지나 물건을 다른 이에게 보내다'의 뜻이다.
예 '택배를 부치다, 부침개를 부치다'
'붙이다'는 '맞닿아 떨어지지 않게 하다'의 뜻이다.
예 '포스터를 붙이다, 우표를 붙이다'

② '낳다'는 '새끼, 아이를 출산하다, 어떤 상황을 나타나게 하다' 라는 뜻이다.

예 '아이를 낳다, 분단의 비극을 낳다'
'낫다'는 '보다 더 좋다, 고쳐 원래대로 되다'라는 뜻이다.
예 '외모는 형이 낫다, 병이 낫다'

④ '마치다'는 '일, 과정이 끝나다'의 뜻이다.
예 '일과를 마치다'
'맞히다'는 '맞는 답을 하다, 적중하다'의 뜻이다.
예 '정답을 맞히다, 표적을 맞히다'

09 정답 ④

개요의 제목은 동물에게 끼치는 동물원의 부정적인 영향을 담고 있다. 따라서 통일성에 어긋나는 내용은 동물원의 긍정적인 면을 담고 있는 ㉣이다.

오답 피하기

㉠, ㉡, ㉢은 동물원이 동물에게 부정적인 영향을 끼친다는 내용이다.

10 정답 ①

'습지를'을 '습지의'로 바꾸면 습지가 아닌 습지의 보금자리가 되어 문장이 부자연스러워진다.

오답 피하기

② '결코'는 '-하지 않는다'의 부정 표현과 함께 쓰이는 호응을 가지고, '만일'은 '-면, -할 것이다.'와 호응하므로 고치는 것이 옳다.
③ 보기에서는 습지가 사라지고 있는 우리나라의 문제 상황 및 위기에 대해 이야기하고 있다. 따라서 습지가 가뭄과 홍수를 예방해 준다는 내용은 흐름에서 벗어나므로 삭제해야 한다.
④ '영원히'가 맞는 표기이다.

11 정답 ③

「하늘은 맑건만」에서는 '나'가 작품 안에 나타나지 않으므로 3인칭 시점이며, 그중 문기의 심리를 읽어주고 있기 때문에 사건과 심리를 '직접적'으로 설명하고 있는 '3인칭 전지적 작가 시점'이다.

오답 피하기

① 1인칭 주인공 시점에 대한 설명이다.
② 서술자가 바뀌지 않는다.
④ 1인칭 관찰자 시점에 대한 설명이다.

12 정답 ②

「하늘은 맑건만」은 잘못 받은 거스름돈으로 정직하지 못하게 생활하던 문기가 맑은 하늘 아래서 아무 거리낌 없이 즐길 수 있는 떳떳한 마음을 갖고 싶어 한다. 따라서 학생의 반응은 주제에 해당하는 정직하고 떳떳하게 사는 태도의 중요성이 적절하다.

13 정답 ②

본문 내용 중 '아랫집에서 심부름하는 아이 점순이 음성이었다.'에서 알 수 있다.

오답 피하기

① 문기는 가슴이 뜨끔뜨끔하고 하늘을 떳떳하게 보지 못하고 있기 때문에 자신의 행동이 정당하다고 생각하지 않는다.
③ '공교로이 제목이 정직이다, 선생님은 제 속을 다 들여다보고 하는 말인 듯싶었다.'에서 알 수 있듯이 선생님은 문기의 잘못을 알고 있지 않았다.
④ '숙모가 직접 그 집에 가서 무슨 말을 한 것은 아니로되'에서 알 수 있듯이 숙모가 직접 아랫집에 가서 말한 것이 아니다.

14 정답 ①

화자가 떠올린 고향의 모습으로 2연의 진달래, 꽃지짐, 3연에 멧남새(산나물)가 있지만 항구는 없다.

15 정답 ①

'고향을 생각한다'라는 제목에서도 알 수 있듯이 화자는 눈을 감고 고향의 모습을 생각하며 애틋해 하고 있기 때문에 주된 정서는 '그리움'이다.

16 정답 ④

'굽이 잦은 풀밭 길'은 꼬불꼬불한 풀밭 길을 의미하므로 시각적 심상(이미지)이다. 따라서 ④ '노랗게 물든 황금 들판'에서 색채가 드러나므로 같은 시각적 이미지가 쓰였다.

오답 피하기

① 청국장 냄새이므로 후각적 심상이다.
② 울리는 종소리이므로 청각적 심상이다.
③ 달콤한 사랑의 추억이므로 미각적 심상이다.

17 정답 ②

놀부는 많은 것을 가지고 있지만 가난한 흥부에게 조금도 주지 않는 인색하고 이기적인 사람이다. 따라서 놀부와 비슷한 성격은 ② 돈은 많지만 남을 전혀 돕지 않는 사람이다.

18 정답 ①

'양식을 좀 꾸어서라도 얻어 와야 저 자식들을 먹이지'라는 본문 내용에서 흥부가 가족의 생계에 대해 신경을 쓰고 있다는 것을 알 수 있으므로 적절하지 않다.

오답 피하기

② 흥부는 자식을 먹이기 위해 읍내로 나가 양식을 빌리겠다고 말하고 있다.
③ 아내가 옷차림이 초라해 곡식을 빌려주지 않을 것이므로 소용없는 일이라고 하였지만 '가장이 나서는데 무슨 소리! 가 봐야 아는 일이다' 라며 충고를 받아들이지 않는다.
④ [A]의 흥부 모습과 아내의 충고에서 흥부의 행색이 초라한 것을 알 수 있다.

19 정답 ④

[A]는 흥부의 초라한 행색을 '발바닥은 빵 뚫리고 목만 남은 헌 버선'처럼 표현해 웃음을 유발하고 있다. 이를 해학적이라고 한다.

오답 피하기

① 요약적 제시는 사건이나 인물에 대해 직접적으로 평가, 감정표현, 긴 시간의 이야기를 정리해 제시하는 방법이다.
② [A]에는 배경이 나와 있지 않다.
③ [A]에는 인물 사이의 갈등은 없다.

20 정답 ②

직접세는 간접세보다 세금을 걷는 입장에서 모든 사람의 소득이나 재산을 일일이 조사해 세금을 거두어야 한다는 번거로움이 있다고 했으므로 편하지 않다.

21 정답 ③

'세금은 그것을 납부하는 방식에 따라 직접세와 간접세로 나눌 수 있다'는 일정한 기준에 따라 하위 종류로 나누는 '구분'의 설명 방법이다. 따라서 소설을 길이에 따라 하위 종류로 나눈 ③이 답이다.

오답 피하기

① 다른 이의 말을 가져온 '인용'이다.
② 원통형 기둥의 개념을 설명한 '정의'이다.
④ 젖산이 약한 산성이어서 유해균 증식을 억제할 수 있다는 '인과'이다.

22 정답 ①

㉡의 앞 문장에는 직접세의 장점이, ㉡의 뒷 문장에는 직접세의 단점이 나와 있으므로 역접의 의미인 '그러나'가 적절하다.

23 정답 ①

지나친 소금 섭취의 여러 문제점을 근거를 들어 과한 소금 섭취를 줄여야 한다는 주장을 하고 있는 논설문이므로 답은 ①이다.

오답 피하기

② 상징적 의미를 추론하는 것은 시, 소설 등의 문학을 읽는 방법이다.
③ 경험과 깨달음을 구분하는 것은 수필을 읽는 방법이다.
④ 갈등의 해결 과정을 분석하는 것은 소설, 극 등의 문학을 읽는 방법이다.

24 정답 ②

마지막 문단에서 글쓴이는 건강을 생각한다면 지금이라도 과한 소금 섭취를 줄여야 한다고 하고 있으므로 답은 ②이다.

25 정답 ④

'부추기다'는 '남을 들쑤셔 어떤 일을 하게 만들다'의 뜻이므로 적절하지 않다.

제2회 정답

본문 473~479p

01 ②	02 ④	03 ③	04 ④	05 ④
06 ②	07 ②	08 ①	09 ④	10 ①
11 ④	12 ③	13 ③	14 ②	15 ②
16 ①	17 ③	18 ①	19 ③	20 ④
21 ①	22 ②	23 ④	24 ①	25 ②

01 정답 ②

민재는 축구 경기 출전이 처음이라 팀에 방해되는 게 아닌지 걱정이라는 지후의 말에 "엄청 잘했잖아. 긴장하지 말고 평소 실력을 발휘하면 잘할 수 있을 거야!"라며 격려하고 있다. 용기나 힘을 북돋아 주고 있으므로 ② 격려이다.

02 정답 ④

일기 내용을 보면, 나는 토론에 참여했지만 '주장에 반박할 타당한 근거가 떠오르지 않아 당황스러웠다'고 하였다. 나의 문제점이 언급되었으므로 그 부분이 보완점이 된다. 따라서 ④ '상대방의 주장에 반박할 타당한 근거를 미리 마련한다.'가 적절하다.

03 정답 ③

언어는 그 언어를 사용하는 사람들 사이의 약속이므로 개인이 마음대로 바꾸어 쓸 수 없다는 '언어의 사회성'에 관한 설명이다. 따라서 같은 언어를 사용하는 사람들 사이의 약속은 사회성에 대한 설명이므로 ③이 적절하다.

오답 피하기

① 언어가 시간의 흐름에 따라 끊임없이 변화한다는 것은 언어의 역사성이다.
② 의미와 말소리 사이에는 필연적인 관계가 없다는 것은 언어의 자의성이다.
④ 새로운 단어나 문장을 끊임없이 만들어 낼 수 있다는 것은 언어의 창조성이다.

04 정답 ④

'부치다'는 '편지나 물건 따위를 일정한 수단이나 방법을 써서 상대에게 보내다'라는 의미이므로 ④가 적절하다.

오답 피하기

① '된장찌개'가 올바른 맞춤법이다.
② 수업을 '마치고'라고 써야 올바른 맞춤법이다.
③ '왠지'라고 쓰는 것이 올바른 맞춤법이다.

05 정답 ④

'잇몸소리'에 해당하는 자음은 'ㄷ, ㄸ, ㅌ, ㅅ, ㅆ, ㄴ, ㄹ'이 있다. 따라서 답은 ④ ㅌ이다.

오답 피하기

① ㄱ은 여린입천장소리이다.
② ㅁ은 입술소리이다.
③ ㅈ은 센입천장소리이다.

06 정답 ②

규정은 겹받침의 발음이다. 제11항의 '다만'에 따르면 ② '맑게'는 [말께]로 발음해야 한다.

07 정답 ②

밑줄 친 ㉠ '아름답다'의 품사는 성질과 상태를 나타내는 '형용사'이다. 따라서 성질과 상태를 나타내는 형용사는 ② '작다'이다.

오답 피하기

① '정말'은 '맛있다'를 수식하는 부사이다.
③ '옛'은 '추억'을 수식하는 관형사이다.
④ '운동장'은 대상이나 개념의 이름을 나타내는 명사이다.

08 정답 ①

주어와 서술어의 관계가 두 번 이상 나타나는 겹문장이 아닌 것은 ①이다.
'토끼가 들판에서 풀을 뜯는다.'는 주어와 서술어가 1번 나타난 홑문장이다.

오답 피하기

② '바람이 분다, 나무가 흔들린다'는 주어와 서술어 관계가 2번 나온 겹문장이다.
③ '겨울이 오다, 나는 기다린다'로 주어와 서술어 관계가 2번 나온 겹문장이다.
④ '비가 오다, 우리는 소풍을 연기했다'로 주어와 서술어

관계가 2번 나온 겹문장이다.

09 정답 ④

개요에서 ㉠에 들어갈 내용은 '웃음의 신체적, 정신적 효과'가 아닌 '웃음의 사회적 효과'에 대한 내용이어야 한다. 따라서 사회적 효과와 관련된 내용은 ④이다.

오답 피하기

① 웃음의 신체적 효과에 대한 설명이다.
② 웃음의 정신적 효과에 대한 설명이다.
③ 웃음의 신체적 효과에 대한 설명이다.

10 정답 ①

문장의 호응을 고려하면 ㉠은 '지금까지 내가 겪은 많은 일 가운데 가장 기억에 남는 일은 ~ 했던 것이다'로 고쳐 쓰기 해야 한다.

오답 피하기

② '발각'은 '숨겼던 일이 드러나 알려지다'의 의미이므로 '여러 사람 가운데에서 쓸 만한 사람을 가려서 뽑다'의 의미인 '발탁'으로 고치는 것이 옳다.
③ 내가 겪은 일 중 축구부 활동을 하고 그만두게 된 이야기를 하고 있다. 따라서 '우리나라 축구 대표 팀이 좋은 성과를 거둔 것'은 글의 흐름에서 벗어나므로 삭제해야 한다.
④ 문장의 연결을 고려하면 일의 결과에 대한 내용이 이어지므로 '왜냐하면'을 '결국'으로 바꾸어야 한다.

11 정답 ④

아버지 만도는 아들 진수가 다리를 잃은 모습을 보고 놀라고, 안타까워했다. 아들 진수 또한 아버지가 자신을 업는 것에 미안해하였다. 그러나 힘을 합쳐 외나무다리를 건너며 극복해 가려 하고 있으므로 ④ 아들 진수가 자신을 외면하는 아버지 만도에게 증오심을 느끼는 모습은 나와 있지 않다.

12 정답 ③

'진수는 지팡이와 고등어를 각각 한 손에 쥐고 아버지의 등어리로 가서 슬그머니 업혔다.'라고 나와 있으므로 ③ 진수가 지팡이를 내려놓았다는 내용은 적절하지 않다.

13 정답 ③

「수난이대」는 일제 강점기와 6·25 전쟁으로 인한 아버지 만도와 아들 진수의 고난과 시련, 그리고 ㉠ 부분은 외나무다리를 힘을 합쳐 건너는 모습을 통해 극복 의지를 보여 주고 있다. 따라서 ③ 외나무다리를 건너는 것은 난관을 극복해 나가는 모습을 보여 준다.

오답 피하기

① 만도와 진수는 대립 양상을 보이지 않는다.
② 만도는 현실을 회피하려 하지 않고 극복하려고 하고 있다.
④ 현재 상황에서 인물들의 무관심하거나 쌀쌀맞은 태도로 비웃는 모습은 없다.

14 정답 ②

1연 '당신이 찾으시면', 2연 '속으로 나무라면', 3연 '당신이 나무라면'에서 시적 상황을 가정하여 표현하고 있다.

오답 피하기

① 사람이 아닌 것을 사람처럼 표현한 의인법이 쓰여 나열된 부분은 없다.
③ 의문문의 형식, 설의법을 사용하여 표현한 부분은 없다.
④ 화자의 감정을 자연물에 이입한 감정 이입된 부분은 없다.

15 정답 ②

각 연은 동일한 글자가 아닌 1연은 '먼', 2연은 '당신이', 3연은 '그래도', 4연은 '오늘도'와 같이 모두 다른 글자로 시작하고 있으므로 ②는 옳지 않다.

오답 피하기

① 김소월의 「먼 후일」은 각 행을 세 마디로 끊어 읽는 3음보의 율격을 지닌다.
③ '당신이', '잊었노라', '나무라면' 등 동일한 시어를 반복적으로 사용하고 있다.
④ '-면 -노라'와 같은 유사한 문장 구조가 1, 2, 3연에 나타나고 있다.

16 정답 ①

화자의 주된 정서는 잊었다고 하지만 이별 후 잊지 못해 그리워하는 '임에 대한 그리움'이다.

17 정답 ③

범은 북곽 선생에게 호통을 치며 양반의 위선과 허례허식을 꾸짖고 있으므로 ③ 범이 북곽 선생의 말을 곧이곧대로 받아들였다는 내용은 적절하지 않다.

18 정답 ①

[A]에서 호랑이에게 머리를 조아리며 살려 달라던 북곽 선생이 농부에게는 중국 최고의 시집을 이야기하며 거드름을 피우고 있으므로 ① '허세를 부리고 있다.'가 적절하다.

19 정답 ③

㉢은 범이 북곽 선생에게 호통을 치면서 이야기하는 부분으로 '범'을 가리킨다.

오답 피하기

① '자기'는 북곽 선생이다.
② '선비'는 범이 말하는 북곽 선생이다.
④ '이 천한 신하'는 자신을 범에게 낮춰 말하는 북곽 선생이다.

20 정답 ④

1문단에서는 해양 쓰레기 중 플라스틱 쓰레기의 위험성을, 2문단에서는 플라스틱을 전혀 사용하지 않을 수 없으므로 줄이자고 주장하고 있다.

21 정답 ①

[A]는 플라스틱 쓰레기로 인한 다양한 문제점을 이야기하고 있다. 잘게 부서져 해양 동물들에게 해를 끼치고, 자연 경관을 해쳐 관광 산업에 피해를 주며, 해산물에 유입되어 인간의 건강을 위협한다고 나와 있다. 그러나 ① 쉽게 분해된다는 내용은 없으므로 적절하지 않다.

22 정답 ②

'플라스틱 쓰레기는 ~ 바다거북, 돌고래와 같은 동물들에게 해를 끼치고 있다' 뒤에 '자연 경관을 해쳐 관광 산업에도 피해를 준다'라는 내용이 이어지고 있으므로 둘 이상의 대상이 서로 마찬가지일 때 쓰여 이어 주는 말인 '또한'이 적절하다.

23 정답 ④

5문단에 따르면 수영장의 수평선이 야자수 줄기의 수직선과 대비를 이루는 구도가 나와 있으므로 적절한 것은 ④이다.

오답 피하기

① 파도가 치는 소리가 아닌 수영장에서 다이빙할 때 들리는 소리를 그림에 표현했다.
② 유화 물감 대신 아크릴 물감을 사용해 색을 선명하게 표현했다.
③ 물보라가 일어나는 부분만 붓으로 흰색을 거칠게 칠하고 다른 부분은 롤러를 사용해 파란색으로 매끈하게 칠했다.

24 정답 ①

㉠을 포함한 문단은 수영장 물의 파란색과 다이빙 보드의 노란색에 대해 이야기하고 있으므로 ㉠에 들어갈 단어는 ① '색채'이다.

25 정답 ②

㉡의 '일어나다'는 '위로 솟거나 부풀어 오르다'의 뜻이므로 ② '거품이 일어나다'와 같은 의미로 쓰였다.

오답 피하기

①의 '일어나다'는 '잠을 깨다'의 의미이다.
③의 '일어나다'는 '누웠다 앉거나 앉았다가 서다'의 의미이다.
④의 '일어나다'는 '병이나 고난을 이겨내다'의 의미이다.